Neue Perspektiven

Students Book

A two-year sixth-form course leading to A level German

David Della Gana

Longman

Inhalt

Vorwort

Neue Perspektiven is a two-year sixth-form course for students preparing for A level German. Using textual and recorded material as the basis of all exploitation, it seeks to develop written and spoken skills in German, both formal and informal, in discursive and creative fields. Sequences of work are designed to lead from passive understanding through practice and use of vocabulary and structures newly acquired, to an extension of the students' active capacity and fluency in the language.

The material in the book has been ordered thematically, unit by unit. Each unit sets out to provide something of a survey of the theme in question from different perspectives. Vocabulary is to some extent repeated from one text to another. This 'exposure' of the students to a range of vocabulary related to a particular theme is intended to assist with the process of active learning and to obviate at the same time the necessity of learning lists of words! The thematic exposure is then consolidated in the literary texts that occur after every three or four units.

Difficulties often experienced by students at the beginning of a sixth-form course have been acknowledged and have influenced the structure of the book. The content of early chapters is specifically intended to call upon the personal experience of students in order that they may identify more closely with the work. The texts, in varying registers, should have a certain immediacy for them: the desire to express something about themselves will, it is hoped, serve as a further stimulus to the involvement of the students.

As students move towards the half-way point of their sixth-form course, they will see a greater formality about the language of much of the work as it begins to concentrate on the more serious topics. But here, too, and in the second half of the course, work in different registers will still be demanded of them.

Texts have been chosen for their language content, as well as the ideas that they convey so as to provide the necessary substance and at the same time to broaden horizons and reveal new perspectives.

Student's Guide

This guide is intended to help you to get the most out of using **Neue Perspektiven**. We think that is is useful for you to know what you're doing and why you're doing it.

This book consists of 14 language units and four short literature sections.

Each language unit deals with a particular theme and divides into three chapters, which develop different aspects of language learning. There is sufficient work in each of the language units to last for four to five weeks, and the two central units of the book (units 7 and 8) mark an approximate changeover point corresponding to the end of the first year of the course.

UNITS 1–8

First type of chapter   1., 4., 7., 10., 13., 16., (19., 22.)
Kapitel

These chapters concentrate on conversational and colloquial language. Emphasis is on practice of new structures and modes of oral expression.

First page

Gespräch Introduces a particular use of language or structure. Recorded to enable you to practise listening and oral responses.

Second page

Sentence construction

Satzbau Collates and develops the new use of language introduced in the *Gespräch*, providing the basis for further practice. This practice consists of using the new material in a way similar to its use on the first page but applying it to a different situation. This leads to working with a partner to build up a new conversation–*Zu zweit*. **Hör mal zu!** Recorded conversations or young people talking on a matter closely connected with the original conversation.

Third page

A reading passage on a subject related to the topic of the chapter. *Erläuterungen* of difficult points are given in the margin or beneath the text.

explanations

Fourth page

Wovon handelt der Text? Exploitation of the text on the opposite page begins with simple questions

to check understanding of the text, followed by **Kommentare** Using the structures of the first two pages to comment about this text.
Grammatik- und Stilübungen Developing points in the text and applying them. In this exercise, as in many others, a number may refer you back to the relevant paragraph in the text. Where two numbers are given, the first indicates the paragraph from which the phrase in your exercise is taken.
Gesprächsthemen Talking–in response to questions–about the material in the text.
Fragen zum Text Creative work in which you will be writing as if involved somehow in the situation featured in the text.

(19. und 22. Kapitel)
These chapters are in units 7 and 8, which are designed to provide a transition to the slightly different styles of work in the second half of the book. The nature of the exercises is fundamentally the same as in the previous units, but they are based on texts of a less conversational or colloquial nature. The first text in these two chapters is not a conversation but an expression of a person's point of view.

* *Exercise in stylistic composition*

Second type of chapter 2., 5., 8., 11., 14., 17., 20., 23. Kapitel

These chapters concentrate on developing a range of vocabulary to widen your comprehension of printed texts and to provide you with words and expressions that you can use in written assignments.

First page

A text with *Erläuterungen*

Second page

Wovon handelt der Text? Gist questions to check understanding.
Wortschatz Detailed study of words and phrases in the text.
Vokabelbau Widening vocabulary by concentrating on a larger number of words all starting with the same root (e.g. words starting with *Arbeits—*).
Grammatik- und Stilübungen
Gut verstanden? Fragen zum Text More detailed questions about the text requiring interpretation of the ideas presented. The answers give you a chance to use the language and may need to be of some length.

Third page

A second text, with *Erläuterungen*.

Fourth page

Wovon handelt der Text Different type of gist questions.
Wortschatz Different types of exercises on the words in the text.
Grammatik- und Stilübungen Intended to widen your use of expressions.

Nicht nur montags A recorded passage for listening comprehension followed by more questions on the text and recording.
Augenzeuge/Aus eigener Erfahrung Written creative work in which you adopt a role as if someone involved in the situation featured here. The language used here will be more formal than in the first type of chapter.

Fifth page

A further text, this time not intended for close vocabulary work.

Sixth page

Grammatik- und Stilübungen Based on connected material, these exercises will improve your ability to write on the content of the chapter.
Gut verstanden? Fragen zum Text By this stage you should be able to interpret the text appropriately to write extended answers to the questions. In seeing—as you should do—that this exercise is easier than the last *Gut verstanden* exercise (second page of this chapter), you may gauge the progress you are making!
Arbeiten zu zweit/In Gruppen Oral creative work on the material of the chapter, leading to
Augenzeuge/Aus eigener Erfahrung A further opportunity to use what you have learnt to express ideas of your own.

Third type of chapter 3., 6., 9., 12., 15., 18., 21., 24. Kapitel

These chapters concentrate on more formal language of ideas to help you to discuss or write about the subjects with style and confidence. Emphasis on connected discourse, written and spoken.

First page

A text of greater difficulty.

Second page

Sprachanalyse
Vokabelanalyse } Suggestions for close
Vokabelbau examination of the text, by which you will find examples of the use of language that you can imitate in your own work.
Tonbandaufnahme Recorded passage on a related theme, often in the form of a discussion on the part of some young people about the topic featured in the chapter.
Lückentext An exercise to practise putting newly acquired vocabulary into context.
Übersetzung ins Deutsche This passage for translation into German is based entirely on the material in the text on the first page of the chapter, from which vocabulary and expressions are derived. This is designed to consolidate your learning of the material in the main text.

Third page

Überblick A survey of the main ideas of the unit in the words and expressions of the texts. This is a starting point for you to build up a stock of phrases useful in discussion and essay work.

Third and fourth pages

Diskussion A step by step guide to discussing the material of the unit, and containing a list of useful phrases. Discussion is based on an initial working over all together of lots of ideas, followed by discussion in pairs, before a class discussion. These provide you with the material for

Aufsatzplan A guide to a particular essay theme, the notes providing you with the basis for making your own essay plan: then you write the essay.

UNITS 9–14

First type of chapter   25., 28., 31., 34., 37., 40. Kapitel

First page

Text und Erläuterungen

Second page

Wovon handelt der Text Gist questions of various types.
Sprachliche Arbeiten Detailed study of words, expressions, style and grammar in the text.
Grammatik- und Stilübung
Gut verstanden? Fragen zum Text Questions requiring a detailed understanding of the text for thorough answers.
Übersetzung ins Deutsche Based on the language context of the text. (In one case this is replaced by a gap text, the words to fill the gaps deriving from the text on the opposite page.)

Third page

A further text with *Erläuterungen*.

Fourth page

Wovon handelt der Text
Gist questions.

Wortschatz ⎱ Concentrating on vocabulary
Vokabelbau ⎰ extension.

Gut verstanden/Fragen zum Text
Nicht nur montags Recorded passage on a related theme
Gesprächsthemen Talking–in response to questions–about the material in the text and connected ideas.
Augenzeuge/Aus eigener Erfahrung Creative work developing out of the conversation you have had immediately before this.

Second type of chapter   26., 29., 32., 35., 38., 41. Kapitel

First page

A reading text which should be well understood following the language study of the first chapter of the unit.

Second page

In eigenen Worten Using the language to express ideas in the text in different words. Help is given to guide you to simple paraphrase of these expressions.
Gut verstanden? Fragen zum Text You will now be well enough advanced to deal with detailed questions on the text without having to have everything explained to you first! See how you are progressing with the material of the unit.
Zur Diskussion Discussion of the ideas of the text.
Tonbandaufnahme Recorded material on a related topic, and in two cases (chapters 26 and 35) the same topic as in the printed text on the opposite page.
Creative work follows, with you assuming a role in the topic of the text and writing accordingly.

Third page

A further text for detailed study.

Fourth page

Gist questions and vocabulary and grammar exercises similar to those on previous pages. You will find these now, this far through the unit, easier to deal with independently than earlier ones–progress!
Arbeiten zu zweit Role-play in pairs, building up a conversation on a related theme.

Third type of chapter   27., 30., 33., 36., 39., 42. Kapitel

First and second pages

A longer text or texts of more formal style, with 'Erläuterungen'

Third page

Sprachanalyse
Vokabelanalyse } Suggestions for a close
Vokabelbau examination of the grammar,
syntax and vocabulary in the
text(s), including using
expressions from the text(s) in
sentences of your own invention.
Tonbandaufnahme A recorded passage on a
related theme, perhaps in the form of a
conversation. Useful ideas for the later discussion.
Übersetzung A passage for translation into
German, on a closely related topic: The passages
have been selected or constructed so as to feature
constructions, words and expressions that you
have learnt in the latter stages of the unit. It is
thus also a way of revising what you have been
working on.

Fourth page

Überblick A detailed survey of the main ideas of
the unit: the starting point of your preparations
for discussion and essay.

Fifth page

A detailed discussion-guide–along the lines of
questions and points to be considered–on the
them of the unit, concentrating on particular
aspects which lend themselves to being talked
about, or on which many of you will already have
some views. Preparation might be done prior to
the lesson, so that it is not necessary for you to
talk off the top of your head!

Sixth page

Aufsatzplan Notes (in English) to help you to
organise an essay or particular aspects of it and to
present your arguments clearly and concisely, but
with style: followed by a list of useful expressions.
Aufsatztitel Suggested essay titles on the theme.

LITERATURE SECTIONS

These four sections are interspersed between the
units of the book and contain literary texts on
themes featured in the three or four preceding
language units. They are intended to indicate that
the themes featured in the units of the book are of
interest to writers of German literature and they
provide further illustrations of these themes. The
work on the literature extracts is as follows:

1. Extracts from novels and stories

Im Sinn der Sache A study of the text to find
words and expressions which
indicate particular points,
describe certain features or
characteristics of the people
involved.

Zur Diskussion Questions about the text which
will encourage some discussion
on interpretation of people and
events, atmosphere and
reaction.

Augenzeuge Creative work requiring you to
eye witness . imagine yourself involved in
some way with the events or
scene described in the text.

2. Poems

Im Sinn der Sache As above.

Textanalyse An analysis of the poem with
guide-questions to
understanding the point of the
poem.

Zum Vergleich Guide-questions to compare
comparison the content and point of the
poem with an earlier text in the
book on the same theme. This
comparison may encourage
you to see how concisely ideas
are expressed in poetry.

Index of Tape Recordings

1.EINHEIT
1.Kapitel Alte Freundschaft–neue Freundschaft *o~ 37*

Ulrike ist vor einigen Monaten nach München umgezogen. Jetzt erhält sie zum ersten Mal Besuch von ihrer alten Schulfreundin Conny. Sie haben sich gerade am Bahnhof getroffen. Ulrike schwärmt von der Stadt, in der sie jetzt wohnt.

CONNY — Du scheinst für München Feuer und Flamme zu sein! Sag echt, was hältst du von der Stadt?

ULRIKE — Also, München finde ich toll: Obwohl ich früher so wenig vom Großstadtleben gehalten habe. Aber hier ist so viel los, und so viel Schönes zu besichtigen.

CONNY — Habe ich dir denn nicht gesagt, daß München die schönste Stadt sei, in der man leben könnte?

ULRIKE — Doch. Aber das wollte ich nicht so ganz glauben. Ich war einfach anderer Meinung. Aber das Leben hier ist wirklich schön.

CONNY — Für meine Begriffe kann auch jede Stadt schön sein, wenn man Freunde hat. Es kommt nur darauf an, ob man nette Menschen kennenlernt.

ULRIKE — Das stimmt genau. Klar, wenn ich hier keine so guten Freunde hätte, wäre das Leben nicht mal halb so schön. Aber zur Zeit geht's mir sehr gut.

CONNY — Und das liegt an den Freunden?

ULRIKE — Finde ich schon, daß es an ihnen liegt.

CONNY — Erzähl!

ULRIKE — Du siehst sie gleich selber. Wir treffen uns.

CONNY — Und du hast echt einen guten Kontakt zu ihnen gewonnen?

ULRIKE — Fast sofort sogar. Sie haben mich so freundlich aufgenommen. Und durch sie habe ich die Stadt auch gut kennengelernt: Wir gehen oft zusammen ins Kino oder ins Theater, oder wir unternehmen einfach etwas Interessantes. Es könnte kaum besser sein – oder nur wenn du auch hier leben würdest.

CONNY — Mir scheint es, es geht dir besser hier als bei uns. Wenn ich hier einen Studienplatz bekommen könnte, ...

A Satzbau

1 a) So kann man nach einer Meinung fragen:
Was hältst du (haltet ihr, halten Sie) von der Stadt?
(= Wie findest du (usw.) die Stadt?)

b) Wie äußert man seine Meinung?
expresses
Im Text des Gesprächs stehen Möglichkeiten mit:
halten, finden, Meinung, Begriff, ankommen, scheinen.
Such sie und schreib sie auf! Merke sie auch gut!

aufsuchen – find

c) Wie sagt man, ob man derselben Meinung ist?
the same
Im Text des Gesprächs stehen Möglichkeiten mit:
Meinung, stimmen, glauben.

stimmen – to be right

Such sie und schreib sie auf! Merke sie auch gut!
Wie sagt man dann also das Gegenteil?

d) Jetzt kannst du andere nach ihrer Meinung fragen, z.B.
– über die Stadt bzw. die Gegend, in der du lebst;
– über die Schule, die du besuchst, oder auch andere Schulen;
– über Freunde und andere Leute, die du kennst (Bekannte);
– über Leute, die bekannt sind, z.B. Politiker, Filmschauspieler;
– über Musik, Filme, Fernsehsendungen, Theaterstücke, Politik;
– über Sport, das Wetter, die Jahreszeit, Kleider, usw.;
– über alles Mögliche eigentlich!
und sie können mit den verschiedenen Strukturen antworten.
Bist du derselben oder anderer Meinung? Das kannst du dazu
sagen, wenn die anderen geantwortet haben.

2 a) Die Situation ist nicht so, aber wenn die Situation so *wäre*:
Wenn ich keine Freunde *hätte, wäre* das Leben nicht so schön.
Es *könnte* nur besser sein, *wenn* du hier *leben würdest.*
Wenn ich hier einen Studienplatz bekommen *könnte,* ...
Merke gut die Konditional-Formen!

b) Warum *möchte* Conny einen Studienplatz in München
bekommen?
Sie sagte: „Wenn ich hier einen Studienplatz bekommen
könnte ..."
Schreib diesen letzten Satz des Gesprächs fertig, und zwar mit
so vielen verschiedenen Ideen wie möglich. Zu bedenken:
– Wie wäre für sie dann das Leben? Warum?
– Was könnte sie in München machen? Was würde sie machen?
– Was würde sie da finden? Wie würde sie sich dann fühlen? *feel*
– Was hätte sie vom Leben in der Stadt?

3. *Zu zweit* *in twos (pairs)*
Versucht, ein ähnliches Gespräch zwischen zwei Freunden bzw.
some
Freundinnen aufzubauen, von denen der/die eine vor einiger Zeit
into the
mit der Familie von einer Großstadt aufs Land umgezogen ist.
Obwohl das Leben in der Stadt zwar sehr gut war, scheint es trotz
consider
allen Erwartungen auf dem Lande noch schöner zu sein. (Bedenkt
warum! Liegt es an neuen Freunden? Wen hat er/sie kennengelernt?)
Jetzt ist der Freund bzw. die Freundin zu Besuch gekommen; sie
haben sich am Bahnhof getroffen: Schreibt weiter!

aufbauen – to make / build up.

bzw – beziehungsweise – or, that is, or rather, and respectively

Der Liebesbrief 37–67

Nicht jedes Verhältnis ist gut. In einer Freundschaft, in der es nicht genug Verständnis gibt, kommt es vielleicht zu solchen Schwierigkeiten wie in diesem Brief; daran sieht/hört man übrigens ein Deutsch, das zwar grammatikalisch richtig ist aber keinen guten Stil hat.

Lieber Geliebter![1]

Warum hast Du so lange nicht geschrieben, wo Du doch neulich[2] geschrieben hast, daß Du mir schreibst, wenn ich Dir nicht schreibe? Mein Vater hat mir gestern auch geschrieben. Er schreibt, daß er Dir geschrieben hat. Du hast mir aber kein Wort davon geschrieben, daß er Dir geschrieben hat.

Hättest Du mir ein Wort davon geschrieben, daß Dir mein Vater geschrieben hat, so hätte ich meinem Vater geschrieben, daß Du ihm schon schreiben wolltest aber keine Zeit zum Schreiben gehabt hättest.

Mit unserer Schreiberei[3] ist es sehr traurig, weil Du mir auf kein einziges Schreiben,[4] das ich Dir geschrieben habe, geschrieben hast.

Wenn Du nicht schreiben könntest, wäre es etwas anderes, dann würde ich Dir überhaupt nicht schreiben. So kannst Du aber schreiben und schreibst doch nicht, wenn ich Dir schreibe.

Ich schließe[5] mein Schreiben und hoffe, daß Du mir nun endlich einmal schreibst, sonst ist dies mein letztes Schreiben, das ich Dir geschrieben habe. Solltest Du aber diesmal wieder nicht schreiben, so schreibe mir wenigstens, daß Du mir überhaupt nicht mehr schreiben willst, dann weiß ich wenigstens, warum Du mir nie geschrieben hast.

Verzeihe mir die schlechte Schrift,[6] ich bekomme immer den Schreibkrampf unterm Schreiben. Du bekommst natürlich nie den Schreibkrampf, weil Du nie schreibst.

Gruß und Kuß

Deine N.N.

aus Riesenblödsinn, einer Auswahl aus dem Gesamtwerk von Karl Valentin

ERLÄUTERUNGEN

1 Liebhaber; Mann, mit dem eine Frau ein Liebesverhältnis hat
2 vor kurzem; in letzter Zeit
3 Briefwechsel (Normalerweise aber bedeutet es, daß man unendlich viel zu schreiben hat!)
4 Brief (eigentlich geschäftlicher /amtlicher)
5 beenden
6 wie man schreibt

B Wovon handelt der Text?

about what?

1 Aus welchem Grund ist die Frau so traurig?
2 Was erwartet sie von dem Mann, an den sie schreibt, und warum?
3 Wie oft schreibt sie ihm wohl?
4 Wie oft schreibt er ihr?
'5 Warum wohl?

C Kommentare

Wie könnte alles anders sein?

Wenn	er sie	nicht schreiben mehr verstehen	könnte, würde,	würde	sie ihm nicht er ihr	schreiben
Für	ihn	wäre es besser, wenn		er	in sie verliebt wäre bessere Briefe bekäme	
	sie			sie	ihm etwas Freundliches sagte interessantere Briefe schickte	
Sie	würde	sich freuen, glücklich sein,	wenn		sie einen Brief von ihm bekäme er mehr Verständnis / Zeit für sie hätte	
	wäre nicht so traurig,					

Erkläre mit solchen und ähnlichen weiteren Sätzen in der Konditional-Form, wie die Situation für die Frau oder ihren Geliebten besser wäre!

D Grammatik- und Stilübungen

Practice style

1 **Wenn Du mir geschrieben hättest, (so) hätte ich meinem Vater geschrieben, ... (2)** *umschreiben – to paraphrase*
Schreibe folgende Sätze auf ähnliche Weise um:
z.B. Sie hat ihm geschrieben: Das hat er nicht gut gefunden *thought*
 → Wenn sie nicht geschrieben hätte, hätte er es gut gefunden
z.B. Er hat sie nicht gemocht: Er ist unfreundlich gewesen
 → Wenn er sie gemocht hätte, wäre er freundlich gewesen
a) Er hat nicht geschrieben: Sie hat sich nicht gefreut.
b) Sie hat nichts Interessantes geschrieben; also hat er darauf nicht geantwortet.
c) Sie ist so dumm gewesen: Deswegen hat er sie nicht gemocht.
d) Er ist nicht verständnisvoll gewesen: Er hat also nichts mehr für sie gemacht.

2 **Hättest Du mir geschrieben, (so) hätte ich ihm geschrieben (2)**
Schreibe die Sätze aus der 1. Übung ohne ‚wenn' um!
z.B. Wenn sie nicht geschrieben hätte, hätte er es gut gefunden
 → Hätte sie nicht geschrieben, hätte er es gut gefunden

E Gesprächsthemen/Fragen zum Text

1 Was für eine Frau hat diesen Brief vielleicht geschrieben?
 Beschreibe sie! Erkläre, warum du sie so findest!
2 „Warum hast Du so lange nicht geschrieben, ...?"
 Warum hat er nicht geschrieben?
3 Wie reagiert sie darauf, daß er nie schreibt? (Hat sie ihn lieb?)
 Bedenke, was man normalerweise in einem Liebesbrief findet!
4 Passen die beiden ‚Geliebten' zueinander? Warum?

F Meinungsäußerung

(expression of) opinion

Schreibe dann, als ob du ihr Geliebter wärest, eine Antwort auf diesen Brief, um der Dame endlich mal alles klar zu machen! Zu bedenken:
 – Was für ein Mann ist er?
 – Wie könnte bzw. würde er auf die Dame oder auf den Brief reagieren?
 – Was hält er von ihr?
 – Wie würde er seine Meinung wohl äußern?

2.Kapitel Alles wie zu Hause

Karola, 15, wurde über ihren Alltag[1] interviewt, und in einer Zeitschrift erschien kurz danach ein Bericht[2] darüber. Hier liest man einen Auszug aus dem Bericht.

ERLÄUTERUNGEN

1 Wie das Leben von Tag zu Tag normalerweise läuft
2 Was man in einer Zeitung bzw. Zeitschrift liest
3 d.h. Sie versuchen zu verstehen, wie ich mich fühle
4 Der Mann, in dessen Haus wir wohnen
5 *Trust*
6 Schule für alle Schüler zwischen 10 und 19: Gymnasium, Realschule und Hauptschule unter einem Dach
7 Zu jemandem ‚du' sagen

„Mit meinen Eltern komme ich gut aus", erzählte sie. „Wenn es ein Problem gibt, sind sie so, wie ich es mir nur wünschen würde: verständnisvoll.[3] Ich habe da viel Freiheit. Übrigens: Mein Vater ist Spanier und von Beruf Anstreicher, meine Mutter Hausfrau. Wir wohnen in einem Mietshaus, in dem noch weitere fünf Familien wohnen: Familien aber, mit denen wir uns leider nicht so gut verstehen, weil meine Brüder öfters mal Krach machen. Da werden die Nachbarn sauer – zum Glück hat unser Hausbesitzer[4] Verständnis dafür. Ich verstehe mich mit meinen Brüdern eigentlich ganz gut, obwohl es manchmal Krach gibt."

Zu ihrem Freund, der Siegfried heißt und 20 Jahre alt ist, geht sie fast jeden Nachmittag: „Bei ihm unterhalten wir uns, hören Platten oder gehen mal ins Kino. Meine Eltern wissen, daß ich einen festen Freund habe, und sie haben nichts dagegen. Nur am Anfang gab es ein paar Schwierigkeiten, weil sie meinten, er sei zu alt. Da habe ich ihn einfach mal mitgebracht, damit sie sich kennenlernen. Jetzt haben sie auch Vertrauen[5] zu ihm." Das findet Karola sehr wichtig.

„Ich habe auch Vertrauen zu meiner Freundin Kirsten, mit der ich über alles Mögliche reden kann", sagte sie. „Wir sehen uns oft, da wir an derselben Gesamtschule[6] sind. Wir sind natürlich nicht immer in derselben Klasse, obwohl wir Gleichaltrige sind." *same age*

Sie findet ihre Schule gut: „Unsere Lehrer dürfen wir duzen[7] und beim Vornamen nennen. Das finde ich gut, weil man dann mehr Vertrauen zu ihnen hat: Wie wenn man mit einem Freund spricht, oder ich mit meinen Eltern. Deswegen fühle ich mich auch da wie zu Hause."

Jugendscala. Frankfurter Societäts-Druckerei

A Wovon handelt der Text?

Sind diese Behauptungen falsch oder richtig?
1 Mit den Nachbarn kommt Karolas Familie gut aus.
2 Karola kommt mit ihren Brüdern meist gut aus.
3 Karolas Freund finden ihre Eltern nicht gut.
4 Karola hält nicht viel von Vertrauen zu anderen Menschen.
5 Karola findet ihre Lehrer freundlich.

B Wortschatz

1 Welche im Text stehenden Wörter haben die gleiche Bedeutung wie diese?
 a) außerdem; was ich noch sagen wollte (1)
 b) Haus, das man nicht besitzt, obwohl man da wohnt (1)
 c) Leute, die nebenan wohnen (1)
 d) sprechen (wir) (2)
 e) Probleme (2)
 f) Leute, die gleich (= genauso) alt sind (3)
 g) aus diesem Grund; weil es so ist (4)
2 Welche im Text stehenden Ausdrücke haben die gleiche Bedeutung wie folgende?
 a) Mit ... verstehe ich mich gut (1)
 b) arbeitet als ... (1) *ist von beruf*
 c) zu denen wir kein gutes Verhältnis haben (1)
 d) sehr laut sind (1)
 e) ärgern sich (1)
 f) Sie finden es in Ordnung (2)
 g) als unsere Freundschaft neu war (2)
 h) viele verschiedene Sachen bzw. Ideen (3)

C Vokabelbau

*sich **verstehen**, Verständnis, verständnisvoll*

Diese verschiedenen Wörter, die mit ‚verstehen' zu tun haben, sind im Text zu finden. Weitere Wörter der ‚Familie' sind:
 verständnislos, die Verständnislosigkeit, sich verständigen, verständlich (Man kann es verstehen), selbstverständlich, der Verstand (Intelligenz), einverstanden (wenn man bereit ist mitzumachen), das Einverständnis (Erlaubnis, Zustimmung)

Welches dieser Wörter paßt wohin?

Wenn Ausländer zum ersten Mal nach Deutschland kommen, ... sie oft sehr wenig Deutsch. Dann müssen Deutsche .... sein und ihnen helfen. Es ist ...., daß man dabei vielleicht ungeduldig wird, wenn man alles mindestens dreimal sagen muß, um sich zu ...., aber .... bringt nur Probleme. Sonst geht es mit Ausländern oft sehr gut: Ich .... mich mit meinem Vater gut, und als ich ein Mädchen aus Spanien einladen wollte, war er sofort ...., obwohl sie kein Wort Deutsch konnte. Er hatte viel .... für sie und half ihr beim Lernen. Ihr .... war so, daß sie bald viel gelernt hatte.

D Grammatik- und Stilübungen

1 | **Meine Freundin Kirsten, mit der ich ... reden kann (2)**
Erkläre folgende Wörter mittels eines Relativsatzes mit Präposition am Anfang!
 z.B. eine gute Freundin (Vertrauen zu ihr)
  →eine Freundin, zu der man Vertrauen hat
 a) ein schlechter Nachbar (man versteht sich schlecht mit ihm)
 b) eine verständnisvolle Lehrerin (man bekommt Verständnis von ihr)
 c) mein bester Freund (ich verstehe mich am besten mit ihm)
 d) meine Freunde (ich komme gut mit ihnen aus)

2 | **Karola sagte, sie *komme* mit ihren Eltern gut aus, daß ihre Eltern sehr verständnisvoll *seien*, wenn es ein Problem *gebe*, und daß sie selber zu Hause viel Freiheit *habe*.**
Was sagte Karola über ihr Leben? Schreib' einen Bericht!
 z.B. Ich wohne in einem Mietshaus"
  →Sie sagte, sie wohne in einem Mietshaus.
 z.B. „Ich bin zu Hause sehr glückich"
  →Sie sagte, daß sie zu Hause glucklich sei.
 a) „Mein Verhältnis zu meinen Eltern ist gut."
 b) „Manchmal gibt es Krach unter uns.
 c) „Mein Freund heißt Siegfried und ist 20 Jahre alt. Ich habe eine feste Freundschaft mit ihm und verstehe mich gut mit ihm."
 d) „Ich finde mein Verhältnis zu meinen Lehrern gut, weil ich sie duzen darf. Dann hat man mehr Vertrauen zu ihnen, wie wenn man mit einem Freund spricht."

E Gut verstanden? Fragen zum Text

1 Beschreibe die Verhältnisse, die Karola zu den verschiedenen Menschen hat, die im Mietshaus wohnen!
2 Wie reagierten vorerst Karolas Eltern auf ihre Freundschaft mit Siegfried, und warum?
3 Wieso fühlt sich Karola auch in der Schule wie zu Hause?

Leben in einer fremden Familie

Wer als Au-pair-Mädchen arbeiten will, braucht Mut: Denn man arbeitet in einem anderen Land unter fremden Menschen mit fremder Sprache. Hier liest man von den Erfahrungen, die ein Au-pair-Mädchen machte, als sie in die Fremde zog:

Gabrielle Aellen stammt aus der Schweiz. Als sie ihre Au-pair-Stelle bei der Hamburger Familie Zachariassen antrat, waren für die 20jährige die mangelnden Deutschkenntnisse ein wichtiger Grund dafür, daß sie einen Auslandsaufenthalt[1] unternommen hatte: „Ich möchte Schmuckverkäuferin werden", erzählte sie, „dafür muß ich neben Französisch auch Deutsch sprechen."

Ihre Wahlheimat[2] gefällt ihr sehr gut: „Die vielen Geschäfte und Boulevards und das ganze Leben hier finde ich toll", schwärmte sie. Nur die Berge fehlen ihr[3] natürlich: „Aber alles kann man bekanntlich[4] nicht haben." Insgesamt ist sie mit ihrem Aufenthalt recht zufrieden: „Die Familie ist einfach prima. Sie haben mir gleich nach meiner Ankunft das Du angeboten,[5] mich wie eine echte Tochter der Familie aufgenommen.

Gaby hat im Obergeschoß der Villa eine eigene abgeschlossene Wohnung mit Gästezimmer, separatem Bad und WC. Sie genießt in dem 4-Personen-Haushalt viele Freiheiten: „Ich bin nur für die Kinder da, mit Putzen und Hausarbeit habe ich nichts zu tun."

Ab 14 Uhr hat sie frei, um die Fremdsprachenschule zu besuchen oder etwas anderes zu unternehmen. Sie macht hier in Deutschland auch ihren Führerschein,[6] weil das billiger ist als in der Schweiz.

Diskotheken hat sie in Hamburg nur von außen gesehen: Ihr liegt es mehr, abends mit der Familie zu spielen oder gemütlich[7] zu stricken und Musik zu hören: „Ich bin ja nicht hierher gekommen um auszuflippen", sagte sie in akzentfreiem Deutsch, „sondern um die Sprache perfekt zu lernen und nette Kontakte zu knüpfen." Beides ist ihr hervorragend gelungen.

Aber Cornelia Zachariassen mag gar nicht daran denken, daß sie sich in ein paar Monaten wieder an ein neues Mädchen gewöhnen muß: „Ob ich noch einmal so viel Glück habe, ein so nettes Mädchen zu bekommen?" (*Mädchen*, Medit Verlag 27.4.83)

ERLÄUTERUNGEN ZUM TEXT

1 wenn man eine Zeitlang im Ausland wohnt (aber eben nicht für immer)
2 Heimat (wo man wohnt), die man gewählt hat
3 *she misses*
4 das weiß jeder
5 gesagt, ich soll sie duzen
6 Erlaubnis zum Autofahren
7 bequem und zufrieden (so wie die Atmosphäre in einem Zimmer, in dem man gerne lange sitzt)

F Wovon handelt der Text?

1 Warum wollte Gaby einen Aufenthalt in Deutschland unternehmen?
2 Wie kommt sie in Hamburg zurecht? *cope/manage*
3 Wie kommt sie mit der Familie aus?
4 Bewertet sie ihren Aufenthalt positiv oder negativ?

G Wortschatz

1 Welche im Text stehenden Wörter haben die gleiche Bedeutung wie diese?
   a) unbekannt; die wir nicht kennen
   b) kommt (aus)
   c) warum man etwas macht
   d) sagte begeistert; sagte mit Wärme
   e) akzeptiert und zu sich genommen
   f) separat
   g) machen
   h) wild (zu) werden
   i) das eine so wie das andere
2 Welche im Text stehenden Ausdrücke haben die gleiche Bedeutung wie diese?
   a) ins Ausland ging
   b) einen Job anfing
   c) daß sie nicht genug Deutsch konnte
   d) findet sie toll
   e) sobald ich angekommen war
   f) nicht besucht
   g) was sie lieber macht, ist, . . .
   h) neue Menschen kennenlernen
   i) . . . hat sie prima geschafft

H Vokabelbau

Fremdsprachenschule (= Fremd + Sprachen + Schule)

Im Text stehen verschiedene mit ‚fremd' verbundene Wörter und Ausdrücke: *expression/phrase*
z.B. *in einer fremden Familie, die Fremde, die Fremdsprache*
Weitere solche Wörter und Ausdrücke:
   ein Fremder, eine Fremde, ich bin hier fremd, der Fremdenverkehr (= Tourismus),
   Fremdenzimmer (d.h. für Gäste), *ein Fremdwort*
   (z.B. Au-pair, Job, Shop)
Was kann man als Au-pair-Mädchen alles erleben? In den Antworten auf folgende Fragen befindet sich jeweils ein Wort auf ‚fremd' wie oben: *each*
   a) Wohin zieht man, wenn man Au-pair-Mädchen wird?
   b) Bei was für einer Familie wohnt man dann?
   c) In was für einem Land lebt man als Au-pair-Mädchen?

das Ausland – foreign country

   d) Was machen viele Au-pair-Mädchen in Deutschland, um ihre Deutschkenntnisse zu bessern?
   e) Was lernen vielleicht die kleinen Kinder der Familie von dem Au-pair-Mädchen, das sie zu versorgen hilft?

I Grammatik- und Stilübung

Indirekte Rede
Schreib' die Antworten auf folgende Fragen als indirekte Rede:
z.B. Was sagte Gaby über ihren gewünschten Beruf?
   →Sie sagte, sie *müsse* dafür Deutsch sprechen
   a) Was sagte Gaby über das Leben in Hamburg?
   b) Was sagte sie über die Familie Zachariassen?
   c) Was sagte sie über ihre Pflichten im Haushalt? *duties*
   d) Was sagte sie über ihre Gründe, einen Aufenthalt in Deutschland zu unternehmen?
   e) Was fragte sich ihre Arbeitgeberin über das nächste Au-pair-Mädchen?

J Nicht nur montags ☻

Christiane im Ausland (Vokabeln und Fragen auf Seite 220)
Mit 19 zog Christiane in die Fremde: nach London, wo sie als Haustochter arbeitete.

K Gut verstanden? Fragen zum Text und zur Tonbandaufnahme

1 Aus welchen Gründen treten wohl viele Mädchen eine Au-pair-Stelle an?
2 Worauf kommt es an, ob ein Au-pair-Mädchen ihren Auslandsaufenthalt gut findet?
3 Was kann man als Au-pair-Mädchen unternehmen und erleben?
4 Wie sind die Vor- und Nachteile davon, als Au-pair-Mädchen zu arbeiten?

L Augenzeuge

1 Wenn du Au-pair-Mädchen wärest . . .
   Was würdest du erleben wollen?
   Warum würdest du es werden?
   Was für eine Familie möchtest du?
   Wie würdest du die Kinder behandeln, deine Freizeit verbringen?
2 Du warst Au-pair-Mädchen: Beschreibe die Erfahrungen, die du gemacht hast! Zu bedenken
   – Warum?/Wo?/Erlebnisse/Familie/Spaß/ Probleme(?)/Freizeit/gelungen?

2. Kapitel

Die Au-pair-Vermittlungsstelle[1]

Wer als Au-pair arbeiten möchte, erhält Auskunft und Beratung[2] vom „Verein für Internationale Jugendarbeit e.V." Der Verein[3] vermittelt Au-pair-Mädchen (neulich auch Jungen) an Familien in Deutschland so wie auch im Ausland. Die 17 Beratungs- und Vermittlungsstellen erleben[4] eine große Anfrage nach Au-pair-Stellen, aber eine 19- bis 20jährige hat gute Chancen, eine Familie zu finden, die sie nehmen möchte.

ERLÄUTERUNGEN

1 Agentur, die Au-pair-Stellen organisiert
2 wobei man von anderen hört, was man machen sollte
3 *Club; Union.* (e.V. = eingetragener Verein: *registered association*)
4 *experience (i.e. go through)*
5 was man alles für (die Kinder) macht
6 *board*
7 da; zu haben
8 Gegenteil von ‚gelingen'
9 eine(r) von … sein
10 (hier) Gegenteil von ‚nicht'

Die Gastfamilie nimmt das Au-pair-Mädchen wie eine Tochter auf und läßt sie am Familienleben teilnehmen. Das Mädchen soll 5 bis 6 Stunden täglich im Haushalt und bei der Versorgung[5] der Kinder helfen. Dafür bekommt sie ein Taschengeld von 250 DM im Monat, Unterkunft und freie Verpflegung.[6] Für den Besuch einer Sprachenschule steht ihr eine geregelte Freizeit zu. Wenn Sympathie und Verständnis von beiden Seiten vorhanden[7] sind, ist dieser Auslandsaufenthalt eine sinnvolle Form, ein fremdes Land, seine Menschen und seine Sprache kennenzulernen.

Sicherlich kann der Besuch aber mißlingen:[8] Der junge Däne, der zu den ersten Au-pair-Jungen gehörte,[9] konnte sein Sklavendasein – niederste Arbeiten, 55-Stunden-Woche, Unterkunft im feuchten Keller – nach einigen Monaten nicht mehr ertragen und ging zur Au-pair-Vermittlungsstelle, die ihm zu einer neuen Stelle verhalf.

Rita Huggle, Geschäftsführerin der Hamburger Beratungsstelle: „Es kommt schon[10] vor, daß Au-pairs als billige Haushaltshilfen arbeiten müssen. Sobald wir aber davon hören, holen wir die Jugendlichen aus den Familien heraus, und wir vermitteln nicht wieder an die Adressen." Auch Gastfamilien, die mit den Jugendlichen Probleme haben, sollen mit einer der Vermittlungsstellen in Kontakt kommen.

Nicht, daß es so oft zu solchen Schwierigkeiten kommt. Rita Huggle: „Normalerweise müssen die Mädchen, die wir vermitteln, mindestens 18 Jahre alt sein." Sie brauchen schließlich auf den eigenen Beinen zu stehen. „Im Durchschnitt bleiben die Mädchen – seit einiger Zeit auch Jungen – sechs bis zwölf Monate bei ihren Gastfamilien." Das läßt schon[10] schließen, daß die meisten Au-pair-Stellen gut gelingen. (Mädchen, Medit Verlag 27.4.83)

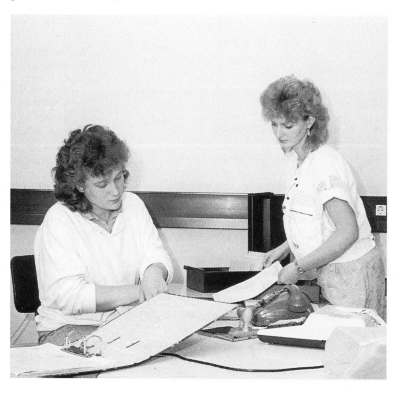

M Grammatik- und Stilübungen

1 I eine Zwanzigjährige, (eine 20jährige (Vowort))
die Jugendlichen (3)
Welches Adjektiv paßt statt der Worte in
Klammern als Hauptwort? (Vorsicht bei den
Endungen!)
z.B. Ein (Mann aus Deutschland) kann in
London seine Sprachentnisse verbessern
→ Ein Deutscher kann in London seine
Sprachkenntnisse verbessern
a) Der (Mann aus Deutschland) wollte seine
Tochter nach Amerika schicken.
b) Ein (Junge von 16 Jahren) kann es nicht so
gut organisieren.
c) Eine (Frau von 22 Jahren) wartete in der
Beratungsstelle.
d) (Leute von 20 Jahren) haben oft Probleme,
wenn sie das Zuhause verlassen.
e) (Junge Leute) unter 18 Jahren dürfen keinen
Alkohol kaufen.
f) Die Eltern fanden es nicht gut, als die
13jährige Tochter einen (Jungen von 17
Jahren) mit nach Hause brachte.
g) Die (Leute aus Deutschland), die nach
London kommen, finden die Stadt meist
ganz toll.

**2 I Sie brauchen schließlich auf den eigenen Beinen
zu stehen** (4)
Was die Au-pair-Mädchen zu machen brauchen
bzw. nicht brauchen:
z.B. die Kinder versorgen
→ Die Kinder brauchen sie schließlich zu
versorgen
z.B. viel Geld mitnehmen
→ Viel Geld brauchen sie schließlich nicht
mitzunehmen
a) Verständnis für die Familie mitbringen
b) sich mit Kindern gut verstehen
c) Zeit mit den Kindern verbringen
d) mindestens 18 Jahre alt sein
e) Unterkunft und Verpflegung selber zahlen
f) allein sein
g) als billige Haushaltshilfen arbeiten
h) zwölf Monate dableiben

N Gut verstanden? Fragen zum Text

1 Auf welche verschiedenen Weisen lebt das Au-
pair-Mädchen wie eine Tochter der Familie?
2 Warum braucht ihre Freizeit geregelt zu sein?
3 Warum erleben die Vermittlungsstellen vielleicht
eine große Anfrage nach Au-pair-Stellen?
4 Warum mißlang die erste Au-pair-Stelle des
jungen Dänen?
5 Wozu sind die Au-pair-Vermittlungsstellen da?

6 Warum brauchen die Au-pair-Mädchen ein
Mindestalter von 18 Jahren?
7 Woran ist zu sehen, daß es den meisten Au-pair-
Mädchen bei ihren Gastfamilien gut geht?
8 Wie wäre es vielleicht, wenn die Au-pair-
Vermittlungsstellen nicht da wären?

O Arbeiten zu zweit

1 Ein Mädchen geht zur Vermittlungsstelle: Sie
möchte eine Au-pair-Stelle im Ausland. (Wo?
Warum? Für wie lange?)
Das Mädchen möchte so viel wie möglich
herausfinden, was Au-pair-Mädchen zu machen
brauchen. (Siehe die 2. Übung oben!)
Die Geschäftsführerin beantwortet ihre Fragen
und muß auch feststellen, ob das Mädchen
selbständig genug ist, ob sie bei der Versorgung
von Kindern Erfahrungen hat, usw. (Bedenke:
Schon im Ausland?; Alter; Sprachkenntnisse;
Interessen; Geschwister; Zuhause; Reaktion auf
Kinder!)
Man soll das Gespräch aufbauen, das die
beiden führen.
2 Ein Au-pair-Mädchen geht zur Beratungsstelle,
weil sie mit ihrer Gastfamilie ein Problem hat. Wie
ist das Problem? Wie erklärt sie? Welche Hilfe
bzw. Beratung erhält sie von der Beratungsstelle?
Man soll das Gespräch zu zweit aufbauen.

P Augenzeuge

Du bist Geschäftsführerin einer Au-pair-
Vermittlungsstelle und erhältst folgenden Brief:

Sehr geehrte Frau Geschäftsführerin,
Ich interessiere mich dafür, einen Aufenthalt in der
BRD zu unternehmen, eventuell als Au-pair-Mädchen.
Ich bin 18jährige Schulabgängerin; Deutsch hatte
ich als Hauptfach auf der Schule.
Könnten Sie mir bitte Informationen darüber
schicken, was man als Au-pair-Mädchen zu tun
braucht, was die Familie von dem Au-pair-Mädchen
erwartet, und wie alles organisiert wird.
Für Ihre Hilfe und Beratung bedanke ich mich.
Hochachtungsvoll
Ihre
Susan Hassell

Schreib' eine Antwort auf den Brief, die so
anfängt: „Sehr geehrtes Fräulein Hassell ...”

3.Kapitel Zu viel Familie?

Ich hatte es mir in meiner Kindheit oft so vorgestellt: Nach der Schulzeit würde ich auf den eigenen Beinen stehen, nicht mehr zu Hause wohnen. Nicht, daß ich mit meiner Familie nicht auskam: Vom Familienleben war nicht viel, weil meine Eltern arbeiteten und abends müde waren, aber die Geschwister, mit denen ich die Wohnung auch teilte, hatten Verständnis füreinander. Nur: Wir wohnten zu sechst in einer Wohnung, in der nur zwei Schlafzimmer vorhanden waren. Privatsein kam gar nicht in Frage. Und das war für mich die große Schwierigkeit: Gerade dieses Alleinsein brauchte ich sehr. Das begriff Mutter nicht.

Oft hatte sie gesagt, man könne eben nicht alles haben, ich müsse wohl lange warten, sie habe als Kind auch kein eigenes Zimmer gehabt; oft hatte sie gefragt, ob es nicht doch schön sei, daß man auch andere da habe – klar! Das wußte ich alles. Und doch: Wenn ich nur die Möglichkeit hätte, allein zu sein, dachte ich mir oft, wäre alles in Ordnung. Ich würde nicht viel Platz brauchen, in dem ich zurechtkommen würde, nur genug, daß ich selber entscheiden könnte, wann ich mit anderen sein wollte und wann nicht.

Denn es kämen bestimmt Tage, dachte ich mir, an denen ich nichts zu sagen hätte oder alles schlecht ginge. Wäre es nicht blöd, fragte ich mich, an solchen Tagen mit anderen zusammenzusein? Meine Schwester merkte es sowieso oft, wenn ich Probleme hatte, aber ich wollte sie damit nicht belasten. Und ich wollte Bücher schreiben: Dazu wäre das Alleinsein unentbehrlich.

So war ich auf die Idee einer Wohngemeinschaft gekommen, in der jeder sein privates Eckchen hätte, wo man aber auch mal zusammen etwas unternehmen könnte: Natürlich nur mit Menschen, mit denen ich mich gut verstehen würde. Ich hatte keine Ahnung, wie das alles zu erreichen wäre, oder wo man eine passende Wohnung finden würde: Ich träumte einfach von der Selbständigkeit ...

Nun aber waren die Jahre des Träumens vorbei: Die Schulzeit war zu Ende, der letzte Schultag gekommen, und ich stand vor meiner großen Prüfung: meine Freiheit zu realisieren. Aber sie kam nicht so, wie ich es mir gedacht hatte ...

Angelika Gradl: *Ende-Anfang*

A Sprachanalyse

Suche im Text Folgendes:

1 Hauptwörter, die als Hauptteil ein Adjektiv haben:
z.B. *schwierig – Schwierigkeit*
Welche schreibt man mit ‚-heit' und welche ‚-keit'?
2 Wörter in der Dativpluralform:
z.B. *mit anderen (Menschen)*
Welche von diesen Wörtern haben normalerweise keinen ‚n' am Ende der Pluralform?
3 Relativsätze, die mit einer Präposition (+ Dativ) anfangen:
z.B. *(Geschwister), mit denen ich die Wohnung teilte*
Schreib jeweils das Wort auf, worauf sich der Relativsatz bezieht!
4 Indirekte Rede mit Konjunktivform:
z.B. gesagt, man *könne* nicht alles haben
Was sagte man eigentlich?
5 Verben in der Konditionalform:
z.B. Wenn ich die Möglichkeit *hätte*
Teil die Verben danach ein, ob sie im Hauptsatz oder im Nebensatz stehen!

B Tonbandaufnahme

Wohngemeinschaft (Vokabeln auf Seite 220)
Im Text befinden sich weitere Beispiele für die Sprachanalyse und Vokabeln, die bei dem Überblick sowie auch bei dem Lückentext und der Übersetzung zu benutzen wären.

C Lückentext

Der Text gegenüber sowie auch der Text der Tonbandaufnahme „Wohngemeinschaft" könnten nützlich für diese als auch die folgende Übung sein.

Welche Wörter passen in die Lücken?

Die Jugendlichen
Junge Menschen wollen nicht immer zu Hause wohnen sondern auf den .... stehen. Das sagten ganz direkt die .... Menschen, ... wir sprachen. Sie wollen mit .... leben, mit denen sie sich gut .... Zu Hause können sie oft nicht selber ...., ob sie etwas machen sollen oder nicht. Ein Junge erklärte, daß er zu Hause nicht genug Freiheit ....:,, Wenn ich mit .... Freunden eine Wohnung hätte, ... ich die Küche und den Haushalt so ...., wie ich es will. Zu Hause aber geht das nicht.''

D Übersetzung ins Deutsche

"I'd like to discuss the flat with you. I think it would be good if each of us could have a room of our own. I know that we get on well with each other and that we all have enough respect for each other. But there could be problems if we had to share a room. We need the possiblity of being on our own."

"Yes, I think so too. Otherwise there are difficulties when one of us comes home in the middle of the night. But first I think we ought to look for a suitable flat."

E Überblick

Wohngemeinschaft

Bevor man mit anderen in eine Wohngemeinschaft einzieht, diskutiert man erst die Organisation, damit alle miteinander gut auskommen:

1 Was brauchen wir? Was wollen wir? Was hättest du gerne da?
 – Ich finde, jeder braucht genug Platz.
 – Ich möchte auch mein privates Eckchen.
 Und du? Und deine Freunde?

finden	brauchen	Platz	(Wieviel? Wozu?)
für meine Begriffe	wollen	Zimmer	(Was für?)
		Küche	(Wie?)
mögen		Telefon	(Warum?)
		Respekt	(Vor wem?)
gern haben		Verständnis	(Für wen?)

2 Was brauchen wir zu organisieren?
 – Ich finde, wir sollten die Organisation diskutieren:
 – Für meine Begriffe brauchen wir erst alles zu besprechen, sonst könnten wir Probleme haben.
 Was findest du wichtig und warum? Und deine Freunde?

sollen	Wohnung	regelmäßig	kochen	
	Küche	gemeinsam	essen	
müssen	Bad	zusammen	putzen	(sonst . . .)
	Gemeinschafts-	einzeln	sauber halten	
brauchen	zimmer		organisieren	
	Entscheidungen		treffen	
	etwas		unternehmen	
	an . . .		denken	

3 Wollen wir alles gemeinsam organisieren oder auch einiges getrennt/ einzeln machen? Wir sollten bedenken:

Möglichkeit, allein zu sein	Entscheidungen
Zimmer für jeden	Respekt
Platz genug	Verständnis
saubere Küche	Telefon
Küche führen	mal zusammensein
Gemeinschaftszimmer	Organisation
alles sauber halten	Freiheit von anderen
zusammen kochen	etwas unternehmen
gemeinsam essen	

Du hast eine Liste der Ideen geschrieben, die du für wichtig hältst. Deine Freunde fragen dich bei der Diskussion:
 „Wofür wärest du?"
 „Was würdest du besser finden?
 „Was meinst du? Wie wäre es besser?"
 „Was wäre akzeptabel?"
Du antwortest:
 „Ich wäre dafür, daß . . ."
 „Ich würde es besser finden, wenn . . ."
 „Es wäre besser, wenn . . .`
 „Es würde besser gehen, wenn . . ."

 z.B. Ich wäre dafür, daß wir ein Telefon gemeinsam zahlen.
 Es wäre gut/besser, wenn wir die Organisation diskutieren könnten.

F Diskussion

1 *Zu zweit*

Stellt Fragen aneinander, an Hand des Überblicks und des Diskussionsführers, um die Meinung des Partners über die Organisation einer WG gegenseitig herauszufinden!

Diskussionsführer	
Expressing an opinion	Ich finde/Ich bin der Meinung
Emphasis	Für mich/Für meine Begriffe ist ... nötig
	Meiner Meinung nach braucht man ...
	Wichtig wäre für mich ...
	Wie ich das sehe
	Man darf ... nicht vergessen
	Man muß auch ... bedenken
Agreeing, disagreeing	Stimmt/Das finde ich auch
	Ich bin auch der Meinung
	Du hast recht/Da gebe ich dir recht, sonst ...
	Das finde ich aber nicht
	Das mag sein, aber ...
	Da bin ich (ganz) anderer Meinung, weil ...
Querying	Ich frage mich, ob ...
	Ist es wirklich so, daß ...
	Meinst du wirklich, ...
	Trotzdem wäre es möglich, ...
	Aber gleich wichtig für mich wäre ...

2 *In der Gruppe*

Besprecht mit Hilfe eurer Notizen, ob und wie ihr in einer WG zusammenleben würdet!

G Aufsatzplan

Bereite mit Hilfe dieses Plans den Aufsatz vor, den du zum Thema schreiben willst! Nützliche Ideen, Ausdrücke und Redewendungen findest du in den Texten über „Verhältnisse", die du gelesen bzw. gehört hast.

Thema: Selbständig leben – allein oder mit anderen?

1 Einleitung:
  – Selbständig leben – wann will man das?
  – Welche Möglichkeiten gibt es? Vor- und Nachteile bei jeder dieser Möglichkeiten?

2 Leben in einer eigenen Wohnung:
  – Welche Vor- und Nachteile?
  – Ist es für alle Leute möglich, so zu leben? Warum?
  – Bedenke: Freiheit/Kochen/Putzen/Kosten/Streit mit Freunden?

3 Mit Freund(in):
  – Wie organisiert man alles? Kosten?

4 Wohngemeinschaft:
  – Warum ziehen viele (vor allem junge) Leute in WG's zusammen?
  – Welche Probleme könnte es geben? Warum?

5 Bestimmte Organisation nötig, um Probleme zu überwinden und mit anderen auszukommen:
  – Bedenke, was man braucht, um gemütlich zu leben!

6 Äußere deine Meinung, was du persönlich magst/möchtest, und warum!
  – Es hängt vom Charakter des Individuums ab
  – WG mag schon gut sein: Könntest du da leben oder nicht?

4.Kapitel Beim Berufsberater

Bald wird es Zeit, an den Beruf zu denken. Thomas möchte sich darüber informieren ...

BERATER	Haben Sie schon Wünsche, was Sie gerne werden möchten?
THOMAS	Noch nicht. Freunde von mir haben gesagt, es wäre zur Zeit so ziemlich schwer, überhaupt eine Stelle zu finden, daß Ausbildungsplätze knapp wären. Wie schafft man das am besten?
BERATER	Erstens stimmt's nicht, daß die Betriebe keine Ausbildungsplätze hätten. Und es ist auch nicht richtig, daß wir nicht helfen könnten. Jede Woche werden uns viele Angebote von den Betrieben geschickt. Wir haben heute mehrere Plätze an den Mann gebracht.
THOMAS	Gut. Aber ich meine, was man praktisch so macht.
BERATER	Also, wenn Sie sich für eine Stelle oder einen Ausbildungsplatz bewerben, brauchen Sie erst einen Lebenslauf. Darin wird beschrieben, was Sie bis jetzt geleistet haben – Schule, Zeugnisse, Qualifikationen, Interessen, und so weiter. Erst also wird der Lebenslauf angefertigt und fotokopiert.
THOMAS	Wieso fotokopiert?
BERATER	Sonst müßte er immer wieder neu geschrieben werden!
THOMAS	Das hört sich an, als ob ich doch Probleme haben könnte.
BERATER	Nicht unbedingt! Nur vorsichtshalber sollten Sie eine Kopie behalten. Das kann immer nützlich sein. Also Lebenslauf und Bewerbung werden an den Betrieb geschickt. Von der Firma wird dann je nach dem geantwortet: Wenn sie Ihre Bewerbung gut genug findet, wird ein Termin an Sie geschickt, und Sie müssen sich dann zu der Zeit zur Vorsprache einfinden.
THOMAS	Hier bei Ihnen?
BERATER	Nein, bei der Firma: Sie werden dann vom Betriebsleiter oder seinem Personaldirektor interviewt. Sie wollen dann sehen, wie Sie so sind, und ob in Ihrer Bewerbung so weit alles stimmt.

A Satzbau

1 Was man von anderen gehört hat, kann man so erzählen:

Freunde haben gesagt,	es wäre zur Zeit so ziemlich schwer, . . . daß Ausbildungsplätze knapp wären

2 Auf diese Weise kann man die Wahrheit davon bestreiten, was sie gesagt haben:

Es stimmt nicht,	daß die Betriebe keine Ausbildungsplätze hätten
Es ist nicht richtig,	daß wir nicht helfen könnten

3 Um zu erklären, wie alles passiert bzw. wie man alles macht bzw. wie alles zu machen ist:

Jede Woche	werden	uns viele Angebote geschickt

B Ausbildungsplätze für Jugendliche

a) Erzähl, was dir Freunde über Ausbildungsmöglichkeiten bei diesem Betrieb gesagt haben!
z.B. Sie haben mir gesagt, viele Jugendliche wären arbeitslos.
b) Bestreite die Wahrheit dieser Kritiken, als ob du Personaldirektor (-in) des Betriebs wärest!
z.B. Es stimmt nicht, daß so viele Jugendliche keine Arbeit hätten.

1 Die Ausbildungspolitik des Betriebes:
– Jugendliche ausbilden, dann als Arbeitskräfte einstellen
– Auszubildende (Lehrlinge) gut behandeln und nicht als billige Arbeitskräfte ausnützen
– Freizeit und Pausen für alle Auszubildenden festgelegt
– Alles unter Aufsicht des Aufsehers
– Jugendliche einmal in der Woche in die Werksschule schicken
– Betriebsrat führt den Unterricht
Als Personaldirektor (in) erklärst du, wie alles in diesem Betrieb gemacht wird!
z.B. Jugendliche werden ausgebildet . . .

2 *Zu zweit*

Ein Jugendlicher bzw. eine Jugendliche, der (die) gerade einen Ausbildungsplatz bei einem Betrieb akzeptiert hat, hat aber von Freunden Schlechtes über die Firma gehört und erzählt dem Personaldirektor bzw. der Personaldirektorin des Betriebes, was diese Freunde gesagt haben. Dieser (Diese) bestreitet die Wahrheit der Kritiken und erklärt erstens, wie alles eigentlich gemacht wird, und zweitens, was Auszubildende (Lehrlinge) bei dem Betrieb zu machen haben.

Baut zu zweit das Gespräch auf, das zwischen den beiden stattfindet!

C Hör mal zu! 📼

Traumberuf und Wirklichkeit (Vokabeln und Fragen auf Seite 220)

Nicht jeder findet eine Lehrstelle im gewünschten Beruf; und manchmal gibt es für Lehrlinge Schwierigkeiten.
Hier sprechen Jugendliche über Ausbildungsplätze und Enttäuschungen. Wenn du die Tonbandaufnahme gehört hast, beantworte die Fragen dazu.

Die Firma antwortete noch nicht einmal!

Keine Lehrstelle für Hauptschulabgängerin

„Bald war es mir egal, welchen Beruf ich ausüben könnte. Meine Berufsvorstellungen[1] habe ich schon lange aufgegeben", resigniert Sabine Fischer. Die siebzehnjährige Dortmunderin, die in diesem Jahr die Hauptschule abgeschlossen hat, erhielt trotz ihrer Versuche keinen Ausbildungsplatz und weiß nicht, wie es weitergehen soll. Dabei hat sie ein ganz gutes Zeugnis: Gute Noten in sechs Fächern, zwei „Dreier" und dreimal „ausreichend," und keine Note schlechter als „Vier". Zu einer Ausbildungsstelle verhalf es ihr nicht.

Mittlerweile, sagte sie uns, sei ihr gleich, in welcher Branche sie ausgebildet werde. Hauptsache, sie arbeite. Diese Resignation, dieses Wunschlos-Sein, meinten aber ihre Eltern, sei jetzt ein großer Nachteil. Dann sage man, erklärte Sabine weiter, sie interessiere sich nicht genug für den Beruf; so bekomme man wieder eine Absage. Ihre Eltern seien manchmal zum Interview mitgekommen und hätten ihr zu helfen versucht – es gehe einfach nicht.

Sabine weiß nicht mehr, was sie machen sollte, und fühlt sich vom Arbeitsamt vergessen. Auch glaubt sie, daß die Arbeitgeber Vorurteile gegenüber Hauptschülern hätten.

Besonders traurig ist sie darüber, daß ihre Bemühungen[2] auch noch nachlässig[3] behandelt werden: „Bei einer Firma habe ich mich nach Rücksprache[4] mit der Berufsberatung schriftlich beworben. Das war vor drei Monaten. Ich habe trotz späterer Vorsprache bei der Firma keine Absage erhalten und meine eingereichten Papiere wie Zeugniskopie, Bewerbung und Lebenslauf nicht zurück bekommen."

ERLÄUTERUNGEN

1 Ideen darüber, was man werden möchte
2 Was sie alles gemacht bzw. versucht hat
3 unvorsichtig, respektlos, rücksichtslos
4 *consultation*

D Wovon handelt der Text?

1 Hat Sabine noch Hoffnungen auf eine Ausbildung in einem gewünschten Beruf?
2 Was denkt sie, ob das Arbeitsamt für sie viel macht?
3 Wurde sie von der Firma respektvoll behandelt?

E Kommentare

Wie hört sich für Sabine alles an?

Es hört sich an,	als ob	sie kein Glück gehabt hatte
Es klingt,		sie ziemlich unglücklich wäre

Bau solche und ähnliche weitere Kommentare auf, und zwar über Sabines Gefühle, ob sie eine Lehrstelle wohl finden wird, was das Arbeitsamt für sie gemacht hat, ob Arbeitgeber Vorurteile gegenüber Hauptschulabgängern haben, wie die Firma sie behandelt hat, usw.!

F Grammatik- und Stilübungen

1 **(Dann sage man), sie** *interessiere* **sich nicht für den Beruf (2)**
Nicht alles stimmt, was man sagt! Bestreite die Wahrheit folgender Aussagen!
z.B. ,,Ein gutes Zeugnis verhilft immer zu einer Ausbildungsstelle.''
    Es stimmt nicht, (was man sagt,) daß ein gutes Zeugnis immer zu einer Ausbildungsstelle verhelfe!
a) ,,Ein resignierter Jugendlicher interessiert sich für nichts.''
b) ,,Das Arbeitsamt macht etwas für alle Jugendlichen.''
c) ,,Kein Arbeitgeber hat Vorurteile gegenüber Hauptschulabgängern.''
d) ,,Die Firma, von der Sabine spricht, hat sie freundlich behandelt.''

2 **(Sie sagte,) ihre Eltern** *hätten* **ihr zu helfen versucht (2)**
Was Sabine sagte: ,,Meine Eltern haben mir zu helfen versucht.''
Schreibe folgende Sätze als Indirekte Rede:
z.B. Sabine: ,,Viele Hauptschulabgänger haben keine Lehrstelle gefunden.''
    →Sabine sagte, viele Hauptschulabgänger hätten keine Lehrstelle gefunden.
a) Nadia: ,,Alle meine Freunde haben Probleme bei der Arbeitssuche.''
b) Simon: ,,Viele Jugendliche haben keine Lehr-stelle gefunden, weil sie nichts können!''

c) Horst: ,,Viele Firmen antworten nicht einmal auf meine Bewerbung!''
d) Antje: ,,Die Leute vom Arbeitsamt geben uns Jugendlichen nichts!''
e) Ralph: ,,Viele Jugendliche kommen nicht mehr zum Arbeitsamt, weil sie nichts erwarten.''

G Gesprächsthemen/Fragen zum Text

1 Wie fühlen sich wohl viele arbeitslose Jugendliche?
2 Wie mag für viele von ihnen die Situation zu Hause sein?
3 Aus welchen verschiedenen Gründen haben sie vielleicht keinen Arbeits- bzw. Ausbildungsplatz gefunden?
4 Was haben sie vielleicht schon alles gemacht, um eine Stelle zu finden?
5 Wie reagieren sie auf die Enttäuschungen, immer wieder Absagen (wenn überhaupt etwas!) von den Firmen zu erhalten?
6 Wie fühlen sie sich dann, wenn sie sich wieder um eine Stelle bewerben?
7 Wie sehen viele solche jugendliche Arbeitslose die Zukunft?
8 Kommen sie gut mit ihren Freunden aus? Mit welchen schon, und mit welchen vielleicht nicht so gut? Warum?

H ,,Ich habe keinen Arbeitsplatz''

1 *Ein Interview*
Baut zusammen ein Interview auf, und zwar mit einem (einer) aus der Klasse, der (die) die Rolle eines (einer) Arbeitslosen spielt! Bedenkt dabei Folgendes, worüber man Fragen stellen könnte: Gefühle; Selbstachtung; lange arbeitslos (?); Tagesablauf; Bemühungen, um eine Stelle zu finden; Hoffnungen und Enttäuschungen; Freunde (auch arbeitslos?) und ob sie mehr Geld haben; Verhältnis zu den Eltern; Reaktion der Eltern auf die Arbeitslosigkeit

2 *Ein Brief von einer Arbeitslosen*
Schreib einen Brief, als ob du arbeitslos wärest, an eine Zeitung oder an einen Politiker bzw. eine Politikerin, um dich über die schwierige Arbeitslage zu beschweren. Erkläre in dem Brief, wie deine Lage ist, was du schon alles versucht hast, was für Probleme du erlebst bzw. erlebt hast, und bitte um Hilfe! Die Gesprächsthemen so wie auch das Interview könnten dem Brief als Basis dienen.

5.Kapitel Mein Beruf

Heute will jeder Bankkaufmann werden! Ich will es aber nicht: Gesichert mag die Arbeit wohl sein, wenn man sich erfolgreich um eine Ausbildung beworben hat, gut bezahlt auch, und Aufstiegsmöglichkeiten gibt es. Zu mir würde aber so eine Arbeit gar nicht passen; und eine passende Arbeit wäre für mich absolute Voraussetzung[1] dafür, daß ich in der Branche den Beruf ergreife. Ich bin nämlich keiner, der – so wie viele Arbeitssuchende – einfach den ersten angebotenen Job nimmt, weil es ,,das einzige ist, was wir machen können''.

Wohl höre ich die Warnungen der Arbeitsämter und Betriebsleiter vor der Arbeitslosigkeit: Nicht jeder könne werden, was er gerne würde, viele müßten sich mit etwas weniger Befriedigendem abgeben, in vielen Betrieben sei die Zahl der Arbeitskräfte geschrumpft.

Trotzdem will ich nicht glauben, auf einen gewünschten Beruf hätte ich keine Hoffnung. Wurde denn in den letzten Jahren die Zahl der Ausbildungsplätze nicht erheblich erhöht? Sicherlich besteht ein größerer Andrang[2] nach Ausbildungen, und das heißt, daß es Konkurrenz um Arbeitsplätze gibt. Berufsberater, die für Jugendliche zuständig sind, warnen vor diesem Engpaß: Die Zulassung zu vielen Berufen sei schwerer geworden; gute Qualifikationen seien also für alle notwendig, die eine Stelle möchten; bezeichnend für die Situation seien längere Wartezeiten, bis man etwas Passendes finde.

Gut – ich kann warten! Aber ich will auf keinen Fall so werden wie unser Klassenprimus: Der interessiert sich für Kunstgeschichte, glaubt aber – wenn er ans Geldverdienen denkt – , daß er Medizin studieren müßte, und kann kein Blut sehen! Ich will auch nicht wie unsere Lehrer werden, denn sie sind alle nicht glücklich; man sieht es ihnen an.

Nun stehe ich vor der Entscheidung. Sicher: Es kommt darauf an, was gefragt ist. Ich glaube aber nicht, daß ich nur eines einzigen Berufs fähig wäre. Was werden, also?

Ein sicherer Beruf muß es nicht sein sondern einer, in dem ich glücklich wäre und Zeit für mich hätte, so daß ich mein Leben genießen könnte. Reich sein interessiert mich aber nicht. Solange ich nicht unter Geldmangel leide, genügt es. Denn mein Beruf wird nicht das A und O[3] meines Lebens sein ...

ERLÄUTERUNGEN

1 *pre-condition*
2 *pressure*
3 *the be-all and end-all; the most important thing*

A Wovon handelt der Text?

Sind diese Behauptungen falsch oder richtig?
1 Trotz allem will der Erzähler Bankkaufmann werden.
2 Jugendliche werden gewarnt, sie könnten bei der Arbeitssuche Schwierigkeiten erleben.
3 Der Erzähler will baldmöglichst den Beruf ergreifen.
4 Er möchte in seinem Beruf viel Geld verdienen.

B Wortschatz

1 Welche im Text stehenden Wörter haben die gleiche Bedeutung wie diese?
  a) Chancen, im Beruf weiterzukommen (1)
  b) richtig sein (für jemanden) (1)
  c) Leute, die eine Stelle finden möchten (1)
  d) akzeptieren; zufrieden sein (mit . . .) (2)
  e) kleiner geworden (2)
  f) größer gemacht (3)
  g) Schwierigkeit (3)
  h) charakteristisch (3)
  i) Klassenbester (4)
2 Welche im Text stehenden Ausdrücke haben die gleiche Bedeutung wie folgende?
  a) meine Karriere anfange (1)
  b) jetzt arbeiteten weniger Leute da (2)
  c) . . . wollen viel mehr Jugendliche eine Ausbildung (3)
  d) Es sei jetzt schwieriger, in den Beruf zu kommen (3)
  e) . . . kann es nicht ausstehen, Blut anzuschauen (4)
  f) das ist in ihrem Aussehen klar zu merken (4)
  g) Jetzt muß ich sagen, was ich werden sollte (5)
  h) Ich kann nur das werden, was die Industrie braucht (z.B. Computertechniker); was wir nicht brauchen (vielleicht Töpfer) kann ich nicht werden. (5)
  i) Solange ich genug Geld habe (6)

C Vokabelbau

*Arbeits*suchende; *Arbeits*ämter; | *Betrieb*sleiter
*Arbeits*losigkeit; *Arbeits*kräfte;
*Arbeits*plätze;

Diese Wörter auf ‚Arbeits——' und ‚Betriebs——' sind im Text zu finden. Erfinde bzw. suche im Wörterbuch weitere Wörter der Familien! Schreibe Sätze, in denen sie vorkommen!

D Grammatik- und Stilübungen

1 **das einzige, was wir machen können** (1)
Schreibe folgende Sätze auf ähnliche Weise um:
z.B. Ich kann dir nichts anderes anbieten (einzig).
  → Das ist das einzige, was ich dir anbieten kann.
  a) Können Sie mir wirklich nichts Besseres anbieten? (best)
  b) „Keine Arbeitsplätze", sagen sie alle: Ich könnte nichts Schlimmeres hören. (schlimmst)
  c) Nicht aufgeben! Ich kann dir nicht weniger sagen! (wenigst)
  d) Mir könnte aber nichts Besseres passieren, als eine Stelle zu finden. (best)
  e) Ich kann dir nur sagen: „Alles Gute bei der Arbeitssuche!" (einzig)
2 **zuständig für Jugendliche** (3)
  bezeichnend für die Situation (3)
Weitere Adjektive + ‚für':
  notwendig; typisch; charakteristisch; geeignet; ungeeignet
Ergänze diese Sätze:
z.B. Gute Qualifikationen sind .... für alle, die eine Stelle möchten.
  →. . . sind notwendig für alle, . . .
  a) Daß er nicht lange nach einer Stelle gesucht hat, ist .... für ihn.
  b) .... so eine verantwortungsvolle Stelle wäre so ein Idiot völlig ....
  c) Da der Personaldirektor bzw. die Personaldirektorin .... alle solchen Fragen .... ist, müssen Sie mit ihm (ihr) sprechen.
  d) ....Freundlichkeit unserer Arbeitskräfte ist, daß sie Gäste immer gern begrüßen.
  e) .... schwere Arbeitslage ist, daß Arbeitslose bereit sind, jeden Job zu akzeptieren.

E Gut verstanden? Fragen zum Text

1 Aus welchen Gründen würde der Erzähler nicht gern Bankkaufmann werden?
2 Welche sind die Folgen der geschrumpften Zahl der Arbeitsplätze?
3 Welche sind die Folgen der starken Nachfrage nach Ausbildungsplätzen?
4 Welche wären die Voraussetzungen dafür, daß der Erzähler in einer Branche den Beruf ergreift?

Schöne Neue Welt[1] im modernen Leben

Aus New York wurde gemeldet, immer mehr Frauen sitzen auf Plätzen, die früher von Männern eingenommen wurden. Damit waren nicht die im Passagierraum der Busse gemeint: Frauen thronen immer häufiger vorne im Bus hinter dem Steuer, als Verkehrspolizistinnen dirigieren sie ihm den Weg; Frauen sitzen in den Büros der Industrie, des Handels und der Justiz, in den Arztpraxen – natürlich in den Vorzimmern, aber auch immer mehr im Chefsessel.

Als ,,höchst dramatisch'' bezeichnet eine amerikanische Zeitung den 300prozentigen Zuwachs von Frauen im Ingenieurberuf: Seit 1971 gibt es in den USA nicht mehr nur ein Prozent Ingenieurinnen sondern ganze vier!

Schon zeichnet sich in einigen Berufen ab, was ,Mann' erwarten muß: Nicht nur bei den Fließbandarbeitern sondern auch beim Aufsichtspersonal gibt es heute mehr als 50% Frauen; die Zahl der Ärztinnen schwoll von 9% im Jahre 1971 auf 22% 1981: Oh schöne Neue Welt![2]

Den Wettlauf mit der Alten Welt[3] um die höchste Zahl der Frauen in Männerberufen gewinnt Amerika indes nicht. In der Bundesrepublik sind 25% der Ärzte mit Frau Doktor anzureden.

In den Zeitungen wird über die Frauen geredet, die als Gärtnerinnen, Konditorinnen, Kaufmänninnen, Tierwirtinnen und Baustoffingenieurinnen seit kurzem den männlichen Kollegen zahlenmäßig überlegen sind. Seit 1977 ist die Zahl der Mädchen, die in traditionellen Männerberufen ausgebildet werden, um 259% von 11 500 auf 41 300 gestiegen! Wenn auch die meisten Mädchen immer noch Verkäuferin, Friseuse, Bürokauffrau oder Arzthelferin werden, gibt es schon zwei Lokomotivführerinnen, 1608 Tischlerinnen; und mehr als 30 000 Mädchen ,,stehen ihren Mann''[4] als Dreher,[5] Fräser,[6] Schlosser,[7] Mechaniker und Chemiearbeiter. Das macht nun auch Frauen Angst.

Nicht weil sie (wie viele meinen) für diese Arbeiten zu kleine Lungen, Herzen, Arme, Beine oder gar zu wenig Köpfchen hätten. Doch erfahrungsgemäß verliert ein Beruf, der zunehmend von Frauen ausgeführt wird, an Sozialstatus. Frauen befürchten, daß Männer die von Frauen betroffenen Laufbahnen aufgeben könnten und daß diese dann weniger honoriert würden.

ERLÄUTERUNGEN

1 (Roman von Aldous Huxley)
2 Amerika
3 Europa
4 *stand the test/their ground; do a man's job*
5 *turner/lathe hand*
6 *milling machine operator*
7 *fitter/mechanic/locksmith*

F Wovon handelt der Text?

1 Was Frauen im Beruf betrifft, wie hat sich in den letzten Jahren die Situation in den USA geändert?
2 Sind Frauen im Beruf in der BRD oder in den USA besser dran?
3 Was hat der Text über die Situation der berufstätigen Frauen in der BRD zu sagen?

G Wortschatz

1 Was bedeuten folgende im Text stehende Wörter und Ausdrücke?
Welche der angegebenen Möglichkeiten ist die richtige?

a) eingenommen (1)
 – getrunken
 – besetzt
 – übernommen

b) bezeichnet (2)
 – beschreibt
 – erklärt
 – zeichnet sich ab

c) schwoll (3)
 – stieg
 – wurde entzündet
 – fiel

d) zahlenmäßig überlegen (5)
 – weniger als
 – mehr als
 – besser als

e) zu wenig Köpfchen hätten (6)
 – nicht stark genug wären
 – zu klein wären
 – zu dumm wären

f) zunehmend (6)
 – immer mehr
 – immer größer
 – nur

g) honoriert (6)
 – geehrt
 – bezahlt
 – geachtet

2 Welche im Text stehenden Ausdrücke haben die gleiche Bedeutung wie diese?
a) kam die Nachricht (1)
b) sitzen auf dem Fahrersitz (1)
c) arbeiten als Manager und Rechtsanwälte bzw. Richter (1)
d) als Ärztin und nicht mehr nur als Arzthelferin (1)
e) daß es viermal so viele gibt wie früher (2)

3 Was versteht man unter diesen Ausdrücken?
z.B. Schon zeichnet sich in einigen Berufen ab, ... (3)
 →In einigen Berufen kann man schon sehen, ...
a) In der Bundesrepublik sind 25 Prozent der Ärzte mit Frau Doktor anzureden. (4)

b) Männer könnten die von Frauen betroffenen Laufbahnen aufgeben. (6)
4 Fasse eine Liste der verschiedenen Berufe, die im Text erwähnt werden, in der männlichen sowie auch in der weiblichen Form!

H Grammatik- und Stilübung

In den Zeitungen wird über die Frauen geredet, ... (5)

Schreibe folgende Sätze in der Passivform!
z.B. Aus New York meldete man, ...
 →Aus New York wurde gemeldet, ...
a) Hier arbeitet man nicht schnell genug!
b) Donnerstags arbeitet man später.
c) Hier redet man nicht sondern man arbeitet!
d) Hier lernt man, wie man arbeitet!
e) Über Frauen im Beruf diskutiert man bei uns.
f) Erst später sprach man von den Überstunden, die man machen muß.
g) In der Kantine rauchte man so viel, daß alles stank!

I Nicht nur montags 👓

Topmodell wird Tischlerin (Vokabeln und Fragen auf Seite 221)
Pamela Menzell hat mit 20 ihre Karriere gewechselt. Wenn du die Tonbandaufnahme „Topmodell wird Tischlerin" gehört hast, beantworte die Fragen dazu.

J Augenzeuge

Bearbeite eine dieser beiden Möglichkeiten!
1 Du hast Karriere gewechselt. Dabei hast du – wie die Pammy – die finanzielle Sicherheit des alten Berufs aufgegeben, um einen neuen Beruf zu ergreifen, in dem du gerne arbeiten möchtest.
 Warum hast du gewechselt? Beschreibe die Situation, aus der du „ausgestiegen" bist, und was du stattdessen angefangen hast. Erzähl, ob du dabei kritisiert wirst (und von wem!), wie du darauf reagierst, ob es Probleme gibt, wie du deine Zukunft siehst, usw.!
2 Du wirst in einem Beruf ausgebildet, der zum größten Teil vom anderen Geschlecht ausgeübt wird (z.B. Mädchen als Tischlerlehrling, Junge als Krankenpfleger). Welchen Beruf hast du dir gewählt? Warum? Beschreibe deine Situation und erzähle, wie du von anderen behandelt wirst (z.B. ob sie dich komisch finden!), wie du darauf reagierst, ob du bei der Ausbildung Schwierigkeiten erlebst, ob die Aussichten für die Zukunft gut sind, usw.!

Wieviel ist meine Arbeit wert?

Mein Nachbar ist ein ruhiger, zufriedener Mensch. Er beschwert sich nicht oft. Letztens aber werden seine Beschwerden laut: Er verdiene nicht genug; während sein Chef noch eine Gehaltserhöhung erhalten habe.

Manager werden besser bezahlt als Verkäufer; wer bei der Werksleitung tätig ist, der verdient normalerweise besser als die Fließbandarbeiter, Ärzte natürlich mehr als Krankenschwester. Es kommt darauf an, so heißt es, wie schwer die Verantwortung ist: Wer in leitender Stellung arbeitet, der verdient mehr als die Untergeordneten. Und je länger die Ausbildung, die man absolviert hat, desto mehr sollte man verdienen.

Sollte es immer so sein? Mein Nachbar meint eben nicht. Er arbeitet bei der Müllabfuhr und verdient wesentlich weniger als sein Chef, Beamter im Rathaus. Aber wer verrichtet eigentlich die wichtigere Arbeit? Wo kämen wir ohne die Müllabfuhr hin? Und übrigens: Sollten solche schmutzigen Arbeiten eigentlich nicht besser vergütet werden? Sie sind schließlich nicht so bequem; lieber im geheizten Büroraum im Rathaus sitzen, besonders an kalten Wintertagen!

Mein Nachbar schafft natürlich ein Existenzminimum; seine Frau ist auch berufstätig. Wieviel man als Existenzminimum braucht, kommt auch darauf an: Wer eine Familie hat, der braucht natürlich mehr. Gut, dafür sorgt das Lohnsteuersystem. Trotzdem ist mein Nachbar unzufrieden.

„Ich bekam vor zweieinhalb Jahren zum letztenmal eine Gehaltserhöhung; ich könnte so 'was jetzt schwer gebrauchen! Wir waren letzten Sommer nicht im Urlaub. Wie die Sachen so liegen, schaffen wir es dieses Jahr wieder nicht." Seine Frau, Verkäuferin im Warenhaus, sagt, sie habe kein Geld dazu gespart, ihr Einkommen sei nicht groß genug gewesen.

Sie faßt es so: „Wieviel ist meine Arbeit wert? Wer ist bei uns im Warenhaus wichtiger, eine Sekretärin oder eine Verkäuferin? Oder meinetwegen der Heizungsingenieur oder der Geschäftsführer – vor allem im Winter? Vergleich mal die Löhne aber!"

K Grammatik- und Stilübungen

1 *Wer* bei der Werksleitung tätig ist, *der* verdient
normalerweise besser ... (2)
Schreibe folgende Sätze auf ähnliche Weise um:
z.B. Wenn man in leitender Stellung arbeitet,
    verdient man mehr.
    → Wer in leitender Stellung arbeitet, der
      verdient mehr.
a) Wenn man eine Familie hat, braucht man
   mehr Geld.
b) Wenn man im Rathaus arbeitet, hat man es
   bequemer als die Müllabfuhrmänner.
c) Wenn man wichtige aber schmutzige
   Arbeiten verrichtet, sollte man einen besseren
   Lohn dafür erhalten.
d) Wenn man berufstätig ist, braucht man von
   Zeit zu Zeit Urlaub zu machen.
e) Wenn man nicht genug verdient, kann man
   leicht in finanzielle Schwierigkeiten geraten.

2 ..., während sein Chef noch eine
Gehaltserhöhung *erhalten habe* (1)
Das ist die Beschwerde des Nachbarn, hier als
Indirekte Rede.
Schreibe folgende Äußerungen als Indirekte
Rede:
z.B. ,,Ich sparte kein Geld dazu.''
    ,,Ich habe kein Geld dazu gespart.''
    →Sie sagt(e), sie habe kein Geld dazu
     gespart.
a) ''Ich habe letzte Woche eine
   Gehaltserhöhung bekommen.''
b) ,,Meine Mutter hat eine neue besser bezahlte
   Stelle gefunden.''
c) ,,Vati beschwerte sich selten über sein
   niedriges Einkommen.''
d) ,,Er arbeitete lange bei der Müllabfuhr.''
e) ,,Ich hatte immer genug zum Essen, obwohl
   Vati nicht viel verdiente.''

3 Sie sagt, ihr Einkommen *sei* nicht groß genug
gewesen (5)
Was sie sagt: ,,Mein Einkommen war nicht groß
genug.''
Schreibe folgende Äußerungen als Indirekte
Rede:
z.B. ,,Mein Mann war früher mit seinem Gehalt
    zufrieden.''
    →Sie sagt(e), ihr Mann sei früher mit
     seinem Gehalt zufrieden gewesen.
a) ,,Mein Vater war früher Müllabfuhrmann.''
b) ,,Die Arbeit war ihm am Ende zu schwer.''
c) ,,Früher ging es gut mit der Arbeit, jetzt aber
   nicht mehr.''
d) ,,Ich war früher Beamtin im Rathaus, aber
   ich kam mit den Kollegen nicht gut aus.''

L Gut verstanden? Fragen zum Text

1 Welche Leute verdienen normalerweise besser,
  und warum?
2 Welche Meinung dazu haben der Verfasser von
  diesem Text und sein Nachbar, und warum?
3 Was versteht man unter ,,Existenzminimum''?
4 Aus welchen Gründen sind die Nachbarn
  unzufrieden geworden?

M In Gruppen arbeiten

Als Angestellte des Warenhauses ,Heustadt'
möchtet ihr alle mehr verdienen. Die Leitung der
Firma hat aber schon gesagt, für eine
Gehaltserhöhung für alle Angestellten sei nicht
genug Geld zur Verfügung. Übernehmt die Rollen
der Angestellten im Bild (eventuell in Gruppen)
und baut Argumente auf, wer die
Gehaltserhöhung bekommen sollte. Einer (Eine)
aus der Berufsgruppe erklärt dann den anderen,
warum die Leute in seinem (ihrem) Beruf mehr
Geld verdienen sollten. Dann wird entschieden!
Zu bedenken:
– Jetziges Gehalt, und ob es genug ist, sogar als
  Existenzminimum
– Familie, Kinder; finanzielle und andere
  Verpflichtungen
– wie wichtig die Arbeit ist, die man verrichtet
– ob die Arbeit schwer ist
– wie hektisch und streßvoll die Arbeit ist
– was die Gewerkschaft sagt
– was andere verdienen!

N Aus eigener Erfahrung

Seit zweieinhalb Jahren hast du keine
Gehaltserhöhung mehr bekommen; da das Geld,
das du verdienst, kaum als Existenzminimum
ausreicht, hast du finanzielle Probleme. Beschreibe,
wie früher zu Hause alles war, auf welche Weisen
es schwerer geworden ist, und warum!

6.Kapitel Im Stahlrohrwerk

Hinter geduckten Häusen verdeckt, erstrecken sich riesige Fabrikgebäude. Dreimal am Tag und in der Nacht saugen sie Menschenmassen in sich ein, um sie nach Schichtschluß[1] wieder auszuspucken. Weit über 2000 Männer sind es pro Tag und Nacht, und ich gehöre zu ihnen.

Mein erster Arbeitstag ist deprimierend. Ich finde mich zur Spätschicht kurz vor 14 Uhr beim Pförtner ein. Er überreicht mir einen Werksausweis, darauf ist eine Nummer vermerkt. Einen zufällig vorbeikommenden Arbeiter spricht der Pförtner an: „Der ist neu, kannst ihn mitnehmen." Der Arbeiter läßt mich in einer Fabrikhalle stehen, wo ohrenbetäubender Lärm herrscht. Hier soll irgendwo mein künftiger Arbeitsplatz sein. Der Lärm ist so stark, daß mir der Kopf dröhnt. Der Arbeiter brüllt noch gegen das Getöse[2] an: „Melde dich beim Meister!", ehe er weitergeht. Ich spreche jemanden an, der wie ein Meister aussieht. „Nummer?" will er wissen. Ich zeige meinen Ausweis vor. „Nicht zuständig für die Nummer!"

Ich frage mich durch.[3] Man stellt mich zu einem Ausländer an eine Maschine. Ich soll zusehen, wie es gemacht wird, soweit habe ich begriffen. Der Ausländer – ich glaube, es ist ein Spanier – versteht kein Wort Deutsch. Er bemüht sich rührend, mir die Handgriffe an der Maschine beizubringen. Nach vier Stunden bediene ich bereits selbst eine Maschine, die zuvor leerstand. Ich schneide Rohre. Auf Unfallgefahren hat mich keiner aufmerksam gemacht. Da soll ich nach und nach selbst dahinterkommen, manchmal haarscharf an einem Unfall vorbei. Ich gerate gleich am ersten Tag mit meiner Hand in die Maschine, als ich ein klemmendes[4] Rohr nachschieben will. Ich habe Glück, ein paar Kratzer, die nicht die einzigen bleiben, sind alles. Ich erfahre, daß bei solchen Handgriffen schon Finger gebrochen und sogar abgerissen wurden.

Während der achtstündigen Schicht gibt es eine einzige Pause von einer Viertelstunde, unbezahlt, versteht sich. Dann hockt sich der Spanier auf seine Rohre und verzehrt seine Brote. Zwei wacklige Tische mit vier Bänken stehen in unserem Hallenabschnitt. Da sitzen sie dichtgedrängt zusammen, drüben wird weitergearbeitet, und wenn der Kran die Rohre herunterklatschen läßt, verstummt die Unterhaltung abrupt, die von einigen beinahe schreiend geführt wird. Wenn die Sirene wieder

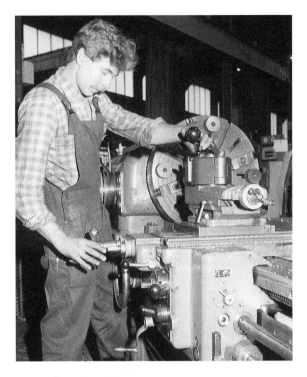

losheult, bleibt alles noch einige Sekunden hocken, nur zögernd sucht dann jeder wieder seinen Arbeitsplatz auf ...

Ich stehe an der Maschine. Meine beiden Hände arbeiten und werden kaum müde dabei, müde wird mein Kopf. Rot- und blauglühende Eisenspäne[5] rollen sich vom Rohr ab und springen auf meine Hände. Ich sehe zu dabei. Der Schmerz geht nicht bis zum Kopf, und der Reflex bleibt aus. Bei der nächsten Bewegung fällt der Span, erkältet, wieder ab. Auf den Händen wachsen Blasen.

Um mich herum der tosende Lärm der klatschenden Rohre. Der Lärm tut weh ...

(Günter Wallraff: *Wir brauchen dich*, Bertelsmann)

ERLÄUTERUNGEN
1 *at the end of the shift*
2 *din, racket*
3 *I ask my way through*
4 *that keeps sticking*
5 *iron shavings*

A Sprachanalyse

Suche im Text Folgendes:
1 Partizipien als Adjektive:
z.B. Hinter *geduckten* Häusern (1)
Einen (zufällig) *vorbeikommenden* Arbeiter (2)
Teile sie in Partizipien der Gegenwart (*vorbeikommend*) und die der Vergangenheit (*geduckt*) ein!
2 Partizipien als Adverbien:
z.B. Er bemüht sich *rührend* (3)
3 Verben in der Passivform:
z.B. (Ich soll zusehen,) wie es *gemacht wird* (3)
4 Trennbare Verben in verschiedenen Formen
z.B. ... *saugen* sie Menschenmassen in sich *ein*, um sie nach Schichtschluß wieder *auszuspucken* (1)
Teile die Verben danach ein, ob sie getrennt oder in einem Wort geschrieben sind! Merke auch warum!

B Tonbandaufnahme

Jobben (Vokabeln auf Seite 221)
Drei junge Leute, die in den Sommerferien jobben, um später Urlaub zu machen, sprechen von dem Alltag.

Im Text befinden sich weitere Beispiele für die Sprachanalyse und Vokabeln und Ausdrücke, die bei dem Überblick sowie auch dem Lückentext und der Übersetzung nützlich wären.

C Lückentext

Die Kassiererin

Welche Wörter passen in die Lücken?

Bevor ich an meinen .... Arbeitsplatz kommen konnte, mußte ich erst zusehen, wie alles gemacht .... Die Aufseherin, die für die ganzen Kassiererinnen zuständig war, mußte mir alles ....: Sie machte mich .... die verschiedenen Knöpfe aufmerksam, die an der Maschine sind. Nach einer halben Stunde konnte ich dann eine Kasse ...., die zuvor leer .... Als Kassiererin braucht man mehr Freizeit als die anderen Leute, die im Supermarkt arbeiten: Während wir alle zwei .... Pause machen, wird von ihnen weiter ....

D Übersetzung ins Deutsche

I would never have believed I could get so tired. During the shift there is a short break every two hours, but at the end of the shift I'm just exhausted. You don't have time to get bored when you're working on a checkout: You just have to carry on doing the same thing. Meanwhile there is the constant droning noise of the tills, and little conversation is carried on. How people can manage to work at a checkout for years on end I just cannot understand.

E Überblick

Jobben

Wer jobben will, um Geld zu verdienen, findet vielleicht im Restaurant oder im Supermarkt einen Job. Wie sind für solche Leute aber die Arbeitsbedingungen?

1 Was wird wann gemacht? z.B. Morgens wird gespült

Was es zu machen gibt:

Im Restaurant: spülen, aufräumen; putzen; saubermachen; kochen; vorbereiten; wegräumen; polieren; einkaufen; kontrollieren, ob die Tische in Ordnung sind
Im Supermarkt: auspacken; wegwerfen; wegräumen; etikettieren; kontrollieren, ob die Regale voll genug sind; stapeln; nachfüllen

Wann es zu machen ist:

morgens; tagsüber; abends; erst am späten Abend; kurz vor Feierabend; vor der Öffnungszeit; nach Ladenschließzeit; bevor wir aufmachen; nachdem wir zumachen; die ganze Zeit

2 Was man jetzt alles schon herausgefunden hat:

Ich hätte nicht gedacht,	. . .	könnte (n) . . .
Ich hätte nie geglaubt,	. . .	wäre . . .
Wer hätte gedacht,	. . .	würde . . .
	es	gäbe . . .

Was man jetzt weiß:

– lange Arbeitstage	– kurze Pausen
– viel zu machen	– man braucht so ein gutes Gedächtnis
– manchmal schwer, freundlich zu den Kunden zu sein	– ich werde so müde
– einige Kunden sind sehr unfreundlich	– ohrenbetäubender Lärm
– hektisch, wenn viele Kunden da sind	– Hitze in der Küche kann schrecklich sein
	– schlecht bezahlte Arbeit

F Diskussion

1 Bearbeitet zusammen folgende Fragen über die geänderte Arbeitslage!
   – Wie hat sich der Arbeitsmarkt in den letzten Jahren geändert? Warum?
   – In was für einem Arbeitsplatz kommt man am besten zurecht?
   – Was für eine Arbeit würdest du akzeptieren, wenn du jobben wolltest, und für wir lange?
   – Wieviel sollten bestimmte Arbeiten bezahlt werden?
   – Welche neuen Ansichten und Einstellungen sind nötig, da wir in Zukunft nicht so viel arbeiten müssen?
   – Arbeiten die einen zu viel, während andere zu wenig zu tun haben?

6. Kapitel

2 *Zu zweit*

Stellt Fragen aneinander, mit Hilfe des Diskussionsführers, um die Meinung des Partners über Arbeitsbedingungen gegenseitig herauszufinden! Bedenkt: Maschinen, gekürzte Arbeitszeiten, Hektik, Arbeitslosigkeit, Einstellung zur alten Arbeitsmoral.

Diskussionsführer	
Sweeping statements	Ich finde, wir müssen ...
	Für meine Begriffe sollten wir alle ...
	Es geht uns alle an, daß ...
	Wir werden schon einiges ändern müssen, wenn wir ...
Disagreeing	Das würden die meisten Leute nicht gern akzeptieren.
	Du darfst nicht hinnehmen, daß alle ...
	Das Schwierige an so einem Plan könnte sein, daß ...
	Du darfst nicht vergessen, daß ...

3 *In der Gruppe*

Unter welchen Umständen wäre die Situation besser? Besprecht, wie man die Arbeitswelt von morgen so organisieren könnte, daß es allen besser ginge!

G Aufsatzplan

Bereite mit Hilfe dieses Plans den Aufsatz vor, den du zum Thema schreiben willst! Nützliche Ideen, Ausdrücke und Wendungen findest du in den Texten über „Arbeit".

Thema: „Besser wäre, die Arbeit so zu verteilen, daß jeder genug hätte"

1 Einleitung:
 – Geänderte Arbeitsbedingungen
 – Nicht nötig, daß alle immer so schwer arbeiten
 – Rolle von Computern, Maschinen
 – Auswirkung von ihnen auf das Arbeitswesen von heute

2 Probleme, die dadurch entstehen:
 – Arbeitslosigkeit, knappe Ausbildungsplätze – Folgen?
 – Langeweile bei Maschinenwartung/Fließbandarbeit, usw.
 – zu viel Arbeit für die einen, zu wenig für andere

3 Wie ändern wir die Situation? Welche Möglichkeiten bestehen?
 – Arbeitsverteilung/Geteilte Arbeitsplätze statt Überstunden
 – Gekürzte Arbeitszeiten/Mehr Arbeitsplätze bzw. Ausbildungsplätze
 – Andere Ansichten nötig?
 – weniger verdienen, solange man nicht unter Geldmangel leidet
 – Pensionierung – mit welchem Alter?
 – Freizeitgestaltung

4 Vor- und Nachteile bei den Auswirkungen der verschiedenen Möglichkeiten zur Besserung der Lage.

5 Schluß:
 – Ist eine Ideallösung möglich? Kompromisse möglich/nötig?
 – Wem bezahlt man besser welche Arbeit?
 – Hätte die Schule eine Rolle, was Freizeitgestaltung betrifft?
 – Beurteile selber die Äußerung des Titels!

7.Kapitel Ordnung muß sein 256-280

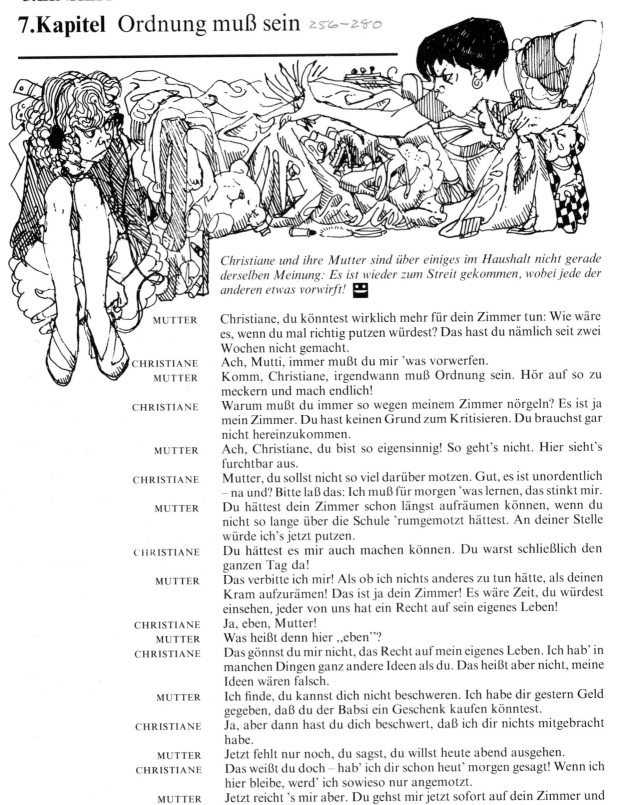

Christiane und ihre Mutter sind über einiges im Haushalt nicht gerade derselben Meinung: Es ist wieder zum Streit gekommen, wobei jede der anderen etwas vorwirft!

MUTTER	Christiane, du könntest wirklich mehr für dein Zimmer tun: Wie wäre es, wenn du mal richtig putzen würdest? Das hast du nämlich seit zwei Wochen nicht gemacht.
CHRISTIANE	Ach, Mutti, immer mußt du mir 'was vorwerfen.
MUTTER	Komm, Christiane, irgendwann muß Ordnung sein. Hör auf so zu meckern und mach endlich!
CHRISTIANE	Warum mußt du immer so wegen meinem Zimmer nörgeln? Es ist ja mein Zimmer. Du hast keinen Grund zum Kritisieren. Du brauchst gar nicht hereinzukommen.
MUTTER	Ach, Christiane, du bist so eigensinnig! So geht's nicht. Hier sieht's furchtbar aus.
CHRISTIANE	Mutter, du sollst nicht so viel darüber motzen. Gut, es ist unordentlich – na und? Bitte laß das: Ich muß für morgen 'was lernen, das stinkt mir.
MUTTER	Du hättest dein Zimmer schon längst aufräumen können, wenn du nicht so lange über die Schule 'rumgemotzt hättest. An deiner Stelle würde ich's jetzt putzen.
CHRISTIANE	Du hättest es mir auch machen können. Du warst schließlich den ganzen Tag da!
MUTTER	Das verbitte ich mir! Als ob ich nichts anderes zu tun hätte, als deinen Kram aufzuräumen! Das ist ja dein Zimmer! Es wäre Zeit, du würdest einsehen, jeder von uns hat ein Recht auf sein eigenes Leben!
CHRISTIANE	Ja, eben, Mutter!
MUTTER	Was heißt denn hier „eben"?
CHRISTIANE	Das gönnst du mir nicht, das Recht auf mein eigenes Leben. Ich hab' in manchen Dingen ganz andere Ideen als du. Das heißt aber nicht, meine Ideen wären falsch.
MUTTER	Ich finde, du kannst dich nicht beschweren. Ich habe dir gestern Geld gegeben, daß du der Babsi ein Geschenk kaufen könntest.
CHRISTIANE	Ja, aber dann hast du dich beschwert, daß ich dir nichts mitgebracht habe.
MUTTER	Jetzt fehlt nur noch, du sagst, du willst heute abend ausgehen.
CHRISTIANE	Das weißt du doch – hab' ich dir schon heut' morgen gesagt! Wenn ich hier bleibe, werd' ich sowieso nur angemotzt.
MUTTER	Jetzt reicht 's mir aber. Du gehst mir jetzt sofort auf dein Zimmer und räumst auf – aber alles!

A Satzbau

1 Vorschläge, Anweisungen, Befehle; oder: Was man machen könnte, sollte, muß.

Du könntest	für dein Zimmer mehr tun	—
An deiner Stelle würde ich	's jetzt putzen	
Wie wäre es, wenn du	mal richtig putzen	würdest

| Du sollst | nicht so viel motzen |
| Es wäre Zeit, du würdest | einsehen, ... |

| Mach endlich! |
| Schau zu! |

Und wenn nichts anderes geht:

| Jetzt | gehst du auf dein Zimmer! |
| | räumst du auf! |

Im Haushalt ist natürlich immer viel zu machen:
– Was würde die Mutter ihrem Sohn vorschlagen, der noch nichts gemacht hat?
– Was würde sie ihm dann sagen, wenn er weiter faulenzt?
– Wie würde sie ihm dann schließlich befehlen, was zu machen?!

2 Vorwürfe macht man so:
z.B. Du *hättest* dein Zimmer schon längst *aufräumen können*, wenn du nicht so lange *'rumgemotzt hättest*.
Aber solche Vorwürfe will keiner hören! Darauf reagiert man böse:
z.B. Als ob ich nichts anderes zu tun hätte als *aufzuräumen*!

B „Das ist mir ein fauler Junge!"

Der junge Bruder verschwendet immer viel Zeit, so daß er nie alles macht, was er machen soll:

Statt ...	hat er ...
aufzuräumen	'rumgemotzt
sein Bett zu machen	Platten gespielt
die Hausaufgaben zu machen	Karten gespielt
seine Papiere aufzuräumen	Papierflugzeuge gebastelt
den Tisch zu decken	eine halbe Stunde auf dem Klo gesessen

Jetzt hat er noch alles zu machen!

1 *Zu zweit*
Der ältere Bruder bzw. die ältere Schwester macht dem Jungen Vorwürfe (so wie bei A2 oben), auf die er böse reagiert. Erfindet das Gespräch zwischen den Geschwistern!

2 Schreib(t) ein ähnliches Gespräch (sowie das Gespräch zwischen Christiane und ihrer Mutter) zwischen den Eltern und dem faulen Sohn, der im Haushalt nichts machen will!

C Hör mal zu 😊

Mit den Alten auskommen: Junge Menschen berichten (Vokabeln und Fragen auf Seite 221)
Wir haben Heike (15), Peter (17) Kerstin (16), und Christoph (16) gefragt, ob ihre Eltern sie manchmal kritisieren und aus welchen Gründen. Hier hört man, was sie dazu sagten. Wenn du die Tonbandaufnahme gehört hast, beantworte die Fragen dazu.

Ach die Jugend!

„Ach, die Jugend von heute! Was kann man nur sagen? Mein Gott, wenn ich als Kind die Hälfte davon gemacht hätte, was Jugendliche heute alles machen, da hätte mich mein Vater tausendmal geprügelt! Mich ärgert es sehr, daß sie so faul sind. Die wollen nichts machen, nur so 'rumtreiben und Musik hören. Und was die alles Musik nennen! Das nervt mich vielleicht, wenn ich das abends hören muß – im Fernsehen oder im Sommer, wenn die Fenster im Wohnblock offen stehen. Ja, im Sommer kann mich das überhaupt so wütend machen, daß die bloß radeln oder ins Schwimmbad gehen oder faulenzen, während wir Erwachsenen noch so lange arbeiten müssen. Von Ordnung haben die meisten anscheinend nicht gehört, viele wohl nicht einmal von Kamm und Schere, diese Langhaarigen!

Ich finde, sie wollen nur immer mehr bekommen, ohne für die Gesellschaft, die wir Älteren aufgebaut haben, etwas tun zu wollen. Also gut, ich weiß: Die sind nicht alle so schlecht, manche von ihnen mögen vielleicht sogar gefühlsmäßig in Ordnung sein. Aber es geht auch um Respekt vor den Älteren: Als ich ein Junge war, haben wir auf die Eltern hören müssen, aber das fehlt jetzt völlig. Das macht mich so böse, wenn ich sehe, wie sie von ihren Eltern immer mehr verlangen. Und seit man mit 18 volljährig wird, glauben diese Jugendlichen, reif genug zu sein, um selbständig zu werden – auf unsere Kosten aber, was ich nicht selbständig nenne: Dazu gehört Arbeit! Die sind doch viel zu jung, um genug zu wissen. Und trotzdem sollen wir ihnen alles überlassen, daß sie das eigene Leben führen können: Als ob wir Älteren gar nicht mehr da wären, denn sie wollen unsere Kritik nicht hören. Nein, für die Jugendlichen habe ich nichts übrig."

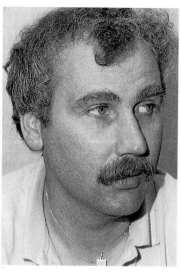

D Wovon handelt der Text?

1 Wie reagiert dieser Mann auf junge Leute?
2 Wie sind seiner Meinung nach die Jugendlichen von heute?
3 Warum findet er es nicht gut, daß junge Leute selbständig werden wollen?

E Kommentare

1 Wer hat die Jugendlichen so kritisiert und beschimpft? Einer der drei Männer in den Bildern vielleicht?

Der	erste zweite	wird es	vielleicht wohl wahrscheinlich nicht	gewesen sein, weil er so

aussieht, als ob	er	intolerant verständnisvoll	wäre	
		für die Jugend	(nicht) viel nichts	übrig hätte
		sich schnell aufregen extrem äußern	könnte	
	ihn	Kleinigkeiten lange Haare	schnell	ärgern nerven könnten

Erkläre dann mit solchen und ähnlichen weiteren Sätzen – und zwar so detailliert wie möglich –, welcher der Männer wohl so über die Jugend hergezogen hat!

2 Diese Äußerung (was der Mann gesagt hat) ist für viele Leute wohl nicht akzeptabel. Unter welchen Umständen wäre sie akzeptabler gewesen?

Wenn der Mann	sich weniger extrem geäußert etwas Gutes zu sagen gehabt nicht nur Böses gesagt	hätte, usw.

Erfinde weitere Umstände, unter welchen die Äußerung akzeptabler gewesen wäre!

F Susannes Brief

Schreib' eine Antwort auf Susannes Brief, als ob du Tante Erne wärest! Die Ausdrücke und Redewendungen aus den verschiedenen Übungen sind wohl von Nutzen, vor allem die, mit denen man Vorschläge machen kann.

Liebe Tante Erne!
Wenn meine Mutter mich nur nicht so kritisieren würde, könnte bei uns alles ganz toll sein. Eigentlich verstehen wir uns ziemlich gut, wenn wir uns einig sind, Mutti ist nämlich gefühlsmäßig ganz in Ordnung.

Nur kommt sie dann mit ihrem Ordnungsfimmel, und dann geht's los – ganz gleich, ob es um meine Haare geht oder meine Kleider oder mein Zimmer. Wie könnten wir vielleicht über diese kleine Schwierigkeit hinwegkommen?
Ihre Susanne (16)

8. Kapitel Ausreißer: „Bloß weg von zu Hause!"

„Ich habe sie oft gesehen, solche ‚Fortläufer': Junge Menschen mit wenig Gepäck und müdem Gesicht, in dem ihr Kummer klar zu sehen ist; junge Menschen, die auf der Suche sind ..."
Immer mehr deutsche Kinder und Jugendliche brennen ihren Eltern durch; Ausreißer werden immer jünger.

„Mein Vater hat mich geprügelt, weil ich zu spät nach Hause kam, das war mir einfach zu viel: Aber er behandelte mich seit langem ungerecht und viel zu streng. So 'was mußte kommen, früher oder später!" So der Grund eines vierzehnjährigen Mädchens zum Ausreißen, und lange kein Einzelfall. Hunderte junger Deutscher reißen jede Woche aus. Sie verlassen ihre Eltern aus verschiedenen Gründen: Aus Angst vor elterlicher Strafe oder zur Strafe für elterliches Unverständnis: manche fliehen vor der Situation, in der sie leben, und manche nur vor dem öden Alltag. 13jährige schmuggelten sich bis Brasilien, 16jährige kamen manchmal über den heimischen Hauptbahnhof nicht hinaus: Die Bahnpolizei macht, was sie kann. Ausreißer versteckten sich in Wäldern und Wohngemeinschaften, mal für eine Nacht, mal für Monate, auch für immer. Familien aller Schichten sind betroffen, und oft ist der Anlaß ganz banal. Wenn es Zeugnisse gibt, weiß eine süddeutsche Polizistin, „dann brennen uns die Dreizehn- bis Vierzehnjährigen durch."

‚Weg-' und ‚Fortläufer', die ‚sich entfernen', ‚untertauchen', ‚durchbrennen', ‚auf Tour gehen' oder einfach ‚ausreißen' – die gab es schon immer und auch in den besten Familien. Neu aber ist, daß sie jünger sind, wenn sie zum erstenmal weglaufen – zwischen 13 und 15 und nicht mehr erst um das 17. Lebensjahr. Neu ist auch, daß sie häufiger aus ganz intakt scheinenden Familien abhauen.

Wenn manchmal über Nacht ein guter Sohn zum Ausreißer wird, kann es sein, daß die ‚völlige Überraschung' der Eltern überhaupt berechtigt und verständlich ist. Anscheinend gibt es viele ‚Durchbrenner', die trotz ungetrübtem Verhältnis zum Familienhaus plötzlich ausbrechen, um das Gefühl der Unabhängigkeit zu realisieren und den Wunsch zu erfüllen, ‚es allein zu schaffen'.

STERN, Gruner und Jahr

A Wovon handelt der Text?

1 Von welchem Problem handelt der Text?
2 Aus welchen Gründen passiert das?
3 Liegt es immer an Problemen zwischen den Generationen?

B Wortschatz

1 Suche im Text so viele andere Wörter wie möglich für:
   a) Ausreißer b) ausreißen
   Kann man dann noch weitere erfinden?
2 Welche im Text stehenden Wörter haben die gleiche Bedeutung wie diese?
   a) Traurigkeit; Sorgen (Vorwort)
   b) geschlagen (1)
   c) langweilig; leer (1)
   d) das Leben, so wie es von Tag zu Tag ist (1)
   e) Grund (1)
   f) Bericht über die Schulleistungen der Kinder (1) (Pluralform befindet sich im Text!)
   g) plötzlich (3)
   h) so scheint es (3)
3 Welche im Text stehenden Ausdrücke haben die gleiche Bedeutung wie diese?
   a) Auf die Frage, warum . . ., gibt es viele mögliche Antworten (1)
   b) weil sie fürchten, ihre Eltern könnten sie bestrafen (1)
   c) Es gibt auch die, die weglaufen, weil ihr Leben von Tag zu Tag so charakterlos ist (1)
   d) aus Familien, in denen alles in Ordnung scheint (2)
   e) obwohl zu Hause zwischen Sohn und Eltern alles gut geht (3)
   f) unabhängig sein (3)
4 Das Gegenteil folgender Wörter befindet sich im Text: Wie lautet es?
   a) liberal (1)
   b) wichtig (1)
   c) seltener (2)

C Vokabelbau

Wohngemeinschaften

Hier sind weitere ‚Wohn'-Wörter:
   die Wohnung; Wohnprobleme (n. pl.); das Wohnviertel; der Wohnraum; der Wohnsitz; der Wohnwagen; wohnhaft; wohnlich
Welches dieser Wörter paßt wohin?
1 Das Viertel der Stadt war nicht das beste ...., und es gab viele Probleme, weil in den .... nicht genug .... war: Eine Drei-Zimmer-Wohnung ist für eine fünfköpfige Familie nicht sehr ....

2 Der Junge, ... in Münster, war ausgerissen, weil zu Hause so viele .... waren. Eine Zeitlang war er ohne festen .... und wanderte von Wohngemeinschaft zu Wohngemeinschaft; oder er lebte sogar allein in einem .... an der Ostseeküste.

D Grammatik- und Stilübungen

1 **deutsche Kinder und *Jugendliche*** (1)
(Nominativform, Plural)
Hunderte junger *Deutscher* (1)
(Gentivform, Plural)
Diese Wörter werden immer mit der passenden Adjektivendung geschrieben.
Übersetze diese Sätze ins Deutsche: Vokabeln im Text!
   a) Hundreds of young people run away from their parents.
   b) Thousands of Germans don't get on well with their parents.
   c) Many thirteen-year-olds run away with the fifteen-year-olds.
   d) One young German asked me if he could stay in my house.

2 *erst* um das 17. Lebensjahr (2)
   Weitere Beispiele:
      erst um 6 Uhr: erst im Mai; erst am Montag; erst dann; erst wenn man fertig ist; erst mit 18 usw.
   Beantworte diese Fragen mit einem solchen Ausdruck!
   z.B. Wann geht er aus?
      →Erst wenn er seine Arbeit gemacht hat.
   a) Wann darf man die Schule verlassen?
   b) Wann darf man Alkohol kaufen?
   c) Wann gehen Ausreißer wieder nach Hause?
   d) Wann verstehen viele Eltern ihre Kinder besser?

E Gut verstanden? Fragen zum Text

1 Wieso ist die Situation des 14jährigen Mädchens ‚lange kein Einzelfall'?
2 Wieso ist das Ausreißen zu einem großen Problem geworden?
3 Woran sind Ausreißer manchmal leicht erkennbar?
4 Wie fühlen sich zu Hause vielleicht diese jungen Menschen, die dann ‚weg' müssen?
5 Was bringt die jüngeren Jugendlichen oft dazu auszureißen?
6 Warum sind viele Eltern ‚völlig überrascht', daß ihre Kinder ausreißen?

Gründe zum Ausreißen?

Obwohl nicht alle Ausreißer aus Gründen familiärer Probleme fortlaufen, ist es nicht zu leugnen, daß Generationsspannungen und erzieherische Konflikte an Schärfe zugenommen haben. Anlaß für diese Eskalation zwischen Alten und empfindlichen Jugendlichen: Enttäuschende Schulleistungen, der Streit um die Höhe des Taschengeldes, Eltern-Nörgelei wegen der eigenwilligen Keidung, Meinungsverschiedenheiten über den Aus- und Umgang der Kinder. Die tiefere Ursache sind aber oft eher überstrenge, unvernünftige oder gleichgültige Eltern, so wie ein Mitarbeiter des Jugendschutztrupps Hamburg gefunden hat: ,,Die Eltern – Vater insbesondere – sind geradezu schizophren: ,Laß mich in Ruhe', sagt er, ,ich hab' den ganzen Tag gearbeitet – mit der Hose gehst du mir aber nicht 'raus!'" Darauf reagieren nicht alle Jugendlichen mit Verständnis: Für die einen wird es zu viel.

Früher waren es eher die schwarzen Schafe der großen Familien, die durchbrannten; das Ausreißen ist nun einmal auch in ganz anderen Kreisen häufig geworden. In der Berliner U-Bahn erfährt ein Vater von seinem ausgerissenen Sohn, daß dieser zu Hause wieder einziehen will: ,,Is' ja irre", sagt er, ,,da sind wir wieder einer mehr in unserer Zwei-Zimmer-Luxuswohnung!" *STERN*, Gruner und Jahr

F Wovon handelt der Text?

1 Warum brennen viele Kinder ihren Eltern durch?
2 Warum gibt es oft Probleme zwischen Eltern und Kindern?

G Wortschatz

1 Welche im Text stehenden Wörter haben die gleiche Bedeutung wie diese?
   a) Schwierigkeiten zwischen Alten und Jugendlichen
   b) was man in der Schule erreicht hat
   c) sensibel
   d) die die Erwartungen nicht erfüllen; nicht so gut wie erwartet
   e) Grund
   f) (Eltern,) denen alles egal ist
   g) hört
2 Wie könnte man diese im Text stehenden Wörter auf Deutsch anders erklären?
   a) Nörgelei
   b) Meinungsverschiedenheiten
3 Welche im Text stehenden Ausdrücke haben die gleiche Bedeutung wie diese?
   a) man muß zugeben
   b) wann und mit wem die Kinder ausgehen
   c) die Außenseiter

H Vokabelbau

Jugendschutz (= Jugend + Schutz)

1 In den Antworten auf folgende Fragen befindet sich jeweils en Wort auf ‚Jugend-' (z.B. Jugendklub):
   a) Wo kann man billig übernachten?
   b) Wo kann man abends Tischtennis spielen, tanzen, usw?
   c) Wie heißt das Amt, in dem für junge Leute viel organisiert wird?
   d) Wie nennt man eine junge Dame von etwa 16 Jahren?
2 In folgenden Sätzen fehlt jeweils ein Wort auf ‚-schutz' (so wie ‚Jugendschutz'). Was fehlt?
   a) Wo von der Autobahn zu viel Lärm kommt, braucht man ....
   b) Der Umweltminister sorgt in der Bundesrepublik für ....
   c) In einem .... gebiet darf man nichts Natürliches zerstören.

I Grammatik- und Stilübung

...ist es nicht zu leugnen (1)
So kann man auch sagen: ,,Man kann es nicht leugnen"

Was ist in diesen Situationen zu machen bzw. nicht zu machen?
a)Die Polizei hat den Ausreißer überall gesucht, aber er war ....
b),,Ich habe alles versucht, um mit meinen Eltern auszukommen, es war einfach ....
c)Ihr Vater hatte sie zu streng behandelt, und das war ....
   (Sie konnte es nicht mehr aushalten.)
d)Die fortgelaufenen Kinder .... manchmal in Wohngemeinschaften ....
e)Geschichten von Kindern, die zu Hause Probleme haben, sind oft in Zeitschriften ...., im Radio .... oder im Fernsehen ....!
   (Benutze drei verschiedence Verben!)

J Gut verstanden? Fragen zum Text

1 Was führt zu den Streiten zwischen Kindern und Eltern?
2 Sind Kinder manchmal berechtigt, auf diese Weise auf bzw. gegen ihre Eltern zu reagieren? Wann? Unter welchen Umständen?
3 Warum war der Sohn des Berliners vielleicht von zu Hause weggegangen?

K Nicht nur montags

Interview mit einem Ausreißer (Vokabeln auf Seite 221)
Wenn man die Tonbandaufnahme ,,Interview mit einem Ausreißer" gehört hat, soll man zusammenfassen, was der Ausreißer hier sagt, und zwar über seine Gründe zum Weglaufen und die Sorgen seiner Eltern, und ob er zurückkehren wird.

L Augenzeuge

1 Jede(r) stellt sich vor, von zu Hause weggelaufen zu sein. Jetzt ist man in einer Wohngemeinschaft bzw. bei Freunden bzw. woanders und erklärt warum. Zu bedenken:
   Gründe, Probleme, Streit, Ängste, Sorgen, ob man zurückgehen will bzw. wird, usw.
2 Du bist von zu Hause ausgerissen (mußt du dir vorstellen!): Warum? Schreib' einen Brief an deine Eltern, um ihnen zu erklären, warum du fortgelaufen bist! Bist du darüber glücklich oder traurig? Was sagst du ihnen, was erzählst du ihnen vielleicht nicht? Zeigst du Reue, Sorgen, deinen Kummer, usw.?

Sechs Ausreißer – sechs vermißte Kinder

(Die Namen sind geändert worden.)

1 Vier Wochen lang war Marion Hütte, 16, weg, einfach verschwunden, und als sie plötzlich wiederkam, fragte die Mutter, eine Hamburger Kaufmannsfrau, als erstes, ob sie sich etwa von einem Mann habe aushalten lassen[1]. Empört[2] lief die Gymnasiastin zum zweiten Mal aus der Wohnung.

2 Als Kristin Lorenz, 15, aus Hannover schon ein halbes Jahr vermißt war, dachten ihre älteren Geschwister, sie sei tot. Nur der Vater meinte: „Die kommt bestimmt schwanger zurück." Ein Anruf der Polizei aus Lörrach an der schweizerischen Grenze gab ihm recht.

3 Gaby Peterson, 13, ritt auf dem Pony „Falko" fort, und Vater Peterson, 66, der zuvor die Tochter geprügelt hatte, daß ihm „stundenlang die Handgelenke[3] schmerzten",[4] sagte zu Polizisten, die Gaby nach nächtlicher Suchaktion heimbrachten: „Ich wußte doch, daß ihr nichts passiert."

4 Andreas Fischer, ein ruhiger, ziemlich schüchterner Junge von 14 Jahren, setzte sich in den D-Zug und fuhr ohne Fahrkarte einfach weiter, als seine Eltern sich zu oft zu lautstark stritten. Er könne es einfach nicht mehr hören, erklärte er Freunden, bei denen er später um eine Bleibe[5] bat.

5 Für Hanno Ostmark, 15 und in der Schule schon zweimal sitzengeblieben, wurde das Leben fast unerträglich,[6] als Vater Ostmark befahl, der Sohn müßte erst die Mittlere Reife schaffen, bevor er die Schule verlassen dürfte. Hanno wollte nämlich arbeiten. Er verschwand.

6 Der 13jährige Peter Stich fand „alles so langweilig, weil Vati und Mutti nie da waren" (Beide sind berufstätig). Den abenteuerlichen Kleinen entdeckten Grenzbeamte in einem Lastwagen am Brenner-Paß.

ERLÄUTERUNGEN

1 alles bezahlt bekommen (weil man da wohnt)
2 *indignant*
3 was Hand und Arm verbindet
4 wehtun
5 irgendwo, wo man bleiben kann (z.B. zum Übernachten)
6 so, daß man es nicht mehr aushalten kann

M Grammatik- und Stilübungen

1 Mutter fragte, ob sie sich ... *habe* aushalten lassen (1)
(Indirekte Rede) Sie sagte: ,,Hast du dich ... aushalten lassen?''
Was fragten oder sagten diese?
z.B. Wie reagierte Marion vielleicht darauf?
→Sie sagte, { daß es ungerecht sei/daß sie es schlecht finde.
{ sie finde ihre Mutter unmöglich.
a) Was sagte Vater Lorenz über seine verschwundene Tochter?
b) Was sagte Vater Peterson über seine fortgelaufene Tochter?
c) Was erklärte Andreas Fischer wahrscheinlich nicht, bevor er fortlief?
d) Was fragte Vater Ostmark seinen Sohn wohl nicht?
e) Wie erklärte Peter Stich wahrscheinlich sein Ausreißen?

2 Konjunktiv zeigt, daß das, was man dachte, nicht stimmte.
z.B. **Ihre älteren Geschwister dachten, sie *sei* tot.** (2)
(Sie war es nicht)
Was dachten diese Leute?
z.B. Was dachte Marion Hüttes Mutter?
→Sie dachte, Marion habe bei einem Mann gewohnt.
a) Was dachte Marion vielleicht, als sie gerade nach Hause zurückkam?
b) Was hielt Vater Peterson von seiner Art, die Tochter zu bestrafen?
c) Was dachten wohl die anderen Leute, die imselben Zugabteil saßen wie Andreas Fischer?
d) Was dachte Vater Ostmark, was die Mittlere Reife betrifft?
e) Was dachten wahrscheinlich die Eltern Peter Stichs an dem Tag, an dem er verschwand? (Bedenke: Sie waren berufstätig!)

N Gut verstanden? Fragen zum Text:

1 Worüber war Marion Hütte so empört, daß sie zum zweiten Mal weglief? (Bedenke, was die Mutter von ihr hielt!)
2 Wohin hatte Kristin Lorenz zu fahren versucht? Warum?
3 Wieso gab es vielleicht solche Probleme zwischen Gaby Peterson und ihrem Vater?
4 ,,Daß ihm stundenlang die Handgelenke schmerzten'': Was hat das über den Vater zu sagen?
5 Was für ein Mann war vielleicht Vater Peterson, und wie reagierte Gaby darauf?
6 Ein ,ruhiger, ziemlich schüchterner Junge' fuhr ,ohne Fahrkarte einfach weiter': Was hat das vielleicht zu sagen?
7 Wieso war Vater Ostmarks Befehl an seinen Sohn, erst die Mittlere Reife zu schaffen, so schlecht? Woran dachte er wohl nicht?
8 Wieso lief Peter Stich weg? Bedenke, was er mit bzw. von seinen Eltern gern gehabt hätte!

O Arbeiten zu zweit

Man stellt sich vor, eines der 6 vermißten Kinder zu sein – keinen Namen nennen! –, und baut ein Interview auf. Dabei werden Fragen über die Verhältnisse zu Hause gestellt **nicht** aber über das Ausreißen! Das Interview über die Familienverhältnisse des Ausreißers wird dann vor der Klasse gespielt, und die anderen müssen versuchen herauszufinden, wer gespielt wird.

P Augenzeuge

Erfinde einen 7. Ausreißer und dessen Gründe zum Ausreißen! Du hast ihn gerade interviewt und schreibst jetzt einen kurzen Bericht darüber, was er von seiner Familie erzählte! (Bedenke: Indirekte Rede!) Was würdest du ihm raten zu machen?

9.Kapitel Auch schwarze Schafe brauchen Liebe

Wer einmal im Gefängnis war, ist „vorbestraft". Er hat zwar seine Strafe abgesessen, aber er ist in den Augen vieler Leute ein „Krimineller". Vorbestrafte haben es schwer, wenn sie Arbeitsplätze oder ein Zimmer suchen oder bei einer Bank einen Kredit aufnehmen möchten. Der Staat versucht, die entlassenen Gefangenen zu resozialisieren, aber die Gesellschaft hat für ihre „schwarzen Schafe" oft zu viele Vorurteile und zu wenig Geduld.

Deshalb schüttelten die Nachbarn den Kopf, als Karl und Maria Meßmacher einen Jugendlichen in ihr Haus aufnahmen, denn der Junge kam direkt aus dem „Knast". In der Kirche hatte der Pfarrer vom Schicksal solcher Menschen berichtet. Ohne Wohnung, Arbeit und Freundeskreis – oder gar Verwandte oder Bekannte – stehen sie plötzlich vor dem Gefängnistor. Ohne Hilfe von anderen Menschen werden viele bald wieder kriminell. Die Meßmachers fühlten sich angesprochen: „Wir hatten das Gefühl, daß wir unbedingt etwas tun müßten", sagt Frau Meßmacher heute.

Sie machten einen Besuch im Gefängnis, in der Jugendstrafanstalt Siegburg, und lernten mehrere junge Männer kennen. Obwohl sie auf einmal „fürchterliche Angst" davor hatten, entschieden sie sich für einen Jungen, der schon wenige Tage später vor ihrem Haus stand. In der folgenden Zeit machten sie viele bittere Erfahrungen: „Er hatte Angst vor der Gesellschaft. Er war nur in Kinderheimen aufgewachsen. Darum reagierte er ganz anders als unsere eigenen zwei Kinder."

Aber das Ehepaar lernte aus diesem Fall, und so kamen in den nächsten 13 Jahren noch 15 weitere Jugendliche in das Haus. Alle blieben so lange, bis sie alleine in einer eigenen Wohnung leben konnten, manchmal sogar zwei oder drei: Einer schlief in der Küche, einer im Gästezimmer und einer im Wohnzimmer auf der Couch. Von den Jungen bekommen sie noch heute viele Briefe: Nur drei von den 16 sind rückfällig geworden.

Das Ehepaar hatte keine Ausbildung in Pädagogik oder Psychologie; aber die beiden ersetzten das Fachwissen durch Gefühl und Herzlichkeit: Vielleicht erweckten sie bei den Jugendlichen deshalb solches Vertrauen. Vom Staat bekamen sie für ihre Abeit keinen Pfennig, aber manche Jungen gaben ihnen einen Teil ihres Lohnes. Aber bei vielen dauerte es lange, bis sie einen Arbeitsplatz fanden. In dieser Zeit mußte die Familie besonders sparsam sein, damit das Geld ausreichte.

Als die Meßmachers für diesen Streß zu alt geworden waren, suchten sie sich eine neue Arbeit. Sie betreuen jetzt jugendliche Strafgefangene in ihren Zellen. Viele Jugendliche schreiben auch an sie, und die Briefe werden von der Gefängnisleitung nicht geöffnet: Die Jugendlichen sollen unbehindert weiterschreiben. „Für viele sind wir Ersatz-Eltern geworden", berichteten die beiden. „Wir sagen den Jungen, daß sie nicht mit uns reden müssen. Aber die meisten sind froh, wenn jemand zu ihnen kommt und sie über ihre Probleme reden können. Das Reden allein hilft ihnen schon sehr . . ."

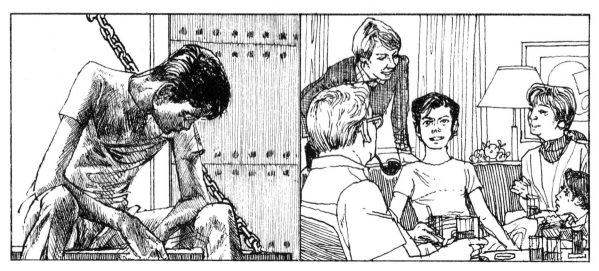

A Sprachanalyse

Suche im Text Folgendes:
1 Adjektive, die als Hauptwörter dienen:
   z.B. *Jugendliche*
   Teile die Wörter in Singular- bzw. Pluralformen je nach Kasus ein!
2 Adjektive mit Pluralendung ohne Artikel davor:
   z.B. Augen *vieler* Leute (Genitiv)
   Schreibe sie wo nötig noch mit Hauptwort auf, und teile sie je nach Kasus ein!
3 Verbausdrücke, die aus Verb und Objekt bestehen:
   z.B. *Vertrauen erwecken*
   Merke jeweils das Englische dafür!
4 Verben, die mit Präposition benutzt werden:
   z.B. *berichten von* (+ Dativ)
   Merke jeweils den Kasus, dessen die Präposition bedarf!
5 Trennbare Verben in der Partizipform oder am Ende eines Nebensatzes:
   z.B. *abgesessen*; *aufnahmen*
6 Anwendung von ‚werden' in Passiv- bzw. Nichtpassivstrukturen (Getrennt einteilen!)

B Tonbandaufnahme

Ordnung (Vokabeln auf Seite 222)
Im Text befinden sich weitere Beispiele für die Sprachanalyse und nützliche Vokabeln, die bei der Übersetzung ins Deutsche anzuwenden wären.

C Übersetzung ins Deutsche

Vokabeln so wie auch Strukturen und Redewendungen sind im Text gegenüber sowie in der Tonbandaufnahme zu finden!

Anyone who has much to do with young people will know that in their youth they go through many different and often difficult experiences. Many have problems because they don't know what they want to do, and if they have no training it can take a long time before they find a job. They become the black sheep of society. Not that they are criminals, but some older people are prejudiced against young people in unusual clothes: They shake their heads and complain about the problems that young people cause. Society should have more patience and accept these young people, for most of them actually get on well with the older generation.

There are black sheep of course, but many young people arouse a feeling of confidence because they want to help others. I once saw a group of such young people in town. They looked as if they had not used a comb for a long time. But they wanted to help when an old lady suddenly became ill in the street. Without their help she would have had great problems. Subsequently one of the boys visited the old lady regularly. I like telling about him when my relatives, friends and acquaintances complain about the youth of today!

D Überblick

1 Ist es alles wirklich so schlecht?

Hätten	die Meßmachers die Jungen	den Jungen weniger Verständnis gezeigt, den Meßmachers nicht Geld gegeben,
	die Jugendlichen die Eltern	nicht so viel gemeckert, sie mehr beachtet, (statt sie zu ignorieren?),

wären	die Jungen	vielleicht	(nicht)	in Schwierigkeiten gekommen, ... kriminell geworden, ...
	die Jugendlichen die Eltern		nicht	ausgerissen, ... so böse geworden, ...
hätten	die Meßmachers die Jungen	es schwerer gehabt es nicht so schwer		(weiterzumachen), ... gehabt, ...

Auf diese Weise soll man dann weitere Beobachtungen machen, und zwar zu den verschiedenen Situationen, die wir in dieser Einheit bearbeitet haben. Womöglich soll man auch erklären warum!

2 Sind die Kritiken berechtigt?

Obwohl viele	Ältere Erwachsene Jugendliche	behaupten, meinen, sagen, glauben,	Jugendliche Ältere Erwachsene	seien	faul/unordentlich, verantwortungslos, zu streng, kleingeistig,
				hätten	keinen Respekt, keine Achtung vor Jugendlichen,
				würden	zu viel erwarten, verbieten, kritisieren,

stimmt es nicht 	immer, ganz,	weil ... wenn man bedenkt, ...			
ist das oft nicht richtig, hilft das nicht, die Situation zu bessern,		weil ...			
darf man nicht 	vergessen, außer Acht lassen,	daß ...			
müßte man diejenigen bedenken, darf man diejenigen nicht vergessen,		die	alten Menschen solchen Jugendlichen	helfen	
			solche Strafgefangene aufnehmen		

Schreibe solche und weitere Beobachtungen! Zu bedenken:
Arbeit; Ordnung; Schulleistungen; Kleider; Benehmen:
Liebe; Geduld; Toleranz; Verständnis; Disziplin:
Äußere dann deine Meinung(en) dazu auf folgende Weise:

Ich finde viele Kritiken	teilweise nicht völlig	berechtigt, unberechtigt,	weil ...

E Diskussion

1 *Zu zweit*

Stellt Fragen aneinander, an Hand des Überblicks und des Diskussionsführers, um die Reaktion des Partners auf solche Kritiken herauszufinden!

Diskussionsführer	
Inviting opinion or support on assertions of others	Stimmt es dann/etwa nicht, daß ... Was hältst du davon, was behauptet wird, ... Findest du nicht, daß ... Wie findest du es, was Erwachsene ... Was sagst du dazu, was ... sagt, daß ...
Giving and refusing support	Zweifellos stimmt es oft, daß ..., aber ... ... kann ich nicht akzeptieren ... ist nicht zu leugnen, aber ... Stimmt gar nicht, ganz im Gegenteil! Stimmt: Offensichtlich haben solche Leute vergessen, ...

2 *In der Gruppe*

Besprecht, was ihr davon haltet, wie Erwachsene Jugendliche oft kritisieren!

F Aufsatzplan

Bereite mit Hilfe dieses Plans den Aufsatz vor, den du zum Thema schreiben willst! Nützliche Ideen, Ausdrücke und Wendungen findest du in den Texten über „Generationsspannungen".

Thema: Sind Jugendliche so, wie es viele Erwachsene meinen?

1 Einleitung:
  – Generationsspannungen – schon immer?
  – Viele Erwachsene meinen, Jugendliche seien heute anders
  – Kann man verallgemeinern?
2 Mit jeder neuen heranwachsenden Generation scheinen die Spannungen schlimmer zu werden.
  – Was Erwachsene von Jugendlichen behaupten
  – Kritiken an Aussehen, Benehmen, Aus- und Umgang, Fleiß (nicht nur in der Schule) (Eigene Erfahrungen?)
  – Beschwerden über mangelnden Respekt, laute Musik, usw.
3 Sind die Beschwerden/Kritiken berechtigt?
  – Wenn sie berechtigt sind: Warum? Warum sind die Jugendlichen so?
  – Unter welchen Sorten von Druck und Streß stehen heutige Jugendliche mehr als frühere?
  – Wo die Kritiken nicht berechtigt sind: Warum beschweren sich denn die Erwachsenen? (Eigene Erfahrungen?)
  – Was diese Erwachsenen bei den meisten Jugendlichen vergessen (z.B. was sie alles Gutes machen)
4 Wie Jugendliche sind:
  – verschiedene Sorten von Menschen; warum wird das von vielen Erwachsenen nicht gesehen, die Jugendliche rundherum kritisieren? Woran das liegt?
5 Was man braucht, um mehr Verständnis zwischen den Generationen zu haben:
  – Respekt vor den Jugendlichen? Genug Zeit füreinander?
6 Eigene Meinungsäußerung über die Situation

Ulrich Plenzdorf: *Die neuen Leiden des jungen W.*

Edgar Wibeau ist ausgerissen und nach Berlin gegangen, wo er verunglückt. Das ist der Ausgangspunkt des Buches. Im Text wird er von seiner Mutter und von verschiedenen Freunden und Bekannten beschrieben. Ihre Aussagen werden als Zitate aufgeführt, von Edgar selbst dann kommentiert.

Hier sprechen seine geschiedenen Eltern über die Ereignisse, die zum Ausreißen führten; Edgar kommentiert, als ob er alles hören könnte.

„Hast du nie an eine Fahndung[1] gedacht?"

„Wenn mir einer Vorwürfe machen kann, dann nicht du! Nicht ein Mann, der sich jahrelang um seinen Sohn nur per Postkarte gekümmert hat! Zuerst war ich einfach fertig mit ihm. Er hatte mich in eine unmögliche Situation gebracht an der Berufsschule und im Werk. Der Sohn der Leiterin, bis dato[2] der beste Lehrling, Durchschnitt[3] eins Komma eins, entpuppt sich als Rowdy! Schmeißt[4] die Lehre! Rennt von zu Hause weg! Ich meine . . .!"

„Wieso entpuppte er sich als Rowdy?"

„Er hat seinem Ausbilder den Zeh gebrochen."

„Den Zeh?"

„Er hat ihm eine schwere Eisenplatte auf den Fuß geworfen. Ich war wie vor den Kopf geschlagen. Ich meine . . .! Der Kollege Flemming sagte mir – das ist der Ausbilder –, daß es so war: Er verteilt morgens in der Werkstatt Grundplatten[5] zum Feilen. Und die Burschen feilen auch, und beim Nachmessen fällt ihm auf, Edgars Nachbar, Willi, hat da eine Platte fertig, aber die hat er nicht gefeilt, die war aus dem Automaten. In der Produktion werden die Grundplatten automatisch gefertigt. Sie ist natürlich genau bis auf ein Hundertstel. Er sagt ihm das: Die ist aus dem Automaten.
Willi: ‚Aus was für einem Automaten?'
Flemming: ‚Aus dem Automaten in Halle zwei.'
Willi: ‚Ach, da steht ein Automat?! – Das kann ich doch gar nicht wissen, Meister. In der Halle waren wir zum letzten Mal, als wir anfingen mit der Lehre, und da hielten wir die Dinge noch für Eierlegemaschinen.'
Und das war dann Edgars Stichwort,[6] das war natürlich alles vorher abgemacht: Also nehmen wir mal an, da steht ein Automat. Da fragt man sich doch, warum wir dann diese Grundplatten mit der Feile zurechtschruppen[7] müssen."

Gesagt hab ich das. Das stimmt. Aber aus dem Hut.[8] Abgemacht war überhaupt nichts. Ich wußte, was Willi und die anderen vorhatten, wollte mich aber raushalten, wie immer.

„Flemming: ‚ Was hab ich euch gesagt, als ihr bei mir angefangen habt? – Ich hab euch gesagt: Hier habt ihr ein Stück Eisen! Wenn ihr aus dem eine Uhr machen könnt, habt ihr ausgelernt. Nicht früher und nicht später.'
Und Edgar: ‚Aber Uhrmacher wollten wir eigentlich schon damals nicht werden.'"

Das wollte ich Flemming schon lange mal sagen. Das war seine ganze Einstellung aus dem Mittelalter. Bis da hatt ich's mir immer verkniffen.

„Und anschließend warf ihm Edgar dann diese Grundplatte auf den Fuß und mit dermaßen Kraft, daß ein Zeh brach. Ich war wie vom Donner gerührt. Ich wollte das erst nicht glauben."

Stimmt alles. Bis auf zwei Kleinigkeiten. Erstens hab ich die Platte nicht *geworfen*. Das brauchte ich nicht. Diese Platten waren auch so schwer genug, einen ollen[9] Zeh oder was zu brechen, einfach durch ihre Masse. Ich brauchte sie bloß fallen zu lassen. Was ich denn auch machte. Und zweitens ließ ich sie nicht *anschließend* fallen, sondern erst sagte Flemming noch einen kleinen Satz, nämlich er tobte los: ‚Von dir hätte ich das am allerwenigsten erwartet, Wiebau!'
Da setzte es bei mir aus. Da ließ ich die Platte fallen. Wie das klingt: Edgar Wiebau! – Aber Edgar Wibeau! Kein Aas sagt ja Nivau statt Niveau. Ich meine, jeder Mensch hat schließlich das Recht, mit seinem richtigen Namen richtig angeredet zu werden. Wenn einer keinen Wert darauf legt – seine Sache. Aber ich lege nun mal Wert darauf. Mutter ließ sich das egal weg gefallen, mit Wiebau angeredet zu werden. Sie war der Meinung, das hätte sich nun mal so eingebürgert, und sie wär nicht gestorben davon und überhaupt, alles, was sie im Werk geworden ist, ist sie unter dem Namen Wiebau geworden. Und natürlich hieß dann unsereins dann auch Wiebau! Was ist denn mit Wibeau? – Ein alter Hugenottenname, na und? – Trotzdem war das natürlich kein Grund, olle Flemming die olle Platte auf seinen ollen Zeh zu setzen. Das war eine echte Sauerei. Mir war gleich klar, daß jetzt kein Schwein[10] mehr über die Ausbildung reden würde, sondern bloß noch über die Platte und den

Zeh. Manchmal war mir eben plötzlich heiß und schwindlig, und dann machte ich was, von dem ich nachher nicht mehr wußte, was es war. Das war mein Hugenottenblut ...

„Du meinst Edgar hat einfach die Konsequenzen der Sache gescheut und ist deshalb weg?"
„Ja. Was sonst?"

Suhrkamp Verlag

ERLÄUTERUNGEN

1 *police search*
2 *till that point/up till the present*
3 *i.e. of his grades*
4 *throws up*
5 *base plates*
6 *cue*
7 *(here) lick into shape*
8 spontan, ohne zu denken
9 (olle) – (*colloquial form of* 'alt') *little old*
10 niemand

A Im Sinn der Sache

1 Welche Bemerkungen macht Edgars Mutter, die zeigen, wie überrascht sie von Edgars ‚Verhalten' ist?
2 Welche Bermerkungen macht Edgar, die darauf hindeuten, daß er sich normalerweise ziemlich zurückgehalten hat im Werk?
3 Welche Bemerkungen macht er, die zeigen, was er von Flemming hält?
4 Welche Bemerkungen machen Edgar und seine Mutter, die auf ihre unterschiedlichen Einstellungen zu ihrem Namen hinweisen?

B Zur Diskussion

1 Wie war Edgars Situation im Werk, und warum? Welche Wirkungen hatte es auf ihn, daß seine Mutter Werksleiterin ist?
2 Wie wurde Edgar von Flemming behandelt? Aus welchen Gründen vielleicht? Was hat das über Flemming zu sagen?
3 Wie reagierte Edgar darauf? Was hält er von Flemming, und warum?
4 Warum wollte Edgar sich „raushalten, wie immer"?
5 Aus welchen Gründen ließ er denn die Platte fallen?
6 Wieso war die Sache mit seinem Namen so wichtig? Ging es nur um den Namen? Wie unterscheidet sich Edgars Einstellung zum Namen von der Einstellung seiner Mutter?
7 Was hält Edgar selber davon, was er gemacht hat?
8 Seine Mutter spricht von ihrer „unmöglichen Situation": Wie ist es nunmehr mit Edgar?

C Augenzeuge

1 Schreib, als ob du Flemming wärest, einen Bericht für die Werksleitung über den Zwischenfall mit der Grundplatte!
   Zu bedenken: Dieser Bericht soll förmlich sein und ohne Umgangssprache, wie Edgar sie immer benutzt. Der Bericht soll auch alles wiederbringen, was Edgar und Willi sagten, und zwar als Indirekte Rede.
2 Stell dir vor, du wärest Edgar, und schreib alles von dem Standpunkt aus:
   – Schildere dein Verhältnis zu deinen Eltern, besonders zu deiner Mutter!
   – Beschreibe die Arbeit im Werk, dein Verhältnis zu den anderen Lehrlingen, und wie du dich mit Flemming verstanden hast!
   – Erzähle, warum du weggelaufen bist!
   Das könntest du vielleicht als Brief an deine Mutter fassen, um deine Gefühle und Reaktionen zu erklären!

Gerlinde und Rolf wollen einen neuen Cassettenrecorder kaufen, wenn sie nicht zu viel zahlen müssen ...

ROLF | Ich bin also gespannt: Ob sie die Cassettenrecorder im Sonderangebot haben?

GERLINDE | Du, ich bin auch gespannt, ob sie die Recorder überhaupt vorrätig haben. Und wenn kein Sonderangebot ist – ob die uns eine Preisreduzierung erlauben?

ROLF | Ob der Verkäufer so einer sein wird, der mit sich reden läßt? Hoffentlich wird er nicht so eingeschnappt wie der im anderen Radiogeschäft!

GERLINDE | Ich bin auch gespannt, wie der Recorder überhaupt ist. Ich meine, in der Werbung stand, diese neuen Recorder hätten das beste Sound-System und seien preisgünstiger als alle anderen: Ob die wirklich so gut sind?

ROLF | Das können wir gleich fragen – schau: Die stehen schon da – auf dem Ladentisch.

GERLINDE | Diese neuen Cassettenrecorder hier – darf ich einen näher anschauen?

VERKÄUFER | Wie bitte? Was haben Sie gefragt? Ich bin etwas schwerhörig!

GERLINDE | Ob ich diesen Cassettenrecorder anschauen dürfte.

VERKÄUFER | Klar, natürlich, bitte.

ROLF | Sind sie denn wirklich so gut, wie in der Werbung steht?

VERKÄUFER | Wie bitte?

ROLF | Ob sie denn wirklich so gut seien, wie in der Werbung steht.

VERKÄUFER | Natürlich!

GERLINDE | Ist bei Ihnen eine Preisreduzierung möglich?

VERKÄUFER | Was?!

GERLINDE | Ob eine Preisreduzierung möglich wäre?

VERKÄUFER | Also nein! Das geht nicht. Die Nachfrage ist so groß, weil die Recorder eh so preisgünstig sind. Eine weitere Reduzierung kommt nicht in Frage!

10. Kapitel

A Satzbau

1 Um zu fragen, was andere meinen, oder um zu zeigen, daß man etwas gerne wissen möchte, stellt man Fragen oft so:

> Ob sie die Cassettenrecorder im Sonderangebot haben?
> Ob sie die Cassettenrecorder überhaupt vorrätig haben?

und um etwas zu bezweifeln, kann man alles auch so fassen, z.B.

> Ob sie wirklich so gut sind, wie in der Werbung steht?

2 Gehörtes, Gelesenes berichtet man bei Pluralformen so:

| In der Werbung stand, | diese neuen Recorder hätten das beste Sound-System |
| | diese Recorder seien preisgünstiger . . . |

3 Um eine Frage zu wiederholen, oder um zu erklären bzw. erzählen, was andere gefragt haben, faßt man es so:

> Ob ich diesen Cassettenrecorder anschauen dürfte
> Ob bei Ihnen eine Preisreduzierung möglich wäre

B Mikrowellenherde

Hier ist der Text einer Reklame für ein bestimmtes Modell:

> Immer mehr Frauen stehen im Beruf. Da bleibt wenig Zeit zum Kochen. Mit diesem Mikrowellenherd ist Tiefkühlkost im Nu aufgetaut, Gemüse und Fleisch in Kürze gegart und fertige Gerichte in wenigen Minuten erwärmt. Der Mikrowellenherd ist also die ideale Ergänzung zu Herd und Gefriergerät.
>
> Die Garzeiten des Mikrowellenherdes sind so kurz, daß die Nährwerte der Lebensmittel im hohen Maße erhalten bleiben. Auf diese Weise werden Speisen vitaminschonend gekocht.
>
> Mit dem Mikrowellenherd macht das Kochen kaum Arbeit. Im tischfeinen Geschirr läßt sich das Essen zubereiten. Töpfe und Pfannen bleiben sauber. Der Abwasch ist im Handumdrehen erledigt.

An Hand des Textes:
1 Bezweifele, ob alles so ist, wie in der Reklame steht!
 z:B. Ob damit Tiefkühlkost wirklich im Nu augetaut ist?
2 Berichte, was in der Reklame steht!
 z.B. In der Reklame steht, Gemüse und Fleisch seien in Kürze gegart.

3 *Zu dritt*
Zwei Menschen möchten einen Mikrowellenherd kaufen. Bevor sie ins Geschäft gehen, sind sie gespannt: Ist der Herd vorrätig, oder der Preis über 1000 DM? Muß man den Herd oft putzen? Sind solche Mikrowellenherde überhaupt sicher? Im Geschäft stellen sie dem Verkäufer Fragen über die Qualität des Herdes, die er zuerst gar nicht hört, weil er schwerhörig ist, die also wiederholt werden müssen!
 Baut zu dritt das Gespräch auf, das erst draußen, dann im Geschäft passiert, und benutzt dabei den Werbetext als Basis.

C Hör mal zu!

An Ihrer Sicherheit sollten Sie nie sparen
(Vokabeln und Fragen befinden sich auf Seite 222)

An alle Ehemänner, die meinen ...

Ob der Text kurz oder ein längerer ist, ob die Werbung um Zigaretten oder Zahnpasta geht, ob sie von Autos oder Armbanduhren handelt, ob sie sich um Farbfernseher oder Fotoapparate handelt; eins steht fest: Die Reklame soll uns überzeugen, etwas zu kaufen ...

AEG Geschirrspüler FAVORIT DELUXE electronic

An alle Ehemänner, die meinen, ein Geschirrspüler sei unwirtschaftlich

dyed in the wool

„Jetzt kommen die wieder mit ihrem Sparprogramm", denken jetzt sicher die eingefleischten Geschirrspüler-Muffel,[1] „sollen die lieber mal was gegen den hohen Wasserverbrauch tun!" Ihr Wunsch war uns Befehl. Die neuen AEG Geschirrspüler FAVORIT haben jetzt ein neuentwickeltes Sprühsystem, das den Wasserverbrauch absenkt wie nie zuvor: das VARIO-Sprühsystem. Damit sind die FAVORIT Geschirrspüler unschlagbar wirtschaftlich.

Nehmen wir zum Beispiel unseren besten Geschirrspüler, den FAVORIT DELUXE electronic: der faßt 14 Maßgedecke[2] und spült diese im Sparprogramm 50°C für sage und schreibe[3] 48 Pfennige. Sparsamer geht's auch nicht von Hand.

Na, lieber Ehemann, glauben Sie immer noch, ein Geschirrspüler sei unwirtschaftlich?

AEG

D Wovon handelt der Text?   Welche Wörter fehlen?
Dieser neue .... macht die ganzen Teller so schön sauber. Früher fanden viele Leute diese Maschinen nicht gut, weil der Wasser-und Strom .... zu hoch war. Die neuen Maschinen sind aber viel .... als die älteren; mit so einer Maschine kann man also, wenn man viel zu spülen hat, Zeit und Geld ....

E Kommentare   Ist alles wirklich so (gut), wie in der Werbung steht?

In der Reklame steht, diese Geschirrspüler	seien	besser, wirtschaftlicher,
	hätten	ein neues System, einen niedrigeren Wasserverbrauch,

... aber viele Leute fragen sich,	ob	sie wirklich so sparsam seien.
		das neue Sprühsystem den Wasserverbrauch wirklich so absenke

Bau solche und ähnliche weitere Sätze auf, um alles, was in der Reklame steht, anzuzweifeln!

F Grammatik- und Stilübung   **Glauben Sie immer noch, ein Geschirrspüler *sei* unwirtschaftlich? (3)**
So versucht man andere zu überzeugen, sie hatten vorher unrecht!
Stelle ähnliche Fragen an jemanden, der anderer Meinung ist als du, als ob du gerade Folgendes gesagt hättest:
z.B. Also, ich finde, die meisten Studenten sind fleißig!
    →Glauben Sie, die meisten Studenten seien faul?
a) Also, ich finde, Zigaretten sind gesundheitsschädlich!
b) Also, ich finde, eine BH-Zigarette schmeckt und ist ein Genuß!
c) Also, ich finde, ein Mikrowellenherd kann gut kochen!
d) Also, ich finde, dieser Ford fährt sparsam!
e) Also, ich finde, diese Margarine hat wenig Cholesterin!

G Gesprächsthemen/Fragen zum Text   1 „An alle Ehemänner": Warum an die Männer und nicht an die Frauen?
2 „Sparsamer geht's auch nicht von Hand": Wirklich nicht? Wovon sagt man hier aber nichts?
3 Ist ein Geschirrspüler wirtschaftlich?:
4 Welcher ist der wichtigste Vorteil des AEG-Geschirrspülers, und für wen?

H „Der eingefleischte Geschirrspüler-Muffel":   1 *Zum Überlegen bzw. Besprechen*
   a) Was hat bzw. sagt er gegen solche Maschinen?
   b) Was findet er an den Maschinen schlecht? Warum?
   c) Was würde er vielleicht besser finden?
   d) Was für Männer sind vielleicht Geschirrspüler-Muffel?
2 *Zum Schreiben*
   Stell' dir vor, du wärest so ein Geschirrspüler-Muffel: Schreibe einen kurzen Brief an die Firma AEG, in dem du deine Meinung von den alten Geschirrspülern äußerst (Hat deine Familie vielleicht einen?) und um sparsamere Maschinen bittest!

11. Kapitel Die Preisringer[1]

In verschiedenen Ländern der Welt werden die Preise nicht wie bei uns so festgesetzt, sondern man rechnet damit zu feilschen: Den verlangten Preis zahlt man nicht sofort, sondern man bietet weniger und versucht, den Preis herunterzuhandeln. Erst wenn sich Käufer und Verkäufer einig sind, findet der Verkauf statt. Ob auch in der BRD das Feilschen möglich ist, versuchte ein STERN-Test festzustellen.

Vom Auslandsurlaub heimgekehrt, geben immer mehr Deutsche vor Nachbarn und Freunden zum besten,[2] wieviele Dollar sie in Florida für eine Kamera, wieviele Peseten sie auf Teneriffa für ein Paar Stiefel oder Lire in Italien für eine Handtasche gespart haben. Zu Hause ist dann meist wieder Schluß mit dem Spaß am Feilschen in den Geschäften.

Doch die Front der festen Preise beginnt allmählich auch hierzulande zu bröckeln. Viele Geschäftsleute lassen mit sich reden. Sicherlich nicht über den Preis einer Tasse Kaffee, oder eines Joghurt-Bechers im Billigmarkt. Aber wer beim Kauf von Möbeln, Textilien, Geschirr, Haushaltsgeräten, Autos und Schmuck nach einem Preisnachlaß fragt, der wird nicht mehr wie ein Mensch von Mars behandelt.

Als Silke Springer für einen mit 286 Mark ausgezeichneten Bürstenstaubsauger beherzt nur 240 Mark bot, nickte der Verkäufer mit dem Kopf und gewährte den 16-Prozent-Rabatt. Ein Paket Staubsaugerbeutel für zehn Mark packte er zum halben Preis gleich noch dazu.

Fast bis zur Hälfte handelte innerhalb von zehn Minuten Rupp Doinet in München den Preis für eine Schreibmaschine vom Typ Adler Gabriele 10 herunter. „Ein Auslaufmodell"[3], räumte Inhaber[4] Hermann Sommer ein und rechnete halblaut: „400 Mark, 350, eine gute Adler, 300." Pause. Traurig den Kopf schüttelnd, wandte sich der Kunde ab. „250", rief Sommer; und der Kunde: „225 – dann nehme ich sie gleich mit." Herr Sommer willigte ein.

Preisvorschläge des Kunden erleichtern oft das Feilschen. Allerdings muß sich der Käufer innerhalb realistischer Grenzen halten. Denn als Frau Springer für das schöne Teeservice statt der verlangten 398 Mark nur 300 bezahlen wollte, rief die zunächst freundliche Verkäuferin: „Wieso wollen Sie den Preis nicht bezahlen, warum wollen Sie es billiger haben? Das ist ja unerhört." Die erboste Abteilungsleiterin lehnte jede

Preisreduzierung kategorisch ab. Rabattjäger müssen solche Niederlagen verkraften können.

Wer nicht robust genug ist, solche Schlappen wegzustecken, muß deshalb nicht unbedingt auf den Einkauf unter Preis verzichten. Neuerdings beziehen gewitzte Verbraucher zahlreiche Konsumgüter direkt vom Hersteller und zahlen dafür oft nur die Hälfte des jeweiligen Ladenpreises. So wie Elvira Spill: In Prospekten von Fabrikanten sucht sie sich in aller Ruhe aus, was sie für die Einrichtung ihres Hauses noch braucht. Dann wendet sie sich schriftlich oder telefonisch an die Firmen und wird meist ohne viel Wenn und Aber beliefert.

„Wenn da doch mal einer fragt, wer ich denn eigentlich sei", verrät die clevere Konsumentin, „dann sage ich einfach: Hier ist die Firma Spill."

(STERN, Gruner und Jahr 1984)

ERLÄUTERUNGEN
1 *customers out to get price reductions* (*ringen = to wrestle*)
2 *to tell proudly*
3 *one that has gone out of production*
4 *proprietor*

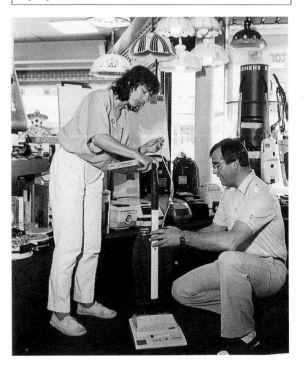

A Wovon handelt der Text?

1 Was lernen viele Verbraucher erst im Ausland?
2 Bei welchen Waren kann man am besten
  Preisreduzierungen erlangen? *achieve*
3 Was hilft dem Verbraucher, dabei erfolgreich zu
  sein?
4 Wie kann man auch billiger einkaufen?

B Wortschatz

1 Welche im Text stehenden Wörter haben die
  gleiche Bedeutung wie diese?
  a) (Preis), den der Verkäufer
       sich wünscht (Vorwort)
  b) mutig; furchtlos (3)
  c) erlaubte (3)
  d) gab ... zu (4)
  e) drehte sich zum Gehen (4)
  f) sagte ja; akzeptierte (4)
  g) böse gemacht bzw. geworden (5)
  h) sagte nein (5)
  i) entbehren (6)
  j) in letzter Zeit (6)
  k) bestellen (6)
2 Für diese Wörter gibt es im Text mehrere Alternativen zu suchen:
  a) Preisreduzierung (2; 3; 6)
  b) Produzent (6; 6)
3 Folgende Wörter stehen im Text:
  a) herunterhandeln (Vorwort)
  b) Geschäftsleute (2)
  c) clever (7)
  d) Konsument (7)
  Suche jeweils ein weiteres Wort im Text mit
  gleicher Bedeutung! Die ersten beiden Antworten
  befinden sich im Vorwort, die anderen beiden im
  6. Textabschnitt.
4 Welche im Text stehenden Ausdrücke haben die
  gleiche Bedeutung wie diese?
  a) wenn ... einverstanden sind (Vorwort)
  b) ... geht es mit ... nicht mehr (1)
  c) Auch in der BRD wird das Feilschen möglich
     (2)
  d) ... sind bereit, Kompromisse zu schließen (2)
  e) weitermachen, obwohl man manchmal
     Mißerfolge erlebt (5; 6)
  f) ohne Störungen (6)
  g) ... setzt sie sich in Verbindung mit ... (6)
  h) problemlos; ohne Protest (6)

C Vokabelbau

zahlen und *zählen*

Weitere Wörter, die mit *zahlen* zu tun haben:
  bezahlen; (un)zahlbar; Zahlung;
  Anzahlung/anzahlen; (un) gezahlt;
  (un)bezahlt; zahlungsfähig
Weitere Wörter, die mit *zählen* zu tun haben:
  Zahl/Anzahl; zahlreich; zahllos;
  unzählig; ungezählt; unzählbar
Schreib' Sätze, die mit Konsumenten und
Rabattjägern und Produzenten zu tun haben, in
denen zahl- und zähl-Wörter vorkommen!

D Grammatik- und Stilübung

Traurig den Kopf schüttelnd, wandte sich der Kunde ab (4)

Schreib folgende Sätze auf ähnliche Weise:
z.B. Er reagierte sofort auf das Angebot und bot
  225 Mark dafür.
  →Auf das Angebot sofort reagierend, bot er
  225 Mark dafür.
a) Er nickte mit dem Kopf und gewährte den
   Rabatt.
b) Sie bot beherzt 240 Mark und fragte nach
   einem Preisnachlaß.
c) Er rechnete halblaut und reduzierte den Preis
   von 400 auf 300 Mark.
d) Sie hörte die Ablehnung der Abteilungsleiterin
   und wandte sich ab.

E Nicht nur montags

Tips für Feilscher (Vokabeln auf Seite 222)
Fasse eine Liste dieser Tips, die in der Aufnahme
zu hören sind!

F Gut verstanden? Fragen zum Text

1 Warum lassen Geschäftsleute nicht über den
  Preis von kleinen Artikeln mit sich reden?
2 Was haben die Erfolgserlebnisse von Frau
  Springer und Herrn Doinet über das Einkaufen
  in Deutschland zu sagen?
3 Warum brachen Rabattjäger robust zu sein?
4 Welche Vor- und Nachteile (und für wen?) hat
  Frau Spills Art, „unter Preis" einzukaufen?

Nach dem Einbruch

Verbraucher wollen sich immer weitere Sachen anschaffen: Darin besteht ja der Konsum. Aber die Kehrseite[1] des Konsums besteht darin, daß uns die schönen neuen Sachen wieder gestohlen werden: Konsum führt zum Verbrechen. Denn Kriminelle sind auch Konsumenten. Nur: Nicht alle Konsumenten wollen bloß ‚unter Preis' einkaufen – so mancher möchte es auch ‚ohne Preis' schaffen und auf keinen Fall aus der eigenen Tasche zahlen . . .

Der Kriminalbeamte kam am Tag nach dem Einbruch in mein Haus, um, wie er sagte, „Spuren zu sichern". Er war etwa 50 Jahre und müde und apathisch wie einer, der weiß, daß ziemlich sinnlos ist, was er tut. Er packte seine Geräte aus, inspizierte Türen und Schubladen, die von den Einbrechern geöffnet worden waren, und streute Pulver auf Flächen, auf denen er wohl Fingerabdrücke zu finden hoffte. Dann nahm er seine Lupe,[2] betrachtete angestrengt die bestreuten Stellen und schüttelte den Kopf. „Nichts", sagte er und packte seine Sachen nach zehn Minuten zusammen. Er ging, noch ein bißchen müder und apathischer, wie mir schien, zu seinem Auto und sah dabei auf eine lange Liste mit Namen und Adressen: lauter Wohnungen, in denen in der vergangenen, der Nacht zum Sonntag gestohlen worden war und in denen er seine ebenso mühsame wie aussichtslose Spurensicherung noch vorzunehmen hatte.

Ich erwarte nicht, daß die Einbrecher gefaßt werden, die in meinem Haus waren. Auch Nachbarn und Bekannte, die bestohlen wurden, erwarten das nicht. Einer, so höre ich, will sich nun selber helfen: mit tödlichem Starkstrom. Andere lassen sich Schutzanlagen installieren und Alarmlampen auf die Dächer montieren. Wieder andere drohen, wenn sie denn einmal Einbrechern begegnen, „kurzen Prozeß"[3] an. Vielleicht – wer weiß? – liegen schon ein paar Waffen in den Nachtschränken meiner Nachbarn und Bekannten. Keiner, so scheint es, zählt mehr darauf, daß die Polizei gegen Diebe schützen kann.

1983 hat es in der Bundesrepublik Deutschland 2.784.931 Diebstähle gegeben, darunter 190.901 Einbrüche. Weniger als 30 Prozent von ihnen wurden aufgeklärt. Die Kriminalstatistik deutet an, daß die Zahl der Einbruchdiebstähle weiter steigen und die der Aufklärungen weiter sinken wird. Die Polizei ist hilflos wie mein müder Spurensucher. Der Einbruchdiebstahl ist zum kalkulierbaren Risiko geworden. *Crime does pay!*

Rolf Winter

ERLÄUTERUNGEN

1 *reverse side*
2 *magnifying-glass*
3 (kurzen Prozeß machen) *make short work of something, deal summarily with something or someone*

G Wovon handelt der Text?

1 Wieso mußte der Kriminalbeamte Herrn Winter besuchen?
2 Worüber machen sich Herr Winter und seine Nachbarn und Bekannten Sorgen?
3 Was hat die Kriminalstatistik über die Situation zu sagen?

H Wortschatz

1 Was bedeuten folgende im Text stehende Wörter? Welche von den angegebenen Möglichkeiten ist richtig?

a) betrachtete (1)   – blickte schnell an
                    – probierte
                    – prüfte

b) angestrengt (1)   – konzentriert
                    – langsam
                    – böse

c) lauter (1)   – nichts als
                – in denen die Diebe nicht zu hören waren
                – in denen mehr Krach gemacht wurde

d) aussichtslos (1)   – sinnvoll
                    – die nichts bringen würden
                    – vorsichtig

e) vornehmen (1)   – unternehmen
                    – vorspielen
                    – feinen

f) gefaßt (2)   – gehalten
                – gefangen
                – verstanden

g) Schutzanlagen (2)   – Grünanlagen
                      – Naturparks
                      – Alarmanlagen

h) deutet an (3)   – zeigt ganz zweifellos
                  – ist so ungenau
                – läßt erwarten

2 Welche im Text stehenden Ausdrücke haben die gleiche Bedeutung wie diese?

a) herauszufinden, ob die Täter Fingerabdrücke oder Sonstiges hinterlassen hatten (1)
b) denen Diebe etwas gestohlen hatten (2)
c) rechnet nicht damit; erwartet nicht (2)
d) Bei ... fand man heraus, wer die Täter waren (3)

3 Fasse eine Liste der Vokabeln im Text, die mit Verbrechern zu tun haben!

I Grammatikübung

Türen und Schubladen, die von den Einbrechern geöffnet worden waren (1)
(Passiv im Nebensatz)
Fasse folgende Sätze auf ähnliche Weise:
z.B. Fenster, die die Einbrecher gebrochen hatten.
    →Fenster, die von den Einbrechern gebrochen worden waren.

a) Der Polizist faßte eine Liste der Sachen, die die Einbrecher genommen hatten.
b) Er betrachtete die Flächen, auf die er das Pulver gestreut hatte.
c) Die Einbrecher, die man nicht gefaßt hatte, könnten später wieder kommen.
d) Die Schutzanlagen, die mein Nachbar installiert hatte, sollten Einbrecher abschrecken.
e) Die Einbrüche, die die Polizei aufgeklärt hatte, waren weniger als 30 Prozent.

J Augenzeuge

Du hattest gerade gestern abend vor Nachbarn zum besten gegeben, wie groß der Rabatt beim Kauf von etwas Neuem war; aber das neue „Etwas" ist in der Nacht von Einbrechern gestohlen worden!

  Schreib, was du sagst, oder das Gespräch, das entsteht, bei einer folgender Situationen:

1 Du mußt den Nachbarn erklären, was nunmehr passiert ist. Zu bedenken:
  – Wie werden sie reagieren? War alles versichert?
  – Wie hatten sie gestern abend reagiert?
2 Dem Kriminalbeamten, der zur „Spurensicherung" gekommen ist, mußt du erzählen, was in deinem Haus passiert ist. Zu bedenken:
  – Was fehlt? Hast du etwas gesehen oder gehört?
  – Wie hast du auf das Gesehene bzw. Gehörte reagiert?
  – Hast du heute morgen etwas berührt oder alles schon inspiziert?
3 Der Kriminalbeamte findet seine Spurensicherung sinnlos, da er nicht darauf zählt, daß die Täter gefaßt werden oder die gestohlenen Güter wieder gefunden werden. Was sagt er, und wie reagierst du darauf?

5/3/98 (In class)

Die Aussteiger

So viele Menschen leben[1] über ihre Verhältnisse, daß sie nicht aus dem Teufelskreis[2] des Mehr-Bekommens, Mehr-Verdienens, Mehr-Bekommens herausbrechen können: Sie sind sozusagen zu Gefangenen ihres Konsums geworden. Andere wiederum wollen sich, da der Konsum für sie kein gutes Ende nimmt, nicht mehr auf diese Weise kaputtmachen: Lieber weniger haben und besser leben ...

ERLÄUTERUNGEN

1 *above their means*
2 *vicious circle*
3 *affluent society*
4 *basket weaver*
5 *routine of society* (Die BRD hat ungefähr 60 Millionen Einwohner)
6 *insured for health*
7 *provision for their old-age*
8 *community life*
9 *economic growth*
10 *thinking in terms of affluence alone*

Zehntausende junger Bundesbürger haben der Wohlstandsgesellschaft[3] den Rücken gekehrt. Sie kümmern sich nicht um Karriere und Erfolg, pfeifen auf die Bequemlichkeiten der Gesellschaft und suchen nach neuen Lebensformen: Sie gründen Landkommunen, arbeiten in alternativen Bäckereien und Buchläden oder ziehen als Korbflechter[4] mit ihren Zelten von Dorf zu Dorf.

Sie sind aus dem „Trott der 60 Millionen"[5] ausgeschert, um ihren eigenen Weg zu gehen. Sie haben Arbeitsplätze verlassen oder die Lehre abgebrochen, oder sie verzichten darauf, was sie sich einst so wünschten – das Studium. Die meisten sind nicht krankenversichert,[6] kümmern sich nicht um die Altersversorgung[7] und leben von der Hand in den Mund.

Aber nicht für sich allein. Sie führen nämlich eine Art Gemeinschaftsleben,[8] das ihrer Meinung nach in der Konsumgesellschaft fehlt, wie zum Beispiel in den Ärztekollektiven, in denen Doktoren und Helfer gleich viel verdienen; hier geht es nicht darum, möglichst viel für sich selber zu bekommen, sondern darum, daß alles gleichmäßig verteilt wird. Und sie zielen auf ein gesundes Leben, daher die Wichtigkeit der Bäckereien!

Sie sind ausgestiegen, weil sie nicht zu Opfern von Streß und Hektik werden wollen, wie viele der 60 Millionen. Sie glauben nicht, daß Probleme wie die der Umwelt, der Arbeitslosigkeit oder des Hungers in der Welt mit Wirtschaftswachstum[9] oder Wohlstandsdenken[10] zu lösen sind. Sie erinnern daran, daß der Wohlstand der einen nur auf Kosten der anderen besteht, und daß viele Probleme darauf zurückzuführen sind, wie wir leben. In einfacheren Lebensformen sehen sie eine bessere Zukunft.

Vom normalen Verbraucher halten viele Aussteiger nicht viel. Als Konsument wolle man sowieso nur Schritt halten mit den anderen, meinen sie, und auf diese Weise gehe nur die Individualität verloren. Besser, man steige aus, schätze es, weniger zu besitzen, und freue sich darüber, Mensch zu bleiben. *STERN*. Gruner und Jahr 1980

K Vokabeln

Der Text geht um Aussteiger, die mit dem großen Konsum unserer Gesellschaft nichts mehr zu tun haben wollen. Suche im Text Wörter und Ausdrücke für ,,nichts (mehr) mit . . . zu tun haben wollen", so wie z.B. *pfeifen auf* . . .!

L Grammatik- und Stilübungen

1 **Sie verzichten *darauf*, was sie sich einst so wünschten** (2)

Aus folgenden Fragen und Verben bau Sätze auf!

z.B. Was sagten sie zu der Landkommune? (sich freuen *über* . . .)

→Ich freue mich darüber, was sie zu der Landkommune sagten.

a) Was will man statt des Konsums? (Es geht um . . .)

b) Wie hat er früher gelebt? (Seine Probleme sind auf . . . zurückzuführen)

c) Warum ist er aus der Wohlstandsgesellschaft ausgestiegen? (sich nicht kümmern um . . .)

d) Wie leben diese Aussteiger ohne viel Geld? (sich interessieren für . . .)

e) Wieviel Geld hat er früher jede Woche für Konsumgüter ausgegeben? (sich erinnern an . . .)

2 **Es geht *darum*, daß alles gleichmäßig verteilt wird** (3)

Aus folgenden Behauptungen und Verben bau Sätze auf!

z.B. Wir machen Fortschritte. (Es geht um . . .)

→Es geht darum, daß wir Fortschritte machen.

a) Der Wohlstand, der einen besteht nur auf Kosten der anderen. (erinnern an . . .)

b) Ich gehöre nicht mehr zu den Konsumenten. (sich freuen über . . .)

c) Sie sind nicht krankenversichert. (sich nicht kümmern um . . .)

M Gut verstanden? Fragen zum Text

1 Was wird aus vielen Menschen, die über ihre Verhältnisse leben?

2 Wie zeigen die Aussteiger ihre starke Abneigung gegen den Konsum und die Wohlstandsgesellschaft?

3 Worauf zielen sie, indem sie ,,aussteigen"?

4 Aus welchen ethischen Gründen kehren sie der Wohlstandsgesellschaft den Rücken?

5 Wie reagieren sie auf Konsumenten und Konsum?

N Arbeiten zu zweit

Ein(e) Aussteiger(in) und ein(e) Konsument(in) besprechen die Vor- und Nachteile (so wie sie sie sehen) des Konsums. Zu bedenken:

Arbeitsplätze, Bequemlichkeiten, Lebensstandard, Heizung, Kochen, Gesundheit, soziale Sicherheit, Wirtschaftswachstum, Ressourcen, Altersversorgung, Individualität, Kinder, Fortschritte, Teufelskreis des Verdienens und Geld-Ausgebens

O Aus eigener Erfahrung

Bevor du dem Konsum den Rücken gekehrt hast, hast du früher sehr viel Geld für Konsumgüter ausgegeben (über die Verhältnisse gelebt?); dafür hast du auch lang und schwer gearbeitet. Jetzt ist alles, da du auf Arbeitsplatz und viele Bequemlichkeiten verzichtest, ganz anders. Erzähl, warum und wie du ,,ausgestiegen" bist, was du jetzt machst, woher du Geld bekommst (um zu leben), und wie du dich nunmehr fühlst!

Vergleiche alles, wie es jetzt ist, damit, wie es für dich früher war!

12.Kapitel Offener Brief an einen Konsumenten

Lieber Verbraucher,

Sie haben sich nunmehr Ihr neues Haushaltsgerät gekauft, Ihren neuen Wagen angeschafft; alles, was Sie brauchen, haben Sie nun im Besitz. Haben Sie es erworben, weil Sie es wirklich benötigten, oder weil es unverderblich, unzerstörbar, langlebig, unverwüstlich sein soll? Hat man Ihnen gesagt, das neue Gartengerät sei rostfrei oder wetterfest, daß die neuen Gartenmöbel stabil und standfest seien oder strapazierfähig, daß alles lange halten und dauern werde? Haben Sie aus diesem Grund wieder große Schulden? Ließ sich das alte Gerät ehrlich nicht mehr gebrauchen, die Gartenmöbel vom letzten Jahr auch nicht? Haben Sie noch Geld übrig?

Immerhin – Sie haben alles zu erschwinglichen Preisen bekommen können; dazu hatte man gerade genug Geld. Und wenn auch nicht: Wer heute nicht zahlen kann, der kann es auf morgen verschieben; und zwar mit einem Darlehen von der Bank läßt sich heute alles kaufen, was heute gebraucht wird. Denn das Leben ist teuer, und zur Zeit ist eben nicht so viel Geld verfügbar, wie es in Zukunft sein wird, wenn wir aber nicht mehr so viel brauchen werden!

Wie gut, daß diese Möglichkeit besteht. Wie kämen sonst viele junge Familien dazu, ihr Zuhause bequem auszustatten, wenn sie nichts auf Pump[1] bekämen? Wie könnten sonst viele Jungpaare Urlaub machen, wenn ihnen nicht offenstünde, von der Bank für andere notwendige Anschaffungen Geld zu leihen; oder wenn sie die ganzen neuen Möbel für die neu eingerichtete, neu bezogene Neubauwohnung nicht in Raten zahlen dürften!

Moment! Darf ich mit Ihnen unter vier Augen sprechen? Mußten es für das junge Paar gleich schöne neue Möbel sein? Waren die alten Sachen aus der Studentenzeit nicht mehr gut? Wie oft fällt es mir auf, wir treiben es alle mit dem Konsum zu weit!

Schauen Sie Ihr neues Auto an – sehr schön! Aber war das wirklich nötig, seit Jahr und Tag alle Jahre wieder ein neues anzuschaffen? War der Grund mehr als bloß der Wunsch, den Nachbarn gleichzustehen, denen zu zeigen, wie gut es Ihnen geht? Was war denn mit dem alten Wagen los? Sie waren schließlich nur 15.000 km. damit gefahren! Haben Sie sich nicht ziemlich rasch von der Werbung verführen lassen? So wie all die Menschen, die – durch raffiniertere Werbung verlockt – sich gedankenlos Waren verkaufen lassen, die sie weder haben wollen noch brauchen können!

Wieviel unnötiges Zeug wird gekauft! Bedenken Sie das Mitgebrachte aus dem letzten Urlaub! Schöne Andenken an eine schöne Zeit – wetten, Sie haben die Andenken irgendwohin schon versteckt, wenn nicht zum Teil schon in die Mülltonne weggeworfen? Haben Sie sich nicht nachher auch gedacht, das sei eine ziemliche Geldverschwendung gewesen?

Ich schon! Immer wieder an Sperrmülltagen,[2] wenn ich dazu komme, Ungewolltes, Ungebrauchtes, Halbkaputtes endlich mal auszuräumen und auf die Straße zu bringen, stapelt sich auf dem Bürgersteig nicht länger Gewünschtes. Aber ehe der Sperrmüllwagen vorfährt, ist das Ausgeworfene zum großen Teil schon weg, abgeholt von den vielen Menschen, die extra durch die Gegend gefahren sind, um Güter zu sammeln, die sie sich sonst kaum leisten könnten. Die Güter sind nämlich noch gut: Daß sie andere weggeworfen haben, wird wohl daran liegen, daß man etwas Neues kaufen wollte.

Wohin aber mit den alten Sachen, die niemand braucht? Wir lassen sie von der Müllabfuhr beseitigen, so kann man sie vom Hals schaffen. Gut – aber wie soll denn die Müllabfuhr die Abfälle, das Aus- bzw. Weggeworfene einfach verschwinden lassen? Irgendwohin muß der Müll deponiert werden: vielleicht gerade das alte Haushaltsgerät, das Sie eben ersetzt haben. Sagen Sie mal: Hätten Sie es wirklich nicht reparieren können? ...

ERLÄUTERUNGEN

1 *on credit*
2 *bulk-waste (special large-scale refuse collection takes place area by area on a pre-arranged day)*

A Sprachanalyse

Suche im Text Folgendes:

1 Adjektive der Möglichkeit, die aus einem Verb gebildet werden:
z.B. *unverderblich* – Was man nicht verderben kann.
Teile die Wörter je nach Endungen ein!

2 Verben, die mit Dativ geschrieben werden:
z.B. *sagen* – Hat man Ihnen gesagt?

3 Indirekte Rede bzw. Fragen mit Verben in der Konjunktivform
z.B. das neue Gartengerät *sei* rostfrei ... (1)

4 Verben (a) in der Passivform oder (b) mit Passivsinn:
z.B. a) (alles), was heute *gebraucht wird* (2)
b) *Ließ* sich das Gerät *nicht gebrauchen* (1)

5 Verben in der Konditional-Form:
z.B. *kämen* (3)
Teile die Verben danach ein, ob sie im Haupt- oder im Nebensatz stehen!

6 Adjektive, die als Hauptwort dienen (teilweise auch als Sammelbegriff):
z.B. *das Mitgebrachte* (6)
Teile diese Wörter danach ein, ob sie mit oder ohne Artikel geschrieben werden!

B Vokabelbau

1 Besonders zu merken sind in diesem Text Vokabeln, die mit An- und Verkauf sowie auch der Werbung zu tun haben.

2 **rost**frei; **wetter**fest; **strapazier**fähig
Suche bzw. erfinde weitere Wörter auf diese Endungen! Viele solche Wörter haben mit der Werbung zu tun: Suche sie also auch in den Werbetexten auf den vorangehenden Seiten so wie in Reklamen in deutschsprachigen Zeitungen und Zeitschriften!

C Tonbandaufnahme 😊

Konsum (Vokabeln befinden sich auf Seite 222)

1 Im Text befinden sich weitere Beispiele für die Sprachanalyse sowie auch Vokabeln, die bei der Übersetzung zu benutzen wären.

2 Fasse eine Liste der wichtigen Argumente für und gegen den Konsum, die in dieser Aufnahme zu hören sind!

D Übersetzung ins Deutsche

Once the politicians had told us that we had never before had it so good, consumerism really began to change society. Not only could all sorts of consumer goods suddenly be bought, but many things – like cars, for example – which until then had been too costly for most people, could be obtained with a bank-loan: money was always available if it was a question of new acquisitions; and many people thought about how they could best equip their homes for comfort at reasonable prices.

But consumer goods had to be produced, and if the firms were to continue to produce then the consumers must continue to buy! They were all too easily convinced by advertising that life would be better if they had more ... Thus began the vicious circle of buying and throwing things away: Without thought for the future, we simply got rid of old things in order to buy new ones!

Later it struck us how much rubbish we were producing, and how unnecessary it was to get hold of so much useless, unwanted stuff.

E Überblick

Konsum

Ist zu viel Konsum? Kann die Konsumgesellschaft so weiter machen?

1 So sind viele Verbraucher:

Viele Verbraucher	lassen sich zu leicht sind nur zu leicht zu	dazu bringen, verführen, überreden,	... zu ... daß ... sei, wenn ...

zu bedenken:

Geld ausgeben/leihen; anschaffen/kaufen/erwerben; alte Sachen auswerfen; immer mehr wollen; über die Verhältnisse leben; wie die Nachbarn leben/sein müssen; die Nachbarn übertreffen; schöneres Leben, wenn ...; lieber heute als morgen; alles sofort bekommen müssen; usw.

2 Wie wäre es, wenn ...?

Wenn sie	sich nicht so leicht überzeugen ließen, nicht so leicht zu überreden wären, nicht so oft dazu gebracht würden,	(... zu ...) ...	
Wenn sich	der Konsum etwas mäßigen Neues nicht so leicht anschaffen nicht alles durch Darlehen erwerben der Müll nicht so leicht beseitigen	ließe,	müßte ... wäre ... hätte ... könnten ...

Bedenke, wie es wäre, was Folgendes betrifft:

Geld; Arbeitszeit; Schulden; Arbeitsplätze; Müll; Industrie; Freiheit bzw. Freizeit; Zufriedensein damit, was man hat; usw.

3 Nehmen wir die Warnungen der Konsumkritiker zur Kenntnis?

nicht so viel Müll produzieren unnötig, so viel anzuschaffen Streß des Geldverdienens auch ohne Konsum ist das Leben interessant bzw. schön	lieber Benzinverbrauch senken alte Sachen länger behalten weniger wegwerfen Autos als Statussymbole – nichts wert unnötig, Neues so oft zu kaufen

Nützliche Ausdrücke, Wendungen und Strukturen:

– Sie sehen ein, daß weniger Müll produziert werden sollte
– Schon vor Jahren warnten sie, daß es unnötig sei, ...
– Seit geraumer Zeit mahnen sie Verbraucher, ... zu ...
– Ob wir zur Kenntnis genommen haben, daß ...?
– Beherzigen wir, daß ...?
– Inwiefern haben wir das beachtet, was sie uns sagten, daß ...?

F Diskussion

1 Bearbeitet zusammen die Ideen und Kommentare im Überblick!
2 *Zu zweit*
 Stellt Fragen aneinander, an Hand des Überblicks und des Diskussionsführers, um die Meinung des Partners über die Warnungen der Konsumkritiker gegenseitig herauszufinden!

Diskussionsführer	
To what extent	Inwiefern findest du ...
	In welchem Maße beachtet man ...
As concerns	Was ... betrifft, finde ich ...
	Soweit das mich angeht ...
	Für mich/meine Begriffe geht es um ...
How things stand	Einigermaßen ...
	In großem Maße wird ... nicht beachtet
	Im großen und ganzen scheinen wir ...
	Im allgemeinen
	Es ist aber auch eine Frage von ...
Advice/warning	Ich würde aber raten/mahnen/warnen

3 *In der Gruppe*
 Besprecht, was ihr von der Konsumgesellschaft haltet!

G Aufsatzplan

Bereite mit Hilfe dieses Plans den Aufsatz vor, den du zum Thema schreiben willst! Nützliche Ideen, Ausdrücke und Wendungen findest du in den Texten über „Konsum und Verbraucher".

Thema: Treiben wir es mit dem Konsum zu weit?

1 Einleitung
 – Beobachtungen über den zunehmenden Wohlstand der letzten Jahre und die Möglichkeiten, mehr zu kaufen
 – Mehr Geschäfte/mehr kaufen/mehr Geld nötig (Teufelskreis)
2 Warum wird mehr gekauft? Haben wir ein schöneres Leben?
 – Werbung/mehr kriegen für weniger Geld
 – Mit den Nachbarn Schritt halten
3 Wirkungen davon, daß mehr gekauft wird
 – Notwendigkeit, länger zu arbeiten
 – Warnungen der Konsumkritiker (Siehe Überblick!)
 – Welche Leute warnen? Wovor? Worum geht es für sie?
4 Inwiefern werden die Warnungen/Mahnungen wahrgenommen?
 – Gibt es heute mehr Müll oder weniger?
 – Müllverarbeitung
 – Was für Autos werden mehr gekauft?
5 Wenn wir die Warnungen mehr beherzigen würden – Folgen?
 – Gute: Weniger Müll/Schulden/verdienen müssen
  Mehr Geld zur Verfügung
  Mehr schätzen, was wir haben, statt immer mehr zu wollen
 – Problematische: Weniger Wirtschaftswachstum/Arbeitsplätze
  Wäre das Leben nicht so bequem?
 – Könnten wir diese Problemfolgen überwinden? Wie?
 – Was passiert, wenn wir die Warnungen nicht beherzigen?
6 Schlußabsatz:
 – Sollten wir die Warnungen mehr zur Kenntnis nehmen?
 – Äußere die eigene Meinung über Konsum und Konsumgüter.

13.Kapitel Ein verdorbener Urlaub 46-79.

☺ *Heiners sind plötzlich aus dem abgebrochenen Urlaub zurückgekehrt. Herr Heiner spricht mit einem Nachbarn über die Gründe.*

HERR SCHULZ	Herr Heiner, was war denn los mit dem Urlaub? Sie haben ihn ab-gebrochen, nicht wahr?
HERR HEINER	Also, Herr Schulz, das hat mich dermaßen enttäuscht, ich wünschte, ich hätte den Urlaub gar nicht erst gebucht!
HERR SCHULZ	Das sollte doch der Traum-Urlaub sein, oder? Sie hatten sich sehr darauf gefreut.
HERR HEINER	Ja, vor allem meine Frau hatte sich gefreut, ohne den Lärm der Stadt zu sein. Wir hatten eigentlich damit gerechnet, ein ruhiges Hotel ge-bucht zu haben. So hat es jedenfalls beim Reisebüro geheißen.
HERR SCHULZ	Das war nicht so, wie Sie sich das vorgestellt hatten?
HERR HEINER	Allerdings nicht! Schon bei der Ankunft. Wir waren beide ganz ent-setzt, als wir das Hotel erblickten – mitten auf einer Baustelle. Wir konnten 's nicht glauben. Ich sage Ihnen, der Baulärm war tagsüber fürchterlich – katastrophal!
HERR SCHULZ	Das ist wirklich ein starkes Stück, daß man nichts gesagt hatte!
HERR HEINER	Wir fühlten uns schon belogen und betrogen. Aber der nächste Morgen war der dicke Hund: Meine Frau war ganz entrüstet, als sie den Strand sah. Wir wollten gerade dahin gehen – lauter FKK-Urlauber! Ich war ganz empört – das war uns so peinlich! Eine Unver-schämtheit, daß uns das Reisebüro nichts davon erzählt hatte!
HERR SCHULZ	So ein Ärger!
HERR HEINER	Wir konnten nicht einmal an den Strand. Da sind wir sofort heim-gefahren! Meine Frau wünschte, sie wäre zu Hause geblieben. Können Sie sich das vorstellen? Dabei hatte sie sich so große Hoffnungen ge-macht! Aber wir werden unsere Kosten vom Reiseveranstalter zurückverlangen!

A Satzbau

1 Hoffnungen und Erwartungen, die man hatte, kann man so äußern:

Ich	hatte	solche Lust darauf, mich so darauf gefreut, damit gerechnet, mir vorgestellt, geglaubt,	
	habe		... endlich mal zu ... daß ...
		mir so große	Hoffnungen Vorstellungen	gemacht,	... würde ...

2 Enttäuschungen und Reaktionen darauf kann man so äußern: *express.*

Das hat mich dermaßen enttäuscht, daß ich lieber		nicht gegangen wäre ... gemacht hätte
Ich wünschte, ich	hätte ... nicht gebucht wäre ... nicht gegangen	
Ich war wirklich	empört/entrüstet/entsetzt,	
Wir waren beide ganz		als ...
Das war wirklich	ein dicker Hund, ein starkes Stück, eine Unverschämtheit,	daß ...

B Abgebrochener Urlaub

Angebot	Vorgefunden
Hübsche rustikale Bungalows in abgeschlossenem Gelände mit Schlafraum, Dusche, Terrasse, WC und separatem Badestrand	Erste Nacht im Wohnwagen ohne fließendes Wasser/WC Restliche Tage im großen Hotel Mahlzeiten nur zu vorbestimmten Zeiten
Kenia-Safari: 4 Wochen in Kenia, Reise durchs Reservat mit Fotografiermöglichkeiten	Kein wildes Tier gesehen/Busfahrer zu schnell durchs Reservat gefahren/wollte nicht anhalten Defekte Zelte, keine Moskitonetze
Ruhiges kleines Hotel direkt am platzreichen Strand ohne andere Hotels in der Nähe	Hotel mindestens 100 Meter vom Strand Überfüllter Strand auch stark verschmutzt, vor allem mit Müll.

An Hand dieser drei Urlaubsmöglichkeiten:
1 Erzähl, als ob du gebucht hättest, was du vom Urlaub erwartet hattest!
   z.B. Ich hatte mich so darauf gefreut, am Badestrand zu liegen
2 Erzähl, warum du enttäuscht wurdest, und was dich geärgert hat!
   z.B. Das war ein starkes Stück, daß wir die erste Nacht im Wohnwagen verbringen mußten!
3 *Zu zweit*
   Baut ein Gespräch zwischen zwei Nachbarn auf, von denen der (die) eine nach abgebrochenem Urlaub gerade heimgekehrt ist! Benutzt dabei eine der drei angegebenen Situationen!

C Hör mal zu!

Im Himalaja (Vokabeln auf Seite 222)
Wenn du die Aufnahme gehört hast, beantworte diese beiden Fragen:
1 Was suchte Angela im Urlaub?
2 Wieso würden die meisten Leute einen solchen Urlaub nicht wollen?

Tourismus – ein verfluchter Zeitvertreib?

Nach acht Tagen schon war für Heinz Sonschinsky der Traum-Urlaub zu Ende. Er brüllte vor Angst und Schmerz, getroffen von zweihundert Schrotkugeln[1] aus nur sechzig Zentimeter Entfernung. Er brüllte so laut, daß die drei zerlumpten Banditen in den Urwald zurücksprangen, aus dem sie kurz zuvor gekommen waren, um Geld zu fordern. Sonschinsky hatte versucht, Zeit zu gewinnen, um seinen Sohn aus der Schußlinie zu bringen. Als er den Jungen fast hinter eine schwere Kommode[2] geschoben hatte, drückte der maskierte Bandit ab. Die wenigen Kugeln, die den deutschen Gast verfehlten, durchschlugen den Arm des Dreijährigen.

So endete auf erschreckende Weise der Urlaub für diese Touristen. Hätte der Reiseveranstalter auf die eventuellen[3] Gefahren eines solchen Urlaubs hinweisen sollen? Viele meinen, es besteht ein bestimmtes Risiko darin, als „reicher" Tourist in die ärmeren Länder der Welt zu reisen.

Der Einzelfall Sonschinsky ist jedenfalls ein extremes Beispiel für die Mißhandlung von Touristen. Nicht zu leugnen aber, daß feindliche Reaktionen gegen Touristen weit verbreitet sind. Die europäischen Hauptstädte und Ferienorte an der Küste sind ständig beliebte Reiseziele. Der Engländer staunt nicht mehr, am Mittelmeer Tausenden von seinen Landsleuten zu begegnen; der Deutsche kann andere deutsche Urlauber in Rom oder Barcelona nicht vermeiden. Einwohner erkennen kaum mehr ihre eigene Stadt im Sommer. Sie fühlen sich bedrängt und öfters von den Touristen verachtet. Mit dem lange gesparten Geld wollen die Urlauber alles Mögliche machen und erwarten perfekte Bedienung überall, wo sie hinfahren. Kellner und Ladenverkäufer, Taxifahrer und Hotelpersonal werden kaum als Menschen behandelt: Gute Gründe zur Feindseligkeit.

Ist eine unfreundliche Reaktion gegen Touristen nicht doch zu erwarten, wenn Urlauber das Glück um jeden Preis suchen? Um vor dem Alltag zu fliehen, geben sie viel Geld auf einmal zum Vergnügen aus, und wenn das ohne Rücksicht auf andere Menschen passiert, ärgert sich bald einer ... *STERN*, Gruner und Jahr 1980

ERLÄUTERUNGEN

1 *buckshot/grapeshot*
2 *sideboard*
3 *possible*

13. Kapitel

D Wovon handelt der Text?

1 Was setzte dem Traum-Urlaub der Sonschinskys ein plötzliches Ende?

2 Wie verstehen sich meist Touristen mit den Einwohnern der Touristenorte?

3 Was führt diese Situation herbei?

E Kommentare

Mangelndes Verständnis zwischen Touristen und Einheimischen:

– Was erwarten die Touristen?

– Wie reagieren oft darauf die Einwohner der Touristenorte?

Bau mit Hilfe der Strukturen im Teil A auf Seite 69 Sätze auf.

F Grammatik- und Stilübung

Hätte der Reiseveranstalter auf die eventuellen Gefahren eines Solchen Urlaubs *hinweisen sollen*? (2)

Was hätten diese Urlauber machen sollen?

z.B. Der Mann, der durch den grellen Sonnenschein Kopfweh bekommen hat (Sonnenbrille mitbringen)

→Er hätte seine Sonnenbrille mitbringen sollen.

→Er hätte seine Sonnenbrille nicht vergessen sollen.

a) Der Urlauber, der sein Geld verloren hat (Reiseschecks kaufen)

b) Die Frau, die die spanische Polizei verhaftet hat (nicht nackt baden)

c) Die Urlauber, die ihr Hotel schlecht fanden (woanders übernachten)

d) Die Reisenden, die noch auf ihren Flug warten (mit der Bahn fahren)

e) Der Urlauber, der zu spät kam, um seinen Traum-Urlaub in der Karibik zu buchen

f) Die Firma, die im Herbst von vielen Kunden erfährt, wie schlecht sie ihr Hotel gefunden hätten

g) Die sonnenscheinsuchende junge Dame, die von ihrer Schottland-Reise ungebräunt zurückkommt

h) Der Urlauber, der nach seiner ersten Indien-Reise in der Monsunzeit sagte, Indien sei für ihn viel zu heiß gewesen

G Gesprächsthemen/Fragen zur Karikatur

1 Warum braucht der Urlauber erst Landeerlaubnis, bevor er den Strand betritt?

2 Was hat die Karikatur über die Verhältnisse am Strand zu sagen?

3 Warum sind die Urlauber alle hingefahren? Was hatten sie wohl vom Urlaub bzw. vom Strand erwartet?

4 Wie fühlen sie sich jetzt dabei? Warum?

– Was denken sie sich jetzt wohl, wo sie am überfüllten Strand sitzen?

– Was hätten sie lieber machen sollen?

– Was wäre besser gewesen, als hierher zu kommen?

5 Wozu wird es kommen, wenn sie alle vom Strand heim bzw. zum Hotel bzw. Zeltplatz zurückfahren?

6 Wie werden sie wohl darauf reagieren? Warum?

H Überfüllte Strände überall!

Im Urlaub mußtest du auch an so einem überfüllten Strand sitzen. Erzähl, wie es war, was du eigentlich vom Urlaub erwartet hattest oder dir gewünscht hättest, wieviele Menschenmengen da waren, wie du darauf reagiert hast, ob du dich entspannen konntest, usw.! Was wirst du nächstes Jahr bzw. im nächsten Urlaub machen? Warum?

14.Kapitel Hallo Nachbarn!

Zwei deutsche Frauen (West) radelten in den Ferien tausend Kilometer durch Deutschland (Ost). Eine schildert hier ihre Erlebnisse.

Grüne Idyllen im Gebirge; Handwagen voller Lumpen, Altpapier und Flaschen, die die Bürger zum Recycling bringen; Plauderei mit Lastwagenfahrer; hilfsbereite Autofahrer, als wir eine Panne hatten; oft kein Auto in Sicht – gemütlich war es auf der Straße.

Fast wäre unsere Reise nicht passiert: „Fahrradkarten nach Leipzig – ausgeschlossen!" hatte uns der Beamte in Gießen gepoltert. Mit Gepäckschein bis zum Grenzbahnhof West und Fahrradkarte ab Grenzbahnhof Ost schafften wir es dann doch. Das war der Auftakt zu einer drei Wochen dauernden Radtour durch das andere Deutschland, vom Erzgebirge im Süden bis zur Ostseeküste; eine Radtour ohne Programm,[1] denn der Volkspolizist[2] hatte in die Pässe „Besucher" notiert. Der Status gab uns die Freiheit, nicht wie ein Tourist mit Hotelbuchung und Campingvorbestellung reisen zu müssen.

Wenn wir bloß unsere Fahrräder besser vorbereitet hätten! Nach 35 Kilometer durch saftig grüne Wiesen und Vogelgezwitscher sitzen wir niedergeschlagen vor unserem ersten Platten. Den Schlauch[3] können wir nicht mehr flicken –

ein riesiges Loch. Der einzige Fahrradladen führt unsere Reifengröße nicht, und an einen Reserveschlauch haben wir nicht gedacht.

Aber unsere ungeschickten Reparaturversuche sind ein paar Einheimischen aufgefallen. Zwei Männer nehmen sich den kaputten Schlauch vor. Während sie ihn mit 5 Flicken dicht kriegen, lachen sie uns aus: „Das hättet ihr euch doch wohl denken sollen, daß hier die Reifen anders sind."

Wie schön gemächlich es hier zugeht, erfahren wir überall. Weil meine Mitradlerin Anita immer erst in Fahrt kommt, wenn sie mehrere Tassen Kaffee in sich hineingeschüttet hat, kehren wir oft in Gasthäusern ein, meist wenn Arbeiter dort gerade ihre Frühstückspause halten. Zur Pause haben sie eine ganz andere Einstellung als wir in der BRD, lassen sich Zeit beim Schmausen,[4] brechen noch lange nicht auf, wenn die Fabriksirene sie wieder an die Maschinen ruft. Wer kommt oder geht, klopft zum Gruß beim Tischnachbarn zweimal aufs Holz; auch bei uns, obwohl wir doch Fremde sind.

So ergeht es uns ständig mit Kontakten zu netten Menschen. Harry hält seinen Lastwagen einfach am Straßenrand an, wenn er uns sieht; zwei Kollegen kommen dazu … In einer Milchbar treffen wir Fans von Udo Lindenberg[5] … Junge Leute fragen uns nach den Rädern … Wir reden auch lange mit dem Herbergsvater,[6] der, ohne es zu wissen, etwas Verbotenes gemacht hat, weil er Westdeutschen eigentlich kein Bett geben darf … Schlafplätze ergeben sich immer irgendwie, heute ein Pfarrhaus, morgen eine nette Familie, dann eine Gartenlaube.

Und in einer Pension an einem Seeufer; zum Frühstück gab es Spiegeleier. Später lehnte die Wirtin unser Geld ab: „Schickt mir lieber eine Karte von drüben!" … *STERN*, Gruner und Jahr 1980

ERLÄUTERUNGEN

1 Normalerweise muß man bei einer Reise durch die DDR alles vorbuchen und beim Programm bleiben, wenn man Ausländer ist.
2 Polizist der DDR, der hier als Paßbeamter fungiert.
3 *inner tube*
4 schön und gut essen
5 Rocksänger aus der BRD
6 d.h. von einer Jugendherberge

A Wovon handelt der Text?

Welche folgender Behauptungen zum Textinhalt stimmen, welche nicht?

1 Für die Radfahrerinnen war das größte Problem die Bahnreise mitsamt Rädern durch die BRD!
2 In der DDR selber waren mangelnde Vorbereitungen an den Rädern kein Problem.
3 Die Bürger der DDR hatten aber tagsüber keine Zeit für die „Besucher"
4 Die Gastfreundlichkeit der DDR-Bürger beeindruckte die beiden Radlerinnen sehr.

B Wortschatz

1 Was bedeuten folgende im Text stehende Wörter? Welche von den angegebenen Alternativen stimmt?

a) Plauderei (1)
 – Gespräch
 – Mitfahrgelegenheit
 – Schwierigkeiten
b) gemütlich (1)
 – gefährlich
 – ungestreßt und ohne Hektik
 – wie in einem kleinen Zimmer
c) ausgeschlossen (2)
 – unmöglich
 – nicht geöffnet
 – nicht mehr zu kaufen
d) niedergeschlagen (3)
 – glücklich
 – heruntergekommen
 – deprimiert
e) flicken (3)
 – schlagen
 – reparieren
 – wegbringen
f) führt (3)
 – bringt
 – verkauft
 – fährt

2 Welche im Text stehenden Wörter haben die gleiche Bedeutung wie folgende?

a) gemütlich und ohne Hast (5)
b) finden . . . heraus (5)
c) machen eine Pause, um etwas zu trinken (5)
d) gehen wieder (weg) (5)
e) werden angeboten (6)
f) sagt, sie will . . . nicht (7)

3 Welche im Text stehenden Ausdrücke haben die gleiche Bedeutung wie diese?

a) Wir hatten Schwierigkeiten, unsere Reise überhaupt anzufangen (2)
b) Es ist uns nicht eingefallen, . . . mitzubringen (3)
c) . . . haben einige Leute bemerkt, die hier leben (4)

d) richtig da ist; richtig wach wird und in Schwung kommt (5)
e) Wie sie . . . sehen, ist ganz anders als unsere Art es zu sehen (5)
f) beeilen sich nicht (5)
g) . . . passiert es die ganze Zeit für uns (6)
h) weil Bundesbürger in seiner Herberge eigentlich nicht übernachten dürfen (6)

C Grammatik- und Stilübung

Wenn wir bloß unsere Räder besser vorbereitet *hätten*! (3)

Was wünschen sich diese Leute?

z.B. Der Mann, der vom grellen Sonnenschein Kopfweh hatte.
 →Wenn ich bloß meine Sonnenbrille nicht vergessen hätte!

a) Der Urlauber, der sein Geld verlor (Reiseschecks kaufen!)
b) Die Frau, die die spanische Polizei verhaftete (nicht nackt baden!)
c) Die Urlauber, die ihr Hotel schlecht fanden (woanders übernachten!)
d) Die Reisenden, die noch auf ihren Flug warten (mit der Bahn fahren!)
e) Der Urlauber, der zu spät kam, um seinen Urlaub in der Karibik zu buchen
f) Die Firma, die im Herbst von vielen Kunden hörte, wie schlecht sie ihr Hotel gefunden hätten
g) Die sonnenscheinsuchende Dame, die von ihrer Schottland-Reise ungebräunt zurückkam
h) Der Urlauber, der nach seiner Indien-Reise in der Monsunzeit sagte, Indien sei für ihn viel zu heiß gewesen

D Gut verstanden? Fragen zum Text

1 Welche verschiedenen Reaktionen zeigten die beiden Radlerinnen wohl auf die Erlebnisse des ersten Tages?
2 Was hätten die beiden machen müssen, hätte ihnen der Volkspolizist nicht „Besucher" in die Pässe notiert?
3 Was hätten sie dann nicht machen können?
4 „Eine ganz andere Einstellung als wir in der BRD": Wie reagierten die beiden auf diese andere Einstellung, und warum?
5 „So ergeht es uns ständig": Wie fühlten sich die beiden Radlerinnen in diesem Urlaub?
6 „Schickt mir lieber eine Karte von drüben!": Diese Bemerkung steht ganz am Ende der Schilderung dieses Urlaubs – warum? Was will Christiane Kohl damit sagen?

Urlaub im Stau

Wenn im Sommer Millionen von Menschen mit dem Auto in Urlaub fahren, kommt es oft zu großen Stauen auf Deutschlands Autobahnen: Die Wartezeiten betragen dabei manchmal Stunden, obwohl in der Service-Welle[1] des Radios jeder Stau normalerweise gemeldet wird. Das führt natürlich zu Ärger. In diesem satirischen Artikel wird die Situation übertrieben und der Stau von einem anderen Standpunkt aus gesehen.

„Ach, es war einfach wunderbar", schwärmte Frau Stolle, als sie von ihrem ersten Stau-Urlaub heimgekehrt war. Wie die Stolles auf die Idee kamen, ihren diesjährigen Urlaub in einem Stau zu verbringen, wollten wir wissen.

„Nun, unser letzter Rimini-Urlaub", schaltete sich Herr Stolle ein, „war ein Fiasko gewesen. Darum beschlossen wir, unseren nächsten Urlaub ganz anders zu gestalten." Auf unseren fragenden Blick ergänzte sie: „Zum Stau-Urlaub kamen wir eigentlich mehr oder weniger zufällig, und zwar als wir vor zwei Jahren in den schon legendären 120-Kilometer-Stau auf der Autobahn Karlsruhe-Basel gerieten. Zuerst trauerten wir unseren verlorenen Urlaubstagen nach, aber so nach etwa zwölf Stunden fanden wir Geschmack an der Sache. Im Schneckentempo kommt man eher dazu, die Landschaft zu genießen, und übernachtet an einem idyllisch gelegenen Stausee."

„Gewiß, auf engstem Raum staut sich schon mancher Ärger auf", räumte sie ein, „aber darum ist so ein Stau auch eine echte Bewährungsprobe für die Ehe – wenn sie einen 52-Kilometer-Stau übersteht!" Und er meinte dazu: „Sie würden staunen, wenn Sie wüßten, wieviel Energie man im Stau spart."

Sie hingegen fand: „Mich interessiert mehr die menschliche Seite. Endlich kann man sich in aller Ruhe aussprechen, ohne vom Fernsehen abgelenkt zu werden. Und keine Post, kein Anruf, keiner weiß, wo man steckt. Ungemein erholsam!" Dazu ihr Gatte: „Auf einmal weiß man wieder die kleinen Freuden zu schätzen, etwa wenn der Vordermann drei Meter voranrückt."

„Und diese herrliche Kameradschaft unter den Stau-Urlaubern", jubelte Frau Stolle. „Im Stau sind nämlich alle Hubraum-Klassen[2] gleich. Man lernt Menschen kennen, an denen man bei dem üblichen Tempo vorbeigerast wäre." Das bestätigte ihr Mann: „Unsere Sabine lernte sogar im stehenden Verkehr ihren zukünftigen Gatten kennen." „Und unser Sohn Martin wurde Schachmeister der Autobahnausfahrt Holledau", verkündete sie mit Stolz.

„Aber löst sich nicht auch der längste Stau mal auf?"

Die beiden nickten bedauernd: „Ja, und zwar meist dann, wenn es am schönsten ist", stellten sie fest. „Aber durch die Service-Welle erfährt man dauernd von neuen Staus, da sucht man sich eben den nächstbesten aus. Oder man fährt einfach ins Blaue und entdeckt zufällig einen noch unbekannten Geheim-Stau bei Würzburg."

Nun wollten wir es genau wissen und fragten: „Gerieten Sie irgendwann mal mitten im Stau in Panik?"

„O ja", gab sie zu, „und zwar beim letzten langen Stau kurz vor Kassel, als es schon so aussah, als ob wir bis zur Wahl im Stau stecken könnten. Aber im Stau gibt es immer etwas Neues." Sie hielt mir eine Tüte entgegen: „Probieren Sie mal! Das Allerneueste – Stau-Gummi!"

Wolfgang Ebert

ERLÄUTERUNGEN

1 *local radio with traffic bulletins*
2 *types of cars according to engine-capacity*

E Wovon handelt der Text?

1 Wo verbrachte die Familie Stolle den diesjährigen Urlaub?

2 Wie fühlten sich die Stolles dabei?

3 Welche Vorteile brachte dieser Urlaub den Kindern der Stolles?

4 Was machen sie, wenn sich der Stau auflöst? *sorts its self*

F Wortschatz

1 Welche im Text stehenden Wörter haben die gleiche Bedeutung wie diese?
   a) katastrophaler Mißerfolg *failure*
   b) kamen zufällig in etwas und konnte nichts dafür machen
   c) gab ... zu
   d) wodurch man erfährt, ob etwas gut bzw. stark genug ist *strong*
   e) sagen, wie man sich fühlt oder was man gerade sagen möchte
   f) so, daß es einem gut tut und man sich dann besser fühlt
   g) Ehemann
   h) verschwindet
   i) traurig; als ob sie etwas nachtrauerten
   j) die ganze Zeit; ständig *phrase/expression*

2 Was bedeuten folgende Ausdrücke aus dem Text? Welche der angegebenen Möglichkeiten stimmt? *indicated/stated.*
   a) trauerten wir unseren verlorenen Urlaubstagen nach (2)
      – waren wir froh, daß wir noch Urlaubstage frei hatten
      ✓ – waren wir traurig, daß wir keine Urlaubstage mehr frei hatten
      – waren wir traurig, daß wir Urlaubstage verlieren würden
   b) fanden wir Geschmack an der Sache (2)
      – hatten wir Hunger und wollten essen
      ✓ – begannen wir es zu genießen
      – begannen wir, die Situation unmöglich zu finden
   c) Im Schneckentempo (2)
      – wenn man sehr schnell fährt
      – wenn man nicht so schnell fährt
      ✓ – wenn man kaum vorankommt
   d) in aller Ruhe (4)
      ✓ – ohne Streß und Hektik
      – wenn niemand anders spricht
      – wenn es nicht so laut ist
   e) fährt einfach ins Blaue (6)
      – nimmt ein Flugzeug
      ✓ – fährt weg, ohne zu wissen, wohin
      – besucht die nächste Küste

G Vokabelbau

Stau; Stausee; Staudamm; stauen; sich aufstauen

Schreibe jedes dieser Wörter in einem Satz, in dem die Bedeutung des jeweiligen Wortes klar ist! *respective*

z.B. Zu dem Stau auf der Autobahn führten die Straßenbauarbeiten, wo alle Autos auf einer Spur weiterfahren mußten

H Grammatik- und Stilübung

Auf unseren *fragenden* Blick ergänzten sie . . . (2)
Schreibe folgende Sätze ohne kursiv gedruckten Nebensatz! *subordinate clause* *italics*

z.B. Sie lernte im Verkehr, *der still stand*, ihren Mann kennen.
   →Sie lernte im stehenden Verkehr ihren Mann kennen.

   a) Aus einem Auto, *das schnell vorbeifährt*, sieht man nicht viel von der Landschaft.
   b) In der Hitze, *die wirklich sengte*, ärgerten sich viele Autofahrer.
   c) Ein Gesicht, *worin ein Lächeln zu sehen wäre*, hatte ich da nicht erwartet.
   d) Im Stau hörte man das Geräusch, *das wie ein Zischen war*, eines Autokühlers, *der kochte*!

I Nicht nur montags

Ferien mit dem Autoreisezug (Vokabeln auf Seite 222)
Wenn du die Aufnahme gehört hast, fasse eine Liste der Vorteile, die man davon hat, mit dem Autoreisezug in Urlaub zu fahren, statt die ganze Strecke mit dem Wagen zurückzulegen!

J Augenzeuge *eye witness*

Weil die Fluglotsen auf den spanischen Flughäfen streiken, starten alle Maschinen in Richtung Spanien mit mehreren Stunden Verspätung (wenn überhaupt!). Viele Urlauber, die sich auf den Sonnenschein freuen, müssen die langen Wartezeiten im Wartesaal des heimischen Flughafens verbringen, bis sie endlich oder hoffentlich doch noch in Urlaub fliegen können.

   a) Schreibe einen satirischen Artikel so wie *Urlaub im Stau*, über deine Erlebnisse und darüber, wie du nach mehreren Stunden Geschmack an der Sache gefunden hast!
   b) Beschreibe die Verschwendung der Urlaubszeit und die aufgestauten Frustrationen, die du dabei erlebt hast, so daß du noch mehr Zeit zum Entspannen brauchtest, bis du den Urlaub endlich mal genießen konntest!

Und morgens in den Kuhstall

Wer Urlaub machen will, braucht nicht unbedingt viel Geld auszugeben, um irgendwo Ruhiges zu finden; Ausland ist auch unnötig. Zeit, Frieden und Ruhe hat auch, wer bescheiden Urlaub macht und einfach aufs Land geht, z.B. auf den Bauernhof. Für Bewohner der Stadt ein guter Tapetenwechsel,[1] den ganzen Tag frische Luft zu atmen . . .

Die Ferienwohnungen und Fremdenzimmer seien ausgebucht, sagt Werner Graf, Bauer, der vor einigen Jahren auf die Idee kam, „Ferien auf dem Bauernhof" anzubieten. Sein Hof hat Acker- und Grünland, Kühe und Pferde. Im Geräteschuppen[2] stehen Mäher und Heuer,[3] Traktoren und Melkmaschinen, ohne die „man heute nicht mehr auskommen würde"; außer im Sommer: Dann haben die Grafs immer freiwillige Helfer . . .

Die Feriengäste helfen bei der Heuernte mit, im Kuhstall oder auf der Weide; und natürlich erleben sie da hin und wieder ihre kleinen Abenteuer. Einmal kippt ein Ladewagen[4] um und muß mit Seilen wieder flottgemacht werden, mal muß einer Kuh Geburtenhilfe geleistet werden; Aufregung gibt es auch immer, wenn die Stiere auf die Weide getrieben werden.

Freilich bietet der Bauernhof auch zahlreiche, weniger aufregende Ferienaktivitäten: Vor der Haustür ein beheiztes Freibad, in der Nähe Tennisplätze, und nicht zuletzt prächtige Wanderwege, über die man auch die schönen verwinkelten Städtchen der Umgebung erreichen kann.

Frühmorgens, vom Kuhglockengebimmel geweckt, merkt man den größten Vorteil.

Spätaufsteher, Nachtvögel und die, die morgens ihre Ruhe haben möchten, brauchen für die Kinder nichts zu machen: Die Kuhherde, die in Richtung Bauernhof trottet, wird vorne von einem Mädchen geführt, hinten zwei Jungen mit Stöcken in den Händen. Es riecht nach feuchtem Gras und neuem Tag. Wenige Minuten später herrscht im Kuhstall bereits lärmende Betriebsamkeit: Die letzten Kühe werden auf die Melkstände bugsiert,[5] zischende Geräusche sind in der Luft, und zehn Teenager zwischen 13 und 20 Jahren sind emsig beim Arbeiten im Stall.

Frau Graf, die sozusagen Oberaufsicht im Stall führt, hat im Grunde wenig zu beaufsichtigen, denn die jungen Feriengäste beherrschen beim Ausmisten und beim Versorgen der Tiere jeden Griff; und schon das kleine Mädchen spießt das Heu so geschickt auf die Gabel, als habe sie nie im Leben etwas anderes getan.

Abends aber ist Frau Graf beschäftigt, während unter den Gästen lebhafte und lustige Gespräche geführt werden: Ein ganzer Berg von Kirschen wird entkernt, die die Gäste tags zuvor pflückten. Die Bäuerin wird sie zu einer köstlichen Marmelade kochen, die man nächstes Jahr auf dem Frühstückstisch haben wird. Denn man wird wiederkommen, natürlich wird man wiederkommen . . . *Die schöne Welt*, Süddeutscher Verlag 1983

ERLÄUTERUNGEN

1 change of scene
2 machinery shed
3 mowing and haymaking machines
4 trailer
5 towed

Ferien am Bauernhof, gut für Urlauber und Bauern

K Grammatik- und Stilübungen

1 **mal muß *einer* Kuh Geburtenhilfe geleistet werden** (2)

Schreibe folgende Sätze in die Passivform um:

z.B. Nachmittags helfen wir dem Bauern.
> →Dem Bauern wird nachmittags geholfen.
> Wir leisten der Bäuerin Gesellschaft bei der Arbeit.
> →Der Bäuerin wird bei der Arbeit Gesellschaft geleistet.

a) Wir bringen den Gästen morgens das Frühstück.
b) Wir zeigen dem Neuankömmling jeden Griff beim Ausmisten.
c) Manchmal muß man dem Bauern im Kuhstall helfen.
d) Auf dem Bauernhof bietet man Urlaubern ein reichliches Programm an.
e) Am Ende des Urlaubs schenkt man der Bäuerin immer etwas Schönes zum Abschied.

2 **Die Feriengäste beherrschen *beim Ausmisten. . . jeden Griff** (5)

Schreibe folgende Sätze ohne Nebensatz um:

z.B. Ich fand sie, als sie die Tiere versorgte.
> →Ich fand sie beim Versorgen der Tiere.
> Sie sind immer tüchtig, wenn es darum geht, Kirschen zu pflücken.
> →Sie sind beim Kirschenpflücken immer tüchtig.

a) Ich fand ihn, als er die Kühe melkte.
b) Die Feriengäste helfen, während das Gras geschnitten wird.
c) Das Mädchen ist sehr geschickt, wenn sie das Heu spießt.
d) Der Urlauber half der Bäuerin, während sie die Kirschen entkernte.
e) Die Kleinen wollen immer helfen, wenn die Bäuerin Marmelade kocht.

L Gut verstanden? Fragen zum Text

1 Welche sind für Werner Graf die Unterschiede zwischen der Arbeit im Sommer und im Winter.

2 Wer hat welche Vorteile von den „Ferien auf dem Bauernhof"?
3 Welche Eindrücke machen die jungen Feriengäste auf den Besucher, und was hat das über das Ferienangebot zu sagen?

M Arbeiten zu zweit

Eine große Reise (z.B. nach Griechenland) oder Urlaub in der Landschaft der nahen Umgebung?
Baut zu zweit ein Gespräch auf, um die Vor- und Nachteile der beiden Urlaubsmöglichkeiten zu vergleichen bzw. zu diskutieren! Zu bedenken:
> Hektik – oder nicht- der Reise;
> wie lang das Fahren dauert; wie man die Zeit verbringt; was man von der Zeit bzw. dem Urlaub erwartet;
> Kosten – wieviel Geld es nötig auszugeben ist;
> Ruhe und Entspannung; usw.

N Aus eigener Erfahrung

„Ich hatte nicht gedacht, daß es so schön werden könnte"
Um einem Freund bzw. einer Freundin Gesellschaft zu leisten, bist du bei einer Wandertour mitgegangen, obwohl du das aus eigenem Wunsch nicht gemacht hättest. Du findest es aber sehr schön. Beschreibe deine Erlebnisse! *Zu bedenken:*
– Wie hättest du normalerweise Urlaub gemacht?
– Wo hast du während der Wandertour übernachtet?
– Waren viele andere Leute dort unterwegs? Wie hast du auf die Ruhe bzw. Stille der Landschaft reagiert?
– Hat es viel gekostet? Was hast du bzw. habt ihr außer Wandern gemacht, z.B. abends?
– Bedenke auch das Wetter, die frische Luft, usw.!

15. Kapitel Irisches Tagebuch

Um vor dem hektischen Alltag zu fliehen, fahren viele deutsche Urlauber an entlegene Orte in Schottland und Irland. Hier mag das Wetter nicht unbedingt wunderbar sein, aber wer nicht nur darauf aus ist, die Sonne zu genießen, lernt Land und Leute kennen. Aus dem Wunsch heraus fuhr der 1985 verstorbene deutsche Schriftsteller **Heinrich Böll** *an die Westküste Irlands. Seine Beobachtungen und Erlebnisse schrieb er im* Irischen Tagebuch *auf.*

Dem Leser wird ein Einblick in eine ganz andere Welt als die deutsche gewährt; eine Welt, in der Unbekannten Vertrauen geschenkt wird. Böll entdeckt dieses Vertrauen, weil er sein deutsches Geld in irisches noch nicht hat wechseln lassen können:

> „Ich fand keine Bank offen, kehrte entmutigt zum Bahnhof zurück, schon entschlossen, den Zug nach Westport fahrenzulassen, denn ich konnte die Fahrkarten nicht bezahlen. Es blieb uns die Wahl, ein Hotelzimmer zu nehmen, auf den nächsten Tag, den nächsten Zug zu warten – oder auf *irgendeine* Weise ohne Fahrkarten in den Zug zu kommen; diese *irgendeine* Weise fand sich: Wir fuhren auf Kredit; der Bahnhofsvorsteher in Dublin rechnete mir vor, daß die Hotelnacht soviel kosten würde wie die ganze Eisenbahnfahrt nach Westport: Er notierte meinen Namen, die *Anzahl der auf Kredit beförderten Personen*, drückte mir tröstend die Hand und gab dem Zug das Abfahrtszeichen."

Dem Fremden wird nicht nur von einem beliebigen Beamten Hilfe geleistet, sondern ihm wird vom Bahnhofsvorsteher persönlich geraten, das Problem so zu lösen; so daß Böll den Eindruck gewinnt, hier in Irland seien Menschen wichtig, Respekt nötig, Hilfe selbstverständlich. Kein Wunder also, daß er von „dieser merkwürdigen Insel" schreibt.

Auf der Fahrt nach Westport erlebt er Ähnliches mit dem Schaffner, der in Athlone zusteigt:

> „. . . als ich ihm gestand, keine Fahrkarten zu haben, ging ein Leuchten des Erkennens über sein Gesicht. Offenbar waren wir ihm avisiert worden."

Zwar bleibt der Reisende beim Weiterfahren noch zappelig: Ihn beunruhigt der Mangel an Bargeld; die Landschaft wirkt verlassen, der Zug wird „beängstigend leer", und er ist gespannt: Wie das gemietete Haus an der Westküste überhaupt sein werde? Doch diese Angst vor dem Unsicheren hält nicht lange sondern wird durch die Wärme der Menschen beschwichtigt, denen Böll begegnet und die ihn so freundlich aufnehmen. Das lächelnde Gesicht und die freundliche Art des Schaffners beruhigen den verunsicherten Reisenden, für den alles wie bezaubert zurechtläuft. Daß ihn das Land anlockt, soll niemanden wundern.

Nun wird dem Leser intensiv die Stimmung des Landes dargeboten: Beim Warten auf den Filmbeginn werden hiesige Kinogänger nicht ungeduldig wie in einem deutschen Kino, sondern die Stimmung bleibt freundlich und lustig mit viel Gespräch. Denn hier in Irland hat alles Zeit; und wenn der Film verspätet erst anfängt, hat man auch Zeit zum Nachdenken – was Böll natürlich gerne hat.

Über alles Irische denkt er nach – bewundert wird vieles: Nicht nur die Wärme und Ausdauer der Menschen, die Ruhe der Landschaft oder etwa die Freundlichkeit eines Verkehrspolizisten; auch das Regenwetter lernt er schätzen, und die irische Art, das Gesetz für unwichtig zu halten: Zwar sollte halb elf die Polizeistunde für ländliche Kneipen sein, aber:

> „Wenn der Sommer kommt, suchen die Wirte ihren Schraubenzieher, ein paar Schrauben und fixieren die beiden Zeiger (auf halb elf!); manche kaufen sich Spielzeuguhren mit hölzernen Zeigern, die man festnageln kann. So steht die Zeit still,"

und der Wirt schenkt weiter Bier aus!

In der Stille, wo auch die Zeit stillsteht, erkennt Böll den wahren Charakter des Landes. Nicht Angst vor der Verlassenheit der Landschaft hat Böll jetzt, sondern er beginnt sie zu genießen. Denn hier, fern von der Hektik deutscher Großstädte, hat man seine Ruhe.

Kiepenheuer und Witsch

A Sprachanalyse

1 Suche im Text „Irisches Tagebuch" Beispiele folgender Strukturen:
   a) Passivform von Verben mit Dativ-Objekt:
      z.B. Dem Leser wird ein Einblick ... gewährt (1)
   b) Andere Verben bzw. Verbausdrücke mit Dativ-Objekt:
      z.B. Es blieb uns die Wahl (1. Zitat)
   c) Verben, die als Hauptwort gelten:
      z.B. Vertrauen (1)
   d) Partizipien (Präsens), die als Adjektive bzw. Adverbien dienen:
      z.B. drückte mir *tröstend* die Hand (1. Zitat)
      Teile die Liste in Adjektive und Adverbien ein!
   e) Adjektive, die als Hauptwörter dienen:
      z.B. Dem *Fremden* wird Hilfe geleistet (1)
      Teile die Liste danach ein, ob die Wörter menschenbezogen sind oder Sammelbegriffe, wie z.B. *Ähnliches* (2)
   f) Verben, die in Verbindung mit einer Präposition geschrieben werden:
      z.B. Um *vor* dem hektischen Alltag zu *fliehen* (Vorwort)
      Teile die Liste je nach Kasus ein!
   g) Hauptwörter, die in Verbindung mit einer Präposition stehen:
      z.B. ein *Einblick in* eine ganz andere Welt (1)
      Teile die Liste je nach Kasus ein!

2 Erfinde Sätze, in denen folgende aus dem Text stammende Ausdrücke vorkommen!
   a) Wer nicht nur darauf aus ist, ... (Vorwort)
   b) ... den Eindruck gewinnt, ... (1)
   c) als ..., ging ein Leuchten des Erkennens ... (2. Zitat)
   d) ... beim Weiterfahren (2)
   e) ... hat man Zeit zum ... (3)
   f) Zwar sollte ..., aber ... (4)

B Vokabelanalyse

Suche an Hand des Textes Formen von Verben, die auf Hauptwörter bzw. Adjektive gebildet sind: z.B. Mut – entmutigt (1. Zitat)

C Tonbandaufnahme

Lohnt es sich, im Sommer zu verreisen?/(Vokabeln auf Seite 223)

1 Im Text befinden sich weitere Beispiele für die Sprach- und Vokabelanalysen sowie auch Vokabeln, die bei der Übersetzung zu benutzen wären.
2 a) Welche Nachteile sind mit dem Verreisen im Sommer verbunden?
   b) Welche Vorteile bietet der Urlaub außerhalb der Saison? (Bedenke das auch, was den Sommer betrifft!)

D Übersetzung ins Deutsche

Anyone who goes hiking in the Bavarian Forest will begin to get an insight into the real rural life of Germany. Walking through the forest you will find the countryside often frighteningly empty, almost deserted, and you may begin to get the impression that indeed no-one lives here any more! But there is no need to be worried; maybe, as in my case, you will go without booking any hotels.

One evening I began to expect, discouraged, that I should have to sleep in the woods, but a house showed up. I was left with the choice only of asking the farmer if I might sleep there. At first he looked suspiciously at me. "I'm walking from Regen to Cham," I explained hastily. A light of recognition spread over his face; his fear of the unknown was allayed, and he was, it goes without saying, prepared to give me a bed for the night. He seemed ready too to show trust to a stranger. Far from the bustle of the cities where I normally worked there was time to think: this man had much that I in the cities had lost.

Ruhiges Irland

E Überblick

Warum fährt man in Urlaub?

Was man sucht:	Was man machen möchte:
Ruhe	– vor dem Alltag fliehen
Sonnenschein	– etwas Historisches besichtigen
Tapetenwechsel	– neue Landschaften kennenlernen
Bewegung	– neues Land und dessen Kultur/
etwas Aktives	Leute erleben/kennenlernen
Abenteuer	– Ungewöhnliches erleben
Erlebnisse	– an der frischen Luft leben
Erfrischung	– in der Sonne faulenzen
Wiederbelebung	– nichts tun
Abwechselung	
frische Luft	
gesichertes Sonnenwetter	

Welche Leute, zum Beispiel?
- Sonnenhungrige (Urlauber) aus nördlichen Ländern
- Gehetzte Stadtbewohner
- Leute, die das ganze Jahr in der Fabrik bzw. im Büro arbeiten.

Was sie alles auf sich nehmen:
- überfüllte Strände und Campingplätze
- lange Wartezeiten an Flughäfen und Grenzübergängen
- Staus und Streß beim Fahren auf dicht befahrenen Straßen/ Autobahnen
- die Unbequemlichkeiten einer langen Fahrt bzw. einer strammen Reise
- von Touristen überlaufene Städte sowie auch Strände
- weitere Strecken selbst zu fahren
- Sonnenbrand
- einen großen Aufwand/große Geldausgaben

Nützliche Ausdrücke und Wendungen:

Aus dem Wunsch	heraus, ... zu ...
	nach ... heraus
Da sie einen/den Wunsch	spüren, ... zu ...
	nach ... spüren.
Aus Lust auf ... /Da sie Lust auf ... haben	
Da sie	auf ... aus sind
	darauf aus sind, ... zu ...
... sind ... bereit, ...	in Kauf zu nehmen
	zu akzeptieren
	mitzumachen
	mit ... zu rechnen

F Diskussion

1 *Zu zweit*

„Lohnt es sich, im Sommer zu verreisen?", Diskutiert an Hand vom Überblick, Diskussionsführer und Tonbandtext!

Diskussionsführer	
Arguments for/against	Vieles steht dafür bzw. dagegen, daß . . .
	Dagegen ist einfach nichts zu sagen: . . .
	Das hat doch keinen Sinn, . . . zu . . .
	Wie kann man von . . . sprechen, wenn doch . . .
Weighing things up	Einerseits . . . andererseits . . .
	Auf der einen Seite/anderen Seite . . .
	Wenn man . . . richtig bedenkt, muß man sich fragen, . . .
	Die Vorteile davon sind . . ., die Nachteile aber . . .
	Für die meisten Leute aber ist es keine Frage von . . .

2 *In der Gruppe*

Besprecht zusammen die besten Zeiten zum Verreisen, wie eventuelle Probleme (so wie im Überblick) zu überwinden wären, und welche alternativen Möglichkeiten es gibt!

G Aufsatzplan

Bereite mit Hilfe dieses Plans deinen Aufsatz vor. Nützliche Ideen, Ausdrücke und Wendungen findest du in den Texten über „Urlaub".

Thema: Verreisen wollen wir schon – aber wann?

1 Einleitung:
 – Verreisen – die meisten wollen es: Warum?
 – Was ist schön daran? Was sucht man dabei?
2 Leider wollen fast alle gleichzeitig verreisen: Wohin? Warum?
 – Wie sind davon die Folgen
  a) unterwegs in Urlaub
  b) in den Urlaubsorten
  c) was Probleme und Schwierigkeiten betrifft, die man bereit ist, auf sich zu nehmen?
 – Wie sind die Wirkungen dieser Folgen? Wie werden Touristen oft von den Einwohnern behandelt/gesehen?
 – Wie sind die Auswirkungen auf Gegenden, wo der Fremdenverkehr stark zunimmt bzw. zugenommen hat?
3 Welche Alternativen bestehen?
 – Immer weit weg von zu Hause?
 – Zu anderen Zeiten verreisen? Wann? Wohin dann?
4 Vor- und Nachteile dieser Alternativen
 – Eigenes Land näher kennenlernen – schlechtes Wetter?
 – Außerhalb der Saison? Viel Geld, um Sonne zu finden?
 – Entlegene Orte – schön ruhig, aber wie kommt man dahin? Lohnt es sich dann trotz Schwierigkeiten?
 – Viel Zeit beim Reisen – ist das unbedingt schlecht?
5 Wa suchst du beim Urlauben? Was erwartest du davon?
 –Wann würdest du lieber verreisen, und warum?
 –Bewertung eigener Erfahrungen in dieser Beziehung.
6 Schluß (und Ratschläge an anderen Menschen)

Paul Meyer lernt Autofahren, aber der Fahrlehrer scheint mit Pauls Fortschritten nicht sehr zufrieden zu sein ...

PAUL	Soll ich jetzt losfahren?
FAHRLEHRER	Ja, gut, los – nein, halt! Da überholt uns gerade ein Wagen. Erst wird in den Rückspiegel geschaut. Fast hätten Sie einen Unfall gebaut!
PAUL	Entschuldigung ... (*Paul fährt ab*)
FAHRLEHRER	So, Herr Meyer. Hier wird nach rechts abgebogen.
PAUL	Jawohl. Erst wird geblinkt, ja?
FAHRLEHRER	Richtig – aber nicht zu schnell. Erst wird geblinkt, dann gebremst.
PAUL	Und jetzt um die Ecke.
FAHRLEHRER	Mensch! Halt! Fast hätten Sie die Fußgängerampel da übersehen, die steht auf grün! Gott sei Dank hat der Fußgänger schnell reagiert. Sie hätten ihn beinahe überfahren!
PAUL	Entschuldigung, ich wußte nicht ...
FAHRLEHRER	Da müssen Sie die Augen offenhalten! Und jetzt geradeaus weiter an den Wohnblöcken vorbei. (*Paul fährt weiter. Plötzlich quietschen die Bremsen*)
FAHRLEHRER	Vorsicht! Menschenskinder – fast wären Sie gegen die Laterne gefahren. Herr Meyer, wenn Sie die Bremse betätigen, brauchen Sie nicht nach rechts zu lenken!
PAUL	Aber der Wagen da, der ist plötzlich von der Querstraße 'rausgefahren, ich wollte ihm ausweichen.
FAHRLEHRER	Aber Herr Meyer, so schnell wird sowieso nicht gefahren. Im Stadtgebiet darf nur 50 gefahren werden!

A Satzbau

1 So kann man Anweisungen fassen und erklären, was zu machen ist:

Erst Jetzt Dann Hier So schnell	wird	in den Rückspiegel geschaut geblinkt gebremst nach rechts gebogen sowieso nicht gefahren
Im Stadtgebiet	darf	nur 50 gefahren werden

2 Was zum Glück nicht passiert ist aber beinahe passiert wäre, faßt man so:

Beinahe Fast	hätten Sie	einen Unfall gebaut die Fußgängerampel da übersehen
	wären Sie gegen die Laterne gefahren	
Sie hätten Ich hätte	ihn beinahe überfahren	

B Verkehrsschilder

Schild und Bedeutung	Fehler, die Anfänger oft machen
Geschwindigkeitsbeschränkung: Höchstens 60 fahren!	Zu schnell gefahren
STOP: Halten	Vorfahrt nicht beachtet
Nur geradeaus fahren oder nach rechts abbiegen!	Nach links abgebogen
Kinder: Vorsichtshalber bremsen! Besonders gut aufpassen!	Nicht langsamer gefahren Ein spielendes Kind überrollt
Scharfe Linkskurve: Vorsichtig in die Kurve fahren!	Gegen die Leitplanke gefahren
Überholverbot: Nicht überholen!	Den Vordermann zu überholen versucht
Gegenverkehr hat Vorfahrt: Auf Gegenverkehr warten!	Vor dem Gegenverkehr durchgefahren

An Hand dieser Tabelle:
1 Erkläre, wie man hier zu fahren hat oder was hier zu machen ist!
   z.B. Hier wird höchstens 60 gefahren.
2 Beschreibe, was da fast passiert wäre, weil man das Schild nicht beachtete!
   z.B. Fast wären Sie zu schnell gefahren.
3 *Zu zweit*
   Baut ein Gespräch zwischen Fahrlehrer(in) und Fahrschüler(in) auf. Während der Fahrt fragt der Fahrlehrer, was bestimmte Verkehrsschilder bedeuten; der Fahrschüler erklärt; und der Fahrlehrer sagt, was dabei fast passiert wäre, weil der Fahrschüler das Schild nicht beachtet hat!

C Hör mal zu!    *Mitfahrzentralen* (Vokabeln und Fragen auf Seite 223)

Keine Angst vorm Führerschein

Nun sitzen Sie in einem sogenannten Automobil mit Verbrennungs-motor.[1] Gefahren wird mit Benzin, geschmiert wird mit Öl, und damit nichts zu heiß wird, wird mit Wasser gekühlt. Das ist alles. Jetzt geht's los ….

Sie benötigen dafür als erstes einen kleinen Schlüssel, den Sie geschickt ins Schloß drücken und umdrehen. Diese Tätigkeit sollten Sie erst ausführen, wenn Ihr Fahrlehrer neben Ihnen und angeschnallt ist.

Treten Sie erst die Kupplung[2] und „rühren"[3] Sie mit dem Schalt-hebel in den Gängen. Die H-Schaltung[4] besteht aus vier Vorwärtsgän-gen und einem Rückwärtsgang. Der Mittelsteg des H's ist der Leerlauf; wenn Sie die Freiheit[5] in der Hand spüren, können Sie getrost den Fuß von der Kupplung nehmen.

So, Fahrlehrer angeschnallt? Nun tritt Ihr linker Fuß in Tätigkeit, der Kupplungsfuß; Wenn Sie ihn so tief wie möglich in die Richtung des Motors drücken, ist das die Garantie dafür, daß Ihre Hand in der Lage ist, den ersten Gang einzulegen. Damit ist nicht alles erledigt: Bevor Sie sich nun in den fließenden Verkehr begeben, sollten Sie sich vergewissern, ob links von Ihnen alles frei ist; wenn es kracht, sind nicht immer die anderen schuld! Ihre Augen sollten Sie in jeder nur erdenklichen Art und Weise betätigen.

So kräftig Sie zuerst den linken Fuß nach vorne gedrückt haben, so zärtlich sollten Sie ihn zurücknehmen. Gleichzeitig gibt Ihr rechter Fuß auf gleiche Weise Gas (natürlich erst nachdem Sie die Hand-bremse gelöst haben!): Dann setzt sich das Auto in Bewegung. Wenn Sie diese Regel der Zärtlichkeit mißachten, reagiert Ihr Auto prompt, und Ihnen passiert das, was man „abmurksen"[6] nennt. Gasgeben will gelernt sein,[7] ebenso das Bremsen! Sie benutzen dazu den rechten Fuß und auch den mit Gefühl. Denken Sie an Ihren Hintermann, der viel-leicht gerade in den Rückspiegel schaut!

Vergessen Sie auch nicht, des öfteren in den Rückspiegel zu schauen! Den sogenannten „Toten Winkel"[8] dürfen Sie auch nicht vergessen! Und stören Sie sich nicht an den zwei Innenspiegeln, für Sie ist nur einer bestimmt, denn der andere gehört Ihrem Fahrlehrer. Auch seine Beine machen manchmal Bewegungen, die den Ihren ähneln. Sie wer-den am Anfang froh darüber sein.

Sie werden sogleich feststellen, daß die Welt um Sie herum nur aus Verkehrsschildern besteht. Plötzlich nehmen Sie Schilder wahr, an denen Sie bisher achtlos vorbeigegangen sind. Sie werden sie alle ken-nenlernen, dafür sorgt Ihr Fahrlehrer; aber keine Angst, Sie schaffen es!

ERLÄUTERUNGEN

1 *internal combustion engine*
2 *clutch (-pedal)*
3 *(here) move around*
4 *gear-change, gear-box*
5 *(here) slackness, looseness*
6 *to stall*
7 *needs to be skilful*
8 *blind-spot*

16. Kapitel

D Wovon handelt der Text?   Welche Wörter fehlen?

Wenn man Autofahren lernt, muß erst der .... mit im Auto sitzen, bevor man abfährt. Man sollte auch erst die Kupplung und die .... etwas ausprobieren. Wenn man dann in den Verkehr ausfährt, muß man sich erst ...., ob die Straße frei ist. Beim Einkuppeln, Gasgeben und Bremsen braucht man die Füsse .... zu bewegen. Alles, was auf der Straße steht und passiert, muß man ....

E Kommentare   Was man alles wissen muß, bevor man den Führerschein macht!

Bevor man abfahren kann, Erst		wird	angeschnallt
			vergewissert, ob links alles frei ist
Beim	Fahren		oft in den Rückspiegel geschaut
	Linksabbiegen		erst geblinkt
	Bremsen		an den Hintermann gedacht
	Überholen		vorsichtig Gas gegeben
			auf Verkehrsschilder und Ampeln geachtet
Wenn man gut Auto fährt,		darf	nicht zu schnell gefahren werden

Bau solche und ähnliche weitere Sätze auf, um die Forderungen des Autofahrens zu schildern!

F Grammatik- und Stilübung   *Gefahren* **wird mit Benzin,** *geschmiert* **wird mit Öl** (1)
Schreib folgende Sätze auf ähnliche Weise um:
z.B. Ich habe den Wagen in Köln gesehen aber in Bonn gekauft.
   →Gesehen habe ich den Wagen in Köln; gekauft habe ich ihn in Bonn.
1 Ich habe richtig gebremst aber nicht so gut geschaltet.
2 Ich habe den Fuß zu schnell von der Kupplung zurückgenommen aber den Motor trotzdem nicht abgemurkst.
3 Ich habe im April bei der Fahrschule angefangen aber bin erst gestern fertiggeworden.
4 Ich habe die Führerscheinprüfung vor vier Monaten beantragt aber erst letzte Woche gemacht.

G Gesprächsthemen/Fragen zum Text   1 Wenn du Autofahren schon lernst oder gelernt hast:
   – Was hast du am schwierigsten und was am leichtesten gefunden?
   – Was hat dir Spaß gemacht? Warum?
   – Was hättest du manchmal fast falsch gemacht?
   – Wie hast du es gefunden, dich plötzlich im fließenden Verkehr zu befinden?
   – Wie wäre es gewesen, hätte der Fahrlehrer nicht da gesessen und mitgeholfen?
2 Wenn du noch nicht angefangen hast, Autozufahren:
   – Was stellst du dir schwierig bzw. leicht vor?
   – Wobei würdest du dich unsicher fühlen? Warum?
   – Wie wäre deine Reaktion auf den fließenden Verkehr?
3 Wie fahren gute Autofahrer? Was braucht man dazu? Wie ist deine Meinung zu dieser Frage?

H Die erste Fahrstunde   Du hast gerade zum ersten Mal hinter dem Lenkrad eines Autos gesessen. Nun erzählst du einem Freund bzw. einer Freundin, wie alles gegangen ist, ob du dabei Schwierigkeiten gehabt hast, usw.

17.Kapitel Schulkind überfahren!

Ein Bub liegt schreiend am Boden, überrollt von einem Kleintransporter und unter einen Bus geschleudert. Hunderte von Schülern und Passanten sehen die schreckliche Szene. Der schwerverletzte Bub ist der zehnjährige Werner S. aus der Klasse 5c des Maria-Theresia-Gymnasiums am Regerplatz in München. Nach Schulschluß war er auf die Straße gestürmt. Es war 13.06 Uhr, und er hatte nur einen Gedanken: Den Bus erwischen! Möglichst schnell nach Hause kommen! Beinahe hätte der Zehnjährige diese Unvorsichtigkeit mit dem Leben bezahlt. Er wurde mit schweren Kopfverletzungen ins Krankenhaus eingeliefert.

Zahlreiche Zeugen gaben später der Polizei zu Protokoll, Werner sei nach Schulschluß wie verrückt aus dem Haus gerannt. „Sein Bus näherte sich in diesem Moment gerade der Haltestelle am Regerplatz. Er wollte ihn offenbar unbedingt nicht erreichen. Obwohl die Verkehrsampel auf ‚Warten' stand, lief er über die Straße.''

Werner hatte in seiner Eile nicht gesehen, daß ein VW-Bus auf den Zebrastreifen zukam. Er rannte bei „Rot'' auf die Straße, wurde von dem Auto erfaßt und unter den stehenden Linienbus[1] geschleudert. Der Busfahrer alarmierte sofort über Funk den Notarzt[2] und leistete dem schreienden Buben, der aus Mund und Nase blutete, Erste Hilfe, bis der Krankenwagen kam und Werner in die Klinik brachte.

Ein Mitarbeiter der Münchner Verkehrswacht[3] sagte: „Dieser schreckliche Unfall wird Anlaß dazu sein, in allen Münchner Schulen wieder einmal die Gefahren des Schulwegs klarzumachen. Zwar zeigten alle Bemühungen, mit gezielten Aktionen den Schulweg sicherer zu machen, in diesem Jahr bereits einen spürbaren Erfolg. Aber man kann die Eltern nicht oft genug darauf aufmerksam machen, daß sie mit ihren Kindern den Schulweg abgehen und immer wieder vor den Gefahren des Straßenverkehrs warnen sollen! Alle Schulkinder sollten durch diesen Unfall gewarnt werden, nicht die gleichen Fehler wie Werner S. zu machen.''

ERLÄUTERUNGEN

1 *service bus*
2 *doctor on call*
3 *road safety (committee)*

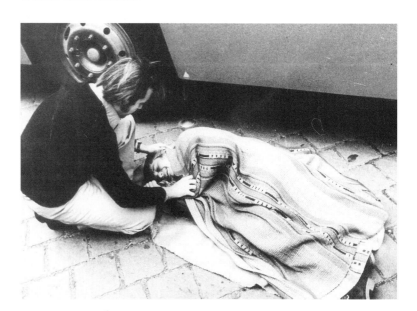

17. Kapitel

A Wovon handelt der Text?

1 Was passierte dem zehnjährigen Werner, als er aus der Schule kam?
2 Warum passierte es?
3 Wovor sollen Schulkinder gewarnt werden?

B Wortschatz

1 Folgende Wörter stehen im Text:
   a) überfahren (Titel)   c) erreichen (2)
   b) gerannt (2)   d) VW-Bus (3)
   Suche für jedes ein weiteres Wort im Text mit gleicher Bedeutung. Alle vier Wörter befinden sich im 1. Textabschnitt.
2 Welche im Text stehenden Ausdrücke haben die gleiche Bedeutung wie diese?
   a) Fast wäre der Zehnjährige gestorben (1)
   b) sehr schnell, und als ob er nichts anderes im Kopf hätte (2)
   c) kam auf die Haltestelle zu (2)
   d) weil er so schnell ging (3)
   e) machte direkt nach dem Unfall, was er konnte, für den Jungen (3)
   f) daran erinnern (4)
3 Was bedeuten folgende im Text stehende Wörter? Welche der angegebenen Möglichkeiten ist richtig?

   a) geschleudert (1)
      – getrocknet
      – geworfen
      – festgehalten
   b) eingeliefert (1)
      – operiert
      – behandelt
      – gebracht
   c) gaben . . . zu Protokoll (2)
      – erzählten
      – hörten
      – waren sehr höflich
   d) erfaßt (3)
      – verhaftet
      – gefangen
      – mitgefahren
   e) Funk (3)
      – Radio
      – Angst
      – Aufregung

C Vokabelbau

Kleintransporter

Welche Wörter definiert man so? (Alle Wörter sind auf ‚Klein——')
z.B. Gegenteil von ‚Großstadt' = ‚Kleinstadt'
1 Was man braucht, um die Parkuhr zu bezahlen
2 Gegenteil von ‚Benzinsäufer'/‚Straßenkreuzer'
3 Wo man in den Zeitungen nach Gebrauchtwagen suchen könnte.
Erfinde dann weitere Wörter auf ‚Klein——'!

D Grammatik- und Stilübung

Beinahe hätte der Zehnjährige diese Unvorsichtigkeit mit dem Leben bezahlt (1)
Schreib folgende Sätze auf ähnliche Weise um, jeweils mit *Beinahe* am Anfang des Satzes!
z.B. Zum Glück habe ich keinen Unfall gehabt.
    →Beinahe hätte ich einen Unfall gehabt.
   a) Zum Glück haben wir den Bus nicht verpaßt.
   b) Gott sei Dank hat er die Katze nicht überfahren!
   c) Gott sei Dank hat der VW-Bus den Buben nicht unter einen rollenden Lkw geschleudert!
   d) Zum Glück ist sie nicht unter die Lkw-Räder gefallen.
   e) Zum Glück ist der Bus nicht in dem Moment abgefahren.

E Gut verstanden? Fragen zum Text

1 Der Unfall geschah um 13.06 Uhr: Welche Bedeutung hat die Zeit?
2 Wie kam es, daß so viele Leute den Unfall sahen?
3 Aus welchen verschiedenen Gründen hat Werner den Kleintransporter nicht gesehen?
4 „Zwar zeigten Bemühungen, den Schulweg sicherer zu machen, einen spürbaren Erfolg": Was hat dieser Satz über die Situation eigentlich zu sagen?
5 Wie kann man, laut Text, den Schulweg sicherer machen?
6 Warum kam es wohl dazu, daß Werner so einen Unfall hatte?

Junge Fahrer: Vorsicht im Verkehr!

In Stuttgart waren zehn Krankenwagen im Einsatz, vier Notärzte und die Feuerwehr bemühten sich um die sieben teils lebensgefährlich Verletzten. Dem 18jährigen Pkw[1]-Fahrer, der die Kollision durch überhöhtes Tempo verschuldet hatte, konnten sie nicht mehr helfen .... Auf einer Landstraße bei München kam ein 21 Jahre alter Soldat als Beifahrer zu Tode, weil der Wagenlenker, 19, zu schneidig eine Wegbiegung angesteuert hatte – das Auto schoß geradewegs gegen eine Brückenmauer. Die grausigen Szenen sind alltäglich, die Ursachen fast immer gleich, die Opfer junge Leute, die ihre Fahrkünste überschätzen.

Junge Fahranfänger fahren in der Regel nicht rasanter als ältere Verkehrsteilnehmer, und sie übertreten durchaus nicht häufiger die Geschwindigkeitsvorschriften. Aber sie beherrschen das eingeschlagene Tempo nicht hinreichend und haben deshalb, nach TÜV[2]-Recherche, eine fast dreimal so hohe Unfallquote wie ältere, erfahrene Wagenlenker. Geübte Fahrer hingegen können mehr Informationen gleichzeitig aufnehmen und rascher deren Wichtigkeit beurteilen. Sie registrieren mit einem Blick das spielende Kind am Bürgersteig, Verkehrsschilder und Wegweiser, die gerade auf Gelb schaltende Ampel und den plötzlich bremsenden Vordermann. Ungeübten Fahranfängern fehlen die nötigen Erfahrungen, wie sich eine Situation möglicherweise weiterentwickeln wird und welche Gefahren und Risiken damit verbunden sind.

Ob eher jugendliche Waghalsigkeit[3] oder mangelnde Fahrfertigkeit schuld daran ist, wenn es kracht, möchte keiner richtig sagen, aber: Jeder dritte Verkehrsunfall mit einem Pkw wird von der Altersgruppe der 18- bis 25jährigen verursacht; und viele Motorradfans sind auf einer schweren Maschine wie in einem Drogenrausch. Die „Ernüchterung"[4] folgt oft im Krankenhaus. Denn fast jeder zweite Motorradfahrer wird einmal im Jahr in einen Unfall verwickelt. Daß überwiegend die Autofahrer Schuld an Unfällen mit K-radfahrern[5] haben, ändert nichts daran, daß das Risiko, auf dem Motorrad zu verunglücken, fast zwölfmal höher ist als beim Autofahren.

Mehr als 6000 Fahrer und Mitfahrer in Personenwagen kommen jedes Jahr auf westdeutschen Straßen ums Leben, jeder dritte von ihnen ist zwischen 18 und 25 Jahre alt. Noch höher ist die Todesrate unter den Benutzern zweirädriger Maschinen: Von den rund 1200 Motorradfahrern und ihren Sozii,[6] die tödlich verunglücken, sind zwei Drittel noch nicht 25 Jahre alt. Der Verkehrsunfall ist für diese Altersgruppe zwischen Erwachsenwerden und Mitte zwanzig die Haupttodesursache!

SPIEGEL, Spiegelverlag 1983

ERLÄUTERUNGEN

1 (Personenkraftwagen) *car*
2 (Technischer Überwachungsverein) *car test and road safety department of MoT*
3 *foolhardiness, recklessness*
4 *sobering up*
5 (Kraftrad) *motor bike*
6 (Sozius) *pillion (seat or passenger)*

F Wovon handelt der Text?

Sind folgende Behauptungen zum Textinhalt falsch oder richtig?
1 Es kommt leider sehr oft vor, daß junge Autofahrer den Tod auf der Straße finden?
2 Junge Autofahrer verunglücken häufiger als ältere Autofahrer.
3 Motorradfahrer verunglücken so oft, weil sie Drogen eingenommen haben.
4 Junge Autofahrer verursachen nur sehr wenige Verkehrsunfälle.
5 Nur sehr wenige junge Autofahrer verunglücken tödlich.

G Wortschatz

1 Welche im Text stehenden Wörter haben die gleiche Bedeutung wie folgende?
   a) so, daß sie sterben könnten (1)
   b) verursacht (1)
   c) Mitfahrer im Vordersitz (1)
   d) schrecklich (1)
   e) jemand, der auf der Straße fährt (2)
   f) genug (2)
   g) Fahrkünste (3)
   h) zu einem Unfall kommt/ein Unfall passiert (3)
   i) in den meisten Fällen (3)
   j) bei einem Unfall verletzt werden oder sterben (3)
2 Welche im Text stehenden Ausdrücke haben die gleiche Bedeutung wie diese?
   a) weil er zu schnell gefahren war (1)
   b) starb (1)
   c) zu schnell in die Kurve gefahren war (1)
   d) nicht so gut fahren konnten, wie sie glaubten (1)
   e) normalerweise/meist (2)
   f) fahren . . . schneller, als erlaubt ist (2)
   g) sterben (4)
3 Folgende Wörter befinden sich im 2. Abschnitt des Textes. Imselben Abschnitt steht jeweils ein weiteres Wort mit gleicher Bedeutung. Welche sind die Wörter?
   a) Geschwindigkeit   c) erfahren
   b) Fahrer   d) aufnehmen

H Vokabelbau

verschulden (= ver + Schuld + en)

Aus folgenden Wörtern kann man ähnliche Verben bilden:
   Antwort; Pflicht; Sorge; Sperre; Ursache
   z.B. *verantworten*
1 Wie lauten diese Verben?
2 Welches Verb paßt in welche Lücke hinein? (Nicht immer Infinitiv!)

   a) Nach dem Unfall mußte man die Straße ...., um die Brückenmauer zu reparieren.
   b) Weil er den Unfall .... hatte, wollte man ihn auch ...., seinen Krankenhausaufenthalt selber zu zahlen.
   c) ,,Wer zu schnell fährt", sagte man, ,,muß es auch ....!"
   d) Weil sein Bein an 4 Stellen gebrochen war, mußte man ihn wochenlang ....

I Grammatik- und Stilübung
viele Motorradfans sind . . . *wie in* einem Drogenrausch (3)

Schreib' folgende Sätze auf ähnliche Weise um:
   z.B. Sie fuhr weiter, als ob sie in einem Traum wäre.
      →Sie fuhr wie in einem Traum weiter.
   a) Er fährt, als ob er verrückt wäre.
   b) Das Unfallopfer lag auf der Fahrbahn, als ob es tot wäre.
   c) Der Verletzte torkelte vom Wagen, als ob er betrunken wäre.
   d) Das Auto schleuderte über die naße Fahrbahn, als ob es auf Glatteis wäre.
   e) Als ob es durch ein Wunder passiert wäre, überlebte der Motorradfahrer den Unfall.

J Nicht nur montags:

Todes-Knick (Vokabeln auf Seite 223) 😎
Wenn du die Aufnahme gehört hast, zeichne auf Millimeterpapier die Kurve der Verkehrstoten auf Deutschlands Straßen zwischen 1970 und 1983!
   Welche sind die Hauptgründe für den Knick in der Kurve?

K Aus eigener Erfahrung

Als junger Autofahrer (junge Autofahrerin) hattest du neulich einen Verkehrsunfall! Beschreibe, was dabei passiert ist, und erzähl warum!
   Fasse deine Schilderung als Warnung für andere junge Fahranfänger! Zu bedenken:
   Beifahrer; Verletzte; Tempo; Schuld; Wetterverhältnisse; andere Verkehrsteilnehmer; Fußgänger; Krankenhausaufenthalt; usw.

Kinderunfälle

Die meisten Kinder verunglücken, weil sie unachtsam die Straße überqueren oder plötzlich hinter Sichthindernissen hervortreten. Die meisten verunglückten Radfahrer hatten die Vorfahrt nicht beachtet, waren ohne Handzeichen abgebogen oder unvorsichtig aus Ausfahrten hervorgeschossen. Mit der Kaltblütigkeit der Statistik konstatierte das Verkehrsministerium: Die Schuld liegt zu 70 Prozent bei den Kindern selbst.

Hier artikuliert sich typisches Erwachsenendenken, gegen das Psychologen und ADAC[1]-Experten zu Felde ziehen. Das kleine Kind kann die Welt der Erwachsenen nicht voll begreifen; der Erwachsene aber hat die Pflicht, die Welt des Kindes zu begreifen. Wer von Kindern erwartet, daß ihnen die Straßenverkehrsordnung[2] über das Spiel geht, in das sie gerade vertieft sind, muß mit der Verkehrserziehung[3] bei sich selbst beginnen. ,,Die Autofahrer müssen endlich begreifen, daß ein Kind nicht einfach immer funktionieren kann'', sagt ein Hamburger Verkehrslehrer. Die Automobilclubs geben Ratschläge dazu, die Autofahrer schon im eigenen Interesse beherzigen sollten, denn die Gerichte setzen viel Wissen über das Verhalten von Kindern heraus.

Selbst wenn nachgewiesen ist, daß Kinder sich auf der Straße oft genug nicht verkehrsgerecht verhalten: Die Gerichte nehmen sie in Schutz, wenn es zu einem Unfall kommt. Wo sich Kinder befinden, sollte der Kraftfahrer[4] seine Geschwindigkeit so einstellen, daß er notfalls sofort anhalten kann. Wo ein Ball rollt, ist auch ein Kind: für den Fahrer bedeutet das soviel wie eine rote Ampel.

Psychologen erklären, daß es einem spielenden Kind unmöglich ist, auf den vorbeifließenden Verkehr zu achten. Wenn sein Spielzeug auf die Straße fällt, fürchtet es zunächst nur den Verlust und nicht die Autos. In einem Urteil des Bundesgerichtshofes[5] heißt es: ,,Spieltrieb und Bewegungsfreude können auch bei einem siebenjährigen Großstadtjungen so groß sein, daß alle vernünftigen Erwägungen hinweggespült werden. Daß ein Junge dieses Alters einem wegfliegenden Ball nachläuft, geschieht automatisch-reflexhaft.''

Ernst Albert: *Montags sterben viele Kinder*

ERLÄUTERUNGEN

1 (Allgemeiner Deutscher Automobil-Club) *German equivalent of the AA*
2 *highway-code*
3 *road-safety education, kerb-drill*
4 *motorist*
5 *Federal Supreme Court*

L Grammatik- und Stilübung

***Selbst wenn* nachgewiesen ist, daß ... verhalten: Die Gerichte nehmen sie in Schutz, wenn ...** (3)

Schreibe folgende Sätze auf ähnliche Weise um!
Merke besonders die Wortstellung im zweiten Teil!
z.B. Obwohl man den Wagen repariert hat, will ich ihn nicht mehr haben.
→ Selbst wenn der Wagen repariert ist: Ich will ihn nicht mehr haben.

a) Obwohl man bewiesen hat, daß Gurte die Anzahl der Verkehrstoten reduziert, wollen viele Autofahrer sich nicht anschnallen.

b) Obwohl Sie das Kind nicht schwer verletzt haben, hätten Sie trotzdem langsamer fahren sollen.

c) Obwohl man die Straße geräumt und wieder geöffnet hat, sollst du hier trotzdem vorsichtig fahren!

d) Obwohl man hier die Straße gut ausgebaut hat, sollst du trotzdem nicht so schnell fahren!

M Gut verstanden? Fragen zum Text

1 „Wer von Kindern erwartet, daß die Straßenverkehrsordnung über das Spiel geht, muß mit der Verkehrserziehung bei sich selbst beginnen": Warum?

2 Auf welche verschiedenen Weisen reagieren die Gerichte auf Autofahrer, die ein spielendes Kind im Unfall verletzt haben?

3 Fahrer sollten Verkehrssituationen nicht nur beobachten. Was wird alles von Autofahrern verlangt, was Kinder betrifft?

4 Welche psychologischen Kenntnisse von Kindern brauchen Autofahrer zu haben?

5 „Die Schuld liegt zu 70 Prozent bei den Kindern selbst": Aber aus welchen verschiedenen Gründen verunglücken Kinder eigentlich auf der Straße?

N Arbeiten zu zweit

Unten sind 4 Bilder von Verkehrssituationen, aus der sich ein Unfall ergeben hat. Jede Situation ist vom Sitz des Autofahrers aus gesehen. Bearbeitet **eine** der 4 Situationen!

Nach dem Unfall verhört ein Polizist entweder:
a) den Autofahrer (die Autofahrerin)
oder:
b) einen Zeugen (eine Zeugin).
Baut zu zweit das Gespräch auf! Zu bedenken:
– Was passiert ist; warum; Geschwindigkeit
– Betrunkenheit am Steuer(?)
– Alter des verunglückten Kindes; wie der Fahrer (die Fahrerin) reagiert hat
– Was der Fahrer (die Fahrerin) hätte machen sollen
usw.

O Aus eigener Erfahrung

„Gott sei Dank ist nichts geschehen – um ein Haar wär's passiert ..."

Als Passant(in) hast du gesehen, wie sich aus einer Verkehrssituation ein Unfall hätte ergeben können: Beschreibe die Situation, und was du gemacht hast, um den Unfall zu verhüten!

18.Kapitel Buxtehude bremst die Autos

Pessimisten und Journalisten waren sich einig: Tempo 30 in Buxtehude ist das amtlich verordnete Chaos. Geschäftsleute sahen schon den sicheren Bankrott vor Augen, weil weniger Kunden mit dem Auto vor den Laden rollen würden. Der ADAC sagte sprunghaft steigenden Spritverbrauch und unerträglichen Lärm voraus, weil die Autos nur noch in niedrigen Gängen mit hoher Drehzahl durch die Gassen schleichen würden. In einem Blatt wurde gar vom ersten Todesopfer der Verkehrsberuhigung berichtet: Ein Mopedfahrer war auf einen der unbeleuchteten Blumenkübel aus Beton geprallt, die auf der Fahrbahn stehen . . . .

1983 wurde mit diesem „Chaos" in der norddeutschen Kleinstadt Buxtehude begonnen. Auf 40 Kilometer Straße wird seither in der Altstadt und einem angrenzenden Wohnquartier die „flächenhafte Verkehrsberuhigung" erprobt. Hier ist die zulässige Höchstgeschwindigkeit 30 km/h.

Mit Tempo-Schildern allein, darüber waren sich die Planer einig, war die Raserei nicht zu bremsen. Deshalb ließ der verantwortliche Stadtbaurat[1] Otto Wicht große Blumenkübel aus Beton aufstellen. So entstanden Engpässe, durch die sich die Autos einzeln hindurchschlängeln müssen.

Außer durch den erzwungenen Slalom wird durch eine neue Verkehrsregelung für moderates Tempo gesorgt. Vorfahrtsstraßen wurden abgeschafft: Wer von rechts kommt, darf jetzt immer zuerst. „Ein halbes Jahr haben die Buxtehuder gebraucht, um sich an die neuen Verhältnisse zu gewöhnen", berichtet Kübel-Otto. Bei einer ADAC-Umfrage fanden unlängst drei Viertel aller Interviewten Tempo 30 in Ordnung. In den Geschäften wird weiterhin eingekauft – allerdings kommen die Buxtehuder jetzt öfter zu Fuß oder mit dem Fahrrad. Insgesamt fahren zwischen 20 und 45 Prozent weniger Autos durch das beruhigte Gebiet. Der Rest fährt mit Tempo 50 über wenig besiedelte Straßen um das Versuchsgebiet herum.

Im Zentrum wird nicht nur weniger, es wird auch langsamer gefahren. Allerdings halten sich die meisten Autofahrer nicht an die vorgeschriebenen 30, zwischen 35 und 45 km/h sind üblich; früher waren es 55 bis 65 km/h. Das neue Tempo hat entgegen ADAC-Befürchtungen auch den Lärm verringert.

Wie sich die neue Regelung auf die Unfallstatistik auswirkt, wollen die Wissenschaftler der Bundesanstalt für das Straßenwesen[2] noch nicht sagen. Zwölfe Monate sind ihnen für eine fundierte Aussage zu wenig. Die Buxtehuder Polizei ist aber zufrieden, denn die Zahl der Unfälle mit Fußgängern ist auf ein Drittel geschrumpft. Und bei Karambolagen entsteht weniger Schaden, da langsamer gefahren wird. Der verunglückte Mopedfahrer war auch nicht tot: Er war auch nur gegen den Kübel geprallt, weil er mit beschlagenem Helm-Visier fast blind fuhr.

Für Stadtbaurat Wicht war schon das erste Jahr ein Erfolg. Die Blumenkübel haben auf der Altländer Straße jetzt ausgedient. Auf der neugepflasterten Fahrbahn bleibt den Autos nur ein schmaler Streifen in der Mitte, der von Radwegen und breiten Bürgersteigen eingerahmt wird. Auf solchen Straßen kann nicht überholt werden, und an einigen Stellen müssen die Autofahrer im Zickzackkurs um Blumenbeete herumkurven. Für Radler und Fußgänger dagegen geht es immer geradeaus. So hofft Otto Wicht, noch mehr motorisierte Mitbürger zum Umsteigen auf das Fahrrad oder zum Laufen zu bewegen.

ERLÄUTERUNGEN

1 *planning officer*
2 *Federal Institute for Traffic Studies*

A Sprachanalyse

1 Suche an Hand des Textes „Buxtehude bremst die Autos" alle möglichen Beispiele folgender Strukturen:
   a) Schwache männliche Hauptwörter, die außer dem Singularnominativ immer einen zusätzlichen ‚n' am Ende haben:
      z.B. *Pessimisten* (1)
      Teile die Liste in Singular und Plural ein!
   b) Partizipien, die als Adjektive dienen:
      z.B. Tempo 30 ist das amtliche *verordnete* Chaos (1)
      Teile die Liste in Partizipien Präsens und Vergangenheit ein!
   c) Adjektive mit starker Endung (d.h. ohne Artikel davor):
      z.B. Der ADAC sagte *steigenden* Spritverbrauch aus (1)
      Teile die Liste nach Kasus ein!
   d) Unpersönliche Passivform (d.h. ohne Subjekt):
      z.B. In einem Blatt *wurde* vom ersten Todesopfer *berichtet* (1)

2 Erfinde Sätze, in denen folgende aus dem Text stammende Ausdrücke vorkommen!
   a) ... nur noch in niedrigen Gängen ... schleichen (1)
   b) ... durch die sich Autos einzeln hindurchschlängeln müssen (3)
   c) ... wird durch ... für moderates Tempo gesorgt (4)
   d) ... entgegen Befürchtungen (5)
   e) Bei Karambolagen entsteht ... (6)

B Vokabelanalyse

Suche an Hand des Textes:
   a) Adjektive, die aus einem Hauptwort mit Endung gebildet werden
      z.B. *amtlich* (1) (= Amt + lich)
   b) Hauptwörter, die durch die Zusammenfügung von Verb und Hauptwort gebildet werden, z.B. *Fahrbahn* (1)
   c) Hauptwörter, die durch die Zusammenfügung von Adjektiv und Hauptwort gebildet werden, z.B. *Kleinstadt* (2)

C Tonbandaufnahme

Trunkenheit am Steuer (Vokabeln auf Seite 223)
1 Im Text befinden sich weitere Beispiele für die Sprachanalyse sowie auch Vokabeln, die bei der Übersetzung zu benutzen wären.
2 a) Wie reagieren diese drei Menschen auf angetrunkene Fahrer?
   b) Welche Mittel zur Besserung der Lage werden vorgeschlagen?

D Übersetzung ins Deutsche

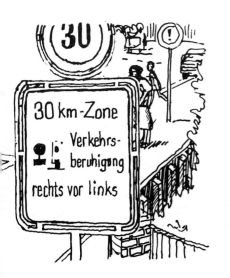

Despite the fears of the people living nearby there have been no further serious accidents. But cyclists and pedestrians still have to cope with the dangers of being on a road where people drive too fast, even during the rush-hour; and residents have to cope with the almost unbearable noise.

Soon after the last collision new speed-restriction signs were put up. But these have had no effect upon the speeding because the road is so wide. So how can the speeding be cut back?

The city planning-officer has decided to install a traffic-island and pedestrian-lights. "If drivers are not prepared to keep to the proper speed, we must force them to do so. If the road is narrower people cannot overtake there. I hope that people will drive more slowly then, otherwise there is going to be a far worse accident soon!"

E Überblick *Wie machen wir unsere Straßen sicherer?*

Probleme und Gründe:

Unfälle	Todesopfer	Überschreitungen der Höchstgeschwindigkeit
Raserei Betrunkenheit am Steuer hohe Anzahl der Autos in den Städten	Überschätzung der Fahrkünste Mißachtung bzw. Übersehen von Verkehrsschildern mangelnde Angst vor dem Alkohol-Test („Mir passiert da ja nichts!")	waghalsiges bzw. übermütiges Fahren zu große Lastwagen mangelnde Achtung vor Radfahrern und Fußgängern; Aggressivität

Ziele:

Unfallverhütung	Verkehrsberuhigung	Senkung der Unfall- bzw. Todesrate
Reduzierung der Anzahl der Autos mehr Sicherheit für Kinder, Radfahrer und Fußgänger	moderates Tempo Bremsen der steigenden Unfallrate unter jungen Fahranfängern	sicheres und verantwortungsvolles Fahren Reduzierung des Spritverbrauchs und der Luftverschmutzung durch Auspuffgase

Mögliche Methoden:

| Weiterer Straßenbau bzw. -ausbau
Errichtung von Verkehrsinseln auf den breiten Straßen
bessere Parkmöglichkeiten
höhere Strafen für Verkehrs- bzw. Alkohol-Sünder
bessere Verkehrserziehung und Fahrerausbildung | Warnschilder bzw. Tempo-Schilder
bleifreies Benzin

mehr Verkehrspolizisten
Senkung der Pro-millegrenze

mehr Radwege | Hindernisse auf der Fahrbahn

autofreie Straßen in den Städten

Sicherheitsgurte
verschärfte Polizeikontrollen

Fußgängerunter- bzw. -überführungen |

Nützliche Ausdrücke und Wendungen:

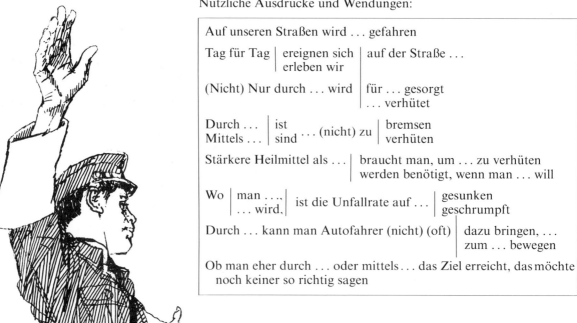

Auf unseren Straßen wird ... gefahren		
Tag für Tag	ereignen sich erleben wir	auf der Straße ...
(Nicht) Nur durch ... wird		für ... gesorgt ... verhütet
Durch ... Mittels ...	ist sind	... (nicht) zu	bremsen verhüten
Stärkere Heilmittel als ...		braucht man, um ... zu verhüten werden benötigt, wenn man ... will
Wo	man ..., ... wird,	ist die Unfallrate auf ...	gesunken geschrumpft
Durch ... kann man Autofahrer (nicht) (oft)		dazu bringen, ... zum ... bewegen
Ob man eher durch ... oder mittels ... das Ziel erreicht, das möchte noch keiner so richtig sagen		

F Diskussion

1 Bearbeitet zusammen oder in kleinen Gruppen die Ideen im Überblick!

2 *Zu zweit*

Stellt Fragen aneinander, an Hand des Überblicks und des Diskussionsführers, um die Meinung des Partners über Verkehrsprobleme und eventuelle Lösungen gegenseitig herauszufinden!

Diskussionsführer	
Recognising problems and causes	Für mich liegt es an … /daran, daß …
	Ich finde das Problem ist auf … zurückzuführen
	Das kommt, weil …
	Es sind meist …, die … verursachen
	Wenn …, wäre das nicht so problematisch: Leider aber …
Seeing the sense of things	Ja, völlig richtig, und wenn …
	Logisch, daß …
Why don't others see it	Was ich nicht begreife, und zwar: …
Disagreeing	Nein, das sehe ich nicht ein, daß …
	Ich finde, das liegt eher daran, wie …
	Das finde ich {nicht wichtig.
	{nicht von Bedeutung.

3 *In der Gruppe*

Besprecht die Probleme, die der Straßenverkehr verursacht; analysiert, so weit es geht, die Gründe; versucht, Lösungen vorzuschlagen! Diskutiert, welche Lösungen am meisten Erfolg wohl versprechen würden!

G Aufsatzplan

Bereite mit Hilfe dieses Plans den Aufsatz vor, den du zum Thema schreiben willst! Nützliche Ideen, Ausdrücke und Wendungen findest du in den Texten.

Thema: Wie machen wir unsere Straßen sicherer?

1 Einleitung:
  – Gefahr auf der Straße! Unfallraten und Todeszahlen
  – Autos fahren immer schneller; zunehmender Verkehr
2 Was für Probleme, Gefahren bestehen/entstehen? (Siehe Überblick!)
3 Wie sind die Ursachen? (Siehe Überblick!)
  – Welche Verkehrsteilnehmer sind besonders gefährdet?
  – Viele Verkehrsteilnehmer sind Radfahrer/Fußgänger, besonders Kinder auf dem Schulweg.
4 Mögliche Lösungen: (Siehe Überblick!)
  – Tempo in der Stadt? Verkehrsfreie Straßen?
  – Schulwegmarkierungen? Sichtbare Kleidung für Radfahrer?
  – Verschärfte Kontrollen – wo?
  – Wie könnte man die Fahrerausbildung bessern, damit man auf alles gefaßt ist, wie das Problem auch sei?
5 Vor- und Nachteile der verschiedenen Lösungen:
  – Einschränkung der persönlichen Freiheit? Freiheit wozu?
  – Sicherheit und Schutz: Vorrangig?
6 Schluß:
  – Beurteile selber die Situation! Äußere deine Meinung darüber, was am besten zu machen wäre, und erkläre warum!

LITERATUR II

Bertolt Brecht: *Der Kirschdieb*

An einem frühen Morgen, lange vor Hahnenschrei
Wurde ich geweckt durch ein Pfeifen und ging zum Fenster.
Auf meinem Kirschbaum – Dämmerung füllte den Garten –
Saß ein junger Mann mit geflickter Hose
Und pflückte lustig meine Kirschen. Mich sehend
Nickte er mir zu, mit beiden Händen
Holte er die Kirschen von den Zweigen in seine Taschen.
Noch eine ganze Zeitlang, als ich wieder in meiner Bettstatt lag
Hörte ich ihn sein lustiges kleines Lied pfeifen.

A Im Sinn der Sache

An welchen Wörtern und Ausdrücken im Gedicht
erkennt man Folgendes?
1 Wie sehr früh das passiert.
2 Die Lebensfreude des jungen Mannes.
3 Daß Brecht relativ wohlhabend ist.
4 Die relative Armut des jungen Mannes.
5 In welcher Jahreszeit das passiert.

B Textanalyse

– Was passiert im Gedicht?
– Wie ist die Atmosphäre des frühen Morgens?
– Wodurch wird man normalerweise geweckt?
  Und Brecht?
– Wie ist seine erste Reaktion darauf, daß er
  geweckt wird?
  Stört ihn das? (Bedenke: Wessen Kirschen und
  wessen Baum?)
– Was hält Brecht vielleicht vom jungen Mann in
  der ersten Hälfte des Gedichts?
– Welche Unterschiede bestehen zwischen Brecht
  und dem jungen Mann?
– „Mich sehend": Was würde man hier
  eigentlich erwarten?
– Wie reagiert der junge Mann? Hätte Brecht
  diese Reaktion erwartet?
– Wie reagiert Brecht darauf? Was hält er jetzt
  vielleicht vom jungen Mann? (Bedenke, aus
  welchen möglichen Gründen der junge Mann
  die Kirschen stiehlt!)
– Was macht Brecht denn? Hätten *wir das*
  erwartet?
  Was hättest du in dieser Situation gemacht?
– Was macht Brecht als letztes im Gedicht? Wie
  findet er das? (Bedenke, ob der junge Mann ihn
  stört!)
– Warum hat er seine Reaktion auf den jungen
  Mann vielleicht geändert?
– Was denkst du, was Brecht mit diesem Gedicht
  wohl sagen will?

C Zum Vergleich

Durch den Vergleich des Gedichts „Der
Kirschdieb" mit dem Text "Nach dem Einbruch"
von Rolf Winter auf" Seite 60 entdeckt man
bestimmte Unterschiede zwischen den beiden
‚Diebstählen':
1 Vergleiche die erste Reaktion Brechts auf den
  Kirschdieb mit Rolf Winters Reaktion auf den
  Einbruch! Inwiefern sind die Reaktionen ähnlich
  bzw. verschieden? Bedenke, was die
  beiden Männer darauf machen!
2 Warum holt Rolf Winter die Polizei? Was
  möchte er dadurch erreichen? Warum macht
  Brecht das nicht?
3 Wie sehen Rolf Winter und seine Nachbarn und
  Bekannten die Situation mit so vielen
  Einbrüchen? Wie reagieren sie darauf? Reagiert
  Brecht auch so? Warum?
4 Wird Rolf Winter seine gestohlenen Sachen
  zurückbekommen? (Bedenke seine Reaktion!)
  Könnte es Brecht? Wird er das? Warum?
5 Wer von den beiden hat den Täter gesehen, und
  welche Wirkung hat das auf ihn?
6 Was denkst du, was bei Rolf Winter vielleicht
  gestohlen worden ist? Braucht Rolf Winters
  Einbrecher das Gestohlene? Braucht Brechts
  Kirschdieb die Kirschen? Warum?
7 Ist Brechts Reaktion am Ende des Gedichts
  überhaupt noch so wie Rolf Winters? Warum?
8 Kann Rolf Winter überhaupt etwas an dem
  Einbruch genießen? (Bedenke auch seine
  Reaktion auf den ‚Spurensicherer'!)
  Wie ist es für Brecht? Ist es für ihn ein Ärger?
9 Was denken Rolf Winter am Ende des Besuchs
  des ‚Spurensicherers' und Brecht am Ende des
  Gedichts? Welche Gefühle hat jeder?
  Hat einer oder der andere etwas gelernt oder
  eingesehen? Was?

Bertolt Brecht: *Fahrend in einem bequemen Wagen*

Fahrend in einem bequemen Wagen
Auf einer regnerischen Landstraße
Sahen wir einen zerlumpten Menschen bei Nachtanbruch
Der uns winkte, ihn mitzunehmen, sich tief verbeugend.
Wir hatten ein Dach und wir hatten Platz und wir fuhren vorüber
Und wir hörten mich sagen, mit einer grämlichen[1] Stimme: Nein
Wir können niemand mitnehmen.
Wir waren schon weit voraus, einen Tagesmarsch vielleicht
Als ich plötzlich erschrak über diese meine Stimme
Dies mein Verhalten und diese
Ganze Welt.

ERLÄUTERUNG

1 *morose, sullen*

A Im Sinn der Sache

An welchen Wörtern und Ausdrücken im Gedicht
erkennt man Folgendes?
1 Daß Brecht wohlhabend bzw. gutsituiert ist.
2 Den sozialen Stand und den Charakter des
   Menschen am Straßenrand.
3 Das für ihn Unangenehme dieser Situation.
4 Daß Brecht nicht überlegte und nicht an den
   Menschen dachte, ehe er „nein" sagte, sondern
   nur seinen unmittelbaren Gefühlen nachging.
5 Brechts Reaktion darauf, wenn er beginnt zu
   überlegen.

B Textanalyse

– Das Gedicht hat 3 Einheiten; jede Einheit
  besteht aus einem Satz: Was passiert in jedem
  dieser 3 Sätze?
– Wann passiert das?
– Vergleiche Brecht und den zerlumpten
  Menschen, was Situation, Charakter und
  Benehmen dem anderen gegenüber betrifft!
  (Merke auch, wie der erste Satz beginnt und
  endet!)
– Wenn du bei solchem Wetter in dieser Situation
  wärest, würdest du diesen Menschen
  mitnehmen?
– „Wir hatten Platz": Was würde man hier
  erwarten?
– Wie reagiert Brecht auf den Menschen? Warum?
  An wen denkt er (wenn überhaupt)?
– „Mit einer grämlichen Stimme": Warum will
  Brecht „niemand mitnehmen"?
– „Wir hörten mich sagen": Wie hört Brecht
  sich selber hier zu?
– „Einen Tagesmarsch": Woran soll uns das
  erinnern? An wen beginnt Brecht hier zu
  denken?

– Warum erschrak Brecht plötzlich? Was hat er
  angefangen zu machen?
– „Diese meine Stimme": Brecht hört sich selber
  zu, wo er schreibt: „wir hörten mich sagen", als
  ob es die Stimme eines anderen wäre. Wie ist
  aber seine Reaktion, wo er dann
  schreibt: „diese meine Stimme?" Warum?
– Was sieht er hier, wenn er über „diese ganze
  Welt" erschrickt?
– Was wünscht er vielleicht am Ende des
  Gedichts?
– Welche Vorwürfe macht er sich? Bleibt es dann
  bei Vorwürfen, oder wird er das nächste Mal
  anders handeln?

C Zum Vergleich

Durch den Vergleich dieses Gedichts mit der
Tonbandaufnahme „Mitfahrzentralen" entdeckt
man bestimmte Unterschiede!
1 Vergleiche Brechts Reaktion auf den Menschen,
  der mitgenommen werden will, mit der
  Einstellung der Menschen, die in den
  Mitfahrzentralen arbeiten!
2 Wer benutzt besser den Platz im Wagen?
  Warum?
3 Warum haben die Leute, die durch die
  Mitfahrzentralen eine Mitfahrt organisieren,
  nicht solche Schwierigkeiten wie der zerlumpte
  Mensch im Gedicht? Liegt es etwa daran, daß
  dieser Mensch nicht höflich war oder nicht gut
  gekleidet?
4 „Wir können niemand mitnehmen": Wie
  würden die Leute darauf reagieren, die mit den
  Mitfahrzentralen zu tun haben?
5 Würde Brecht, so wie er sich am Ende des
  Gedichts äußert, nun bei den Mitfahrzentralen
  Mitfahrten anbieten? Begründe deine Antwort!

Friedrich Dürrenmatt: *Das Versprechen*

Die Gefahr auf der Straße kommt auch in anderer Form!

Nach der Ermordung des kleinen Mädchens Gritli Moser lebt der ehemalige Kriminalkommissar[1] Matthäi als Tankwart, um dem Mörder aufzulauern, da er glaubt, der Mörder wird an seiner Tankstelle vorbeikommen. Durch einen Verkehrsunfall aber erwischt er den Täter nie.

In folgender Schlüsselszene erzählt eine alte Dame, die im Sterben liegt, dem Kommandanten[2] der Kantonspolizei[3] von ihrem verstorbenen Ehemann Albert.

„So ging es denn auch wirklich besser mit dem Albertchen selig",[4] führte sie mit ihrer ruhigen, sanften Stimme aus, „er fuhr nicht mehr nach Zürich; aber als der Zweite Weltkrieg zu Ende war, konnten wir wieder unser Auto gebrauchen, und so fuhr Albertchen selig mich denn wieder in unserem Buick[5] herum. Wir fuhren sogar einmal nach Ascona,[6] und da dachte ich, weil ihm das Fahren doch so Freude machte, er könne doch wieder nach Zürich, mit dem Buick sei es ja nicht so gefährlich, da müsse er aufmerksam fahren und könne keine Stimme vom Himmel hören, und so fuhr er denn wieder zur Schwester und lieferte die Eier ab, getreu und brav, wie es seine Art war. Aber auf einmal ist er dann leider wieder erst nach Mitternacht heimgekommen; ich bin sofort in die Garage gegangen, ich habe es gleich geahnt, weil er plötzlich immer wieder Trüffeln aus der Bonbonniere[7] genommen hatte die letzte Zeit, und wirklich fand ich den Albertchen selig, wie er das Innere des Wagens wusch, und alles war voll Blut. Hast du wieder ein Mädchen getötet, Albertchen, sagte ich und wurde ganz ernst. Mutti, sagte er, beruhige dich, nicht im Kanton Sankt Gallen, im Kanton Schwyz, die Stimme vom Himmel hat es so gewollt, das Mädchen hatte wieder ein rotes Röcklein an und gelbe Zöpfe. Aber ich habe mich nicht beruhigt, ich war noch strenger mit ihm als das erstemal; ich wurde fast böse. Er durfte den Buick eine Woche nicht benutzen, und ich wollte auch zu Hochwürden[8] Beck gehen, ich war entschlossen; aber die Schwester hätte zu sehr jubiliert, das ging nicht, und so habe ich Albertchen selig eben noch strenger bewacht, und dann ging es zwei Jahre wirklich gut, bis er es noch einmal tat, weil er der Stimme von Himmel gehorchen mußte, Albertchen selig, er war ganz geknickt und hat geweint, aber ich habe es gleich bemerkt an den fehlenden Trüffeln. Es war ein Mädchen im Kanton Zürich gewesen, auch mit einem roten Röcklein und gelben Zöpfen."

„Hieß das Mädchen Gritli Moser?" fragte ich.

„Es hieß Gritli, und die vorigen hießen Sonja und Eveli", antwortete die alte Dame. „Ich habe mir die Namen alle gemerkt; aber dem Albertchen selig ist es immer schlechter gegangen, er begann flüchtig zu werden, ich mußte ihm alles zehnmal sagen, ich mußte den ganzen Tag mit ihm schimpfen wie mit einem Bub, und es war im Jahre neunundvierzig oder fünfzig, so genau erinnere ich mich nicht mehr, wenige Monate nach dem Gritli, da ist er wieder unruhig geworden und fahrig;[9] sogar der Hühnerstall war in Unordnung, und immer aufs neue fuhr er herum mit unserem Buick, ganze Nachmittage lang, sagte nur, er gehe bummeln, und auf einmal merkte ich, daß wieder Trüffeln fehlten. Da habe ich ihm aufgelauert, und als er sich ins Wohnzimmer schlich, Albertchen selig, das Rasiermesser wie einen Füllfederhalter eingesteckt, bin ich zu ihm gegangen und habe ihm gesagt: Albertchen, sagte ich streng, das kann ich nicht zulassen, wo ist das Mädchen? Nicht weit von hier, bei einer Tankstelle, sagte Albertchen selig, bitte, bitte, Mutti, laß mich gehorchen. Da wurde ich energisch, es gibt nichts, Albertchen, habe ich gesagt, du hast es mir versprochen, reinige auf der Stelle den Hühnerstall und gib den Hühnern ordentlich zu fressen. Da ist Albertchen selig zornig geworden, hat geschrien, ich bin nur dein Hausknecht, so krank war er, und ist hinausgerannt mit den Trüffeln und dem Rasiermesser zum Buick, und schon eine Viertelstunde später hat man mir telefoniert, er sei mit einem Lastwagen zusammengestoßen und gestorben . . . ."

ERLÄUTERUNGEN

1 *detective chief inspector*
2 *chief of police*
3 (Kanton) *administrative district in Switzerland*
4 *"My late dear Albert"*
5 Amerikanischer Wagen
6 Stadt im Süden der Schweiz
7 *sweet-box*
8 Der Priester (Hochwürden = *Reverend*)
9 nervös

A Im Sinn der Sache

1 An welchen Wörtern und Ausdrücken im Text erkennt man eine Atmosphäre der Drohung, auch bevor wir wissen, was Albertchen selig gemacht hat?

2 Dieser Mann war Triebmörder: Welche Wörter und Ausdrücke im Text haben mit dem Begriff Triebmord zu tun?

3 An welchen Bemerkungen der alten Dame ist zu erkennen, daß sie nur an sich selber und die eigene Situation denkt bzw. keinen Skandal möchte?

4 Welche Bemerkungen, die die Dame macht, zeugen von ihrer leichtfertigen Reaktion auf Albertchens Greueltaten, als ob diese nichts wären?

5 Welche Bemerkungen, die sie macht, deuten auf ihre Gefühllosigkeit hin?

6 Welche Wörter und Ausdrücke im Text zeigen, was für ein Verhältnis die alte Dame zu Albertchen selig hatte?

B Zur Diskussion

1 „Er fuhr nicht mehr nach Zürich":   Warum wohl nicht?

2 Woran lag es, daß Albertchen selig den zweiten Mord begehen konnte?

3 „So habe ich Albertchen selig eben noch strenger bewacht":   Wieso konnte er denn erneut morden?

4 „Ich habe mir die Namen alle gemerkt; aber dem Albertchen selig ist es immer schlechter gegangen":   Was hat diese Bemerkung über den Charakter und die Einstellungen der alten Dame zu sagen?

5 Aus welchen verschiedenen Gründen mußte Gritli Moser sterben?

6 Wie kann man Kinder vor solchen Angriffen – und anderen Gefahren auf der Straße – am besten schützen?

7 Stellt euch vor, ihr hättet diese Aussage der alten Dame gehört, so wie eben ein Priester oder der Kommandant der Polizei! Wie hättet ihr darauf reagiert? Warum?

C Augenzeuge

Zu zweit

1 Der Kommandant hat diese Geschichte wohl gehört, weil die alte Dame einem Priester (Hochwürden Beck?) alles gebeichtet hat, ehe sie stirbt. Der Priester hat den Kommandanten dann wohl hergeholt.

   Schreibt zu zweit das Telefongespräch, bei dem der Priester den Kommandanten bittet, sofort zu kommen! Zu bedenken:
   – Genau was erzählt der Priester am Telefon?
   – Darf er eigentlich überhaupt etwas erzählen?
   – Reaktionen von Entsetzen, Unglauben?

2 Bis der Kommandant die grausame Geschichte der alten Dame hört, wartet Matthäi schon jahrelang an der Tankstelle auf den Mörder – bedenkt, was in der Zeit aus ihm wohl geworden ist, wie er sich dabei fühlt, usw.!

   Schreibt zu zweit das Gespräch, das einige Zeit nach dem Tod der alten Dame dann an der Tankstelle geführt wird, bei dem der Kommandant versucht, Matthäi zu erklären, der Mörder werde nie kommen und warum! Zu bedenken:
   – Spricht der Kommandant von seinen Reaktionen auf die Aussage der alten Dame?
   – Wie reagiert darauf Matthäi?

19.Kapitel Schlagende Eltern

Furchtbar die Aggression, der man jeden Tag begegnet: Haß und Bosheit sind überall zu spüren. Verständlich, sagen viele: Aufgestaute Frustrationen, die dann zum Ausdruck kommen, Zorn der Arbeitslosen, Eltern, die prügeln, um die eigene Aggressivität zu entladen.

Es geht aber nicht, für die Aggression einfach Verständnis zu haben, sie daher im Endeffekt auch zu verzeihen. Es leiden nämlich zu viele Menschen unter den Folgen, vor allem gerade die Kinder, die wir Erwachsenen am meisten in Schutz nehmen sollten. Am schlimmsten ist, daß gerade die Eltern sie schlagen!

So oft liest man in den Zeitungen von gequälten Kindern, daß es kaum noch Schlagzeilen wert ist. Der Kinderschutzbund[1] versucht, gegen solche

Kindesmißhandlungen zu kämpfen und schlagende Eltern zu beraten; trotzdem werden Tausende von Kindern geprügelt und getreten – so wie eine Vierjährige, die mit schweren inneren Verletzungen ins Krankenhaus geliefert wurde, nachdem die Eltern sie lange geschlagen hatten: Die Kleine hatte ins Höschen gemacht![2] Bei solchen niedrigen Beweggründen schlagen nicht wenige Eltern. (Hinterher soll nur ein Unfall passiert sein!) Die Unglücklichen überleben nicht; die Überlebenden werden zu geistig Geschädigten. Aus ihnen werden die Schlägertypen[3] der Zukunft.

Aber, sagen viele, wenn es nur bei den normalen Schlägen bleibe? Als ob man überhaupt differenzieren könnte zwischen den „normalen" Hauen und den sonstigen! Für mich sind alle Haue falsch!

Den Eltern, die ihre Kinder schlagen, weil sie als Kinder auch geprügelt wurden, kann ich deswegen nicht verzeihen, daß sie nicht gelernt haben, wie brutalisierend solche Bestrafung wirkt. Immer noch fast 50 Prozent der erwachsenen Bundesbürger halten Schläge für ein normales Erziehungsmittel: Denen kann ich keinen Glauben schenken: So werden nur die aggressiven Verhaltensnormen weitergegeben, die so viel Gewaltsamkeit herbeiführen.

Wer also glaubt, durch Haue würden die Kinder verstehen, daß auch die Eltern sich ärgern könnten, dem kann ich nicht recht geben, Verständnis für seine Handlungsweise nicht gönnen: Sind solche Leute wirklich so phantasielos, daß sie nicht begreifen, was sie für Schaden in der Psyche der Kinder anrichten?

Sicher kann ein jeder aggressiv werden: Gehört es aber nicht zum Erwachsensein, diese Aggression so zu beherrschen, daß man anderen nicht wehtut? Wie sonst sollten wir eine gewaltlose Gesellschaft anstreben? Welche Eltern würden Schläge als Bestrafung hinnehmen? Da würden Klagen über Verletzungen der Menschenrechte laut: „Was du nicht willst, daß man dir tu', das füg auch keinem anderen zu!"

*Tageszeitung 14.4.82 and
Theorie und Praxis der anti-
autoritären Erziehung,*
Rowolt Taschenbuch

ERLÄUTERUNGEN

1 *Society for the Protection of Children*
2 *wet her pants*
3 *rowdies, bullies, thugs*

A Satzbau

1 Um zu sagen, daß man etwas nicht gut findet, oder daß man damit nicht einverstanden ist, um etwas zu verurteilen oder um Mißbilligung zu äußern, kann man es so fassen:

> Es geht aber nicht, für (diese Aggression) Verständnis zu haben
>
> Den Eltern, die ...,   kann ich nicht verzeihen, daß sie ...
> Denen, die ...,   kann ich keinen Glauben schenken, weil ...
> Dem, der glaubt, ...,   kann ich nicht recht geben

2 Schlechte Wirkungen, die man wohl nicht überlegt hat:

> ... nicht gelernt, wie brutalisierend solche Bestrafung wirkt
> ... nicht begreifen, was für Schaden sie ... anrichten

B Die Nachbarn sind nicht derselben Meinung

> „Ich würde mein Kind nie schlagen. Ein Junge, der jemand auf der Straße überfällt, ist bestimmt nicht ohne Haue aufgewachsen!"

> „Kinder haut man automatisch. Ohne Haue wird das Kind verzogen. Manchmal brauchen Kinder Haue, um nicht böse zu sein!"

Baut zu zweit eine kurze Auseinandersetzung zwischen zwei Nachbarn oder Nachbarinnen auf. Einer (eine) glaubt, man soll Kinder schlagen, der (die) andere vertritt die andere Meinung.

Mit Hilfe der Beispiele aus dem Text äußert Kritiken über die entgegengesetzte Meinung und über die Leute, die der Meinung sind. Erklärt dabei auch warum, was die Leute nicht gelernt haben, usw.

z.B. A: Ich kann Ihnen nicht recht geben, daß Sie die Kinder nicht schlagen, weil sie oft so böse sind!

B: Und ich kann Ihnen nicht recht geben, daß Sie Ihre Kinder manchmal schlagen, weil sie eigentlich ganz lieb sind!

C Hör mal zu 😀

Opfer eines Raubüberfalls (Vokabeln und Fragen auf Seite 223)
Auch ältere Leute sind Opfer der Gewalttätigkeit.

D Lückentext

Fehlende Wörter sind im Text „Schlagende Eltern" zu finden.

Das Münchner Kinderschutz-Zentrum versucht, ... Kindesmißhandlungen zu kämpfen. Da weiß man, daß viele Kinder von ihren Eltern .... werden, und man versucht wo nur möglich, diese Kinder in .... zu nehmen. „ .... Eltern können sich bei uns Rat holen. Wir wollen helfen nicht strafen", sagte eine Mitarbeiterin des Zentrums.

Oft schlagen Eltern ihre Kinder, um die eigene .... zu entladen, wenn sie gestreßt sind. Viele wurden als Kinder selber oft .... So mancher Vater bereut hinterher seine .... und braucht Hilfe, daß er so etwas nicht mehr macht. Aber viele Leute .... nicht, wie brutalisierend ihre Handlungsweise auf die Kinder ...., und gerade das versucht man ihnen im Zentrum beizubringen. Man erklärt ihnen, welche Schaden viele Haue in der Psyche der Kinder .... können, und wie aus geprügelten Kindern die .... Eltern der Zukunft werden: Sie sollten auch verstehen, warum sie .... schlagenden Eltern geworden sind.

Der Bedarf an Zufluchtsstätten für mißhandelte Frauen

Ein Viertel aller Gewaltverbrechen wird an Ehepartnerinnen ausgeübt! So die Ergebnisse einer Untersuchung. Schwerste Folge dieser Gewalttätigkeit ist oft die Angst: Ob sie bleiben oder ausziehen sollten, vor beiden Möglichkeiten haben viele mißhandelte Frauen die gleiche Angst. Und weil sie oft nach gescheiterten Versuchen auszuziehen doch noch zu Hause bleiben, glauben sie darin auch versagt zu haben.

Er schlage sie oft, berichtete eine Befragte, weggehen lasse er sie aber nicht. Ähnliches hatte eine ihrer Freundinnen zu erzählen: Ihr Mann habe zugegeben, sie nur geschlagen zu haben, weil ihn andere geärgert hätten, bleiben solle sie! Häufig werden Frauen zu den Opfern von Gewaltakten, an deren Ursachen sie unschuldig sind: Frustration, Angst um den Arbeitsplatz, Betrunkenheit gehören zu den häufigsten Gründen, aus welchen Ehemänner gewalttätig werden.

So gesehen ist es kein Wunder, daß in dem Frauenhaus in Berlin (West) in den ersten drei Jahren seines Bestehens über 2400 Frauen vorübergehend Zuflucht fanden: Viele von ihnen lebten, so die Ergebnisse der Untersuchung, schon länger als drei Jahre mit einem gewalttätigen Ehemann zusammen und kamen erst nach vielen fehlgeschlagenen Versuchen, die Familie um der Kinder willen zusammenzuhalten, zu dem Entschluß, den Partner zu verlassen. Drei Viertel der Frauen glaubten nicht, daß sich ihr Mann so verändern könnte, daß sie wieder mit ihm würden zusammenleben wollen.

Kinder sind in derartig gestörten Familienverhältnissen, wo die Frauen mißhandelt werden, fast immer Mitleidende. Viele Frauen sagten, daß ihre Kinder sehr gelitten hätten; dreißig Prozent gaben zögernd zu, daß die Kinder mißhandelt worden seien. Auch an ihnen lassen sich die Folgen deutlich ausmachen: Angstsymptome, Alpträume, gewalttätige Spiele. Über zwei Drittel der befragten Mütter versuchten trotz der Gefahr für sich selbst, die Kinder vor den Mißhandlungen der Väter zu schützen.

Die Zahl der Frauen, die in der Berliner Zufluchtsstätte Unterkunft und Schutz suchen, sowie auch eine gezielte Hilfe beim Aufbau einer neuen gewaltlosen Existenz, steigt weiter. Die Zahl der Frauenhäuser in der Bundesrepublik Deutschland steigt ebenfalls. Für viele sind sie die letzte Möglichkeit, sich vor der Prügelei zu retten.

E Wovon handelt der Text?

Welche dieser Behauptungen stimmen (nicht)?
1 Der Text geht um die Wirkungen der Gewalttätigkeit auf Ehefrauen.
2 Viele Männer schlagen die Ehepartnerin, um sie zu zwingen, das Zuhause zu verlassen.
3 Viele Frauen bleiben trotz der Gewalttätigkeit wegen der Kinder mit einem gewalttätigen Ehemann zusammen.
4 Gewaltakten, die an Ehepartnerinnen begangen werden, treffen die Kinder meist nicht so hart.
5 Heute werden weniger Frauen zu den Opfern gewalttätiger Ehemänner.

F Kommentare

Einem Mann, der	seine Frau schlägt, gestreßt ist,	kann ich	kein Verständnis gönnen, nicht verzeihen,	wenn er behauptet, sie sei schuld daß er sie so schlecht behandelt

Bau ähnliche weitere Sätze auf, um die Handlungsweise gewalttätiger Ehemänner zu verurteilen!

G Grammatik- und Stilübungen

... daß sie wieder mit ihm *würden* zusammenleben wollen (3)
1 Schreibe folgende Sätze um:
z.B. Er würde gegen seine Gewaltsamkeit nicht genug kämpfen:
Sie kann zu ihm ins Haus nicht zurückgehen.
→Er würde gegen seine Gewaltsamkeit nie so kämpfen, daß sie zu ihm ins Haus würde zurückgehen können.
a) Er könnte seine Aggression nie genug in Grenzen halten: Sie kann es mit ihm nicht aushalten.
b) Sie könnte die Schlägereien nicht genug vergessen: Sie will ihn als Ehepartner nicht wieder akzeptieren.
c) Er könnte nie friedlich genug sein: Sie läßt ihn nicht zurückkommen.
d) Er könnte nie freundlich genug sein: Sie läßt ihn nicht zu Hause bleiben.
2 Warum wollen diese Frauen den Ehemann nicht wieder da haben?
z.B. Er wieder da: schlagen: ausziehen wollen
→Wenn er wieder da wäre, würde er sie so schlagen, daß sie würde ausziehen wollen.
a) Mann/zurückkommen: sich laut streiten: Kind nicht weinen hören
b) Mann betrunken: schlagen: es nicht lange aushalten können
c) Mann wieder da: Kinder schlecht behandeln: nicht einfach zusehen können

H Gesprächsthemen/Fragen zum Text

1 Wie waren zu Hause die Verhältnisse für die Frauen, die im Frauenhaus Zuflucht suchen?
2 „Häufig werden Frauen zu den Opfern von Gewaltakten, an deren Ursachen sie unschuldig sind": Aus welchen verschiedenen Gründen werden die Ehemänner gewalttätig? (Sind alle normalerweise so?)
3 Welche sind die verschiedenen geistigen und praktischen Reaktionen der Frauen auf solche Behandlung, und wie lassen sich diese Reaktionen erklären?
4 Warum fassen Frauen den Entschluß, zum Frauenhaus zu gehen? (Bedenke, wieso sie nicht schon früher dahingegangen sind!)
5 Was für „gezielte Hilfe" brauchen sie im Frauenhaus? In welcher Form?

I Meinungsäußerung

Die Diskussionsfragen dienen gut als Grundlage für den Aufbau dieser Arbeiten.
1 Baut zu zweit ein Interview auf!
Eine Frau, die im Frauenhaus Zuflucht sucht, wird interviewt:
a) von einer Journalistin, die zu Besuch da ist.
b) von einer Mitarbeiterin des Hauses.
2 Schreibe:
a) als Journalistin einen Bericht für die Zeitung über die hilfesuchende Frau
b) als Mitarbeiterin des Hauses einen hausinternen vertraulichen Bericht über sie für die anderen Mitarbeiterinnen!

1 miterleben - to witness
2. jedem über etwas hinweghelfen - to help sby get over sth.

20.Kapitel Samir, 10

Als Samir mit 10 Jahren aus dem Libanon zu seinen Adoptiveltern[1] nach Deutschland kam, hatte er so wie viele Kinder im Bürgerkrieg[1] viel erlitten. Mit 8 erlebte er mit, wie sein Bruder auf einer Beiruter Straße von Heckenschützen[2] niedergeschossen wurde, weil er „nicht da hätte sein sollen". Mit 10 wurde er zum Waisenkind bei einer Explosion, die auch ihm schwere Verletzungen brachte.

Die Gewaltsamkeit seines frühen Lebens hatte sich in sein Gedächtnis tief eingeprägt. In den ersten Wochen bei seinen neuen Eltern erlitt er noch furchtbare Alpträume und Schreianfälle. Die neuen Eltern, mit denen er sich gut verständigen konnte, da sie früher in Beirut gelebt hatten, glaubten, durch eine liebevolle Umgebung dem Jungen allmählich über die Ängste und die schlechten Erinnerungen hinwegzuhelfen, ihn ohne Gewalt groß werden zu lassen.

„Da wir ihn vor jeglicher Gewalt schützen wollten, haben wir ihm keine Spielzeugpistolen gekauft. Und beim Fernsehen sind wir möglichst vorsichtig daran gegangen. Wo nur der kleinste Hauch von Gewalt dabei hätte sein können, haben wir die Sendung nicht geschaut. Wir wollten nicht, daß er überhaupt noch Gewaltsamkeiten miterlebt, weil sie einen starken Einfluß auf ihn hätten ausüben können."

Anfangs hatte Samir oft Aggressionsanfälle: „Wir waren eines Tages zum Park gegangen, und Samir spielte Ball mit zwei kleinen Kindern aus der Nachbarschaft. Plötzlich heult eines der Mädchen. Samir hatte sie regelrecht geprügelt und zur Seite geschubst, so wie er es wohl tausendmal bei den Soldaten in Beirut gesehen hatte."

Diese Anfälle ließen allmählich nach, da er sich wohl in Sicherheit zu fühlen anfing. Zum Glück hatten Nachbarn Verständnis dafür. Die Eltern wollen trotzdem noch nicht glauben, sie seien über das Schlimmste hinweggekommen. Sie fragen sich, wie lange sie ihn vor der Gewaltsamkeit unserer Gesellschaft völlig schützen können.

„Irgendwann könnte er so etwas wie einen Krawall erleben." Samirs deutsche Mutter erklärt, daß sie vor einigen Jahren Zeugin von so einem Krawall war, bei dem mehrere Passanten geschlagen wurden. „Wie würde so etwas für den Samir sein? Soll ich ihm etwa den Besuch eines Fußballstadions verbieten, weil die gegnerischen Gefühle der Fans in Rowdytum und Schlägereien entarten könnten?" Da er noch etwas labil sei, meint sie, könnte er durch solche Erlebnisse leicht noch auf die falsche Bahn geraten.

Wie soll die Mutter Samirs ihn gewaltlos groß werden lassen?

ERLÄUTERUNGEN

1 *civil war*
2 *snipers*

A Wovon handelt der Text?

1 Aus was für einer Situation stammte Samir?
2 Wie war erst die Situation bei den Adoptiveltern?
3 Warum haben die Adoptiveltern Angst um Samirs Zukunft?

B Wortschatz

1 Welche im Text stehenden Wörter haben die gleiche Bedeutung wie diese?
  a) Kind, dessen Eltern tot sind (1)
  b) schlechte Träume (2)
  c) Wirkung auf das Benehmen oder den Charakter von jemandem (3)
  d) weint (4)
  e) große Unruhe, wobei viele verletzt werden (6)
  f) Frau, die etwas mit eigenen Augen gesehen/ miterlebt hat (6)
  g) Leute, die vorbeigehen (6)
  h) unstabil (6)
2 Welche im Text stehenden Ausdrücke haben die gleiche Bedeutung wie diese?
  a) war so frappierend, daß er nicht vergessen konnte (2)
  b) ihm helfen, seine Ängste zu vergessen (2)
  c) zu erziehen (2)
  d) überhaupt wenn auch nur ein kleines bißchen gewaltsam (3)
  e) wurden mit der Zeit weniger und schwächer (5)
  f) so schlecht werden und so degenerieren, daß sie zu Krawallen führen könnten (6)
  g) schlecht beeinflußt werden; wieder aggressiv werden (6)

C Vokabelbau *Gewalt*

Folgende Wörter der Familie sieht man oft:
Gewaltakt; Gewaltverbrechen; gewaltlos; gewaltig; gewaltsam; Gewaltsamkeit; gewalttätig; Gewalttätigkeit; Vergewaltigung; vergewaltigen
Welches dieser Wörter paßt in die Lücken hinein?
1 Die ...., die viele Kinder erleben, hat einen .... Einfluß auf sie.
2 Viele .... sind bestimmt darauf zurückzuführen, ob ein Kind .... erzogen wurde oder nicht.
3 Wer ohne .... erzogen wird, wird andere Leute wahrscheinlich nicht .... behandeln.
4 Die .... der Frau, die nachts um halb elf passierte, gehörte zu den vielen ...., die der Täter begangen hatte.

D Grammatik- und Stilübungen

1 weil er „nicht da *hätte sein sollen*" (1)
(Merke die Wortstellung am Ende!)
Aus welchen Gründen war es so?
  z.B. Mutter mußte mit Samir sprechen (das Mädchen nicht zur Seite schieben)
  →weil er das Mädchen nicht zur Seite hätte schieben sollen
  a) Nach dem Ereignis im Park mußte Mutter mit Samir sprechen (das Mädchen nicht prügeln)
  b) Die junge Mutter findet bei sich selber die Schuld, daß ihr Sohn gewalttätig ist (die erste Spielzeugpistole nicht kaufen)
  c) Die Fußballfans wurden von der Polizei verhaftet (die anderen Fans nicht schlagen)
  d) Der junge Mann wurde zu sechs Monaten Haft verurteilt (die alte Dame nicht überfallen)
2 weil sie einen starken Einfluß auf ihn *hätten ausüben können* (3)
Aus welchen Gründen hatte man Angst?
  z.B. Samir durfte viele Fernsehsendungen nicht sehen (Hauch von Gewalt/dabei sein)
  →weil ein Hauch von Gewalt dabei hätte sein können
  a) Zuerst sollte Samir nicht zu oft mit anderen Kindern spielen (er/Aggressionsanfälle haben)
  b) Mutter hatte Angst im Park (Samir/das Mädchen schwer verletzen)
  c) Die deutschen Eltern wollten Samir nicht im Libanon lassen (er/ums Leben kommen)
  d) Samir durfte einige Wochen lang überhaupt nicht fernsehen (es/zu Alpträumen und Schreianfällen führen)

E Gut verstanden? Fragen zum Text

Schreibe detaillierte Antworten auf diese Fragen:
1 Was haben Samirs frühe Jahre und Erlebnisse über die Situation im Libanon zu sagen?
2 Welche Schwierigkeiten haben seine schlechten Erlebnisse herbeigeführt, obwohl er in Deutschland war?
3 Wodurch sind seine Aggressionsanfälle zu erklären?
4 Aus welchen Gründen sieht Samirs neue Mutter seine Erziehung als problematisch?

20. Kapitel

Wenn es dem bösen Nachbarn nicht gefällt

Früher mochte der Ingenieur Heinz Kroll seine Nachbarin Heidrun Martin recht gut leiden: Bis es sich die Lehrerin angewöhnte, ihr Auto auf der schmalen Straße gegenüber Krolls Doppelgarage abzustellen. Nun hatte er jedesmal Mühe, mit seinem Kabriolett auf die Straße zu kommen. Als der Wagen des Fräulein Heidrun einmal nicht dastand, setzte der Ingenieur sein Kabrio auf den Platz. Das bemerkte deren Vater, Ex-Oberstleutnant der Bundeswehr, der mit einer Spitzhacke bewaffnet herbeistürmte, um den Parkplatz seiner Tochter zurückzuerobern. Ein erster Schlag traf Kroll an den vor Schreck erhobenen Händen. Zum zweiten Hieb kam der Offizier a.D.[1] nicht, denn sein Gegner hatte ihn samt Hacke über die Hecke geworfen.

In diesem Moment kam Heidrun mit dem Auto an und griff in den Kampf ein. Mal im Vorwärts-, mal im Rückwärtsgang jagte sie den Nachbarn vor sich her und versperrte ihm den Weg zu seinem Haus. Erst als Kroll ihr eine Beule in die Wagentür trat, ließ sie von ihm ab. Es folgten Klagen wegen Mordversuchs, Körperverletzung und Sachbeschädigung.

Die meisten Bundesbürger unterdrücken die aufkommende Neigung, rabiat gegen ihre Nachbarn vorzugehen. Es zählt aber zu den gesicherten Erkenntnissen der Verhaltensforschung[2], daß zwischen Menschen, die Tür an Tür leben, sehr oft große Spannungen bestehen. Zur Entlastung furchtbarer Aggressivität reicht oft ein winziger Anstoß: In Köln fühlte sich kürzlich ein Hausbewohner um Mitternacht durch das laut eingestellte Fernsehgerät seines Nachbarn so gestört, daß er ihm einen Mülleimer gegen das Fenster warf!

Wenn es zum Angriff auf den Nachbarn kommt, so ist der störende Anlaß meist nur vorgeschoben:[3] Die wahren Ursachen für überschäumende Aggression liegen in aufgestauten Frustrationen, die sich aus dem Streß der Arbeit und der Hektik des Lebens ergeben, so wie auch im Neid, z.B. auf den Erfolg von anderen. Denn gegen das Gefühl der Erfolglosigkeit im Alltag, gegen einen unleidlichen Chef und mißgünstige Kollegen kann der Durchschnittsbürger nicht viel ausrichten, ebensowenig wie gegen Flugzeuglärm oder Mopedgeknatter beim Mittagsschläfchen. Solche Frustrationen muß man halt einstecken: Mit der Zeit wird es einem zu viel. Den Chef kann man nicht einfach umbringen, da kommt einem der Nachbar gerade recht!

Nie mehr etwas miteinander zu tun werden die Nachbarn Ludwig Hoffmann und Ernst Klosen haben. Hoffmann ist tot, und Klosen wurde zu lebenslanger Haft verurteilt. Klosen hatte seinen Nachbarn hinterrücks mit einer Sense[4] „im wahrsten Sinne des Wortes niedergemäht". Zum Streit war es gekommen, weil Klosen drei Schafe widerrechtlich auf Hoffmanns Wiese hatte grasen lassen.

Zank unter Nachbarn geht gottlob nur in den seltensten Fällen tödlich aus. Aber wie wir unsere Nachbarn mal leiden lassen!

(*STERN*, Gruner und Jahr 1982)

ERLÄUTERUNGEN:

1 Offizier außer Dienst (d.h. er arbeitet nicht mehr als Offizier)
2 *behavioural research*
3 d.h. nicht der wirkliche Grund
4 sehr scharfes Messer, mit dem man Gras schneidet

F Wovon handelt der Text?

1 Wozu kam es zwischen diesen Nachbarn?

2 Wie sind die wahren Ursachen der Aggressivität zwischen Nachbarn?

3 Wie weit geht es manchmal mit solcher Aggression?

G Wortschatz

1 Welche im Text stehenden Wörter haben die gleiche Bedeutung wie diese?

   a) parken (1)
   b) sehr böse (3)
   c) in letzter Zeit (3)
   d) Attacke (4)
   e) die sich nicht in Grenzen hält (4)
   f) töten (4)
   g) heruntergeschnitten (5)

2 Welche im Text stehenden Ausdrücke haben die gleiche Bedeutung wie diese?

   a) kam mit ... gut aus (1)
   b) ließ ihn nicht vorbei (2)
   c) der Grund dazu, böse zu sein (4)
   d) viele Jahre im Gefängnis (5)

3 Welche der angegeben Möglichkeiten paßt als Erläuterung dieser im Text stehenden Wörter?

   a) angewöhnte (1)
     – begann
     – zu einer Gewohnheit machte
     – nicht mehr so ungewöhnlich fand

   b) bestehen (3)
     – existieren
     – nicht auszustehen sind
     – entspannen

   c) unleidlich (4)
     – ohne Gefühle
     – den man nicht leiden mag
     – freundlich

   d) einstecken (4)
     – ärgern
     – in die Tasche tun
     – trotz allem akzeptieren

H Vokabelbau

Fülle die Lücken aus!

Hauptwort	Verb	Hauptwort
		Sperre
	verhaften	
		Urteil
Verletzung		
		Schaden
Bemerkung		
		Waffe

I Grammatik- und Stilübung

...traf Kroll an den *vor Schreck erhobenen* Händen (1)

(Händen, die er vor Schreck erhoben hatte)
Schreib folgende Sätze ohne Relativsatz:
z.B. Er fühlte sich durch das Fernsehgerät gestört, das man laut eingestellt hatte.
  → Er fühlte sich durch das laut eingestellte Fernsehgerät gestort.

a) Wegen des Autos, das man vor der Garage abgestellt hatte, kam er nicht auf die Straße.

b) Ein Mann, der mit einer Spitzhacke bewaffnet war, stürmte herbei.

c) Die Wagentür, die man so heftig getreten hatte, mußte sie ersetzen.

d) Der Gefangene, den man zu lebenslanger Haft verurteilt hatte, wurde in die Zelle gebracht.

J Nichts nur montags

Streifenwagen (Vokabeln auf Seite 223)
Wenn es in einer Nachbarschaft Unruhen gibt, müssen Streifenpolizisten sofort dahin fahren.
Fragen zur Diskussion:
– Was finden die Polizisten am Tatort vor?
– Wie fühlen sie sich dabei, und warum?
– Aus welchen Gründen stehen so viele Leute da?
– Was hat zu dem Zwischenfall geführt?
– Welche der Anwesenden ärgern sich am meisten?
– Wie unterscheiden sich die Aussagen der Anwohner und der Kneipenbesucher?
– Wer ist dabei vielleicht hysterisch, und warum?
– Wer hat wen vielleicht geschlagen?
– Was sollten die Polizisten als erstes unternehmen? Und dann?

K Augenzeuge

1 *In der Gruppe*
Übernehmt die Rollen der Polizisten und verschiedenen Betroffenen (z.B. Wirt, Gäste, Opfer, Betrunkenen, Anwohner) und spielt vor, was passiert, wenn die Polizisten vorfahren!

2 Schreibe dann:

   a) einen polizeilichen Bericht über den Vorfall, so wie er im Notizbuch eines der Polizisten stehen würde.

   b) einen Brief, (als ob du eine(r) der Anwohner wärest) in dem du einem Stadtratsmitglied erklärst, wie problematisch die Situation mit der Kneipe ist, und um Hilfe bittest!)

Luftpiraten

Im Oktober 1977 wurde die Lufthansa-Maschine „Landshut" von Terroristen entführt, die durch die Geiselnahme der Fluggäste die Freilassung anderer – deutscher und türkischer – Terroristen aus der Haft erzwingen wollten. Sollte die Freilassung nicht erfolgen, drohten die Flugzeugentführer – alle vier mit Maschinenpistolen und Handgranaten schwer bewaffnet –, die Maschine in die Luft zu sprengen, wobei alle Geiseln den sicheren Tod finden würden ...

Daß die bewaffneten Entführer ungeahnt[1] ins Flugzeug einsteigen konnten, weiß keiner so recht zu verantworten; daß der Fehler schwere Folgen hat, besteht nicht allein in der Entführung. Nicht nur gegen die Entführung selber hätte besseres Aufpassen der Sicherheitsbeamten vorbeugen können: Der fanatische Führer der Terroristen schlägt Frauen von unter den Passagieren zusammen, und nachdem er den Flugkapitän länger geohrfeigt hat, weil sich dieser nicht gefügt hatte,[2] ermordet er den nunmehr knienden Kapitän mit einem Kopfschuß.

Die Maschine startet wieder, vom Kopiloten geflogen, nach Mogadischu, Hauptstadt von Somalia, wo die als Geiseln genommenen Passagiere tagelang bei sengender Hitze im Flugzeug sitzenbleiben müssen und auf den Tod warten.

Inzwischen ist eine Kommandotruppe unterwegs nach Mogadischu, die die Befreiung der Geiseln unternehmen soll. Dort aber beginnen die Entführer gerade damit, die Passagiere zu fesseln[3] und alle verfügbaren Vorräte an Alkohol und Parfüm auszuschütten, um bei einer Ablehnung ihrer Freilassungsforderungen die Maschine in einem flammenden Inferno zu vernichten.

Um Zeit zu gewinnen und die Aufmerksamkeit der Entführer abzulenken, führt der deutsche Botschafter in Mogadischu stundenlang mit dem Terroristenanführer Funkgespräche[4] und macht ihm immer neue Versprechungen. Die Rolle des Botschafters ist entscheidend.

Am 18. Oktober um 2 Uhr morgens legt das Befreiungskommando vorsichtig Leichtmetalleitern gegen Flügel und Rumpf des Flugzeugs. Nachdem der Blitz der Blendgranaten vorbei ist, entern[5] sie die Maschine, schreien immer wieder „Köpfe 'runter" und feuern nun auf jeden los, den sie in der Maschine noch stehen sehen. Das Risiko, auch Unschuldige dabei zu erschießen, ist groß: Zum Glück trifft es aber keine der Geiseln.

Um 2.12 Uhr wird das Ende der Operation gemeldet. Alle Geiseln sind befreit: Im Flugzeug liegen zwei tote Entführer, ein dritter stirbt auf dem Weg ins Krankenhaus. Nur die vierte überlebt die Schießerei.

ERLÄUTERUNGEN

1 *undetected*
2 *yield, submit, comply*
3 *tie up*
4 *radio calls/conversations*
5 *board by force, seize*

L Grammatik- und Stilübungen

1 *durch* die Geiselnahme der Fluggäste (wollten sie ...) (1)

Schreibe folgende Sätze ohne Nebensatz:

z.B. Indem sie andere Terroristen freiließen, hätten die Regierungen weitere Terrorakte ermöglicht.
→Durch die Freilassung anderer Terroristen hätten sie ...

a) Indem sie das Flugzeug entführten, wollten die Terroristen ihre ‚Kollegen' freibekommen.

b) Indem er den Flugkapitän ermordete, zeigte der Anführer seine Brutalität.

c) Indem er die Terroristen ablenkte, konnte der Botschafter Zeit gewinnen.

d) Indem sie Blendgranaten benutzten, gewannen die Männer des Befreiungskommandos wichtige Sekunden.

e) Indem sie die Geiseln befreiten, gewannen sie auch viel Respekt und Lob.

2 *bei* einer Ablehnung ihrer Freilassungsforderungen ... (4)

Schreibe folgende Sätze ohne Nebensatz:

z.B. Sollte ein weiteres Flugzeug entführt werden, müßten wir schneller handeln.
→Bei einer weiteren Flugzeugentführung müßten wir ...
→Bei der Entführung eines weiteren Flugzeugs müßten wir ...

a) Sollten erneut Geiseln genommen werden, würden wir genau das gleiche wie bei Mogadischu wieder machen.

b) Sollten weitere Terroristen freigelassen werden, würden weitere Terrorakte drohen.

c) Wenn Geiseln befreit werden, droht immer die Gefahr, Unschuldige könnten ums Leben kommen.

M Gut verstanden? Fragen zum Text

1 Was versteht man unter der Bezeichnung „Luftpiraten"?

2 Die entführten Fluggäste hatten wohl Angst: Wovor und warum?

3 Vor welchen Problemen stand das Befreiungskommando bei seinem Befreiungsversuch? (Bedenke dabei auch, was die Aufgabe noch schwieriger machte und wie sich die Truppe dabei zu verhalten hatte!)

4 „Die Rolle des Botschafters ist entscheidend": Wie waren die verschiedenen Folgen davon, daß er mit dem Terroristenanführer so lange funkte?

N Lückentext

Die Entführung ist vorbei, die Angst bleibt
Eine der Geiseln spricht über Gefühle, die sie immer noch hat.
Füll die Lücken aus, um zu lesen, was sie sagt!
Fehlende Wörter stammen aus „Luftpiraten".

Seit Mogadischu habe ich immer Angst, wenn ich fliege. Wenn die .... startet, muß ich daran denken, wie wir damals als .... genommen wurden, an diese ...., die uns zu ermorden drohten, wenn ihre „Kollegen" (andere Terroristen meine ich!) nicht .... würden.

Ob bei den Kontrollen die .... wirklich alles gefunden haben? Ich weiß, zum Beispiel, daß einer drei Jahre nach der Entführung an sieben deutschen Flughäfen Proben ...., um festzustellen, wie gut die Kontrollen wirklich .... An sechs von den sieben Flughäfen schaffte er es, ... bis in die Maschine zu kommen. Zum Glück war es nur eine Gaspistole, und er hatte sowieso nichts Böses vor wie damals die ...., die uns so schlecht behandelten.

Vergessen werde ich nie, wie der Anführer der Terroristen unseren Flugkapitän .... und dann ...., der ihm nie etwas angetan hatte. Nun fliege ich wieder, und wie immer bin ich gespannt: Ob wieder diesmal eine Kommandotruppe uns wird .... müssen?

O Aus eigener Erfahrung

Als eine oder einer der Fluggäste beschreibst du deine Erlebnisse bei der Entführung der Maschine nach Mogadischu.
Zu erwähnen:

Reaktion auf die Entführung; steigende Angst; Brutalität des Terroristenanführers; Ermordung des Kapitäns; Weiterflug nach Mogadischu; Hitze und Gefühle dabei; Vorbereitungen auf Zerstörung der Maschine; Gespräche zwischen Botschafter und Terroristenanführer (Was wußten die Fluggäste davon?); plötzliche Befreiung und Gefühle dabei.

Zu bedenken:

Ob die Fluggäste im Flugzeug vom Platz weggehen durften; Waschmöglichkeiten; schmutzige Kleidung; Gefangene; Angst; Unwissen darüber, was passiert; ob sie morgen noch am Leben sein würden, usw.

21.Kapitel Turnverein statt Knast

Vor dem Fernsehgerät, in dem die eigenen Gesichter gerade erscheinen, weil sie von einer Video-Kamera aufgenommen werden, sitzen fünf Jungen zwischen 17 und 19.

Das Quintett spiegelt gut den Durchschnitt mittelschwerer Jugendkriminalität wider. Alle haben viele Delikte hinter sich: Zwei sind Einbrecher; einer erwartet ein Verfahren[1] wegen räuberischer Erpressung; die anderen beiden saßen schon wegen schwerer Körperverletzung sowie anderer Delikte im Gefängnis. Eigentlich gehören die Fünf jetzt in den Knast. Aber statt dahin zu gehen, wohin sie hätten gehen sollen, fahren sie für ein Wochenende an die Nordsee.

Die beiden Jugendrichter, vor denen jeder von ihnen in Bremen im Gericht stand, konnten 1980 nicht mehr mit ansehen, daß immer wieder die gleichen Jugendlichen auf der Anklagebank[2] saßen. Besonders jene, die mit Freiheitsentzug bestraft worden waren, kamen von Mal zu Mal mit brutaleren oder raffinierteren Taten wieder.

Die Abschreckung durch härtere Bestrafung, auf die die einen als Allheilmittel schwören, funktioniert offensichtlich nicht: Die Rückfallquote von Tätern, die bereits hinter Gittern saßen, liegt im Schnitt bei 80 Prozent. Aber in der Behandlung der Jugendkriminalität war es für die beiden Richter auch nicht genug, nur nach Ursachen zu suchen: Die Kriminalität unserer Fünf ließe sich durchaus durch ihre Erziehung erklären: Alkoholismus, Prügel und Streit bilden die Kulissen. Doch Jugendlichen aus schlechtem Zuhause kann man ihre Missetaten nicht einfach verzeihen.

Die Jugendrichter wollten auch wissen, wie die Taten hätten vermieden werden können. Sie begriffen, daß Strafe allein nichts nützt: Dadurch lernen die Täter nicht, Persönlichkeitsmerkmale zu entwickeln, die es ihnen ermöglichen, ohne Straftaten zu leben. Sie suchten also nach Alternativen zum Jugendarrest.[3]

Deshalb sind die Fünf auf richterliche Weisung nicht in der Jugendstrafanstalt sondern im Turnverein, um mit Sozialarbeitern zu lernen, wie sie mit anderen ohne Aggressivität auskommen können, Geldsorgen nicht durch den Griff in anderer Leute Taschen beheben.

Mindestens die Hälfte aller Straftaten (und die meisten unseres Quintetts) entstehen unter Alkoholeinfluß und werden mit Saufkumpanen[4] spontan ausgeführt. Bei Nüchternheit wissen sie, daß sie „es nicht hätten machen sollen". Das Problem besteht also teilweise darin, dem Saufen sowie auch der nächsten Straftat zuvorzukommen.

Einer der Sozialarbeiter versucht mit den Jugendlichen gemeinsam herauszufinden, wie es zu den Taten kam, wie man sie hätte verhindern können. Es stellt sich heraus, daß vor der Tat keiner über Gefängnis nachgedacht hat. Erst nachdem sie erwischt worden waren, haben sie das Zittern bekommen. „Also ist Knast doch abschreckend", meint einer. Aber nur wenn man erst denkt! Wenn die Jungen erst hätten überlegen können . . .

Das lernen sie mit den Sozialarbeitern: Wenn Alfred drei Bier weniger trinkt und Rüdiger vor dem nächsten Einbruch zu den Kumpanen sagt „ohne mich" und Andreas vor der nächsten Schlägerei kurz denkt „Was soll's?" und die Fäuste in der Tasche läßt, wenn sie Saufen, Einbrechen, Schlagen nicht mehr für Heldentaten halten, dann ist ihnen schon geholfen. Und möglichen Opfern auch!

Am Samstagabend gibt es im Lokal an der Nordsee Freibier; schwere Versuchung für die Fünf. Aber nach dem zweiten Bier trinkt Alfred nur noch Cola. Jeder weiß, daß er das früher nicht hätte machen können. Aber jetzt „habe ich schon geschnallt", sagt er, „das bringt nur Ärger."

Bremens Justizsenator[5] ist stolz auf dieses Projekt: Mit einer Rückfallquote von knapp 30 Prozent und mit weniger schweren Straftaten (gegen 70prozentigen Rückfall in der Jugendstrafanstalt) ist es für ihn „die aussichtsreichste und am meisten Erfolg versprechende Alternative zur Senkung der Jugendkriminalität. *STERN, Gruner und Jahr 1983*

ERLÄUTERUNGEN

1 *proceedings*
2 *dock*
3 *youth detention*
4 *'boozing mates'*
5 *Justice Minister in the Bremen Senate*

A Sprachanalyse

1 Suche an Hand des Textes „Turnverein statt Knast":
   a) dreiteilige Verben mit zwei Infinitiven am Ende eines Nebensatzes:
      z.B. wohin sie *hätten gehen sollen* (2)
   b) Passivformen der Verben im Nebensatz:
      z.B. weil sie von einer Video-Kamera *aufgenommen werden* (1)
      Teile die Liste je nach Verbzeit bzw. -form ein!
   c) Verben mit Dativ-Objekt:
      z.B. die es *ihnen ermöglichen*, ohne Straftaten zu leben (5)
   d) Verben, die in Verbindung mit einer Präposition geschrieben werden:
      z.B. *gehören* die Fünf *in* den Knast (2)
      Teile die Liste danach ein, mit welchem Kasus die Präposition im Zusammenhang steht!
   e) Adjektive mit starken Endungen (ohne Artikel!):
      z.B. wegen *räuberischer* Erpressung (2)
      Teile die Liste je nach Kasus ein!

2 Erfinde Sätze, die folgende aus dem Text stammende Ausdrücke enthalten!
   a) ... gehören in den Knast (2)
   b) ... konnten ... nicht mehr mit ansehen, ... (3)
   c) ... mit Freiheitsentzug bestraft (3)
   d) unter Alkoholeinfluß (7)
   e) Wenn sie ... nicht mehr für Heldentaten halten, dann ... (9)
   f) ... zur Senkung der Jugendkriminalität (11)

B Vokabelanalyse

Suche an Hand des Textes:
1 Hauptwörter, die aus Verben gebildet werden und im Text im Zusammenhang mit einer Präposition stehen:
   z.B. wegen ... Erpressung (2)
2 Hauptwörter, die durch eine Zusammenfügung zweier oder mehrerer Hauptwörter gebildet werden, um einen genaueren Begriff zu ergeben:
   z.B. Jugendkriminalität (2)
   Die meisten solchen Wörter im Text haben mit der Kriminalität zu tun!

C Tonbandaufnahme

Stadtkrawalle (Vokabeln auf Seite 223)
1 Im Text der Aufnahme befinden sich weitere Beispiele für die Sprachanalyse sowie auch Vokabeln, die bei der Übersetzung zu benutzen wären.
2 a) Fasse eine Liste der verschiedenen Gewaltakten, die der alte Mann und die beiden Studentinnen schildern!
   b) Fasse eine Liste der eventuellen Gründe für die Krawalle, die diese drei Menschen erwähnen!
   c) Wie reagieren alle drei auf die Krawalle?

D Übersetzung ins Deutsche

At the end of the trial of 25 football fans for riot and grievous bodily harm, the judge described the attack as the worst violence that had been committed by so-called football fans. In the dock were 25 young men from Cambridge, whose leader, a man who called himself 'the General', had organised an attack of military style upon peaceful fans of a visiting team.

Many people had been injured, the judge said. "Football fans who commit acts of violence will be punished by loss of liberty." Some of those in the dock had no history of violence or crime, and one had strong Christian beliefs. But even young people of good background cannot be excused such awful misdeeds. They must be taught, the judge said, that those who commit such crimes will be severely punished.

The judge said in court that Leslie Muranyi (the General) had a history of violence, even against police officers. Muranyi and Steven Robson, who cut the throat of another man with a milk bottle, belong in prison. On the judge's instructions these two will be there for four to five years.

E Überblick

1 Hätte die Situation anders sein können? Wäre sie zu verbessern? Bau deine Beobachtungen auf diesen Grundlagen auf!

Durch	eine andere Erziehung
	eine höhere Bestrafung
	eine andere Behandlungsweise
	die Abschreckung durch härtere Bestrafung
	die Besprechung ihrer Missetaten
	die Einführung │ der Sozialarbeit
	│ von anderen Methoden der Bestrafung
	die Resozialisierung der kriminellen Jugendlichen
	die │ Senkung │ der Jugendkriminalität
	│ Reduzierung │
	Alternativen zum Jugendarrest, so wie (z.B.) . . .

. . . hätte man │ die Jugendlichen vor der Kriminalität retten können
│ ihnen die Dummheit ihrer Handlungsweise beibringen können

. . . wären die Jugendlichen von vornherein nicht kriminell geworden

. . . wäre es durchaus möglich, │ sie vor │ weiteren Straftaten │
│ │ weiterem Freiheitsentzug │ zu retten
│ daß sie die Dummheit ihrer Handlungsweise einsehen würden

. . . könnten wir │ Wirkungen und Ausmaß der Kriminalität reduzieren
│ allmählich eine friedlichere Gesellschaft aufbauen

F Diskussion

„Steigende Gewalttätigkeit beschäftigt die Aufmerksamkeit führender Politiker und macht uns allen Sorgen. Früher haben gar Schlägereien auf offener Straße Schlagzeilen gemacht. Heute liest man in den Zeitungen nur noch von Krawallen und von Schlachten zwischen Polizei und Krawallmachern!"

1 Besprecht zusammen oder in kleinen Gruppen, in welchen verschiedenen Formen die „neue Gewalttätigkeit" erscheint (z.B. Krawalle; Angriffe; Zerstörung; Brandstiftung (wo?), usw.)! Merkt alle verschiedenen Formen der Gewalttätigkeit, die euch einfallen!

2 *Zu zweit*

Stellt Fragen aneinander, an Hand eurer Notizen und des Diskussionsführers, um eventuelle Gründe für die Eskalation der Gewaltsamkeit zu finden!

Nach einem Krawall

Diskussionsführer	
Looking for explanations	Meinst du, die Krawalle sind ein Ausdruck von ... Hältst du die Gewaltakten für einen Ausdruck von ... Was sagst du, welche Gefühle stehen hinter ... Wie erklärt man diesen Trend ... Ob es daran liegt, ... Ob es möglich ist zu sagen, welche Jugendlichen ...
Explanations	Vor allem, finde ich, liegt es an ... Ohne ... wäre die Situation nicht so ... Den Einfluß von ... darfst du nicht vergessen/außer Achtung lassen Wenn diese Leute ein Bedürfnis nach ... haben, ist es vielleicht auf ... zurückzuführen

3 *In der Gruppe*

Besprecht eventuelle Methoden zur Heilung des Problems und deren Wirksamkeit. (Die Strukturen im Überblick sind hier nützlich.)

G Aufsatzplan

Bereite mit Hilfe dieses Plans den Aufsatz vor, den du zum Thema schreiben willst! Nützliche Ideen, Ausdrücke und Wendungen findest du in den Texten über Aggression und Gewalttätigkeit.

Thema: Wir wollen eine friedlichere Gesellschaft wieder aufbauen – aber wie?

1 Einleitung:
   – Steigende Gewalttätigkeit/mehr Gewaltverbrechen
   – Zunehmende Atmosphäre der Drohung
   – Neue Art Bürgerkrieg/Krawalle/Randalieren
2 Verschiedene Formen der Gewalttätigkeit:
   – zu Hause, auf offener Straße, Raubüberfälle, Krawalle, Fußball- rowdys, Terroristen
   – Fernsehen, und was man da alles erlebt! (In welchen Sendungen?)
   – Wer fällt der Gewaltsamkeit zum Opfer?
3 Warum das passiert: (Siehe Diskussion, 2. Teil!)
   – Einfluß von Eltern, Freunden, Fernsehen, Filmen, Schule(?)
   – Tragen auch Nachrichtensendungen dazu bei?
   – Ungerechtigkeit (Wo? In welcher Form?)
4 Eventuelle Lösungen: (Siehe auch Überblick!)
   – Konkrete Beispiele von handfesten Lösungen
   – Besprechung der Probleme hilft – ändert aber nichts
   – Was brauchen wir zur Überwindung der Probleme der Innen- städte, wo Krawalle häufig stattfinden
   – Wiederaufbau – wovon und wie?
5 Ist es möglich, die Probleme völlig zu beseitigen?
   – Wie ist ,der Mensch'? Ist Aggression ein menschlicher Trieb?
   – Wie halten wir die Aggressivität in Grenzen?
   – Wie kommen wir mit der Aggressivität zurecht?
   – Rolle des Diskutierens, der Schule, der Sozialerziehung?
6 Äußere die eigene Meinung, und erkläre, warum du der Meinung bist!

22.Kapitel Eine geschiedene Mutter bereut ihre Fehler

,Wir Kinder vom Bahnhof Zoo' erzählt die Geschichte von der Christiane F., die in Berlin wohnte und mit 14 drogensüchtig war. (Am Bahnhof Zoo waren die Drogen leicht zu kaufen.) Da Christianes Eltern geschieden waren und ihre Mutter arbeitete, merkte lange Zeit niemand, was mit Christiane los war. Hier spricht Christianes Mutter darüber:

,Wenn ich am späten Nachmittag von der Arbeit kam, konnte ich den Mädchen oft noch etwas mitbringen, Kleinigkeiten zwar, aber ich hatte mein Vergnügen daran, und sie fielen mir dann um den Hals. Das war für mich ein Gefühl wie Weihnachten.

Heute weiß ich natürlich, daß ich mich in erster Linie von meinem schlechten Gewissen[1] freikaufen wollte, weil ich so wenig Zeit für die Kinder hatte. Ich hätte Geld Geld sein lassen[2] sollen. Ich hätte mich um die Kinder kümmern sollen, statt arbeiten zu gehen. Ich begreife heute selber nicht mehr, warum ich die Kinder allein gelassen habe. Als ob man das mit schönen Sachen wieder gutmachen könnte. Ich hätte lieber von der Fürsorge[3] leben sollen, solange mich die Kinder brauchten. Doch Fürsorge war für mich

das Letzte. Schon im Elternhaus war mir eingebleut[4] worden, daß man dem Staat nicht zur Last fällt. Aber ich habe vor lauter Anstrengungen für ein hübsches Zuhause völlig aus dem Kopf verloren, worauf es eigentlich ankommt. Ich mache mir immer denselben Vorwurf: Ich habe die Kinder viel zu häufig sich selbst überlassen. Christiane hätte sicherlich mehr Führung gebrauchen können, denn sie ist nun mal labiler[5] und empfindlicher als ihre Schwester. Damals habe ich nicht im entferntesten daran gedacht, daß Christiane auf die schiefe Bahn geraten könnte.

Obwohl ich sah, wie es in unserer Nachbarschaft Schlägereien am laufenden Band[6] gab und maßlos viel Alkohol getrunken wurde, dachte ich, meine Kinder würden mich zum Vorbild nehmen, wenn ich ihnen ein gutes Beispiel wäre. Ich bildete mir ein, einen großen Einfluß auf sie zu haben.

Außer meiner Arbeit, dem Haushalt und den Kindern hatte ich aber auch Klaus, meinen Freund, für den ich da sein wollte. Aus dem Wunsch heraus erlaubte ich Christianes Schwester, zu ihrem Vater zu ziehen, der sie mit allen möglichen Versprechungen zu sich gelockt hatte.

Christiane war nun allein, wenn sie aus der Schule nach Hause kam. Also freute ich mich über ihre Freundschaft mit Kessi, denn die schien mir ganz vernünftig. Ich hatte aber keinen Blick für das Schlechte; ich war beruhigt, daß Christiane zu einem fröhlichen Teenager entwickelte. Seit sie Kessi zur Freundin hatte, lachte sie auch wieder öfter, manchmal so, daß ich mitlachen mußte. Woher sollte ich auch wissen, daß ihre Lachanfälle von Haschisch oder irgendwelchen Rauschgifttabletten ausgelöst wurden?'

aus: *Wir Kinder vom Bahnhof Zoo*, Gruner und Jahr

ERLÄUTERUNGEN

1 *bad conscience*
2 *to not make so much of money*
  (*Laß Geld Geld sein = Don't make money so important*)
3 *finanzielle Hilfe vom Staat*
4 *to drum into someone*
5 *Gegenteil von ,stabil'*
6 *ständig*

A Satzbau

1 Im Text bereut Christianes Mutter, was sie nicht gemacht hat:

Ich hätte	mich um die Kinder kümmern Geld Geld sein lassen lieber von der Fürsorge leben	sollen

Welche waren aber die Fehler, die sie gemacht hat?
Erkläre, was sie nicht hätte machen sollen, so wie in diesem Beispiel:

Sie hätte nicht arbeiten gehen sollen

Schreibe 6 weitere solche Sätze!

2 Sie wirft sich auch vor, falsch oder nicht genug gedacht zu haben:

Ich	habe	nicht im entferntesten daran gedacht, völlig aus dem Kopf verloren,	was …
		hatte keinen Blick dafür, bildete mir ein,	daß … … zu …
		begreife heute selber nicht mehr, warum …	

Erfinde weitere Aussagen, die Christianes Mutter hätte machen können, die mit diesen Redewendungen anfangen!

B Gut verstanden? Fragen zum Text

Beantworte in eigenen Worten und mit so vielen Informationen wie möglich diese Fragen! Beantworte sie womöglich auch mit den Redewendungen, die du gerade bearbeitet hast!

1 Warum vernachlässigte die Mutter ihre Kinder?
2 „Ich begreife heute selber nicht mehr,…": Warum begriff sie früher nicht, daß sie die Kinder nicht allein lassen sollte?
3 Warum ging die Mutter eigentlich arbeiten?
4 Welche grundsätzlichen Fehler machte die Mutter in ihren Gedanken über die Situation?
5 „Ich hatte keinen Blick für das Schlechte": Warum nicht?

C Lückentext

In unserer ………… gab es viele Familien, in denen die Eltern sich nicht genug um die Kinder …………. Bei dieser Familie waren die Eltern …………, und die Kinder (vielleicht waren es vier!) wohnten nur mit der Mutter; bei jener Familie war der Vater krank, so daß sie von der ………… leben mußte; oder man verdiente einfach nicht genug: Bei den meisten Familien also war es in erster ………… ein finanzielles Problem.

In anderen Familien aber hatte man bloß keine Zeit für die Kinder, die dann allzu ………… allein gelassen …………. Es war, als ob die Eltern völlig aus dem Kopf ………… hätten, daß es wichtig ist, für die Kinder da zu sein. Solche Eltern hatten aber keinen ………… dafür.

Es gab also in der Umgebung am ………… Band Probleme mit Kindern und Jugendlichen. Viele von ihnen waren auf die falsche ………… geraten: Die einen tranken ………… viel Alkohol, weil sie sahen, daß ihre Eltern das auch machten, und das dann zum ………… nahmen; andere gingen in die Stadt, wo sie von Dealern ………… kauften.

D Hör mal zu 😎

Rausch und Elend einer Drogensüchtigen
(Vokabeln und Fragen auf Seite 224)
Christiane schildert Schwerpunkte der Geschichte ihrer Heroinsucht. Wenn du die Aufnahme gehört hast, beantworte die Fragen dazu!

Die Geschichte
vom fernsehverrückten Frank

Schon als Wickelkind war Frank
unbeschreiblich fernsehkrank.
Nach dem Frühstück um halb zehn
schrie er: „Ich will Fernsehn sehn!"
Und noch mitternächtlich spät
hockte Frank vorm Bildgerät.

Frank saß wie von einer Fessel
festgeschnürt auf einem Sessel,
wollte nicht zum Spielplatz springen
und nicht basteln und nicht singen,
wollte nicht spazierengehn,
wollte nichts als Fernsehn sehn.

Niemand, nicht mal Doktor Sieber,
heilte Frank vom Fernsehfieber.
Pillen kriegte Frank und Spritzen,
doch er blieb vorm Bildschirm sitzen,
war zu träge, aufzustehn,
schrie nur: „Ich will Fernsehn sehn!"

Augen groß wie Birnenstiele,
starrte Frank der Jahre viele
auf das Fernsehfunkgeflimmer,
doch dann schlich er aus dem Zimmer,
seufzte: „Ich will schlafen gehn,
möchte nicht mehr Fernsehn sehn!"

Und vom Sitzen steif und schief,
ging der Frank zu Bett und schlief,
als der Fernsehapparat
-hops! – ins Kinderzimmer trat
und befahl in barschem Ton:
„Aufstehn, Frank! Hier bin ich schon!"

Müde nach des Tages Last,
glotzte Frank auf seinen Gast.
Die verflixte Fernsehröhre
sprach: „Verzeihung, wenn ich störe!
Aber einen Freund wie dich
laß ich nimmermehr im Stich!"

Und sie hat den Frank zur Nacht
völlig um den Schlaf gebracht,
hängte sich wie eine Klette
fest und rücksichtslos ans Bette,
wenn der Frank auch noch so schrie:
„Fernsehn will ich nie mehr, nie!"

Ganz vergeblich flennte Frank,
war nun doppelt fernsehkrank.
Niemand konnte ihn vom bösen
Fernsehapparat erlösen.
Jedem kann es so ergehn,
der nicht aufhört fernzusehn.

E Wovon handelt der Text?

1 Was ist mit dem Frank los? (Erkläre das auf möglichst viele verschiedene Weisen!)
2 Wie ernst ist sein Problem?
3 Welche Wirkung hat nachts seine ‚Krankheit' auf ihn?
4 Was hätte er machen sollen?

F Kommentare

Warum ist es dazu gekommen? Wie wäre es besser gewesen?

Mutter Frank Der Arzt	hätte	ihn nicht so lange fernsehen lassen früher ins Bett gehen den Fernseher wegnehmen	sollen,	statt	so lange vorm Bildschirm zu hocken ihm Pillen zu geben

Bau passende Sätze auf und erfinde dann weitere solche Sätze zum
Inhalt des Gedichts!

G Vokabelbau

*befreien; beherrschen; benachteiligen; bestrafen; beruhigen;
beunruhigen.*

Welches Wort paßt wohin? (Nicht immer in der Infinitivform!)

Mutter möchte Frank von seinem ewigen Fernsehen .... Frank
kann sich aber nicht .... ; er muß immer wieder fernsehen. Es
.... seine Mutter, daß Frank nichts macht als fernzusehen. Sie
kann sich nicht ...., weil Frank ihr solche Sorgen macht. Es wäre
nicht das Richtige, Frank zu ...., weil sein Fernsehen eine Krankheit ist. Gegenüber anderen Kindern ist Frank jetzt schon sehr
.............: Der arme Junge steht ganz ohne Freunde und Interessen da!

**H Gesprächsthemen/Fragen zum
Text**

1 Wie ist Franks Problem?
2 Was hätte er jeden Tag alles gemacht, wäre er nicht
„fernsehverrückt"?
3 Kam ihm der „Glotzkasten" tatsächlich ins Zimmer?
4 Was für ein Freund ist der Fernseher?
5 „Und sie (die Fernsehröhre) hat den Frank zur Nacht völlig um den
Schlaf gebracht." Wen brachte sie wohl auch um den Schlaf?
Warum? Bringt der Fernseher die Familie nur um den Schlaf?
6 Welche Wirkungen werden am folgenden Tag seine nächtlichen
Erlebnisse mit dem Fernseher auf Frank haben?
7 Auf welche Weise(n) ist man vor „Fernsehkrankheit" sicher?

I Ein Brief an Tante Erne

Tante Erne arbeitet bei einer Zeitschrift; sie antwortet auf Leserbriefe
über persönliche Probleme. Mutter sieht es nun als letzte Möglichkeit,
an die Zeitschrift zu schreiben, für die Tante Erne arbeitet.

1 In diesem Brief an Tante Erne bittest du sie um einen Rat: Was sollst
du als Franks Mutter tun, um die Situation zu ändern? Zu bedenken:
– Das Problem: Seit wann? Wie sind andere Kinder?
– Wie fühlst du dich dabei?
– Was passiert, wenn du versuchst, den Fernseher auszuschalten?
– Was hast du schon versucht, um Frank vom Fernseher
wegzubringen?
– Was wird aus dem Kind? Was für Probleme hat Frank?
– Wie ist das Kind tagsüber, nachts, und warum?
– Ist nur das Kind ‚fernsehkrank'? Wie sieht die Zukunft aus?
2 Schreib' eine Antwort auf Mutters Brief, als ob du Tante Erne
wärest, um eine eventuelle Lösung vorzuschlagen!

23. Kapitel Länger leben möchten alle

Länger leben möchten alle; darauf zielten medizinische Forschungen. In unserem Jahrhundert haben sich auch die durchschnittlichen Lebenserwartungen weit erhöht: Lagen sie um die Jahrhundertwende bei 42, so können wir heute damit rechnen, daß ein großer Teil der bundesdeutschen Bevölkerung über 75 wird.

Ob wir aber gesunder lebten, das fragten sich in den fetten 70er Jahren[1] nach und nach viele. Wenn es den meisten Deutschen materiell gut ging und jeder mehr als genug zu essen hatte: Viele merkten, wo sich das Fett angesetzt hatte. Übergewicht wurde plötzlich zur neuen Krankheit: Und diese Krankheit war für die 70er Jahre typisch, weil sie eine solche war, gegen die keine Pillen halfen.

In diesen Jahren kamen nämlich mehrere solche „Krankheiten" zum Vorschein, etwa der Streß, der durch die Hektik des modernen Lebens oft verursacht wird, und Herzbeschwerden infolge einer schlechten Diät oder wegen der Bewegungslosigkeit des motorisierten Zeitalters.

Daß man also mehr für die Gesundheit machen sollte, dazu war es schon höchste Zeit! Aber was tun, um die Pfunde wieder loszuwerden, die man zugenommen hatte, was tun, um länger kerngesund zu leben?

Bewegung, fettarme Diät, gesundes natürliches Essen, so hießen die Wege zur Erhaltung der Gesundheit. Wer fortschrittlich dachte, der hatte längst für die Gesundheit gesorgt: Den Körper durfte man nicht überanstrengen, aber wer regelmäßige Bewegung hatte und gesund aß, der blieb körperlich auf dem richtigen Weg. Und gerade dieser körperliche Ausgleich trug dazu bei, daß man nicht zu gestreßt wurde.

Fit sein: Das wurde das Ziel von Tausenden, die sich trimmen wollten. Der Trimm-Dich-Pfad[2] erschien im Wald am Stadtrand. Joggen folgte bald: „Körperbewußte" standen am Morgen noch früher auf, um vor der Arbeit in Bewegung zu kommen; andere machten das lieber am Abend, vor einer guten Nachtruhe.

Es blieben aber Widersprüche: Nicht wenige fragten sich, ob bei so einem hektischen Tageslauf man eigentlich gesund bleiben würde; andere fragten sich wiederum nicht, wieviele Kalorien man wieder mit dem Alkohol zu sich nahm, der abends nach dem Sport bei schönem Beisammensein verzehrt wurde. *STERN*, Gruner und Jahr

ERLÄUTERUNGEN

1 *years of plenty*
2 *exercise course*

A Wovon handelt der Text?

1 Welche „Zivilisationskrankheiten" erschienen
   sehr oft in den siebziger Jahren?
2 Wie sorgt man am besten für die Gesundheit?
3 Welche neuen „Fitness"-Moden erschienen in
   den siebziger Jahren?

B Wortschatz

1 Welche im Text stehenden Wörter haben die
   gleiche Bedeutung wie diese?
   a) Arbeiten, die man macht, um etwas Neues zu
      entdecken (1)
   b) die Zeit um 1900 (1)
   c) wenn man zu viel wiegt (2)
   d) so wie zum Beispiel (3)
   e) schwerer bzw. dicker geworden (4)
   f) was man braucht, um den Körper aktiv zu
      erhalten (5)
   g) (vom Körper) zu viel verlangen bzw.
      erwarten (5)
   h) half (5)
   i) andererseits (7)
   j) getrunken (7)
2 Welche Ausdrücke im Text haben die gleiche
   Bedeutung wie diese?
   a) erschienen (3)
   b) weil man schlecht ißt (3)
   c) weil man zu oft mit dem Wagen fuhr, statt
      öfters zu Fuß zu gehen (3)
   d) wie man gesund bleibt (5)
   e) etwas gemacht, daß man gesund bleibt (5)
   f) gemütlich und mit Freunden (7)

C Vokabelbau

Körperbewußte: Leute, die oft bzw. viel an das
                   Wohl ihres Körpers denken
Wie könnte man mit einem Wort auf
‚——bewußte' die Leute beschreiben, die:
   a) viel an ihre Gesundheit denken?
   b) viel daran denken, was sie essen sollten?
   c) viel daran denken, was sie wiegen?
   d) dafür sorgen, eine gute Nachtruhe zu haben,
      weil sie wissen, wie wichtig das ist?
   e) wissen, wie wichtig es ist, nicht den ganzen
      Tag nur sitzen zu bleiben, sondern aktiv zu
      sein, wenn auch nur kurz?

ansetzen. ~ to put on. (fat)

D Grammatik- und Stilübung

**so können wir heute *damit* rechnen, *daß* ein großer
Teil . . . über 75 wird (1)**
**Diese körperliche Ausgleich trug *dazu* bei, *daß* man
nicht zu gestreßt wurde (5)**
(rechnen *mit* etwas/beitragen *zu* etwas)
Bau folgende Sätze auf ähnliche Weise um:
z.B. Medizinische Forschungen zielten auf etwas:
      Wir leben länger.
      →Medizinische Forschungen zielten darauf,
        daß wir länger leben.
   a) Bewegungslosigkeit führte zu etwas: Viele
      wurden übergewichtig.
   b) Viele Leute litten an etwas: Das Leben war
      sehr hektisch.
   c) Eine schlechte Diät trägt zu etwas bei: Man
      bleibt nicht gesund.
   d) Der Bau des Trimm-Dich-Pfads zielte auf
      etwas: Weniger Leute würden an ‚Zivilisations-
      krankheiten' leiden.
   e) Wir können mit etwas rechnen: Ein
      Ausgleichssport bleibt für viele Leute wichtig.

E Gut verstanden? Fragen zum Text

1 Unsere Lebenserwartungen sind weitaus länger
   als die unserer Vorfahren; trotzdem sind wir
   gesundheitlich gefährdet: Warum?
2 Moderne „Krankheiten": Wie unterscheiden sie
   sich von anderen Krankheiten? Warum gibt es
   sie? Wie sind sie zu vermeiden?
3 „Den Körper durfte man nicht
   überanstrengen": Wie verstanden das wohl
   Gesundheitsbewußte? Wie verstanden es weniger
   aktive Leute, und was wurde vielleicht aus
   ihnen?
4 Wie sorgt man für die Gesundheit?

The above theme: next wk

Radeln als Ausgleichssport: Alternative zum Jogging

auf etwas bedenken sein – to be concerned about sth

Die Krankenkassen[1] sind darauf bedacht, ihren Mitgliedern guten Rat zur Erhaltung ihrer Gesundheit zu geben. Vorbeugen ist besser als heilen! Kann Radfahren dazu beitragen? Dr. med. Peter Konopka, Sportarzt des Bundes Deutscher Radfahrer, begründete in einem AOK[2]-Gespräch die gesundheitlichen Auswirkungen regelmäßigen Radelns.

Prinzipiell ist Radfahren – so Dr. Konopka – ein Ausdauersport mit allen Vorteilen, die eine solche Sportart mit sich bringt. Es fördert die Funktion von Herz und Kreislauf, des Stoffwechsels[3] und die Abstimmung der Organe aufeinander. Radfahren ist eine echte Alternative zum Jogging, wenn man nicht laufen kann, weil man bestimmte Beschwerden hat, wenn zum Beispiel die Gelenke nicht mehr recht mitmachen. Man kann mit Radfahren gegen Zivilisationskrankheiten wie Arteriosklerose, Durchblutungsstörungen, hohen Blutdruck, Zuckerkrankheit und Stoffwechselkrankheiten vorbeugen. Es ist außerdem gut zur allgemeinen Abhärtung. Man wird weniger infektionsanfällig und wetterfühlig.

Radfahren sollte jeder, der einen Ausgleichssport braucht, d.h. wer beruflich überwiegend geistig tätig und nervlich beansprucht ist. Für Übergewichtige bietet Radfahren den Vorteil, daß das Körpergewicht vom Sattel getragen wird. Radfahren belastet auch die Gelenke weniger, so daß Menschen mit Arthrosen, also Gelenkabnutzungen, ebenfalls Sport treiben können und nicht auf Bewegung verzichten müssen. Verletzte Sportler können übrigens eher wieder radfahren als laufen und so einen Trainingsmangel vermeiden. Radfahren eignet sich für Patienten nach einem Herzinfarkt sowie allgemein für Herz-Kreislauf-Geschädigte und Menschen mit hohem Blutdruck.

Im übrigen kann man diesen Sport eigentlich nur jedem empfehlen, der gesund und jung bleiben will. Abnehmen, gesund bleiben, jung bleiben, Geld sparen. Das müßte doch eigentlich genug Anreiz sein.

Wer das Radeln als Ausgleichssport betreiben will, sollte am besten täglich trainieren. Ist das nicht möglich, reichen auch ein- bis zweimal die Woche, und zwar eine halbe bis eine ganze Stunde. Es ist darauf zu achten, daß man möglichst locker in die Pedale tritt, ohne großen Kraftaufwand. Die Geschwindigkeit sollte sich so einpendeln, daß man sich noch unterhalten kann. Das dürfte so bei 15 bis 20 km/h sein – je nach Trainingsstand. Vor allem sollte man ohne Zeitdruck fahren und entspannt bleiben, besonders bei hohem Blutdruck. Am Wochenende kann man sein Training gut mit der Pflege des Familienlebens verbinden, indem man gemeinsame Radtouren unternimmt, die man vielleicht mit einem Picknick verbindet.

wetterfühlig – sensitive to changes in the weather.
infektionsanfällig – prone to infection

ERLÄUTERUNGEN

1 *medical insurance companies*
  (all private in West Germany)
2 *one of the main* Krankenkassen
3 *metabolism*   Health Insurance

F Wovon handelt der Text?

Sind folgende Behauptungen zum Textinhalt falsch oder richtig?
1 Der Text geht um die Gefahren des Radelns.
2 Radfahren hilft, gesund zu bleiben.
3 Radeln ist nicht gut für Menschen, die nicht laufen können.
4 Radfahren ist für Herzkranke nicht geeignet.
5 Um vom Radfahren zu profitieren, muß man schnell fahren.

G Wortschatz

1 Welche im Text stehenden Ausdrücke haben die gleiche Bedeutung wie diese?
   a) Es ist besser, von vornherein nicht krank zu werden
   b) ... trägt dazu bei, daß ... besser funktioniert
   c) so, daß man meist mit dem Kopf arbeitet
   d) ohne alle fünf Minuten auf die Uhr blicken zu müssen
2 Was bedeuten folgende im Text stehende Wörter? Welche von den angegebenen Möglichkeiten ist richtig?
   a) Beschwerden (2) – Klagen
      – medizinische Probleme
      – Probleme mit Übergewicht
   b) wetterfühlig (2) – daß man es merkt, wenn es regnet
      – daß die Gefühle vom Wetter abhängig sind
      – daß der Körper leicht auf das Wetter reagiert
   c) belastet (3) – ist zu schwer für ...
      – bringt das Ende näher
      – macht ... Sorgen
   d) Anreiz (4) – Ärger
      – Charme
      – Motivierung

H Grammatik- und Stilübungen

1 **gut *zur* allgemeinen Abhärtung** (2)
   Man hat gefragt: „Wozu ist Radeln gut?"
   Schreib folgende Sätze auf ähnliche Weise:
   z.B. Radfahren hilft, die Gesundheit zu erhalten.
      →Radfahren ist gut zur Erhaltung der Gesundheit.
   a) Radeln hilft, die Infektionsanfälligkeit zu reduzieren.
   b) Radeln hilft, Herzkranke zu revitalisieren.
   c) Radeln hilft, gegen Krankheiten vorzubeugen.
   d) Radeln hilft, verletzte Beinmuskeln wieder einzuüben.
   e) Radeln hilft, den Körper zu durchbluten.

2 **die Auswirkungen regelmäßige*n* Radeln*s*** (6)
   Fasse folgende Ausdrücke auf ähnliche Weise:
   z.B. die Auswirkungen davon, daß man an hohem Blutdruck leidet
      →die Auswirkungen (zu) hohen Blutdrucks
   a) der Vorteil davon, daß man regelmäßig trainiert
   b) die Auswirkungen davon, daß der Kreislauf schwach ist
   c) die Kosten davon, daß man rechtzeitig vorbeugt
   d) der Vorteil davon, daß man locker in die Pedale tritt

I Nicht nur montags

Sport bis zur Geburt
(Vokabeln auf Seite 224)
Frauen sollten sich auch während der Schwangerschaft fit halten. Wenn du die Tonbandaufnahme „Sport bis zur Geburt" gehört hast, kannst du zusammenfassen, was die Frauenärztin über Bewegung für werdende Mütter sagt.

J Arbeiten zu zweit

Schreibt ein kurzes Interview mit jemandem, der zur Erhaltung der Gesundheit angefangen hat zu radeln! Vergleicht dabei den jetzigen mit dem früheren Gesundheitsstand.
Zu bedenken:
– Gründe zur Aufnahme des Radelns;
– früherer Gesundheitsstand;
– seit wann er so war; Beschwerden;
– wer den Rat gegeben hat oder wie man sonst auf Radeln kam;
– Probleme am Anfang; wie man es jetzt findet;
– Vorteile, Spaß (?); Bewegung;
– jetziger Gesundheitsstand; Lebenserwartungen.
Evtl. zu interviewen:
– eine 50jährige Dame
– ein ehemaliger Bürochef, 65 Jahre, 92 kg.
– eine arbeitslos gewordene Lehrerin
– ein Vater von 4 Kindern, der seit 5 Jahren als Hausmann tätig ist

Behinderte: Vor dem Klo

Eine körperbehinderte Studentin wird bei ihren Bahnfahrten wie Stückgut behandelt:

Als Christa Fürst, 26, auf den Rollstuhl angewiesene Bahnreisende, den Intercity-Zug in Mannheim verlassen wollte, half ihr niemand beim Aussteigen. Die lauten Rufe der Jurastudentin aus Mainz („Holt mich doch raus hier!") gingen im Bahnhofslärm unter. Automatisch schlossen die Zugtüren, und die Behinderte mußte unfreiwillig weiterfahren – bis nach Karlsruhe: Eine von vielen Mißhelligkeiten, denen sich Christa Fürst auf ihren Intercity-Fahrten von Mainz nach Mannheim und zurück ausgesetzt sieht. Seit sich die behinderte Studentin dreimal wöchentlich ohne Begleitperson der Deutschen Bundesbahn anvertrauen muß, erlebt sie Dinge, die sie sich „einfach nicht vorstellen" konnte und die sie oft „unheimlich zornig" machen.

So mußte die Behinderte bisher während der Bahnfahrten mit ihrem Rollstuhl in den engen und ungeheizten Vorräumen der Zweiter-Klasse-Wagen stehen, und zwar, sagt Christa Fürst, „genau vor dem Klo". Dieser Ort wurde der Studentin statt eines Sitzplatzes zugewiesen, weil die Gang- und Abteiltüren der zweiten Klasse für ihren Rollstuhl zu schmal sind. Die Abteile der ausreichend breit gebauten ersten Klasse bleiben der angehenden Juristin, die nur ein Zweiter-Klasse-Ticket besitzt, von Amts wegen versperrt.

Was aber hat die Bahn dagegen, wenn Behinderte wie Stückgut transportiert werden? So wurde eine 28jährige Diplompsychologin aus Stuttgart bei ihren Fahrten von Frankfurt nach Marburg regelmäßig in den Gepäckwagen verfrachtet. Und Johanna Dewald aus Mainz, die bei einer Bahnreise ebenfalls mit ihrem Rollstuhl zwischen Koffern und Paketen landete, erinnert sich an „Angstzustände, weil ich mich nirgends festhalten konnte".

„Die breiten elektrischen Rollstühle, die durch keine Türen passen", sind für solche Mißstände verantwortlich – das sagen viele. Der eisenbahngerechte Rollstuhl wird jedoch seit längerer Zeit erprobt. Für die über 300.000 Rollstuhlfahrer in der Bundesrepublik standen 1980 allerdings nur zehn Stück zur Verfügung.

Christa Fürst verlangte vergebens nach einem dieser seltenen Exemplare. Dafür wurde ihr jetzt genehmigt, sich wenigstens in den geheizten Vorräumen der Erster-Klasse-Wagen aufzuhalten.

Auf das Bahnhofspersonal angewiesen ist die behinderte Reisende ohnehin. Bahnpolizisten müssen sie und ihren Rollstuhl in den Intercity hieven und am Zielbahnhof wieder heraustragen. Klappt einmal die Verständigung zwischen den Bahnhöfen nicht, wird ihre Ankunft nicht telefonisch signalisiert, muß die Rollstuhlfahrerin Mitreisende finden, die sie aus dem Zug transportieren; wenn gerade niemand in der Nähe ist, hat sie Pech gehabt!

Viele andere Körperbehinderte, vermutet die Studentin, setzen sich „aus Angst vor solchen Schwierigkeiten" den Strapazen einer Bahnreise überhaupt nicht aus: „Die bleiben lieber gleich zu Hause."

K Vokabeln

Der Text geht um Probleme, die Rollstuhlfahrer bei Bahnfahrten erleben. Suche im Text weitere Wörter für ‚Probleme'!

L Vokabel- und Grammatikübung

eine Bahnreisende (1)
viele Körperbehinderte (7)
Fasse kursiv Gedrucktes mit einem solchen Wort (Vorsicht mit Endungen!)
z.B. Ein *Mann, der nicht laufen konnte*, saß im Rollstuhl da.
→ Ein Körperbehinderter saß im Rollstuhl da.

a) In unserer Nachbarschaft sehen wir oft *Leute, die nicht laufen können*.
b) Eine *Frau, die mit der Bahn fährt*, hat oft solche Probleme.
c) Die *Menschen, die mit dem Zug fuhren*, waren alle *Menschen, die kaum etwas sahen*.
d) Viele *Leute, die nicht laufen können*, bleiben lieber zu Hause.
e) Das Bahnfahren schafft den *Menschen, die nicht laufen können*, große Probleme.

M Grammatik- und Stilübung

Klappt die Verständigung nicht (6)
(= Wenn sie nicht klappt)
Wird ihre Ankunft nicht signalisiert (6)
(= Wenn sie nicht signalisiert wird)
Fasse folgende Sätze, ohne ‚wenn' zu benutzen:
z.B. Wenn Christa mit der Bahn fährt, ist sie auf andere angewiesen.
→ Fährt sie mit der Bahn, ...

a) Wenn ihr niemand hilft, kann Christa nicht einsteigen.
b) Wenn die Türen automatisch schließen, bevor ihr jemand hilft, muß sie unfreiwillig weiterfahren.
c) Wenn Rollstuhlfahrer mit der Bahn fahren wollen, müssen sie sich immer solchen Strapazen aussetzen.

Ergänze diese Sätze auf ähnliche Weise:
z.B. ..., ist sie auf andere angewiesen.
→ Fährt Christa mit der Bahn, ist sie auf andere angewiesen.

a) ..., kann die Rollstuhlfahrerin den Zug weder besteigen noch verlassen.
b) ..., muß der Rollstuhlfahrer andere Menschen um Hilfe bitten.
c) ..., könnten mehr Körperbehinderte in ein Abteil hineinkommen.

N Gut verstanden? Fragen zum Text

1 Worauf waren Christa Fürsts Schwierigkeiten zurückzuführen?
2 Warum war sie manchmal „unheimlich zornig"?
3 Aus welchen verschiedenen Gründen mußte sie vor dem Klo sitzen?
4 Wie reagiert so manche Rollstuhlfahrerin, die im Gepäckwagen sitzen muß?
5 Wie könnte man die Situation bessern bzw. das Problem lösen?
6 Was unterscheidet Behinderte von Nichtbehinderten, was Bahnfahren betrifft?
7 Warum setzen sich viele Körperbehinderte solchen Strapazen aus? (Bedenke, was sie wünschen, ob es immer möglich ist, und warum!)

O Lückentext

Heike Martins kleines Problem
Füll' die Lucken dem Sinn nach aus, um alles über Heikes Problem herauszufinden! Fehlende Wörter stammen aus dem Text „Vor dem Klo".

Heike ist auf einen Rollstuhl .... Für sie ist das am schwersten, weil sie als häufige .... immer wieder Züge besteigen bzw. .... muß. Hier sieht sie sich vielen .... ausgesetzt, weil sie das nicht allein schafft. Anders gesagt: Sie ist .... andere angewiesen, und wenn .... gerade niemand zu Hilfe kommt, so muß sie .... weiterfahren, obwohl sie aussteigen wollte.

Frau Martin ärgert sich darüber, wie sie dann im Zug .... wird. Wie auch viele andere .... ist sie oft gezwungen, im Gepäckwagen zu fahren, weil ihr Rollstuhl nicht durch die normalen Zugtüren ....

‚Manchmal fühle ich mich wie ...., daß ich zwischen Koffern und Paketen sitzen muß', sagte sie. ‚Ich mache die breiten Rollstühle dafür .... Ich .... seit langem nach einem schmalen Rollstuhl, aber bisher hat's nicht geklappt. Deswegen kann ich höchstens im .... eines Zweiter-Klasse-Wagens sitzen!'

P Aus eigener Erfahrung

Stell' dir vor, Heike Martin zu sein (oder ein Bahnreisender bzw. eine Bahnreisende mit ähnlichen Problemen)! Schreib' einen Brief an die Bundesbahndirektion; beschwere dich über die amtliche Behandlung und die Strapazen, denen du dich ausgesetzt fühlst!

24.Kapitel Heim muß nicht sein

Da Schwerbehinderte nur selten Arbeit finden, sich nicht allein ernähren können und auf Hilfe Dritter angewiesen sind, bleibt – wenn keine Angehörigen da sind oder die Familie es nicht schafft – oft nur das ‚Heim'. „Aber viele Behinderte und alte Leute brauchen gar nicht in ein Heim", sagt Sozialarbeiter Claus Fussek, „sie brauchen jemand, der sie gelegentlich oder dauernd betreut. Das versuchen wir zu arrangieren". Wir: die VIF – die Vereinigung Integrations-Förderung, ein privater Verein, der in München für Behinderte und Pflegebedürftige einen ambulanten Hilfsdienst organisiert.

Andreas, Ralf, Klaus und Hans sind Schwerstbehinderte. Drei sind an den Rollstuhl gefesselt, auf ständige Betreuung angewiesen. Seit drei Jahren leben sie als Wohngemeinschaft in einem ebenerdigen Einfamilienhaus in Ottobrunn, einem Vorort von München. Sie werden im Schichtdienst rund um die Uhr von mehreren Zivildienstleistenden betreut, die die VIF vermittelt hat.

„Früher im Heim, das war wie in einem Getto", sagt Andreas, „da ist man vollkommen isoliert." „Als Erwachsener mußte man abends um sieben Uhr ins Bett", sagt Ralf, „da wird man richtiggehend entmündigt." Und nichts kann man selber entscheiden", sagt Klaus, „alles bestimmt die Verwaltung, man ist für nichts verantwortlich."

Nun hat jeder sein eigenes Zimmer, in das er sich zurückziehen, in dem er lesen, basteln kann. Ihr Leben organisieren sie gemeinsam. Natürlich erfordert das Kompromisse: „Wenn einer abends ins Kino will und ein anderer baden will, muß der eine von beiden einen Tag warten", sagt Klaus.

Die Nachbarn haben die vier Behinderten akzeptiert. Wenn der Arzt zum wöchentlichen Besuch kommt, bleibt er meist zu einer Flasche Bier noch eine Weile bei ihnen sitzen. Ein Junge aus der Nachbarschaft, der an einer Stereoanlage bastelt, erscheint häufig bei ihnen, weil Ralf eine Menge davon versteht. Und wenn bei schönem Wetter einer von ihnen im Rollstuhl vor der Haustür sitzt, bleiben Nachbarinnen bei ihnen stehen, weil man mit ihnen in Ruhe reden kann.

Jeder hat sein eigenes Bankkonto. Davon werden die Miete, das Haushaltsgeld und andere anfallenden Ausgaben anteilig bezahlt. Ganz anders als im Heim, wo sie früher „wie ein kleines Kind nur dein Taschengeld" bekommen haben. Der Steuerzahler muß für ihr Leben in der Wohngemeinschaft auch wesentlich weniger bezahlen als für die Unterbringung im Heim. „Ein Heimplatz für einen Schwerbehinderten kostet monatlich 4500 Mark", sagt Andreas, „hier kostet jeder von uns einschließlich Miete nur 2800 Mark im Monat." Den Küchenzettel machen sie auch gemeinsam. Einmal in der Woche fährt einer der vier mit einem Zivildienstler zum Einkaufen. Dabei wird sorgfältig auf Sonderangebote geachtet.

Die Arbeit der Zivildienstler ist nicht einfach: Drei Schwerstbehinderte, die im Rollstuhl sitzen, anziehen, ausziehen, waschen, ihnen auf die Toilette helfen, für sie kochen, abwaschen – einer der drei, der die Hände nicht richtig bewegen kann, muß gefüttert, ihm muß Tasse oder Glas an den Mund gehalten werden, damit er trinken kann. „Trotzdem", sagt der Zivildienstler Gert, „würden wir nicht tauschen wollen." Ein Freund von ihm arbeitet nämlich in einem Heim, den hat er dort einmal besucht. „Die Insassen waren so apathisch, die lebten gar nicht richtig. Jetzt weiß ich, wie wichtig es für unsere vier ist, daß sie draußen sind."

Schwerbehinderten ein menschenwürdiges Leben zu ermöglichen, hat sich die Vereinigung Integrations-Förderung zur Hauptaufgabe gemacht. Der Vorstandsvorsitzende der VIF, Dr. August Rüggeberg, als Blinder selbst schwerbehindert, versteht schon etwas davon . . .

STERN, Gruner und Jahr 1982

A Sprachanalyse

1 Suche an Hand des Textes „Heim muß nicht sein":
   a) Adjektive, die als Hauptwörter gelten:
      z.B. *Schwerbehinderte* (Vorwort)
      Teile die Liste je nach Kasus ein!
   b) Passivformen der Verben:
      z.B. Sie *werden* von mehreren
      Zivildienstleistenden *betreut* (1)
   c) Verben bzw. Adjektive, die im
      Zusammenhang mit einer Präposition stehen:
      z.B. *auf* (ständige Betreuung) *angewiesen* (1)
      Merke den Kasus, dessen die Präposition
      bedarf!

2 Erfinde Sätze, die folgende aus dem Text
   stammende Ausdrücke enthalten!
   a) ... rund um die Uhr ... (1)
   b) ... ist man vollkommen isoliert (2)
   c) ... sich zurückziehen ... (3)
   d) ... waren so apathisch, daß ... (6)

B Vokabelanalyse

1 Suche an Hand des Textes:
   a) Adjektive bzw. Adverbien, die Zeitangaben
      sind:
      z.B. *gelegentlich* (Vorwort) (= von Zeit zu
      Zeit)
      Fasse jede Zeitangabe in eigenen Worten!
   b) Vokabeln, die mit Wohnplätzen für
      Behinderte zu tun haben
      z.B. *Behindertenheim* (1)

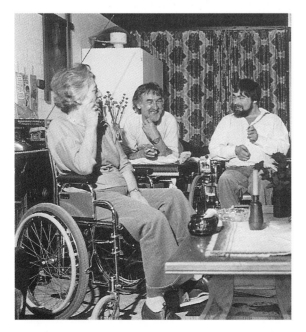

C Tonbandaufnahme

Gespräch mit einer Rollstuhlfahrerin
(Vokabeln und Fragen auf Seite 224)

D Übersetzung ins Deutsche

Du findest nützliche Vokabeln und Ausdrücke im
Text „Heim muß nicht sein" so wie auch im Text
der Tonbandaufnahme!

For disabled people normal everyday life causes a
lot of problems; many things which we do without
a thought severely disabled people cannot do
without the help of others, because they need
constant care. One of the biggest psychological
disadvantages that the disabled have is being
dependent on other things and other people. For a
blind or partially-sighted person, for example,
even crossing the street is tricky.

   For those in wheelchairs there are many
insurmountable obstacles. What is one supposed
to do to mount a curb, a train or the steps of a
building if one is stuck in a wheelchair? One of the
people that I know is so seriously disabled that he
cannot even move his hands properly and has to
be fed. Yet he does not live in a home but with
three other disabled people in a ground-level flat.
But this is only possible because they are looked
after round the clock.

   Fortunately society thinks more about the needs
of the disabled nowadays, and the number of
shops and public buildings with ramps as well as
steps is increasing. But many handicapped people
maintain that this should have happened long
ago. But at least much is being done to make life
easier for the handicapped. Day centres and
communities of disabled people are being built up,
and life is no longer so isolated for these people.

E Überblick

Wo sollten Behinderte leben?
Welche Vor- und Nachteile bestehen für Behinderte, die im Heim
bzw. selbständig leben? Bau deine Beobachtungen auf diesen
Grundlagen auf:

Leben Behinderte im Heim,	trägt das dazu bei, daß
Sind sie gezwungen, im Heim zu leben,	
Fühlt man sich sozial isoliert,	kommt es │ oft │ vor, daß
Schaffen sie es, selbständig zu leben,	│ meist │
Sind sie an den Rollstuhl gefesselt,	
Haben sie die nötige Betreuung.	kann es vorkommen, daß
Besteht die Möglichkeit, in einem	
Behindertenwohngemeinschaft zu leben,	
Hilft man Behinderten (nicht), ein	
normales Leben zu führen,	

... Angehörige und Familie sich erleichtert fühlen
... der Steuerzahler weniger zahlen muß
... Behinderte apathisch werden
... sie auf Betreuung angewiesen sind
... sie das eigene Leben (zum ersten Mal) organisieren können
... sie ins Heim gehen müssen
... sie wesentlich selbstbewußter werden

Wenn du Behinderte(r) wärest, was würdest du wollen? Warum?

F Diskussion

1 Bearbeitet zusammen oder in kleinen Gruppen die Ideen im Überblick über Behinderte, und wo sie am besten leben sollten!
2 *Zu zweit*
Diskutiert, ob in der Gesellschaft für Behinderte genug gemacht
wird!

Diskussionsführer	
Assessments and comparisons	Was sie in erster Linie brauchen, das ist ...
	Was sie insbesondere brauchen, ...
	Trotz ihrer Behinderungen sind sie im Grunde genommen ...
	Wenn man bedenkt, wie sie früher behandelt wurden, ...
	Im Vergleich mit den Ansichten, die man vor 30 Jahren noch traf, ...
	Im Verhältnis zu denen, die im Heim ...
Observations and reactions	Das stimmt zwar, aber hast du dich gefragt, was ...
	Du sprichst zwar von ..., aber du hast ... gar nicht bedacht
	Trotz allem, was du sagst, finde ich ...
	Das ist aber grundsätzlich eine Frage ...
Summing up and drawing conclusions	Im Endeffekt .../Letzten Endes ...
	Das spricht zwar dafür, daß ..., aber ...
	Entscheidend ist für mich, daß ...

3 *In der Gruppe*
Besprecht, welche Gruppen zu den sozial Schwächeren gehören, und
was gemacht wird, damit auch sie ihr Leben genießen können!

Bedenkt, wie ihre Behinderungen Behinderten das Leben erschweren und was sie brauchen, um ein ‚normales' Leben führen zu können! Besprecht, ob für die verschiedenen Behinderten genug gemacht wird!

G Aufsatzplan

Bereite mit Hilfe dieses Plans den Aufsatz vor, den du zum Thema schreiben willst. Nützliche Ideen, Ausdrücke und Wendungen findest du in den Texten über Behinderte.

Thema: **Eine menschliche Gesellschaft sorgt für ihre Schwächeren: Wird für sie genug gemacht?**

1 Einleitung:
Generelle Bemerkungen über die Gesellschaft:
– Menschlicher und gesundheitsbewußter geworden
– Minderheiten werden mehr beachtet als früher
– für Behinderte und sozial Schwächere viele Fortschritte.

2 Welche Gruppen gelten als Behinderte?
– Behinderungen nennen!
– Inwiefern ist für sie alles besser geworden?
– Werden alle Probleme dieser Menschen heute mehr beachtet?
– Vergleiche Einstellungen zu Behinderten von gestern und heute!
– Vergleiche, wie sie von anderen Menschen behandelt wurden und behandelt werden!
– Wie sind die Folgen des Behindertseins?
– Was muß für sie gemacht werden, daß sie ein quasi normales Leben führen können?

3 Solche Gruppen haben besondere Probleme, unter denen die meisten Menschen nicht leiden.
– Welche Probleme erleben Behinderte und sozial Schwächere im Alltag? Warum? Wird ihnen schon Hilfe geleistet?
– Inwiefern werden diese Probleme überwunden?
– Konkrete Beispiele davon, was für sie gemacht wird, was andere Menschen betrifft und was Situationen betrifft, in denen sich Behinderte finden.

4 Für Schwerbehinderte das größte Problem: Wo und unter welchen Umständen sollen sie leben?
– Können sie selbständig leben? Was brauchen sie dazu?
– Sind sie pflegebedürftig? Wer hilft?
– Heutige und frühere Möglichkeiten des selbständigen Lebens, statt im Heim bleiben zu müssen

5 Wird für diese Menschen wirklich alles gemacht, was zu machen wäre bzw. was sie brauchen, um möglichst normal zu leben?
– Konkrete Beispiele
– Wenn nicht, warum?
– Welche Besserungen wären noch zu machen? (Beispiele nennen!)
– Ist es akzeptabel, finanzielle Grenzen aufzuerlegen?

6 Schluß:
Äußere deine Meinung darüber, wie es Behinderten geht. (Vielleicht wäre das so zu machen, daß man sich vorstellt, behindert zu sein und was man selber dann wollen würde: Wäre es möglich?)

25.Kapitel Selbermachen + Co.

Wir hatten lange darauf gewartet, doch als endlich die Altbauwohnungen verfügbar wurden, geräumt von all dem Kram der früheren Mieter, fragten wir uns, worauf wir uns eigentlich eingelassen hätten ...

Vor zehn Jahren noch wäre das Haus aus Gründen der Unbewohnbarkeit einfach abgerissen worden, auf das leer gewordene Gründstück wäre ein Wohnblock errichtet worden. Doch die Zeiten haben sich geändert: Heute sehnt man sich in die alte Zeit zurück, da sich die Bauten eines Stils noch rühmten, der von der modernen Architektur kaum gepriesen[1] wird. In so einem formlosen stillosen Wohnblock in der Betonwüste am Stadtrand hatten wir lange schon verweilt, immer auf der Suche nach passenden Altbauwohnungen: die einst aus Mangel an Komfort gar nicht gefragt waren, die nunmehr aber renoviert, modernisiert und verschönert eben wesentlich begehrenswerter sind als die vielen charakterlosen Neubau-wohnungen. Denn heute saniert[2] man die Stadt so, daß Altbauwohnungen innen und außen renoviert bzw. restauriert werden. Nur: Die Mieten sind dementsprechend[3] hoch! So viel hätten wir unmöglich aufgebracht. Für uns kam also aus Kostengründen nur eine noch zu renovierende Wohnung in Frage.

Das endlich gefundene Haus – ein zweistöckiges in einer ruhigen Seitenstraße – bedurfte gründlicher Renovierung. War außen der Putz fad, verschmutzt und abgebröckelt, so schienen trotzdem die daran nötigen Reparaturen gering im Vergleich mit dem, was innen fällig war. Morsche Fußböden müßten stellenweise ausgewechselt werden, wollten wir uns nicht plötzlich einen Stock tiefer finden! Neue Licht- und Stromkabel sowie auch Wasserleitungen wären erst einzumontieren, bevor wir uns überhaupt an die Innendekoration wenden könnten. Das Haus hatte nämlich mehr als ein Jahr leer gestanden, seit die vorigen Bewohner, alte Leute, ins Heim gezogen waren.

Daß wir die Renovierungen weitmöglichst selber zu unternehmen vorhatten, brachte uns bald Kontakt zu anderen Bewohnern der Straße. Es entstand eine Art Nachbarschaftsgefühl, wie wir es in der Isolation des Wohnblocks nie erlebt hatten. Der Mann nebenan, zum Beispiel, war Monteur[4] und half uns abends oft. Als Gegenleistung konnten wir nur auf seine Kinder aufpassen, aber das nahm er gern in Empfang.

Von anderen bekamen wir oft Hilfe, wenn sie uns beim Auswechseln schiefer Fensterrahmen fanden oder beim Ausbessern des Mauerwerks.

Daß die Arbeiten so lange dauern würden, deprimierte uns am Anfang ab und zu – ob wir je ein einziges Zimmer beziehen würden, es sei denn die ganze Wohnung belegen? Mit so viel Staub zu leben, wäre ohne wochenlange Bademöglichkeit bei Nachbarn unausstehlich gewesen. Mit der Zeit aber lernten wir so viele nette Menschen kennen, hatten gemeinsam so viel Spaß, daß der langsame Renovierungsvorgang nicht nur nicht mehr störte sondern gar ein Vorteil zu sein schien.

ERLÄUTERUNGEN
1 *valued*
2 *clear (slums), clean up*
3 *accordingly, correspondingly*
4 *mechanic/electrician*

A Wovon handelt der Text?

1 Wie reagieren heute viele Leute auf Neubauwohnungen (im Gegensatz zu Altbauwohnungen)?

2 Was war mit dem Haus los, in das die Familie einzog?

3 Welcher Vorteil entstand der Situation?

B Sprachliche Arbeiten

1 Was bedeuten folgende im Text stehende Wörter? Welche von den angegebenen Möglichkeiten ist richtig?

  a) verfügbar (1)   – fertiggebaut
                       – zu haben
                       – repariert

  b) abgerissen (2)   – heruntergefallen
                       – demoliert
                       – gesperrt

  c) begehrenswerter (2)   – eher zu wünschen
                       – wertvoller
                       – teurer

  d) aufgebracht (2)   – gefordert
                       – gefunden
                       – gehalten

  e) fällig (3)   – gefallen
                       – brüchig
                       – nötig

  f) morsch (3)   – fällig
                       – brüchig
                       – gebrochen

  g) Nachbarschaftsgefühl (4) – Kontakt
                       – Hilfsbereitschaft unter Nachbarn
                       – Gefühl, daß man Nachbarn hat

  h) Gegenleistung (4)   – Belohnung
                       – Teilzahlung
                       – Gegendienst

  i) beziehen (5)   – räumen
                       – besitzen
                       – bewohnen

2 Welche im Text stehenden Ausdrücke haben die gleiche Bedeutung wie diese?

  a) ... was wir auf uns gebracht hätten (1)

  b) weil man darin nicht hätte leben können (2)

  c) brauchte in allen Details instandgesetzt zu werden (3)

  d) akzeptierte (4)

  e) von ... nichts zu sagen (5)

3 Fasse eine Liste der Vokabeln, die mit Wohnraum bzw. Besserung des Wohnraums zu tun haben!

C Grammatikübung

eine *noch zu* renovierende Wohnung (2)

Schreib folgende Sätze um!

z.B. Im Haus, das noch zu modernisieren ist, ist viel zu machen.

  →Im noch zu modernisierenden Haus ist viel zu machen.

a) Die Stadtteile, die noch nicht saniert sind, bringt man allmählich in Ordnung.

b) Die Miete, die man aufbringen müßte, hätten wir nicht leisten können.

c) Es gab viele Reparaturen, die wir vollführen müßten.

d) Es dauerte lange, bis das Haus, das man noch zu räumen brauchte, leer wurde.

D Gut verstanden? Fragen zum Text

1 Wie hat sich in den letzten Jahren die Einstellung vieler Deutscher zu Altbauwohnungen geändert?

2 Welche Mängel findet man an alten noch zu renovierenden Wohnungen oft vor?

3 Welche Vor- und Nachteile sind damit verbunden, ein Haus bzw. eine Wohnung in Selbsthilfe zu renovieren?

E Lückentext

Füll die Lücken in diesem Text aus! Fehlende Wörter stammen aus dem Text „Selbermachen + Co.".

Sie suchen also eine Altbauwohnung! Wenn Sie spazieren gehen, finden Sie viele Bauleute beim .... des Mauerwerks oder .... Auswechseln schiefer oder .... Fensterrahmen in den Altbauvierteln der Stadt. Sie könnten morgen so eine Wohnung ...., wenn Sie genug Geld für die Miete .... können. Aber Vorsicht! Solche Wohnungen sind heute ziemlich ...., und weil diese Nachfrage besteht, sind die .... hoch! Denn die Zeiten haben .... geändert: Nicht mehr werden ganze Reihen von Altbauten einfach ...., wenn diese so schäbig und .... aussehen; denn für viele Leute sind die Altbauten viel schöner als die neuen, wenn man sie .... und .... hat.

    Nicht genug Geld für so hohe Mieten? Kein Problem! Wenn Sie trotzdem keine Lust haben, in der .... am Stadtrand zu leben, suchen Sie eine noch zu .... Wohnung, die Sie selbst wieder in Ordnung .... können. Auf diese Weise sparen Sie die Unkosten und lernen vielleicht viele von den .... kennen.

25. Kapitel

In der Gropiusstadt

Gropiusstadt: Ein großes Neubaugebiet in Berlin mit hohen Wohnblöcken. Christiane zog mit ihren Eltern vom Lande in die Gropiusstadt. Dort gibt es „keine großen Parkanlagen, keine Wiesen, keine Wälder; einfach nichts, wo Kinder sich auf legale Weise austoben oder Erwachsene spazierengehen können."

Man lernte in Gropiusstadt einfach automatisch zu tun, was verboten war. Verboten war zum Beispiel, irgend etwas zu spielen, was Spaß machte. Es war überhaupt eigentlich alles verboten. An jeder Ecke steht ein Schild in Gropiusstadt: Die sogenannten Parkanlagen zwischen den Hochhäusern, das sind Schilderparks. Die meisten Schilder verbieten natürlich Kindern irgend etwas.

Ich habe die Sprüche auf den Schildern später mal für mein Tagebuch abgeschrieben. Das erste Schild stand schon an unserer Eingangstür. Im Treppenhaus und in der Umgebung unseres Hochhauses durften Kinder eigentlich nur auf Zehenspitzen 'rumschleichen. Spielen, Toben, Rollschuh- oder Fahrradfahren – verboten. Dann kam Rasen und an jeder Ecke das Schild: „Den Rasen nicht betreten!" Die Schilder standen vor jedem bißchen Grün. Nicht einmal mit unseren Puppen durften wir uns auf den Rasen setzen. Dann gab es da ein mickriges Rosenbeet und wieder ein großes Schild davor: „Geschützte[1] Grünanlagen". Unter diesem Hinweis war gleich ein Paragraph angeführt, nach dem man bestraft wurde, wenn man den mickrigen Rosen zu nahe kam.

Wir durften also nur auf den Spielplatz. Zu ein paar Hochhäusern gehörte immer ein Spielplatz. Dieser bestand aus verschmutztem Sand und ein paar kaputten Klettergeräten und natürlich einem Riesenschild. Das Schild steckte in einem richtigen eisernen Kasten drin, unter Glas, und vor dem Glas waren Gitter, damit wir den Quatsch nicht kaputtschmeißen könnten. Auf dem Schild stand „Spielplatzordnung"[2] und darunter: Daß die Kinder ihn zur „Freude und Erholung" benutzen sollten. Wir durften uns allerdings nicht „erholen", wenn wir gerade Lust hatten. Denn was dann kam war dick unterstrichen: „. . . in der Zeit von 8 bis 13 Uhr und 15 bis 19 Uhr." Wenn wir also aus der Schule kamen, war nichts mit Erholung.

Meine Schwester und ich hätten eigentlich gar nicht auf den Spielplatz gehen dürfen, weil man dort laut Schild „nur mit Zustimmung und unter Aufsicht des Erziehungsberechtigten[3]" spielen durfte. Und das auch nur ganz leise: „Das Ruhebedürfnis der Hausgemeinschaft ist durch besondere Rücksichtnahme zu wahren".[4] Einen Gummiball durfte man sich da gerade noch artig zuwerfen. Ansonsten: „Ballspiele sportlicher Art sind nicht gestattet": Kein Völkerball, kein Fußball. Für die Jungens war das besonders schlimm. Die ließen ihre überschüssige Kraft an den Spielgeräten und Sitzbänken und natürlich an den Verbotsschildern aus. Es muß einige Kohle gekostet haben, die kaputten Schilder immer wieder zu erneuern. aus: *Wir Kinder vom Bahnhof Zoo*, Gruner und Jahr

---

ERLÄUTERUNGEN

1 *protected*
2 *playground rules*
3 *guardian*
4 *safeguard*

F Wovon handelt der Text?

1 War die Umgebung kinderfreundlich?
2 Konnten die Kinder die Anlage genießen?
3 Konnten die Kinder sich hier wie Kinder benehmen?
4 Hat es Christiane gewundert, daß die Schilder kaputtgemacht wurden?

G Wortschatz

1 Welche im Text stehenden Wörter haben die gleiche Bedeutung wie diese?
   a) Grünstreifen; Park
   b) gelesen, dann selber notiert
   c) Teil eines Hochhauses, wo man auf- und absteigt
   d) lautes Herumspielen
   e) uns entspannen
   f) Erlaubnis
   g) erlaubt
   h) reparieren; ersetzen; gutmachen

2 Welche Ausdrücke stehen im Text, die Folgendes bedeuten?
   a) Nach den meisten Schildern durften Kinder irgend etwas nicht machen.
   b) nicht weit von unserem Hochhaus
   c) ... konnte man sich nicht erholen
   d) ... hätten wirklich nicht ... gehen sollen
   e) ... wenn die Eltern das erlaubten und dabei waren
   f) ... wurden ihre Energie (die zu viel war) los

3 Das Gegenteil folgender Wörter befindet sich im Text:
   a) verboten   b) erlaubt   c) riesig

4 Ein Wort – zwei Sinne
   Für jede Definition hier steht im angegebenen Abschnitt des Textes ein Wort, das anderswo eine andere Bedeutung hätte. Dieser zweite Sinn des Wortes steht hier in Klammern:
   z.B. befindet sich (1)   (ist zu lesen, z.B. in der Zeitung) = *steht*
   Suche diese Wörter:
   a) sehr leise (2)   (um etwas größer zu sein, steht man so!)
   b) die Regeln (3)   (Gegenteil von ‚Chaos')
   c) gemäß (4)   (Gegenteil von ‚leise')

H Vokabelbau

kaputtschmeißen

Andere Wörter auf ‚kaputt——': *kaputtschlagen, ——treten, ——werfen, ——machen, ——fahren*
Schreib jedes dieser Wörter in einem Satz:
z.B. Die Kinder kaben die Schilder kaputtgeschmissen.
Erfinde dann weitere Wörter auf ‚kaputt——'!

I Gut verstanden? Fragen zum Text

1 Auf welche Weisen war diese Umgebung kinderfeindlich?
2 Wie fand Christiane die „Spielplatzordnung" und warum?
3 Wieso wurden so oft die Schilder kaputtgeworfen?

J Nicht nur montags

In der Gropiusstadt
(Vokabeln auf Seite 224)
Beantworte diese Fragen zum Inhalt der Tonbandaufnahme:
1 Warum langweilte sich Christiane in der Gropiusstadt?
2 Warum ging der Spaß an den Gullys bald zu Ende?
3 Wie behandelte der Hauswart die beiden Kinder?
4 Was war für Christiane an der Sache so schlimm?
5 Was begann Christiane allmählich zu verstehen?

K Gesprächsthemen

– Wie findest du so eine Umgebung, die Christiane hier schildert?
– Warum?
– Für wen waren die Schilder eigentlich da?
– Welche Wirkung(en) könnte so eine Umgebung auf Kinder haben?
– Sollte die Anlage nicht geschützt sein?
– Wie könnte man Streit zwischen Kindern und ruhebedürftigen Erwachsenen trotzdem vermeiden?
– Wo bzw. wie wollen bzw. sollten Eltern mit ihren Kindern am besten leben, damit sich alle zurechtfinden?

L Aus eigener Erfahrung

1 Beschreibe die Situation, in der die Kinder die Verbotsschilder immer kaputtmachen, und zwar entweder vom Standpunkt (a) eines kinderfreundlichen oder vom Standpunkt (b) eines kinderfeindlichen Menschen!
2 Baut zu zweit eine Pro und Contra-Stellungnahme auf, und zwar in Form eines Gesprächs, das Folgendes zum Thema hat: Verbotsschilder; Verbote (Sollten sie sein?); Ruhebedürfnis gegen Bedürfnis der Kinder nach Spielen, Toben; usw.

26.Kapitel Die Mauerspringer

In seinem Buch Der Mauerspringer *erzählt Peter Schneider von zwei Jungen, die auf den Namen Willy hörten und in einem Ostberliner Haus unmittelbar an der Mauer wohnten. Von der Mauer selber schreibt er folgendermaßen:* „Die Grenze zwischen den beiden deutschen Staaten, vor allem die zwischen den beiden Hälften Berlins, gilt als die am besten geschützte und am schwersten zu überwindende Grenze der Welt. Entlang des Grenzrings[1] um Westberlin stehen 260 Beobachtungstürme, in denen doppelt so viele Grenzer[2] Tag und Nacht Wache halten." *Aber nicht alle Menschen wollen die Mauer als Staatsgrenze sehen . . .*

Frau Walz machte sich später Vorwürfe, daß sie einen Plan ihres verstorbenen Mannes nicht ausgeführt hatte, die Luke im Dachboden zuzunageln. Diese Luke führte auf das Dach eines Vorbaus,[3] der den ohnehin geringen Abstand zwischen Haus und Staatsgrenze noch weiter verringerte. Ein Sprung vom Rand des Dachs konnte genügen, einen halbwegs gelenkigen Menschen auf die Höhe der Mauer zu tragen. Auch hätte Frau Walz bemerken müssen, daß die Grenzsoldaten in dem nahestehenden Wachtturm ihren Dienst nicht immer nach Vorschrift versahen. Die lange Beobachtung der Grenzer durch zwei Jugendliche, die in das Alter kamen, in dem man ohnehin nur die Fehler an den Erwachsenen sieht, mußte Lücken im Wachsystem aufdecken.

Tatsächlich fanden die beiden Willy heraus, daß Menschen im Dienst Gewohnheiten entwickeln. Zuerst fiel ihnen nur auf, daß der Mann im Turm häufig allein war und in einem bestimmten Rhythmus die Blickrichtung wechselte. Fast auf die Sekunde ließ sich vorhersagen, wann er ihnen den Hinterkopf zudrehen würde. Dann kam ihnen der Verdacht, daß der Mann sie auch dann nicht bemerkte, wenn er in ihre Richtung schaute. Experimente auf dem Dach des Vorbaus, die sich vom Winken mit der Hand bis zum Schwingen der roten Fahne steigerten, ergaben, daß das Dach und das erreichbare Mauerstück im toten Winkel des Blickfeldes des Mannes im Turm lagen.

Vielleicht hätten die beiden Willy von ihrem Wissen nie Gebrauch gemacht, hätte sich der ältere von beiden nicht einem Freund vom Prenzlauer Berg anvertraut. Lutz verbrachte sein arbeitsfreies Leben im Kino und gab den

Erkenntnissen der beiden Willy sofort eine praktische Richtung. Er schraubte einen starken Haken im First[4] des Anbaus fest, knotete ein Seil daran und warf es mit dem anderen Ende über die Mauer. Lutz war auch der erste, der den kurzen Abgrund zwischen Osten und Westen übersprang.

Auf westlichem Boden angekommen, erkundigten sich die drei nach dem nächsten U-Bahnhof und fuhren schwarz[5] zum Kurfürstendamm.[6] Dort hatten sie die Wahl zwischen dem „Schulmädchenreport" und „Spiel mir das Lied vom Tod". Lutzens Plädoyer gab den Ausschlag für den Italo-Western.

An der Kinokasse stießen sie auf das erste größere Hindernis. Da die Kassiererin das leichte DDR-Geld verächtlich in der Hand wog, verlangte Lutz den Geschäftsführer. Nun sei er extra den weiten Weg vom Prenzlauer Berg über die Mauer zum Kurfürstendamm gekommen, um Charles Bronson zu sehen, und da rede ihm die Kassiererin über den Unterschied zwischen Mark und Demark.[7] Wie er seinen Freunden einen solchen Empfang klarmachen solle?

Der Geschäftsführer mochte den dreien die Geschichte ihres Weges vom Haus hinter der Mauer zum Kino nicht glauben. Erst als sie sich auswiesen, erkannte er ihre Papiere als Eintrittskarten an. Die 18-Uhr-Vorstellung hatte schon angefangen; Lutz kannte den Plot in groben Zügen und hielt die beiden Willy über das Verpaßte auf dem laufenden.

Nach der Vorstellung erkundigten sich die drei nach dem Start für den nächsten Film – kein richtiger Western, wußte Lutz, aber sehenswert wegen eines Doppelauftritts von Brigitte Bardot und Jeanne Moreau. Dann machten sie sich auf den Heimweg. Kaum vier Stunden nach ihrem ersten Kinobesuch im Westen lagen die beiden Willy in ihren Betten, und Lutz sauste mit dem Motorrad zum Prenzlauer Berg zurück. Luchterhand

---

ERLÄUTERUNGEN

1 Mauer bzw. Zäune, die die Grenze um
  Westberlin herum bilden.
2 Soldaten, die die Grenze bewachen
3 *porch, projecting structure*
4 *roof-ridge*
5 fahren, ohne zu zahlen
6 Hauptgeschäftsstraße Westberlins
7 Geld der DDR bzw. BRD

A In eigenen Worten

Fasse folgende Auszüge aus dem Text in eigenen Worten, ohne kursiv Gedrucktes zu benutzen! Vorschläge, wie das zu machen wäre, stehen jeweils in Klammern.

z.B. die auf den *Namen* Willy *hörten* (Vorwort) (→die Willy ...)
– die Willy hießen

1 Ein *Sprung* vom Rand des Dachs *konnte genügen*, einen Menschen auf die Höhe der Mauer zu *tragen*. (1)
(→Man brauchte nur ... zu ..., um ... zu ...)

2 Fast *auf die Sekunde ließ sich* vorhersagen, wann er ihnen den *Hinterkopf zudrehen* würde. (2)
(→Man konnte ..., wann er ... schauen würde)

3 Experimente *ergaben*, daß das Dach und das erreichbare Mauerstück *im toten Winkel des Blickfeldes* des Mannes im Turm lagen. (2)
(→Durch Experimente ... sie, daß der Mann im Turm ...)

4 ...*erkundigten* sich die drei *nach* dem nächsten U-Bahnhof (4)
(→..., wie sie am besten ...)

5 ... als sie sich *auswiesen* (6)
(→als sie ihre ...)

6 ... *hielt* die beiden Willy über das Verpaßte *auf dem laufenden* (6)
(→... den beiden Willy, was sie ...)

B Gut verstanden? Fragen zum Text

1 Was fanden die beiden Willy alles über die Grenzer heraus?
2 Was gab den Ausschlag, die Mauer zu überspringen?
3 Welche Schwierigkeiten erlebten sie im westlichen Teil der Stadt?
4 Wieso reagierte die Kinokassiererin wohl mißtrauisch?

C Tonbandaufnahme

Was aus den Mauerspringern wurde
(Vokabeln auf Seite 225)

Beantworte diese Fragen zum Inhalt der Aufnahme:
1 Was passierte den beiden Willy? Warum (legalistisch gesehen)?
2 Warum kam es dazu, daß ihr Geheimnis bekannt wurde?
3 Was wurde aus Lutz? Worin bestand sein ‚Glück'?

D Augenzeuge

Stell' dir vor, du, Westberliner(in), hast als Passant(in) oder als Bewohner(in) eines Hauses an der Mauer beobachtet, wie die drei Jungen aus der östlichen Teil der Stadt in den westlichen herüberkamen. (,,Kaum zu glauben .... konnte meinen Augen nicht trauen ...") Beschreibe, was du gesehen hast, schildere dein völliges Erstaunen.

Hausbesetzer Ost

Die Wohnungsnot der späten 70er Jahre führte in der BRD zu einer Welle von Hausbesetzungen. Wohnungslose junge Leute besetzten leerstehende, in die Brüche gehende Wohnungen und renovierten sie. Zumeist wurden die Häuser von der Polizei geräumt, die Besetzer wegen Einbruchsdelikte verhaftet. Diese „Instandbesetzungen"[1] machten aber jenseits der innerdeutschen Grenze Schule.

Ostberlin: Die Wohnung liegt im Stadtbezirk Prenzlauer Berg. Jonny kommt gerade aus Thüringen und sucht eine Bleibe. „Bei uns in Mühlhausen in den Altbauvierteln stehen viele Wohnungen leer. Völlig verrottet, wie die sind, will die keiner haben. Da bleiben die Jungen lieber noch ein paar Jahre bei den Eltern und warten, bis sie was in den Neubauvierteln bekommen."

In der DDR-Hauptstadt sind junge Wohnungssuchende auf einen anderen Ausweg gekommen. Angesteckt von den Hausbesetzungen im Westen der Stadt, beseitigen sie ihre Wohnungsnot in Selbsthilfe. In den vergangenen Jahren wurden schon einige tausend leerstehende Unterkünfte besetzt und mit bescheidenen Mitteln renoviert. Anders als im Westen reagieren die Behörden nicht mit Polizeiaktionen auf diese neue Form, Wohnraum zu beschaffen, sondern sie drücken beide Augen zu.

Denn dem Staat fehlt das Geld für die Renovierung von Altbauten; die Regierung versucht, mit der Großproduktion von Fertigteil-Wohnblocks den schlimmsten Mangel an Wohnungen zu beheben. Die Selbsthilfe der Hausbesetzer erleichtert die Lage.

Werner „besetzte" ein feuchtes, ungemütliches Quartier, das von der Hygiene-Aufsicht[2] gesperrt worden war. Er trocknete die feuchten Wände mit einem Heizstrahler, verputzte, tapezierte, brachte die Installation in Ordnung, ließ die Wohnung noch einmal kontrollieren und bekam sie dann von der Wohnungsbehörde[3] zugesprochen.

Sebastian erklärt dem Neuankömmling Jonny den Trick: „Du findest am Nachmittag mindestens ein Dutzend leere Wohnungen, sprichst mit den Hausmeistern,[4] und garantiert ist einer darunter, der mit sich reden läßt. Steht die Bude[5] schon lange frei, sagt der: ,Mach, was du willst!' und gibt dir auch noch den Schlüssel."

Anschließend trägt man sich ordentlich ins Hausbuch[6] ein, meldet sich[7] polizeilich an, zahlt aber keine Miete. Nach Monaten oder erst Jahren wird eine Ordnungsstrafe von 300 Mark verhängt.

Wird sie bezahlt, ist man offiziell als Mieter eingetragen.

Nach zwei Tagen hat auch Jonny aus Mühlhausen eine Unterkunft in einem Hinterhaus. Bekannte besorgen ihm das Nötigste: eine Matratze, Tisch, Stuhl und Elektrokocher. Er richtet sich ein und fängt an zu renovieren.

ERLÄUTERUNGEN

1 Besetzung + Instandsetzung (= Renovieren)
2 *sanitary inspectorate*
3 *housing authorities*
4 Hauswart
5 Zimmer bzw. Wohnung
6 Register der Bewohner eines Hauses (in der DDR)
7 registrieren

E Wovon handelt der Text?

1 Ist man als Hausbesetzer besser daran in Ost- oder in Westberlin?
2 Wie reagieren die DDR-Behörden auf Hausbesetzungen – mit Geduld oder mit Polizeiaktionen?
3 In Ostberlin stehen viele Wohnungen leer: Sind sie ungewünscht, unbewohnbar oder ungebraucht?
4 Haben viele Ostberliner Hausmeister für die Wohnungsnot der jungen DDR-Bürger viel, wenig oder kein Verständnis?
5 Haben Hausbesetzer in Ostberlin am Anfang ein schweres, schönes oder einfaches Leben in der neugefundenen Wohnung?

F Sprachliche Arbeiten

1 Welche im Text stehenden Wörter haben die gleiche Bedeutung wie diese?
   a) Mangel an Wohnraum
   b) leer gemacht
   c) für unbewohnbar erklärt
   d) zugestanden, offiziell erlaubt
   e) einer, der bis vor kurzem nicht da war
   f) danach
   g) registriert

2 Suche im Text das Gegenteil folgender im Text stehender Wörter:
   a) besetzt (2)   b) verrottet (1)
3 Suche im Text ein weiteres Wort bzw. einen Ausdruck für diese im Text stehenden Wörter: Alles steht der Reihe nach im Text; bei (a) und (d) geht es um einen Ausdruck, bei den anderen um ein einziges Wort.
   a) verrottet (1)
   b) Wohnungslose (Vorwort)
   c) beseitigen (2)
   d) renovierte (Vorwort)
   e) Bleibe (1)

4 Welche im Text stehenden Ausdrücke haben die gleiche Bedeutung wie diese?
   a) in der DDR
   b) zeigten anderen . . ., wie man das macht; wurde . . . nachgemacht
   c) ohne Hilfe von anderen
   d) ohne großen Geldaufwand
   e) dulden (es), als ob sie es nicht gesehen hätten
   f) macht die Situation weniger schwierig
   g) bei dem man Verständnis findet
   h) organisiert seine Sachen
5 Fasse eine Liste der Vokabeln, die mit Wohnungsnot bzw. deren Behebung zu tun haben!

G Grammatik- und Stilübung

ein Quartier, das von der Hygiene-Aufsicht gesperrt worden war (4)
Schreib folgende Sätze mit Passivform im Nebensatz:
z.B. Er öffnete die Wohnungstür mit Schlüsseln die ihm der Hausmeister gegeben hatte.
   →. . . mit Schlüsseln, die ihm vom Hausmeister gegeben worden waren.
   a) Ich habe in Ostberlin viele Wohnungen gesehen, die junge Leute besetzt und renoviert hatten.
   b) An der westlichen Seite der Mauer stand das leere Haus, das die Polizei geräumt hatte.
   c) Hausbesetzer galten noch nicht als Hausbewohner, weil man noch keine Miete gezahlt hatte.
   d) Jonny richtete die Sachen ein, die ihm Bekannte besorgt hatten.

H Arbeiten zu zweit

> Das Renovieren ist für die Ostberliner Hausbesetzer weit schwieriger als für die Westberliner oder für die Bundesbürger, die eine alte Wohnung mieten bzw. kaufen und renovieren. Denn in der DDR fehlt es an Baumaterial, Handwerkszeug, Tapeten, Holz und Waschbecken. Mit viel Mühe und für viel Geld (was viele nicht haben!) läßt sich das auf dem „Schwarzen Markt' auftreiben".

Baut zu zweit eines dieser beiden Gespräche auf:
1 Ein Mitglied der Familie, die das Haus im Text ,Selbermachen + Co' renoviert, spricht während eines Besuchs in Ostberlin mit einem Hausbesetzer am Prenzlauer Berg über ähnliche und andersartige Erfahrungen beim Renovieren.
Zu bedenken:
Kosten der Wohnung/Preis des Hauses/Hilfe von anderen/wie man während der Renovierungen lebte/Schwierigkeiten, usw./ Arbeiten und deren Dauer/was man erreichen wollte

2 Jonny hat seine Wohnung fertig renoviert und besucht Freunde daheim, die bei den Eltern wohnen, bis sie eine Neubauwohnung bekommen. Er spricht mit einem bzw. einer dieser Freunde darüber, wie er zu der Wohnung gekommen ist und was er alles machen mußte.
Zu bedenken:
Schwere Tage am Anfang in Berlin/Winter ohne Heizung/Unabhängigkeit/kaputte Wohnung/ viel zu machen bzw. lernen/nur das Nötigste da

27.Kapitel Beton mit Gemüt

Seit ein paar Jahren treibt es neugierige Deutsche in Scharen über die Grenze nach Holland. Ihr Ziel ist nicht der Strand von Scheveningen, auch nicht das Amsterdam der Touristen oder die Tulpenfelder. Was sie anlockt, ist die holländische Kunst der Wohnlichkeit, die Wohnstatt Holland[1] mit ihren modernen Häusern und Siedlungen, die sich von den meisten unserer Häuser und Siedlungen unterscheiden. So reisen dahin nicht Urlauber sondern Fachleute: Architekten, Stadtverordnete, Angestellte von Wohnungsbau-Unternehmen. Aber auch Bürger haben bei der Suche nach einer besseren Art zu wohnen in den Niederlanden ihr Mekka[2] gefunden.

Kein Land ringsum ist auf dem Gebiet des Häuserbauens und -erhaltens mutiger als Holland, und in keinem anderen Land wurde der „Experimentelle Wohnungsbau" so weitreichend unterstützt oder so einfallsreich gebaut. Vielleicht spielte dabei eine Rolle, daß die Niederlande um die Hälfte dichter besiedelt sind als die Bundesrepublik und man gewohnt ist, sich auf engem Platz miteinander zu arrangieren. Unsere Nachbarn verstehen es, dem einzelnen so viel Individualität zuzugestehen, wie nötig ist, und allen so viel Gemeinschaftssinn wie möglich abzuverlangen.

Was jedoch in unserem Nachbarland vor allem verblüfft, ist die auffallend hohe Durchschnittsqualität der neuen Achitektur. Also ist es doch möglich, das Soziale und das „Schöne" gleichzeitig hervorzubringen, gleichgültig, ob es mit Backsteinen oder Beton geschieht. Hauptsache: Es wird gemütlich gebaut.

Nach der neuen Architekturphilosophie, die schnell Schule gemacht hat, ist ein einzelnes Haus wie eine Stadt konzipiert: Die Zimmer gruppieren sich wie die Häuser einer Straße um einen Platz als den Lebens-Mittelpunkt: im Haus das Wohnzimmer, in der Stadt Gärten, Marktplätze, usw.

Wichtig ist auch, daß solche Versuche, „gemeinschaftlich"[3] zu bauen, nicht nur auf freiem Feld gemacht werden sondern auch in der Enge der alten Städte und unter dem Stichwort Sanierung. Das bedeutet nun nicht mehr radikalen Kahlschlag[4] und abweisenden, für die Umgebung fremden Neubau, sondern eine feinfühligere Methode der Stadterneuerung: Sie nimmt auf den Charakter eines Viertels Rücksicht. Eins der faszinierenden Beispiele ist in der Stadt Zwolle zu finden.

Hier bauten Architekten ein ganzes Viertel mit dicht aneinandergereihten, schmalen, verschieden hohen Stadthäusern, die den Schwüngen[5] des alten Stadtplans mit seinen engen Straßen und Gassen folgten. Das angeblich Unmögliche wurde hier möglich gemacht. Man wohnt mitten in der lärmenden City in vollständiger Ruhe, nur fünf Minuten vom Rathaus und den belebten Geschäftsstraßen entfernt. Man hat Tuchfühlung zum Nachbarn, aber genug Gelegenheit, sich zu distanzieren, hat idyllische Gärten, ein paar Läden unter den Arkaden, und die Kinder haben ziemlich alles. Es gibt Grasflächen, tagsüber leere offene Stellplätze und wenig befahrene Straßen.

Auch in Delft wurde die Stadt nach den Bedürfnissen der Bewohner erneuert. Die bedeutendste Delfter Erfindung heißt „Woonerf", auf Deutsch: Wohnstraße. Sie ist Gesetz in Holland geworden. Eine Wohnstraße gehört nicht mehr nur den Autos, sondern wieder allen;

das erreicht man nicht durch einen Schilderwald, Verbote und höhere Strafen, sondern durch Gestaltung[6] und Architektur. Auf der wieder bewohnbar gemachten Straße kommen alle miteinander aus, spielende Kinder, Autos im Gegenverkehr, Fußgänger und Radfahrer. Wenn man genauer hinsieht, entdeckt man den Trick: Fahrweg und Bürgersteig sind nicht getrennt sondern durch unterschiedliches Pflaster gekennzeichnet. Der Fahrweg verläuft nicht schnurgerade, sondern krumm. Pflanzenkübel begrenzen die Straßeneinfahrten auf knapp dreieinhalb Meter, es gibt Bodenschwellen, die man „liegende Polizisten" nennt, und viele grüne Hindernisse. Jeder kann der Straße ablesen, wie er sich zu verhalten hat. Das Prinzip heißt: Vorfahrt hat der Schwächere.

Natürlich sind auch in Holland gräßliche Fehler gemacht worden, zum Beispiel der Amsterdamer Stadtteil Bijlmermeer, ein Super-Perlach[7] von furchterregender Monumentalität und Kälte: Aus einem ehemals winzigen Dorf haben Behörden und Architekten damals eine riesige Schlafstadt gemacht mit gigantischen Hochhausriegeln und einem unübersehbaren Meer von Reihenhäusern. Aber viele Architekten reagierten mit Unmut darauf, weil sie fanden, alles „reduziert sich dort auf das bloße Existieren in unsinniger Isolation".

Aber aus den Fehlern lernt man: Statt der Isolation der Monstersiedlungen zielen die modernen Architekten auf Integration und schaffen damit eine erneuerte Gemeinschaft. Und weil das so ist, wird Holland noch ein paar Jahre lang das Ziel der Fachleute bleiben.

ERLÄUTERUNGEN

1 *Holland as a place to live*
2 Heilige Stadt des Islams, daher hier: Ideal
3 i.e. *with the aim of creating a feeling of community*
4 wo alles abgerissen wird
5 (hier) *shapes, styles, lines*
6 *style, design*
7 Dorf, das zum riesigen Neubauviertel Münchens wurde, da auf einst freiem Feld viele Hochhäuser und endlose Reihenhäuser gleichen Stils errichtet wurden

A Sprachanalyse

1 Suche an Hand des Textes ‚Beton mit Gemüt'
alle möglichen Beispiele folgender Strukturen
und Wendungen:
  a) Passivform der Verben:
     z.B. ... *wurde* der „Experimentelle
        Wohnungsbau" so weitreichend
        unterstützt (2)
  b) Reflexivform der Verben, die an der Stelle
     einer Passivform steht:
     z.B. ..., die *sich* von den meisten ...
        unterscheiden (1)
  c) ‚sein' + Partizip zur Beschreibung einer
     Situation:
     z.B. ..., daß die Niederlande ... dichter
        besiedelt sind (2)
  d) Verben, die eines Dativ-Objekts bedürfen:
     z.B. *zugestehen* (2)
2 Erfinde Sätze, die folgende aus dem Text
  stammende Ausdrücke enthalten, und zwar zum
  Thema Wohnungen bzw. Stadtleben!
  z.B. Aus ... haben ... gemacht (8)
     – Aus einem ziemlich kaputten Altbau
       haben die neuen Bewohner durch ihre
       Renovierungsarbeiten ein wieder
       bewohnbares Haus gemacht.
  a) ... haben bei der Suche nach ... ihr Mekka
     gefunden (1)
  b) ... verstehen es, ... zu ... (2)
  c) Was ... verblüfft, ist die auffallend hohe
     Qualität ... (3)
  d) In ... hat ... Schule gemacht (4)
  e) In der Enge der alten Städte ... (5)
  f) In ... hat man Tuchfühlung zu ... (6)
  g) ... nach den Bedürfnissen der Bewohner ... (7)
  h) Statt ... zielen ... auf ... (9)

B Vokabelanalyse

Suche an Hand des Textes:
  a) Partizipien, die als Adjektive benutzt werden:
     z.B. abweisend (5); aneinandergereiht (6)
  b) Adjektive, die als Hauptwörter benutzt
     werden:
     z.B. Stadtverordnete (1)
  c) Verben, die als Hauptwörter benutzt werden:
     z.B. Unternehmen (1)
  d) Ausdrücke, die aus Verb und Hauptwort
     bestehen:
     z.B. ... haben ihr Mekka gefunden (1)
  e) Adjektive, die aus einer Zusammenfügung von
     2 Adjektiven bzw. von Hauptwort und
     Adjektiv bestehen:
     z.B. einfallsreich (2)

C Vokabelbau

*arrang*ieren (2); *Individual*ität (2); *Isolation* (8)
Suche im Text (und in den anderen Texten zum
Thema Wohnungen und Stadtleben) und erfinde
dann weitere Wörter auf die Endungen dieser
Wörter; merke dabei den Artikel bei
Hauptwörtern!
  Merke dann auch die verschiedenen anderen
Fremdwörter, im Text „Beton mit Gemüt"!

D Tonbandaufnahme

Neu-Perlach
(Vokabeln auf Seite 225)
Wenn du die Aufnahme gehört hast, fasse eine
Liste der Argumente für und gegen große
Wohnblocks, die im Gespräch vorkommen!

E Übersetzung ins Deutsche

Who ten years ago would have thought it possible
that so much life could be brought back into the
confines of the old city centre? But what was
believed impossible has been made into reality:
For in York as in many towns people are now
living in quiet side-streets only minutes away from
shopping streets that are busy through the day.

  All this has come about because in the 70's
many architects reacted with unease to the
destruction of the big cities: under the banner of
urban renewal houses were pulled down
wholesale, regardless of whether they could have
been renovated. In their place vast tower blocks
and wide main roads were built, as in nearby
Leeds; many people who had lived there had to
move out to the spreading dormitory towns on the
edge of the city. Without the advantages of
meeting-places, good shops or a feeling of
community, life was reduced in such places to
mere existence in isolation. Many began to find
smaller, older houses much more desirable.

  In search of better ways of building houses and
of respecting the character of the old city centre,
architects began to design their houses smaller, so
that they followed the shapes of the older
buildings. The influence of older styles can be seen
everywhere. In York newer houses are no longer
built in endless rows, like in the estates on the
edge of town; now they are grouped round
courtyards and gardens. Streets are narrow and
the motorist steers clear! Where until a few years
ago the city centre was thinly populated and
deserted after shop-closing-time, the whole area is
becoming inhabited again. In this way the
character of the city has been preserved.

F Überblick

Stadterneuerung, Baumethoden, Wohnraum schaffen: Wie es in den 60er und frühen 70er Jahren war, und wie sich die Zeiten geändert haben.

Damals:

große Wohnblocks gebaut
riesige Hochhäuser errichtet
ganze Stadtviertel bzw.
   Neubauviertel ohne Anlagen
riesige Schlafstädte immer
   weiter in die Landschaft
   hinausgedehnt
viele gute Häuser unter dem
   Stichwort Sanierung abgerissen
stillose Reihenhäuser
unübersehbare Reihenhaussiedlungen
Beton- und Fertigteil-Wohnblocks
riesige Straßen durch die Stadt
viele Verbotsschilder
	Ziele
	Wohnungsnot beseitigen
	bessere Wohnungen bauen
	Modernisierung
	
	Nachteile
	verlorener Kontakt zu Nachbarn
	schlechte Folgen für Kinder
	   (Welche?)
	soziale Isolation (Wo?)
	Leben reduziert sich auf
	   Existieren
	Charakterlosigkeit/Stillosigkeit
	verändertes Aussehen der Stadt
	Charakter des Viertels zerstört

Heute:

kleinere Hauser bauen
nach dem Motto „Klein aber fein"
Rückkehr zu traditionellen Bau-
   materialien (z.B. Backstein)
„gemeinschaftlich" bauen
Lebens-Mittelpunkte sind wichtig
Autos aus der Stadtmitte sperren
Häuser, die sich um Treffpunkte
   gruppieren
Altbauten renovieren
Altbauviertel verschönern
Stadterneuerung nimmt auf den
   Charakter der Stadt Rücksicht
	Ziele
	Integration; Gemütlichkeit;
	Gemeinschaft; Individualität;
	Erhaltung des Charakters der Stadt
	
	Vorteile
	Kontakt/Tuchfühlung zu Nachbarn
	Spielraum und Freiheit
	Gelegenheit, privat zu sein
	Nachbarschaftsgefühl
	bessere/sichere Umwelt für Kinder
	Städte sind für Menschen da

Beschreibe mittels folgender nützlicher Ausdrücke die damalige und die jetzige Situationen, und vergleiche damals mit heute!

Ohne an ... zu denken, hat man damals ...			
Durch	den Bau die Errichtung	von ... hat man damals ...	geändert/geschädigt zerstört
Einerseits wollten die Architekten ..., andererseits dachte man zu wenig an ...			
Statt ... zu ..., hätte man auch damals ... sollen/müssen			
Während früher unter dem Stichwort Sanierung ... wurde(n), zielt man heute auf .../... man heute lieber ...			
Indem Wenn Weil	man heute ...,	erlaubt man erlauben die Architekten	den Bewohnern ...

G Zur Diskussion

1 Warum man große Wohnblöcke baut:
   – Wohnungsnot, viele neue Wohnungen gebraucht, Bauflächen
   – Wo baut man immer noch „in die Luft"? Ist es nötig?
   – Wo werden die meisten solchen Blöcke gebaut? Wie sieht die Gegend dann aus?

2 Vor- und Nachteile großer Wohnblöcke:
   – Kosten; Kinder; alte Leute; Familien mit kleinen Kindern; frische Luft/Spazierengehen; Renovierungs- und Reparaturarbeiten; Anzahl der nötigen Arbeiter
   – Wer hat das Gute an so einem Wohnblock?
   – Wer leidet am meisten? Wie?
   – Wessen Bedürfnisse werden bzw. werden nicht bedacht?
   – Folgen für die verschiedenen Menschen, die da wohnen
   – Haben Jugendliche in solchen Neusiedlungen, wo viele große Blöcke sind, genug zu tun? („Schlafstädte"?)
   – Kinderspielplätze – gibt es auch Schwierigkeiten?
   – Isolation? Für wen?
   – Bessere Wohnungen, als man vorher hatte?
   – Räumung/Sanierung von alten Stadtvierteln nur dann möglich, wenn es solche Neubaugebiete gibt?

3 Sanieren oder Demolieren?
   – Sollte man alte Häuser besser renovieren oder abreißen (und etwas Neues dann hinbauen)? Vor- und Nachteile von beidem!
   – Wirkungen, wenn immer große Häuser gebaut werden
   – Müssen es immer große Häuser sein, wenn auch neue?
   – „Dem Erdboden nahe leben": Wie wirkt das auf die Frage aus?
   – Sind neue Häuser immer häßlich? Müssen sie es sein?
   – Was ist für viele Leute das Schöne an alten Häusern?
   – Wie schaffen wir genügend Häuser für die Zukunft?

4 Wie schaffen wir gemütliche Städte?
   – Wie sind heute viele Städte? Fühlt man sich da gemütlich? Wenn nicht: Warum?
   – Hat man die Situation gebessert? Inwiefern? Was macht es schwierig?
   – Vorteile schönerer Stadtviertel/Nachteile schlechter Stadtviertel
   – Was braucht man zu machen? Zu bedenken: Wohnraum; Einkaufen; Verkehr; Verkehrsverbindungen; Parkanlagen; Spielraum; Spielplätze für Kinder; Beispiel holländischer Städte; Kontrast mit Bundesrepublik bzw. Großbritannien
   – Die Zukunft und weitere Möglichkeiten

Welche Ansicht gefällt mehr?

H Aufsatzplan

In writing an essay of 300-500 words you need to organise carefully what you are going to say and how you intend to express it, the objects of your planning being clarity, conciseness and variety of expression. Making notes before you start is therefore important. As with the guided essay plans in the first eight units of the book, you should build up your own plan – in key words or questions – of what you are working on. To build this plan, you will find it useful to do the following:

1 Read through the texts of the unit, noting down ideas which are important and the way they are presented.
2 Collect from the texts words and expressions which could be of use.
3 Augment both these lists by reference to the 'Überblick' which immediately precedes the discussion and essay sections at the end of each unit.

When you have notes of the material, organise your essay like this:

1 Decide what you are going to say, list which material advances it and discard other material. Make sure your material is relevant to the title of the essay or your interpretation of it.
2 Order your points to create a logical sequence which the reader can follow.
3 Start by stating briefly what the essay is concerned with before going on to deal with all the main points.
4 Each of your main points should have a paragraph devoted to it; the paragraph might start with what the point is and then consider different aspects of it.
5 Summarise arguments in your concluding paragraph, in which you may express some opinion or decision about the matter you have dealt with.

In the case of the essays in this unit, you are being asked to consider various possibilities, all of which have advantages and disadvantages and varying direct effects on the people involved. Paragraphs in your essay will deal with these separate possibilities.

Finally: an essay is not just a list of points; consideration of the style of presentation is important. You should aim to present your material with variety of language. Look out, therefore, for useful expressions to improve your style; these, for example:

– Es geht um . . .	– Es ist Geschmackssache, ob . . .
– Es handelt sich um . . .	– Es ist eine umstrittene Frage
– Es handelt von . . .	– Es besteht die Möglichkeit, daß . . .
– Es ist eine Frage von . . .	– Eine entscheidende Rolle spielt
– Was . . . betrifft/anbelangt, . . .	hier . . .
– Insofern es . . . angeht, . . .	– Von Bedeutung ist hier auch . . .
– Es betrifft uns alle, . . .	– Viele weisen auf die Wichtigkeit
– Es geht uns alle an, daß . . .	von . . . hin

Aufsatztitel

1 Wie haben sich unsere Städte in den letzten Jahren geändert? Sind sie heute besser als früher?
2 Stadterneuerung: lernt man menschenfreundlicher zu bauen?
3 Wie sollten wir unsere Städte in Zukunft gestalten, daß man sich da gemütlich und zu Hause fühlt?
4 Krawalle in den Großstädten deuten auch auf Mängel im Lebensstil vieler Innenstadtbewohner hin. Welche Mängel, und wie kann man sie beseitigen?

LITERATUR III

Alfred Andersch: *Die Kirschen der Freiheit*

In diesem autobiographischen Bericht schildert Andersch, wie und warum er zum Gegner jeglicher Form des Krieges wurde.

Der erste Teil des Berichts stellt seine Jugend in den 20er Jahren dar, da die grauenhaften Auswirkungen des ersten Weltkrieges noch sehr zu spüren sind: Gerade in seiner Familie. Sein Vater, Nationalist, der als Freiwilliger an die Kriegsfront ging, kommt am Kriegsende verletzt und gebrochen nach Hause, begreift aber noch immer nicht, wie der Militarismus, an dem er glaubt, immer Opfer verlangt, und sieht nicht ein, daß sein Leiden Folge des eigenen Nationalismus ist.

Als ein Granatsplitter[1] ausschwärte[2], den er noch im Bein trug, schloß sich die Wunde nicht mehr, und das Leiden warf ihn aufs Bett. Von meinem vierzehnten bis zu meinem siebzehnten Jahre wohnte ich dem Sterben meines Vaters bei. Ich sah die Zehen seines rechten Fußes vom Brand[3] schwarz werden und sah, wie er ins Krankenhaus geschafft wurde, wo man ihm das rechte Bein abnahm. Wieder einmal kehrte er in unsere schon Spuren des Elends zeigende Kleinbürgerwohnung geschlagen zurück. Wenn ich das Klappern seiner Krücken hörte, wich ich in andere Zimmer aus, weil ich seine Reden, die stets um die Themen der nationalistischen Politik kreisten, nicht hören wollte.

Ich mußte zu den Händlern gehen, um die Lebensmittel, die wir brauchten, zu holen und anschreiben[4] zu lassen. Als ich eines Tages in die Straße, in der wir wohnten, einbog, sah ich meinen Vater, auf seine Krücken gestützt, aus der Haustüre kommen. Ich sah die Einsamkeit, die ihn umgab. Er stand vor der Türe und blickte unentschlossen vor sich hin, ohne mich wahrzunehmen. Etwas fürchterlich Tragisches war um ihn; ich wußte, daß er kein Geld hatte und daß er nicht wußte, wohin er gehen sollte. Seine Bekannten hatten sich von dem armen Mann zurückgezogen, und auch wir, die Familie, hatten ihn im Geiste schon verlassen. Er wußte, daß meine Mutter Augenblicke hatte, in denen sie ihr Schicksal bis zum Überdruß erfüllte[5], und daß mein älterer Bruder und ich seine politischen Anschauungen nicht teilten. Sein Leben war zerstört, alle seine Pläne waren gescheitert, und sein Körper war dem Tode geweiht. In diesem Augenblick, als er sich unbeobachtet glaubte, war sein stolzes, männliches Gesicht von Leere und Trauer erfüllt, blicklos starrten seine Augen über den glatten Asphalt der Straße hinweg in den Abgrund der Jahre. Die Schultern über die Krücken geneigt, sah er den Plankenzaun einer Kohlenhandlung an und wußte, daß er keinen Pfennig in der Tasche hatte.

Ich lief, von diesem Anblick überwältigt, auf ihn zu, um ihn zu stützen, ihm zu helfen, denn ich wußte, daß er einen seiner ersten Gehversuche nach der Amputation machte. Aber ich kam zu spät. Noch während ich lief, sah ich, wie er sich verfärbte, wie er die Krücken losließ und auf das Pflaster hinschlug. In seiner tiefen Ohnmacht lag er sehr still, und die Trauer seines Gesichts war auf einmal zur Ruhe gekommen; in der Erschöpfung enthüllte das Haupt aus gelbem Wachs eine Menschen-Natur, die sich aus Selbstlosigkeit einer politischen Idee verschrieben hatte und daran zugrunde ging. Mein Vater hatte kein Geld, weil er die Niederlage Deutschlands zu seiner eigenen gemacht hatte.

Von diesem Sturz hat er sich nie wieder erholt. Die notdürftig zum Schließen gebrachte Wunde seines Beinstumpfs brach auf und ging in Brand über, der nicht mehr zu heilen war. Er versank in eine zwei Jahre dauernde Agonie aus Morphiumräuschen und Schmerzanfällen. In den Nächten habe ich ihn, zwischen verzweifeltem Stöhnen, oft beten gehört. Er betete stets das alte Kirchenlied „O Haupt voll Blut und Wunden", oder er sang diese Melodie aus der Matthäus-Passion[6] mit blecherner Stimme, die gefärbt war von höchster Qual. Dann hörte ich, wie meine Mutter das Licht anzündete, aufstand und eine neue Morphiumspritze bereitete. Mein Vater wäre durchaus der Mann gewesen, diesem Leben selbst ein Ende zu bereiten. Aber dann wäre er nicht als ein „hundertprozentig Kriegsbeschädigter"[7] gestorben, wie es in der entsetzlichen Sprache des Versorgungswesens[8] heißt, und meiner Mutter wäre nach seinem Tode keine Rente zugefallen. So nahm er es auf sich, unter der Geißel eines Grans Zucker, das sein Blut nicht ausscheiden konnte, dem Tode entgegengemartert zu werden.

Ich aber floh, wenn ich Zeit hatte. Fuhr oft mit dem Rad nach Schloß Schleißheim bei München, das von Neuhausen aus in einer knappen Stunde zu erreichen war.

ERLÄUTERUNGEN

1 *piece of shrapnel*
2 *turned septic*
3 *gangrene*
4 *put it on the slate (i.e. not pay)*
5 *made her sick and tired*
6 *(by J.S. Bach)*
7 *war-disabled*
8 *pension-system*

A Im Sinn der Sache

1 Mit welchen Wörtern, Ausdrücken und Beobachtungen malt Andersch das Bild eines geistig und körperlich gebrochenen Mannes?
2 Welche Ausdrücke und Äußerungen deuten darauf, daß die Familie unter Geldmangel leidet?
3 Mit welchen Bemerkungen zeigt Andersch seine Meinung von dem Krieg und den Auswirkungen des Krieges?
4 Mit welchen Beobachtungen zeigt Andersch das ganze Entsetzliche (auch für die Familie) an der Situation des Vaters?
5 Welche Wörter und Ausdrücke deuten auf das furchtbare Leiden des Vaters in den letzten Monaten seines Lebens?

B Zur Diskussion

1 Aus welchen Gründen ist Anderschs Vater vielleicht (freiwillig) in den Krieg gegangen? Was ist daraus geworden?
2 „. . . weil ich seine Reden . . . nicht hören wollte": Warum wohl nicht?
3 Aus welchen Gründen ist das Sterben des Vaters so tragisch?
4 Warum leidet die Familie unter Geldmangel?

Was hat es zu bedeuten?
5 Wofür sind Anderschs Vater und dessen Leiden vielleicht ein Symbol?
6 Was für ein Verhältnis besteht zwischen dem jugendlichen Andersch und seinem Vater?
7 Was *alles* machte das Leiden des Vaters zu einem lebenden Martyrium?
8 „Ich aber floh, wenn ich Zeit hatte": Aus welchen verschiedenen Gründen wollte Andersch vor dem Sterben seines Vaters fliehen?

C Augenzeuge

1 Als Gegenreaktion auf die politischen Anschauungen seines Vaters wird der junge Andersch zu einem Radikalen.
   Schreibt zu zweit das Gespräch zwischen Andersch und seiner Mutter, in dem er die Anschauungen seines Vaters in Frage stellt bzw. angreift und seine Mutter den Vater verteidigt.
2 Schildere das Leben in der Familie Andersch, als ob du die Mutter wärest! Zu bedenken:
   Äußert sie ihre Gefühle?; Reaktion auf ihren nunmehr gebrochenen Mann; Müdigkeit; Verdruß; finanzielle Sorgen – auch Kosten des Morphiums; Angst um ihre Söhne; usw.

Siegfried Lenz: *Der Mann im Strom*

*In diesem Roman über die frühen Nachkriegsjahre
schildert Lenz, wie eine Familie versucht, sich
wieder aufzubauen. Lena, die Tochter, ist aber
schwanger und von zu Hause verschwunden. In
diesem Auszug hat Kuddl, ein lieber Freund ihres
Vaters, sie in der Stadt zufällig gesehen und folgt
ihr, da er um sie besorgt ist und helfen möchte.*

Kuddl folgte ihr bis zur Promenade, wo sie sich
auf eine Bank setzte ... Er folgte ihr weiter eine
Straße hinauf bis zum Hauptbahnhof, und er war
hinter ihr, als sie in der Dämmerung zwischen den
Gemüsehallen hindurchging zum alten
Segelschiffhafen.

Die Gemüsehallen waren erleuchtet, die großen
Tore geöffnet. Arbeiter mit Lederhandschuhen
und in Lederschürzen türmten Kisten mit
Tomaten auf, Kisten mit mattglänzenden Gurken
und große Körbe mit Kohl. Über eine Rutsche
wurden Kartoffeln geschüttet und in Säcke
abgefüllt. Ein Mann in Gummistiefeln, der eine
hochbeladene elektrische Karre mit Obst steuerte,
schrie: „Platz da, Platz!" und bahnte sich einen
Weg. Die Marktfrauen gingen hin und her
zwischen den Bergen von Kisten, redeten, winkten
ab und lachten. Aus einer Ecke leuchteten
Zitronen ...

Lena ging an den Hallen vorbei bis zum Kai,
wo vertäute Gemüseschiffe lagen. Sie waren
gerade den Strom hinabgekommen und hatten
festgemacht und wurden entladen, und die
Besitzer der Kähne standen mit Notizbüchern auf
dem Kai und schrieben Viererkolonnen auf das
Papier und strichen sie seitlich mit einem fünften
Strich durch.

Niemand sah auf das Mädchen und auf den,
der ihr folgte, niemand sprach sie an, und sie
gingen jetzt durch die Einsamkeit des
Segelschiffhafens bis zu einer kleinen alten
Drehbrücke. Auf der Brücke blieb Lena stehen.
Der Hüne[1] trat in den Schatten eines langen,
verrosteten Schiffskessels und blickte zu dem
Mädchen hinüber, und es war eine tiefe Stille über
diesem Hafenbecken, die schwarze Ruhe des
Verfalls; die Kaimauer war geplatzt an einigen
Stellen, manche Brocken schon ins Wasser
gerutscht, und die Holzpoller[2] waren brüchig und
dünngescheuert von Leinen vergessener Schiffe,
die einst Aufruhr und Leben hierher gebracht
hatten. Die Schiffe waren alle verschollen,
verschollen wie die Namen, die sie getragen
hatten, fort und verschwunden wie die Männer,
mit denen sie bemannt waren. Und Lena stand
auf der geländerlosen alten Drehbrücke und sah

über das leere und dunkle Hafenbecken der
Segelschiffe, die ihre Zeit gehabt hatten und
gestorben waren. Das Mädchen stand lange so in
gesammelter und versunkener Haltung, mit
herabhängenden Armen, das Gesicht auf das sanft
schwappende Wasser gerichtet, über das wirre
Lichtlinien ferner Lampen liefen. Und auf einmal
neigte es sich nach vorn, langsam, stetig,
sonderbar gestrafft, wie ein Baum fast in dem
Augenblick, da er zu stürzen beginnt: mit dieser
tragischen Geradheit, und obwohl der Hüne alles
beobachtete, den Anfang, die Entwicklung des
Sturzes, blieb er im Schatten des Schiffskessels,
festgehalten und verurteilt zum Sehen. Er
verfolgte den Sturz des Körpers, hörte den
knappen Aufschlag im Wasser, und noch einmal
das schwächere Geräusch des Wassers, das
zurückfiel, und dann war es still ...

Er trat aus dem Schatten, er rannte zur Brücke,
er sah hinab, und als er nichts entdeckte, drückte
er sich vom erhöhten Brückenrand ab und sprang.
Er sprang mit den Füßen zuerst, und er breitete
die Arme aus, um nicht so tief einzutauchen, aber
das Gewicht seines Körpers riß ihn hinab, so daß
er ganz unter Wasser verschwand. Das Wasser
war kalt und ölig und schwer, und er drehte sich
unter Wasser mit ausgestreckten Armen im Kreis
und schwamm schräg nach oben. Und während er
hinaufruderte, streifte sein Gesicht Lenas Mantel.
Er ergriff ihn mit beiden Händen, riß ihn an sich
und schob einen Arm unter die Achsel des
Mädchens, und mit dem andern Arm zog er
kraftvoll durchs Wasser und brachte sie neben der
Kaimauer an die Oberfläche. Er tastete die
Kaimauer ab, bis seine Hand eine Sprosse der
verankerten Eisenleiter berührte, dann schob er
seine Schulter unter das Mädchen, balancierte
höhersteigend ihr Gewicht aus und trug sie
keuchend, Schritt für Schritt, hinauf bis zur alten
Drehbrücke.

ERLÄUTERUNGEN

1 *giant* (Kuddl ist ein sehr großer Mann)
2 *wooden capstan (for securing ships to quay)*

A Im Sinn der Sache

1 An welchen Wörtern und Ausdrücken im 2. Abschnitt des Textes erkennt man die lebhafte Beschäftigung in den Gemüsehallen?
2 Welche Wörter und Ausdrücke in den ersten vier Abschnitten betonen Lenas vollkommene Isolierung?
3 Welche Wörter und Ausdrücke im 4. Abschnitt schildern oder betonen die Verlassenheit und Verwüstung des alten Segelschiffhafens?
4 An welchen Ausdrücken im 4. Abschnitt erkennt man, daß Lena völlig fertig ist und nicht mehr weitermachen kann (d.h. lebensmüde ist)?
5 An welchen Wörtern und Ausdrücken erkennt man die Verzweiflung und die Panik von Kuddls Handlung, wenn Lena im Wasser ist?

B Zur Diskussion

1 Was hat es zu bedeuten, daß Lena an den Gemüsehallen vorbeiging? (Bedenke die Wirkung auf den Leser, daß in den Hallen alles lebhaft und hell ist!)
2 Was hat Lena mit anderen Menschen zu tun? Wie reagiert darauf der Leser?
3 ,,Niemand sah auf das Mädchen . . ., niemand sprach sie an'': Warum?
4 Lena geht zum verlassenen alten Hafenbecken und steht lange auf der geländerlosen Brücke: Wieso ist sie gerade dahin gegangen, und was erwartet man?
5 Lenas Sturz ins Wasser wird von Kuddls Blickpunkt aus geschildert: Warum? Welche Wirkung hat das auf uns?
6 Kuddl ,,verfolgte den Sturz des Körpers'': Warum machte er eine Zeitlang nichts?
7 Zwischen dem Stil am Ende des 4. und dem am Anfang des 5. Abschnitts besteht ein großer Unterschied. Auf welche Weisen ist der Stil anders, und warum? Wie ist die Wirkung auf den Leser?
8 Wie ist die Atmosphäre im letzten Abschnitt? Warum? (Bedenke auch, wo Lena in der Zeit ist!)

C Augenzeuge

Im Text wird alles, was passiert, beschrieben, ohne daß Lenz überhaupt etwas kommentiert oder beurteilt: Nirgends steht im Text, wie sich Lena fühlte, nirgends sagt Lenz, was er von Kuddl hält. Trotzdem wissen wir es, das beurteilen wir selber. Andere Berichte über die Ereignisse könnten anders sein.

Vom anderen Standpunkt aus:
Von den vier angegebenen Möglichkeiten schreib **zwei** weitere Berichte über Lenas Selbstmordversuch und Rettung!

1 Ein Journalist schreibt einen kurzen Zeitungsbericht. (Haben Kuddl oder Lena mit der Presse gesprochen? Werden Augenzeugen interviewt?)
2 Ein Augenzeuge erzählt Lenas Vater, was passierte.
3 Kuddl erzählt Lenas Vater, was passierte. (Spricht er mehr von sich selber oder von Lena? Was sagt er von sich selber? Bedenke seinen Charakter!)
4 Wenn es ihr wieder besser geht und sie einmal davon sprechen kann, erzählt Lena selber ihrem Vater, wie alles passierte.

Zu bedenken:
– Der Stil des Berichts (Sachlich, emotional, lobend, sensationell?)
– Schwerpunkte des Berichts bzw. des Erzählten (z.B. Dankbarkeit; Einsamkeit; Hilflosigkeit; wenn Kuddl nicht da gewesen wäre . . .)

28.Kapitel Energiesparen? Nein, danke!

17. Oktober 1973. Die ölexportierenden arabischen Länder verhängen über ihre westeuropäischen Kunden und die USA einen Lieferstop.[1] Gleichzeitig werden in Etappen die Ölpreise heraufgesetzt, bis sie nahezu das Vierfache der alten Notierungen erreichen. Durch diesen Schlag wird sich Europa seiner lebensgefährlichen Abhängigkeit vom Öl bewußt. Ohne das flüssige Gold geht auf die Dauer nichts mehr. Es werden Sparmaßnahmen angeordnet, von denen das Spektakulärste, das Sonntagsfahrverbot, aber eher als umweltfreundliche Wohltat hingenommen wird ...

Sonntags kann man mitten auf sonst stark befahrenen Verkehrsadern[2] der Großstädte spazieren gehen, was viele aus lauter Neugierde auch machen. Man genießt die unerwartete, ja unerwünschte Ruhe und findet es auf einmal gar nicht so übel, auf den Sonntagsausflug zu verzichten, da es in der Stadt nicht nur ruhiger ist sondern auch sauberer: Die Luft, die sonst vom Auspuff verschmutzt wird, kann man jetzt wieder atmen. Und da es gilt, zur allgemeinen Sparsamkeit möglichst beizutragen, setzen sich Nachbarn und Kollegen zum ersten Mal in einem Wagen zur Hinfahrt an den Arbeitsplatz zusammen, merken, daß es doch nicht so umständlich ist, einige hundert Meter zu Fuß zu gehen. Mitfahrgelegenheiten[3] bieten sich mehr an, man hat Spaß daran, neue Wege in die Sparsamkeit zu suchen.

Zu Hause ist es logisch, die Heizung um ein paar Grad herunterzuschalten, und ausgediente Kanonenöfen werden wieder geheizt. Auch hier im Haushalt wächst das öffentliche Bewußtsein darüber, wieviel Energie gespart werden kann, wenn man nur nicht so verschwenderisch damit umgeht. Ehe die Lichter ausgehen, soll man sie selber ausschalten.

Trotz des Embargos werden aber Treibstoffe und Heizöle nie richtig knapp. Bis diese Gefahr ernst wird, ist der Lieferstop aufgehoben.

Vier Jahre danach: Öl ist im Überfluß vorhanden, an Ruhr und Saar türmen sich mit 30 Millionen Tonnen Kohle Halden[4] nie gekannter Höhe. Benzin ist so reichhaltig auf dem Markt, daß es den Ölkonzernen unmöglich ist, die Preise nachhaltig zu erhöhen. Von dem Schock vor vier Jahren scheint so gut wie nichts geblieben zu sein. Niemand handelt in der Praxis so, als ob Energie gespart werden müßte.

Vor allem kann keine Rede davon sein, daß dort spürbar Energie gespart würde, wo es am leichtesten und wirksamsten möglich ist, nämlich bei der Wärme. Ob eine Lampe mit 60 Watt mehr oder weniger brennt, ob der Fernseher eine Stunde weniger läuft, das bringt letztlich nicht viel. Wenn aber die durchschnittliche Zimmertemperatur auf 21 Grad gesenkt würde, machte dies schon viel aus. Aber wer handelt schon nach dieser nüchternen[5] Erkenntnis? *Süddeutsche Zeitung 17.10.77*

ERLÄUTERUNGEN

1 *impose an embargo*
2 *traffic artery*
3 *lift*
4 *heap*
5 *sober*

A Wovon handelt der Text?

1 Was passierte 1973, was in Europa eine Schockwelle auslöste?
2 Wozu führte das sonntags?
3 Welche Wirkungen hatte es im Haushalt?
4 Wie war die Situation vier Jahre später?
5 Wie wird die Situation von 1977 beurteilt?

B Sprachliche Arbeiten

1 Welche im Text stehenden Wörter haben die gleiche Bedeutung wie diese?
   a) was man unternimmt, um weniger zu verbrauchen (1)
   b) etwas, was man macht, was anderen zugutekommt (1)
   c) Wirtschaftlichkeit (Vorsicht dabei, wieviel man verbraucht) (2)
   d) unbequem; nicht so einfach, wie es sein könnte (2)
   e) unwirtschaftlich; als ob es nichts ausmachte, wieviel man verbrauchte (3)
   f) Benzin, Diesel (4)
   g) so, daß man die Wirkungen merkt (6)
   h) (am) effektiv(sten) (6)
2 Für folgende Wörter im Text steht jeweils ein weiteres Wort da, das die gleiche Bedeutung hat. Wie lauten diese Wörter?
   a) Preise (1): (1)
   b) Öl (1): (1)
   c) im Überfluß (5): (5)
   d) heraufsetzen (1): (5)
3 Das Gegenteil folgender im Text stehender Wörter steht auch da. Wie lautet es?
   a) verhängt (1): (4)
   b) reichhaltig (5): (4)
   c) heraufgesetzt (1): (6)
4 Welche im Text stehenden Ausdrücke haben die gleiche Bedeutung wie folgende?
   a) beginnt zu begreifen, wie nötig es Öl hat (1)
   b) über längere Zeit hinaus (1)
   c) nur weil sie sehen wollten, wie alles war (2)
   d) sonntags doch nicht hinauszufahren (2)
   e) begreifen viel mehr Leute (3)
   f) Gegenteil von ‚theoretisch‘ (5)
   g) ... soll man nicht behaupten (6)
   h) das hilft eigentlich kaum (6)

C Grammatik- und Stilubung

Es kann keine Rede davon sein, daß dort Energie gespart *würde* (6)
(Wird Energie dort gespart? Keineswegs!)
Beantworte folgende Fragen auf ähnliche Weise:
z.B. Weiß man in Sachen Energiesparen viel?
   →Es kann keine Rede davon sein, daß man ... viel wisse.
   a) Wollen die meisten Leute Energie sparen?
   b) Ist bis 1977 das öffentliche Bewußtsein weitaus gewachsen?
   c) Heizen die Müllers weniger als früher?
   d) Wird die Heizung bei uns oft heruntergeschaltet?
   e) Haben sie alles versucht, um ihren Energieverbrauch zu verringern?

D Gut verstanden? Fragen zum Text

1 Wie wirkte sich das Ölembargo von 1973 auf Europa aus?
2 Wie waren Reaktionen auf das Sonntagsfahrverbot?
3 Wie reagierten die Deutschen auf den Aufruf zur Sparsamkeit (a) auf den Straßen und (b) im Haushalt?
4 Warum hielten die Lehren der Situation nicht lange?
5 Wieso wurde 1977 trotz aller Möglichkeiten wenig Energie gespart?

E Übersetzung ins Deutsche

When the oil-exporting Arab countries imposed an embargo on Western Europe in 1973, many people became aware of their dependence on oil and tried to find ways of economising. It was obvious that in the long run they couldn't be so wasteful with this liquid gold, especially as the oil concerns kept raising the prices. For a time oil was in very short supply, and many were prepared to do without unnecessary journeys in order to save fuel.

But nowadays there is plenty of petrol on the market, even though oil prices have risen in stages until they have reached over five times the level of 1973. Many people buy smaller cars, but few seem to think that oil could become scarce again. After all it does not help much if they buy more economical cars but drive them further. They know that theoretically energy ought to be saved, but few actually act as if they ought to make this contribution.

Fernwärme[1]: Heizung für die halbe Republik

Wenn die Deutschen die Abwärme von Industrie und Kraftwerken zum Heizen nutzten, wären sie einen Großteil der Energiesorgen los.

‚Die Sache ist ganz einfach', klärt Wolfgang Prinz, Direktor der Stadtwerke[2] Flensburg, seine Besucher auf, „womit die anderen ihre Luft und ihre Flüsse heizen, wärmen wir in Flensburg die Wohnzimmer."

Wenn die Kohle in herkömmlichen Kraftwerken verheizt wird, geht mehr als die Hälfte der eingesetzten Energie als Abwärme verloren. Durch Kühltürme gelangt die Abwärme als Dampfwolken in die Luft; daneben fließende Gewässer werden aufgewärmt. Während etwa 50 Prozent des erzeugten Stroms sowieso für Heizung und Warmwasserversorgung verbraucht wird, nützt diese Abwärme dem Verbraucher durchaus nicht.

Es ist jedoch möglich, Kraftwerke zu bauen, die nicht nur Strom erzeugen, sondern die nutzbare Wärme in ein Leitungsnetz[3] abgeben. Auf diese Weise erhöht man den Nutzungsgrad der eingesetzten Energie von 38 Prozent auf über 80 Prozent: Denn durch den Bau von Heizkraftwerken und Leitungsnetzen wird die Abwärme nicht mehr verschwendet sondern über das Fernwärmenetz zur Wärmeversorgung vieler Gebäude eingesetzt.

Neun Zehntel sämtlicher Haushalte in Flensburg, Deutschlands nördlichster Stadt, beziehen ihre Heizenergie aus der Abwärme des Stromkraftwerks am Flensburger Hafen. Prinz brachte skandinavische Erfahrungen nach Flensburg: In Finnland hatte er erfahren, daß selbst in dünn besiedelten Gebieten Fernwärme möglich ist, wenn phantasievoll und wirtschaftlich gebaut wird. Dort, im hohen Norden, wird jedes dritte Haus mit Fernwärme geheizt. In Dänemark lernte er, daß sogar Einfamilienhausgebiete vollständig ferngeheizt werden können.

Aber Investitionen für Fernwärmenetze sind aus wirtschaftlichen Gründen am besten in dicht besiedelten Ballungsgebieten[4] möglich: wie zum Beispiel in Frankfurt, wo von der naheliegenden Müllverbrennungsanlage genug Fernwärme abgegeben wird, um die Neubausiedlung Nordweststadt (30.000 Einwohner) zu heizen und mit Warmwasser zu versorgen. Gerade hier kommt ein weiterer Vorteil hinzu: Eine zentrale Wärmeerzeugung ersetzt viele tausend Einzelheizungen und verringert dadurch die Umweltbelastung im Wohnbereich, weil sämtliche

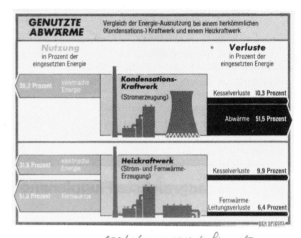

privaten Öl- und Kohleschlote wegfallen. Deswegen ist es geplant, das ganze Ruhrgebiet mit Fernwärme zu versorgen. Das Projekt wird seit einigen Jahren mit staatlichen Mitteln gefördert.

Die Fernwärme gilt nicht mehr als exotische Alternative. Denn sie könnte die Ölabhängigkeit der Bundesrepublik bei konsequenter Anwendung um 30 Millionen Tonnen vermindern; und sie entlastet die Heizkostenrechnung der Privathaushalte um vierstellige Beträge gegenüber Öl- oder Gasheizung. Diese ökonomischen und ökologischen Vorteile lassen kaum noch Argumente gegen Fernwärme einfallen.

„Wenn Sie Flensburg hochrechnen[5]", kalkuliert Wolfgang Prinz, „können Sie 50 Prozent der Bundesrepublik mit Fernwärme versorgen".

SPIEGEL, Spiegelverlag 1981

ERLÄUTERUNGEN

1 *district heating*
2 *city works department*
3 *mains system*
4 *area of high population density*
5 *project (i.e. calculate out/up from)*

F Wovon handelt der Text?

Hier ist eine Liste der eventuellen Vor- und Nachteile der Fernwärme. Welche von ihnen stimmen, welche nicht?

1 Sie ist leicht zu erzeugen.
2 Bei den meisten Kraftwerken wird sie verschwendet.
3 Um sie zu nutzen, braucht man ein Leitungsnetz.
4 Sie erhöht die Energieverschwendung.
5 Ihr Ausbau ist nicht kostspielig.
6 Sie schont die Umwelt.
7 Sie kostet den Verbraucher mehr als andere Formen der Energie.

G Wortschatz

1 Welche im Text stehenden Wörter haben die gleiche Bedeutung wie folgende?

a) unterrichtet; informiert; setzt ins Bild
b) verbrannt
c) alle
d) mit Fernwärme versorgt
e) steht an der Stelle von
f) nicht mehr nötig sind
g) die mit der Umwelt zu tun haben

2 Für folgende Wörter im Text steht jeweils ein weiteres Wort da, das die gleiche Bedeutung hat. Wie lauten diese Wörter?

a) geht verloren (2): (3)
b) Heizung (2): (3)
c) verringert (5): (6)
d) wirtschaftlich (5): (6)

3 Was bedeuten diese im Text stehenden Wörter?

a) herkömmlich (2)
 – alt
 – traditionell
 – üblich
b) nützt nicht (2)
 – gebraucht nicht
 – ist nichts wert
 – bringt nichts
c) Nutzungsgrad (3)
 – Wirkungsgrad
 – Nutzbarkeit
 – Gebrauch

4 Das Gegenteil folgender im Text stehender Wörter steht auch im Text. Wie lautet es?

a) eingesetzt (2): (2)
b) Abwärme (2): (3)
c) beziehen (4): (3)
d) Ballungsgebiete (5): (4)

5 Welche im Text stehenden Ausdrücke haben die gleiche Bedeutung wie diese?

a) ... hätten sie ... nicht mehr
b) werden geheizt
c) wenn man sie weitmöglichst nutzte
d) ermöglicht die Ausgabe kleinerer Summen für Wärmeversorgung
e) um Tausende von Mark

H Gut verstanden? Fragen zum Text

1 Was wird normalerweise aus der Abwärme von Industrie und Kraftwerken? Warum?
2 Was kann man daraus entwickeln?
3 Warum sind die Möglichkeiten der Fernwärme wohl gerade in Flensburg ausgebaut worden?
4 In welchen Gebieten paßt die Entwicklung der Fernheizung am besten? Warum?
5 Welche Vorteile hat die Fernwärme gegenüber anderen Heizungen?
6 Welche 50 Prozent der Bundesrepublik könnte man mit Fernwärme versorgen?

I Nicht nur montags

„Jetzt heißt es: Sparen, sparen, sparen"
(Vokabeln auf Seite 225)
Wenn man die Aufnahme – beliebig oft – gehört hat, soll man folgende Fragen zum Text beantworten:
1 Warum soll man Energie sparen?
2 Wieviel Energie soll man sparen?
3 Wie soll man Energie sparen?
4 Wieviel hat die Ölkrise geholfen?

J Gesprächsthemen

Hier geht es um Reaktionen und Meinungen der Klasse.

– Ist „die Sache ganz einfach"? Warum (nicht)?
– Würdest du ein Fernwärmesystem in deiner Stadt bzw. Gegend begrüssen? Warum (nicht)?
– Könnten wir uns die Investitionen leisten? Wie? Wer würde die Kosten tragen?
– Welche eventuellen Probleme und Nachteile wären damit verbunden?
– Gibt es andere Methoden, weniger Energie zu verbrauchen? Welche?

K Aus eigener Erfahrung

Jetzt gehören wir zu den Beteiligten. Bearbeite **eine** folgender Situationen!

1 Als Einwohner(in) von Flensburg vergleichst du deine Heizkostenrechnungen von früher und von jetzt und schreibst davon an eine(n) Freund(in). Beschreibe auch die Umbaukosten, und wie umständlich die Zeit des Umbaus war! Hat es sich gelohnt?

2 Du hast gerade Flensburg besucht und mit Herrn Prinz über die Fernwärme gesprochen. Schreib' einen Brief an den Direktor der Stadtwerke der eigenen Stadt, um ihn über die Vorteile der Fernheizung zu informieren! (Umbaukosten und Investitionen nicht vergessen!)

29.Kapitel Schöne neue Welt?

Atomkraft – sicher und sauber?

Bauen oder nicht bauen? Die Kernkraftdebatte will nicht verschwinden. Befürworter behaupten, Atomkraftwerke seien sicher, daß im Notfall genug Sicherheitsvorkehrungen[1] bestünden. Gegner der Atommeiler[2] fragen, warum die deutschen Kernkraftwerke denn trotz Rieseninvestitionen so oft stillstehen. Sie weisen auf die Katastrophe von Tschernobyl hin, und warnen vor dem Problem der Beseitigung und Entsorgung[3] der ausgebrannten Elemente und radioaktiven Abfälle, das noch nicht gelöst ist und vielen Sorgen macht.

Besser wäre, so die Kernkraftgegner, die Erschließung alternativer Energiequellen mehr zu fördern: Da fossile Brennstoffe nicht unerschöpflich seien, sollte die Energieversorgung aus regenerierbaren[4] Energieträgern Ziel der Investitionen sein. Ob die Alternativen ausreichten, um die Leistungen der Atomkraftwerke zu ersetzen? Wohl! Sauber und sicher wären sie auch.

Die Sonne ist mit Abstand die größte nutzbare regenerative Energiequelle der Erde. In sonnenreichen Gebieten der Welt können Sonnenkraftwerke Strom aus der umgewandelten[5] Wärme der Sonne erzeugen. Sonnenärmere Gebiete wie in Europa erleben im Winter eine ungenügend intensive Bestrahlung, um das ständige Funktionieren von Sonnenkraftwerken zu ermöglichen. Mit Hilfe von Dachkollektoren aber kann Sonnenenergie als Wärme gesammelt und direkt zur Raum- und Wasserheizung verbraucht werden. Um den ganzen Energiebedarf der Bundesrepublik in diesem Bereich zu decken, müßten weniger als 20 Prozent der Dachfläche Deutschlands mit Sonnenkollektoren belegt sein.

Weitere Alternativen bietet die Gewinnung von Elektrizität aus Wasserkraft: Europa hat einen Großteil seines Potentials schon erschlossen. Bergige Länder wie die Schweiz haben viele Großanlagen, und Norwegen bezieht gar 99 Prozent seines Strombedarfs aus gestautem Wasser. Aber Wasserkraft verströmt sich weiterhin ungenutzt. Wegen ihrer Nachteile kämen große Talsperren[6] zwar kaum noch in Frage, aber kleine Wasserkraftwerke könnten weiterhin gebaut werden, um einen Privatbedarf zu decken. Auch die Nutzung von Vorgängen im Meer gehört zur Wasserkraft: Es handelt sich vor allem um Gezeiten-[7] und Wellenenergie, denn die Bewegung des Ozeans läßt sich sowie die der Flüsse in brauchbare Energie umwandeln.

In Zukunft werden Kraftwerke, die an unseren Gewässern stehen, vielleicht nicht mehr mit erschöpflichen Energiequellen zu tun haben.

ERLÄUTERUNGEN

1 *precautions*
2 *atomic pile/reactor*
3 *decontamination, safe disposal*
4 *renewable(s)*
5 *convert; transform*
6 *Staudamm*
7 *tide*

A In eigenen Worten

Wie könnte man folgende Auszüge aus dem Text in eigenen Worten fassen, ohne kursiv gedruckte Wörter zu benutzen? Vorschläge, wie das zu machen wäre, stehen jeweils in Klammern.

1 Die Kernkraftdebatte *will nicht verschwinden* (1)
(→In der Kernkraftdebatte . . . weiter)

2 die *Erschließung* alternativer Energiequellen mehr zu *fördern* (2)
(→für . . . mehr . . .)

3 Da fossile Brennstoffe nicht *unerschöpflich* sind, sollte die Energieversorgung aus regenerierbaren *Energieträgern Ziel* der *Investitionen* sein (2)
(→Da die Welt eines Tages . . ., sollte man . . ., um . . . zu erschließen)

4 Die Sonne ist *mit Abstand* die größte nutzbare regenerative *Energiequelle* (3)
(→Von der Sonne kann man . . . als von . . .)

5 Sonnenärmere Gebiete *erleben* eine *ungenügend intensive Bestrahlung* (3)
(→In sonnenärmeren Gebieten . . . zu . . ., als daß . . .)

6 Um den ganzen *Energiebedarf* der BRD in diesem Bereich zu *decken* . . . (3)
(→um . . . zu erzeugen)

7 Wasserkraft *verströmt* sich weiterhin *ungenutzt* (4)
(→Es bestehen weitere . . ., . . . zu . . .)

B Gut verstanden? Fragen zum Text

1 Warum will die Kernkraftdebatte „nicht verschwinden"?
2 Was fürchten Gegner der Atomkraft?
3 Welche Vorteile hätten für diese Gegner der Atomkraft die regenerierbaren Energieträger?
4 Welchen Einfluß übt die geographische Lage eines Landes in Sachen Sonnenenergie aus?
5 Was hat eigentlich das Ende des dritten Abschnitts über Sonnenenergie zu deuten?
6 Welche Vorteile haben vielleicht kleine Wasserkraftwerke gegenüber den großen?
7 Auf welche Weise müßte man umbauen, damit „Kraftwerke, die an unseren Gewässern stehen, nichts mehr mit erschöpflichen Energiequellen zu tun haben"?

C Tonbandaufnahme

Die USA im Jahre 2001
(Vokabeln auf Seite 225)

1 Hier ist eine Liste der möglichen Energiequellen der Zukunft aus der Aufnahme: Welche Benennung paßt zu welcher Beschreibung?
Biogas; Erdwärme; Luftstörungsenergie; Wasserkraft

2 Welche der angegebenen Antworten paßt am besten auf diese Fragen zum Inhalt der Aufnahme?

a) Was stimmt?
   i) Die Amerikaner fanden es schwer, Energie zu sparen.
   ii) Sie fanden es schwer, die Möglichkeiten des Energiesparens zu akzeptieren.
   iii) Sie fanden es schwer, ihren Lebensstandard aufrechtzuerhalten.

b) Was alternative Energiequellen betrifft:
   i) Energie wird jetzt (im Jahr 2001) von Quellen gewonnen, die früher nicht ernst genommen wurden.
   ii) Die Alternativquellen sind zu exotisch, um viel wert zu sein.
   iii) In den 80er Jahren hielt man neue Energiequellen für exotisch.

c) Wieso eignen sich die USA für die Biogasproduktion?
   i) Weil man viele große Städte damit heizen kann.
   ii) Wegen der vielen Tiere, die den Rohstoff zur Gasgewinnung liefern.
   iii) Weil Amerikaner so viel Methangas erzeugen.

d) Wie wird von der Erdwärme Energie gewonnen?
   i) Die tief unterirdische Temperatur läßt die Wärme heraufsteigen.
   ii) Das Wasser verdampft, bevor es wieder an die Oberfläche kommt.
   iii) Hineingepumptes Wasser wird erhitzt und steigt als Dampf empor.

D Arbeiten zu zweit

Ein(e) Radioansager(in) interviewt eine(n) Befürworter(in) der alternativen Energieträger über diese Alternativquellen und deren Vorteile. Baut zu zweit das kurze Interview auf, das geführt wird!

29. Kapitel

Frische Brise für Windmühlen

Windkraft – Strom aus der Luft holen

Mit den kleineren Anlagen könnten sich Einzelverbraucher in Zukunft mindestens einen Teil ihres Energiebedarfs aus der Luft holen. Die DGW (Deutsche Gesellschaft für Windenergie) hält für möglich, daß sich bis zum Jahr 2000 eine Viertelmillion Bundesbürger ein Windkraftwerk in den Garten stellt, um sich vom Monopol der E-Werke[2] und vom teuren Heizöl weitgehend unabhängig zu machen.

Anlaß zu solchen Hochrechnungen bietet ein Urteil des Bundesverwaltungsgerichts[3] in Berlin, das Herstellern und Nutzern von Windmühlen, die Strom erzeugen, Aufwind gibt. Bislang hatten Bauämter[4] häufig die Aufstellung mit der Begründung untersagt, solche Anlagen „störten das Ortsbild": Das soll fortan nicht mehr gelten.

Windkraftfreunde können technisch erprobte Geräte aus Dänemark importieren: Für rund 30.000 Mark wird eine Mühle angeboten, die bei mittlerer Windstärke genug leistet, um einen Vier-Personen-Haushalt mit Strom, Heizung und Warmwasser zu versorgen. Reicht die Windstärke einmal nicht aus, wird automatisch Strom aus dem Netz hinzugeschaltet. Erzeugt die Mühle umgekehrt mehr Strom, als gebraucht wird, speist sie den Überschuß – ebenfalls automatisch – in das öffentliche Netz ein. Die E-Werke müssen diesen Strom ankaufen, zahlen, dafür allerdings nur Minimalbeträge.

Wichtiger als finanzielle Berechnungen ist aber für viele, daß mit der Weiterentwicklung der Windenergie die E-Werke in Zukunft weniger Strom erzeugen müßten. Ein Ersatz bisheriger Kraftwerke ist zwar nur in geringem Umfang möglich; zu einer Verminderung unseres Primärenergiebedarfs würde uns die Windkraft schon verhelfen. Bundesministerium für Forschung und Technologie und *Stern*, Gruner und Jahr

Der Wind gehört zu den Energiequellen, die der Mensch zur Fortbewegung (Segelschiffe) und zur Arbeitserleichterung (Getreidemühlen, Pumpenwerke) seit Jahrtausenden nutzt. Wind läßt sich direkt und verhältmäßig einfach in mechanisch nutzbare Energie umwandeln. Preisgünstige fossile Brennstoffe verdrängten die Nutzung der Windenergie jedoch zunehmend, weil ihr Nachteil ihre begrenzte und schwankende Verfügbarkeit[1] war. Solche Einschränkungen werden überwunden.

Die Zeit der Windenergie kommt wieder. Ein Zwölftel der Bundesrepublik, vor allem weite Teile Schleswig-Holsteins, Niedersachsens und Bayerns, eignet sich für die Stromerzeugung aus Wind. Mit vielen Millionen Mark wird durch verschiedene Projekte die Weiterentwicklung von großen sowie kleinen Windenergieanlagen gefördert.

ERLÄUTERUNGEN

1 *availability*
2 Elektrizitätswerke
3 *Federal Administrative Court*
4 *Surveyor's Office, Building Regulations Office*

E Wovon handelt der Text?

1 Wie kann der Mensch den Wind nutzen?
2 Welche Rolle könnte der Wind bei der künftigen Energieversorgung spielen?
3 Warum beginnt man jetzt erst Windmühlen zur Stromerzeugung aufzustellen?
4 Welche Vorteile haben kleine Windkraftwerke für Einzelverbraucher?
5 Wie könnten Windkraftwerke – ob groß oder kleine – helfen, Energie zu sparen?

F Sprachliche Arbeiten

1 Welche im Text stehenden Wörter haben die gleiche Bedeutung wie diese?
 a) umarbeiten; ändern (1)
 b) was einem weniger Freiheit/Spielraum erlaubt (1)
 c) wieviel Energie man braucht (3)
 d) Schätzungen/Kalkulationen der künftigen Möglichkeiten (4)
 e) Fabrikant (4)
 f) verboten (4)
 g) erzeugt (5)
 h) aber; andererseits (5)
 i) was man übrig hat und selber nicht braucht (5)
 j) Mindestsummen (5)
2 Welche im Text stehenden Ausdrücke haben die gleiche Bedeutung wie folgende?
 a) Kohle, Öl und Gas (1)
 b) daß man sie nur zu bestimmten Zeiten und unter bestimmten Bedingungen nutzen konnte (1)
 c) ist besonders gut (2)
 d) um nicht mehr auf . . . so angewiesen zu sein (3)
 e) Was zu . . . geführt hat, ist . . . (4)
 f) ermutigt; läßt auf Besseres hoffen (4)
 g) hätten eine schlechte Auswirkung auf das Aussehen des Gebiets (4)
 h) In Zukunft soll alles anders werden (4)
 i) Daß Windkraftwerke die Rolle der herkömmlichen Kraftwerke völlig übernehmen könnten (6)
 j) nur in kleinem Maße, nicht sehr weitgehend (6)
3 Fasse eine Liste der Vokabeln zusammen, die mit Energiegewinnung aus neuen bzw. alternativen Quellen zu tun haben! Vokabeln befinden sich in den Texten „ Schöne neue Welt?" sowie auch „Frische Brise für Windmühlen".

G Grammatik- und Stilübungen

1 Energiequellen, die der Mensch . . . *zur Arbeitserleichterung* nutzt (1)
So kann man auch sagen:
„um die Arbeit zu erleichtern"
Schreibe folgende Sätze auf ähnliche Weise um:
z.B. Windenergie kann man nutzen, um Strom zu erzeugen.
 →Windenergie kann man zur Stromerzeugung nutzen.
 a) Sonnenenergie kann man nutzen, um das Haus zu heizen und mit Warmwasser zu vesorgen.
 b) Wir brauchen mehr Geld auszugeben, um Energie zu forschen.
 c) Um Windenergie zu nutzen, ist nur eine einfache Windmühle nötig.
 d) Um den Strompreis zu vermindern, bedarf man einer wirksamen Windkraftanlage.
2 Wind *läßt sich* in Energie *umwandeln* (1)
Schreib' weitere Sätze zum Textinhalt, die mit folgenden Worten anfangen bzw. weiterführen!
z.B. In weiten Teilen der BRD . . . Strom aus dem Wind . . .
 →In weiten Teilen der BRD läßt sich Strom aus dem Wind erzeugen.
 a) Mit einer kleinen Windkraftanlage . . . ein Teil des Energiebedarfs aus der Luft . . .
 b) Eine kleine dänische Windmühle zur Stromerzeugung . . . für rund 30.000 Mark . . .
 c) Der von der Mühle erzeugte Stromüberschuß . . . ins Netz . . .
 d) Bisherige Kraftwerke . . . durch Windkraftanlagen nicht . . .
 e) Durch Anwendung der Windkraft . . . unser Primärenergiebedarf . . .

H Arbeiten zu zweit/Aus eigener Erfahrung

1 Beckers wollen eine Windkraftanlage im Garten aufstellen. Die Nachbarn finden die Idee nicht gut und denken an das Ortsbild, das gestört wird. Schreib(t) ein Gespräch zwischen Beckers und den Nachbarn, in dem diese gegen die Aufstellung argumentieren, während die Beckers von den Vorteilen und vom Sparen sprechen.

2 Die neuen Nachbarn haben, ohne dich zu fragen, eine Windkraftanlage im Garten aufgestellt. Beschreibe deine Reaktionen darauf! (Bedenke, warum sie das gemacht haben, und ob du es könntest, auch wenn du wolltest!)

30.Kapitel Als das Öl noch floß

Meiner Bäckersfrau war es gleich aufgefallen: Der Parkplatz war leer. Die Herren der Schöpfung, die samstags brötchenholend einen Beitrag zur Haushaltsführung leisteten, hatten ihre Wagen in der Garage gelassen. Die meisten kämen jetzt zu Fuß oder mit dem Rad, hatte sie gesagt. Und den Sportwagenfahrer aus meiner Straße, der in seinem schnellen Schlitten fast jeden Abend mit lärmendem Auspuff zum Zigarettenautomaten an der Ecke gefahren war, den hatte ich gestern tatsächlich zu Fuß auf dem kurzen Weg getroffen.

Die Polizei meldete, daß auf der Autobahn, wenn sie mal nicht von Ferienreisenden verstopft sei, im ganzen etwas langsamer gefahren würde als sonst. Vorige Woche, als mir die hochsommerliche Kälte in die Knochen gekrochen war, war ich schon in den Keller gegangen, um die Ölheizung anzustellen; der Griff zum Schalter war so bequem. Ich hatte es dann doch gelassen und mir einen Pullover aus dem Schrank geholt: Wir hatten angefangen, energiebewußt zu leben ...

Damals begannen die Deutschen, das Energieproblem ernstzunehmen, obwohl sie sich nicht in Angst und Panik hatten versetzen lassen. Sie hatten eingesehen, daß sie gewisse Opfer bringen müßten und Einschränkungen auf sich nehmen, aber kaum einer hatte sich Gedanken gemacht, daß Energiemangel und Energiepreise sein Leben wesentlich ändern und seinen errungenen Lebensstandard gefährden könnten. Sie glaubten noch, man werde das Problem schon irgendwie in den Griff bekommen, und fürchteten nicht, daß es in absehbarer Zeit wieder zu einer Energiekrise kommen könnte, die zur Rationierung zwingen würde.

Auch wenn die Ölscheichs den Ölhahn zudrehen und die Preise ins unermeßliche steigen sollten – von Gewaltmaßnahmen zur Sicherung des Öls

Haus ohne Isolierung: Wärmeverlust

wollten die Westdeutschen nichts wissen: Lieber müßten die Industriestaaten von der Erdöleinfuhr unabhängig werden. Das könnte nur auf zwei Wegen erreicht werden, die gleichzeitig beschritten werden müßten, wenn das energieaufwendige Lebenssystem der Deutschen nicht aus den Fugen geraten sollte: durch Einsatz anderer Energien und durch Drosselung der Energieverschwendung, also durch Sparen.

In Sachen Energiesparen fand den größten Beifall, was unverbindlich war und dem einzelnen am wenigsten weh tat: die freiwillige Aufforderung, weniger Strom, Heizöl, Gas und Benzin zu verbrauchen, sowie die Senkung der winterlichen Raumtemperaturen in Behörden, Büros und Betrieben. Ohnehin hatten bislang mehr Berufstätige an überheizten als an kalten Büros gelitten. Viele Bürger wurden bereit, ihren privaten Energieverbrauch einzuschränken: Das alte Werbeslogan der Elektrizitätswerke „Strom kommt sowieso ins Haus, nutz' das aus!" galt längst nicht mehr.

Bei weiteren Ölpreissteigerungen wollten sie

nicht mehr blindlings blechen sondern lieber energisch sparen; zum Beispiel dadurch, Wände besser zu isolieren, Türen und Fenster abzudichten und sich wärmer anzuziehen. Andere meinten, sie wären bereit, da neben Heizen die Warmwasserzubereitung am meisten Energie im Haushalt kostete, seltener zu baden oder nicht so heiß zu duschen. Es hätte allerdings längst schon viel mehr genützt, wenn die Duscher beim Einseifen den Hahn zugedreht hätten!

Auch die Autofahrer wußten plötzlich, wo sie sparen wollten und könnten. Sollten Treibstoffe noch teurer werden, wollten viele von ihnen alle nicht unbedingt notwendigen Fahrten einstellen, sagten sie! Ernster genommen wurden deren Ankündigungen, sich beim nächsten Autokauf einen kleineren, sparsameren Wagen anzuschaffen: Firmenleitungen warben bereits mit dem Argument „Energiesparen", und viele Autofahrer hätten eine Geschwindigkeitsbegrenzung auf der Autobahn begrüßt.

Die starke Zunahme der Sparbereitschaft hätte etwas Hoffnungsvolles signalisieren sollen: ein vernünftiges Energiebewußtsein, eine bessere Kenntnis des tatsächlichen Verbrauchs. Die Bürger dürften nicht den gleichen Eindruck bekommen wie nach dem ersten Ölschock von 1973, als nach Sparappellen alles wieder eingeschlafen war – daß das nicht so ernst sei. Daß das diesmal nicht mehr stimmte, und daß Energie nicht zu vergeuden war, hatten die Deutschen zur Kenntnis genommen. Zu lange aber passierte nichts.

STERN, Gruner und Jahr 1979

Häuser – Energieverschwender!
Ein großer Teil der Heizungswärme geht aufgrund der Bauweise unserer Häuser verloren. Die meisten Gebäude – ganz gleich welcher Größe – haben bestimmte „Schwachstellen", an denen Wärme nach außen entweicht. Dazu gehören die Außenwände, Fenster, Türen und Rolladenkästen, Dach, Dachboden und Keller. An diesen Stellen, wo die größten Energieverluste entstehen, lassen sie sich auch am wirksamsten vermeiden. Es gibt heute eine ganze Reihe von Baustoffen und Isoliermaterial zur Wärmedämmung und -speicherung für Wände, Decken, Fußböden, Türen und Fenster. Nicht nur für Neubauten, sondern auch zum nachträglichen Einbau in ältere Häuser. Durch einen verbesserten Wärmeschutz läßt sich selbst in Altbauten der Bedarf an Heizenergie bis zu 40 Prozent verringern. Allein durch den Einbau von Isolierfenstern können bis zu 10 Prozent Wärmeenergie eingespart werden.

A Sprachanalyse

1 Suche an Hand der Texte „Als das Öl noch floß" und „Häuser – Energieverschwender!":

a) Konjunktivformen der Verben:
z.B. Die meisten *kämen* jetzt zu Fuß . . . (1)

b) Adjektive, die ohne vorangehenden Artikel stehen:
z.B. mit *lärmendem* Auspuff (1)

c) Adjektive, die als Hauptwörter gelten:
z.B. *Ferienreisenden* (2)
Teile die Liste je nach Kasus der Wörter ein!

d) Konditionalsätze:
z.B. Auch wenn die Ölscheichs den Ölhahn *zudrehen sollten* (4)
Teile die Liste in Haupt- und Nebensätze ein!

2 Erfinde Sätze, die folgende aus dem Text stammende Ausdrücke enthalten!

a) Obwohl sie sich davon nicht in Angst und Panik hatten versetzen lassen, . . . (3)

b) . . . fürchten nicht, daß es in absehbarer Zeit . . . (3)

c) Von . . . woll(t)en sie nichts wissen – auch wenn . . . sollten (4)

d) Es hätte längst viel mehr genützt, wenn . . . (6)

e) Sollte(n) . . . noch teurer werden, . . . (7)

f) . . . haben zur Kenntnis genommen, daß . . . (8)

B Vokabelanalyse

Suche an Hand der Texte:

a) Ausdrücke, die aus einem Hauptwort und einem Verb bestehen, eventuell in Verbindung mit einer Präposition:
z.B. einen Beitrag leisten (1)

b) Hauptwörter, die aus zwei oder mehr zusammengefügten Hauptwörtern bestehen:
z.B. Ölheizung (2)

c) Adjektive, die aus einem Verb gebildet werden. Merke auch das Verb, aus dem das Adjektiv jeweils gebildet wird!
z.B. energieaufwendig (4): aufwenden

C. Vokabelbau

energiebewußt; energieaufwendig; Energiepreise

Suche im Text bzw. erfinde weitere Wörter auf ‚Energie——' bzw. ‚energie——'! Schreib' die gefundenen bzw. erfundenen Wörter in Sätzen!

D Tonbandaufnahme

‚Mit dem Fahrrad gegen den Strom' (Ein Atomkraft-Gegner erzeugt seine eigene Elektrizität)
(Vokabeln auf Seite 225)

Wenn man die Aufnahme gehört hat, soll man diese Fragen dazu beantworten:

1 Wie erzeugt Heinrich Schwab Elektrizität?
2 Welchen Bedarf deckt der erzeugte Strom?
3 Warum wurden Heinrich und Helga zu Stromboykotteuren?
4 Warum müssen sie den eigenen Strom erzeugen?
5 Welche Wirkung auf die beiden hatte zuerst ihr „Elektrizitätswerk"?
6 Welche Einschränkungen müssen sie auf sich nehmen?
7 Was will man mit der letzten Beobachtung zur Sache sagen?

E Übersetzung ins Deutsche

How are we to cut the unnecessary consumption of fuels? Many people still believe that there can be no problems with energy, since new sources are constantly being discovered and tapped: They don't seem to realise that such resources are not inexhaustible and that in the foreseeable future our present energy sources will no longer be sufficient.

And so many people still work and live in overheated buildings: They have, it is true, realised in theory that energy should not be wasted, and have had walls, windows and doors insulated and proofed. But this has not made a significant contribution to energy-saving since they have not always used less but simply had warmer and even warmer houses! It would have been far more use to turn down the heating and put more clothes on.

If they were to think more, it must surely strike them how easily their so-called civilisation could fall apart at the seams. Were most people really to become more energy-conscious, far greater savings could be made. Instead of using everything simply because it is there, people would welcome limitations which would help to conserve our precious resources. This can only be achieved in one way: it no longer counts for much to ask others to be careful; new laws will be needed.

F Überblick

1 Das Problem erkennen: Die Folgen von Energieverschwendung ...
Zu bedenken:
– Energievorräte und -quellen; daß die meisten nicht unerschöpflich sind (welche?)
– wieviel Energie vergeudet wird; Notwendigkeit des Sparens und Ziel davon
– wie und wie leicht gespart werden könnte; Entwicklung von alternativen Quellen
– steigende Energiepreise und Gründe dafür
Einige mögliche Folgen:
– das Problem (nicht) in den Griff bekommen
– ... aus den Fugen geraten
– Einschränkungen auf sich nehmen; Opfer bringen
– mit ... verschwenderisch umgehen
Nützliche Ausdrücke:
Da früher die meisten Leute ... gar nicht ernstnahmen, ...
Weil man früher kaum zur Kenntnis nahm, ...
Da man nach wie vor kaum zur Kenntnis nimmt, ...
Da man nicht einsah, ... kam es dazu, daß ...
Da die meisten nicht bereit waren, ...
{ Sollten wir weiter nicht einsehen, daß ..., könnte es gut sein,
{ Sollten wir ... weiter nicht einsehen, daß ...
Da kaum einer sich darüber Gedanken machte, ...
Man glaubte nicht, daß in absehbarer Zeit ....

2 Wie könnten alternative Energiequellen eine hoffnungsvollere Zukunft signalisieren? Was braucht man sonst noch zu machen?

Durch ...	könnte man...
	wäre ein großer Beitrag zu ... zu leisten
An Hand	wäre es möglich, ...
Mittels ...	... erreichbar
... könnte dazu	führen, daß ...
	beitragen, ... zu ...

Methoden:
die Erschließung alternativer Energieträger
die Erzeugung von Strom aus ...
die Gewinnung von Energie aus ...
die Umwandlung von ... in brauchbare Energie
die Beziehung von Heizung aus ...
die Entwicklung von ...
Energieversorgung aus regenerativen Quellen
die Einstellung von unnötigen Fahrten
die Einschränkung des privaten Energieverbrauchs
die Förderung/Nutzung/Drosselung/Senkung von ...
der Einsatz anderer Energien
Abdichten und Isolieren
Ziele:
die Vergeudung erschöpflicher Ressourcen verringern
unsere Abhängigkeit von ... vermindern
einen Großteil unseres Bedarfs decken
viele/mehr Häuser mit ... versorgen
die Leistungen der Atomkraftwerke ersetzen
die Sicherung unserer künftigen Energievorräte

> Nach Tschernobyl spricht alles dafür, das bisherige Kernkraftwerk-Kalkül noch einmal nüchtern nachzurechnen. Wir sind noch einmal, so sieht es aus, glimpflich davongekommen. Das erlaubt es aber niemandem, den GAU von Tschernobyl zur Bedeutungslosigkeit herunterzureden, um der heimischen Kernenergie eine grundsätzliche Kritik zu ersparen, als ob nicht die Kernenergie auf dem Prüfstand stünde, sondern nur die sowjetische Schlampigkeit.
>
> *(Die Zeit* 9.5.86)

G Zur Diskussion

1 Wie gehen wir mit unseren Energievorräten um? Warum? Zu bedenken:
   – Verschiedene Energiequellen bzw. -träger; Erdöl, Erdgas, Kohle, Kernenergie
   – Wieviel Energie haben wir noch vorrätig? Wie lang hält alles?
   – Auf welche Weisen wird Energie verschwendet? Wo und wie?

2 Erschöpfliche Energiequellen (fossile Brennstoffe):
   – Welche Energiequellen sind erschöpflich?
   – Bis wann werden sie erschöpft?
   – Wie reagieren wir auf überflüssige Vorräte?
   – Wird genug an morgen gedacht?
   – Sind wir von diesen Energiequellen zu abhängig?

3 Helfen Sparmaßnahmen? (Siehe Überblick!) Zu bedenken:
   – Welche würden am meisten einsparen? Warum?
   – Sparmaßnahmen in folgenden Bereichen: bei der Erzeugung von Endenergie (z.B. Strom); durch die Verbrennung von Primärenergie (z.B. Kohle); in Gebäuden; was Fahren betrifft (Rolle der Eisenbahn? Autos?)
   – Helfen Gesetze? Sollen wir gezwungen werden, Energie zu sparen? Wie?
   – Wie erweckt man in der Öffentlichkeit eine ständige Sparbereitschaft und Energiebewußtsein?
   – Den Griff zum Schalter oder sich wärmer anziehen?

4 Alternative Energiequellen:
   – Wie groß ist die Rolle von diesen Alternativen? Wie groß soll sie sein?
   – Welche sind die besten, wirtschaftlichsten Alternativen?
   – Welche sind ihre Vor- und Nachteile?
   – Kernenergie: Akzeptabel?
   – Wie leicht sind die Alternativen zu erschließen? Kosten?

5 Kernkraft: Energieträger der Zukunft oder Gefährdung des Lebens?
   – Spielt Kernkraft überhaupt eine Rolle, so wie du die Energieträger der Zukunft siehst?

6 Wie sorgt man am besten für die Zukunft?

> „Der Schock von Harrisburg kam zur rechten Zeit. Die Beinahe-Katastrophe hat uns daran erinnert, daß die Nutzung der Kernenergie mit der Bombe von Hiroshima und 250 000 Toten begann, und daß jeder Reaktor eine potentielle Bombe ist. Wer noch behauptet, der Mensch ‚beherrsche' die Atomspaltung, und Kernkraftwerke seien sicher, kann nicht mehr ernst genommen werden."
>
> *STERN*, Gruner und Jahr 1979

H Aufsatzplan

Many essays will demand of you that you look at a complex situation with a number of possible methods of changing or improving it. In order to write articulately you will need to consider these alternatives and weigh up carefully what **you** see as their respective advantages and disadvantages. There will not necessarily be right and wrong answers, but arguments in favour of one or more of the alternatives may greatly outweigh those for others, either generally speaking or in your opinion. In organising these essays:

1 Give a brief exposition of the situation and the problems that it is said arise out of it.

2 Consider the various methods of changing or improving the situation. You can approach this by devoting one paragraph to each of the methods and discussing their relative merits/demerits. Or you could look at particular aspects of the problem one by one, devoting a paragraph to each of these; the paragraphs would consider firstly what is needed to improve that aspect in question and secondly which methods would fit the bill. The latter of these approaches is more complicated, but a particular method of improvement might provide the 'bridge' from one paragraph to the next, if it solved problems in more than one area.

3 In your final paragraph you will need to summarise which of the alternatives have the most potential and why, but not necessarily to plump for one only. Possibly some combination of options will be the best solution; express your own, realistically assessed opinion.

The following expressions might prove useful to you in constructing your essay:

– Nicht zu zweifeln, daß	– Es scheint noch niemandem aufgefallen zu sein, daß . . . .
– Es ist nicht zu leugnen, daß	
– Es läßt sich nicht widerlegen	– im Laufe der nächsten Jahre
– Es liegt auf der Hand, daß	– in den letzten Jahren
– Offensichtlich	– in letzter/nächster Zeit
– Selbstverständlich	– gegenwärtig
– Auffallend ist dabei, daß	– fortan/von jetzt an
	– über viele Jahre hinaus

Aufsatztitel

1 Wie ist das Problem der Energieversorgung zu überwinden?

2 Wie siehst du die Energieträger der Zukunft?

3 „Rationelle und sparsame Energieverwendung ist eine der Schicksalsfragen unserer Generation": Was hältst du von dieser Äußerung?

4 „Es ist alles kein Problem. Morgen werden wieder neue Energiequellen erfunden": Nimm Stellung dazu!

5 Kernenergie – ja oder nein?

31.Kapitel Grün ist die Farbe der Hoffnung

Auf beiden Seiten der innerdeutschen Grenze ist politisch etwas Neues in der Luft.[1] Wohl als Reaktion auf Entwicklungen im politischen und sozialen Bereich so wie auch in dem ökologischen sind neue Bürgerinitiativen entstanden, die sich als Ziel den Aufbau einer hoffnungsvolleren Welt setzen.

Angesichts der Umweltverschmutzung pflanzen sie auf eigene Faust in der DDR Bäume, um die teils grau gewordene Umgebung zu verschönern. Denn wenn erst Umweltbewußtsein in der DDR-Bevölkerung wächst und sich Basisgruppen gebildet haben, dann entsteht genug Druck, vom Staat mehr Mitbestimmung zu verlangen. Das ist die Hoffnung der Grünen[2] im Osten, von denen viele auch Angehörige der Kirche sind. Der Ruf der Ökologen nach Partizipation stört die Regierung sehr, denn wer in der Umweltpolitik mitreden will, ob Grüner (Ost) oder Grüner (West), der engagiert sich auch für den Frieden.

Westlich der Grenze sind viele aus der wirtschafts- und rüstungsbedachten Gesellschaft ausgestiegen. Auch diese Aussteiger sollten in ihr aber einen Platz finden. Und so kommt auch im Westen der Ruf nach Änderungen. Hier haben sich sogenannte ‚grüne' Bürgerinitiativen zusammengetan, um eine neue politische Alternative zu bilden, die Grün-Alternative Liste (GAL). Wer wählt sie denn? Einer aus Gelsenkirchen jedenfalls, der an eine Zeitung schrieb: „Wachstum – wohin? Für jede Familie

drei Autos, sechs Radios? Ich will wieder reines Wasser trinken, saubere Luft atmen. Deshalb wähle ich trotz Vorbehalte grün."

Wieso mußte aber die GAL entstehen? Diese Frage erläutern die Aussagen weiterer potentieller Grün-Wähler:

„Ich wähle grün, damit unsere Kinder hier gesund leben können", sagte vor der Kulisse[3] eines qualmenden Hochofens ein in Dortmund lebender und praktizierender Zahnarzt.

„Ich wähle grün, weil die Parteien die Städte kaputtgemacht haben", war die kaum zu hörende Antwort einer Psychologin, die auf einer Brücke über der Berliner Stadtautobahn die Hände als Ohrklappen benutzte. Wieder andere sind gegen Atomenergie oder Autobahnbau, kritisieren die Konsumgesellschaft oder möchten eine wahrere Lebensqualität sehen:

„Überall wird von der Qualität unseres heutigen Lebens gesprochen", erklärte ein Frankfurter Heilpraktiker.[4] „Ist das, was heute besteht, wirklich, was wir wollen? So kann es ja nicht weitergehen ..." STERN, Gruner und Jahr 1980

ERLÄUTERUNGEN

1 *something new going on*
2 *the 'Greens', i.e. members of the Green Party*
3 *backdrop*
4 *non-medical practitioner (i.e. one who may, for example, use herbal remedies, etc)*

A Wovon handelt det Text?

1 Was ist politisch Neues in der Luft?
2 Warum entsteht auch in der DDR eine grüne Bewegung?
3 Worauf reagieren im Westen die sogenannten „Aussteiger"?
4 Was wollen diejenigen, die grün wählen wollen?

B Sprachliche Arbeiten

1 Welche im Text stehenden Wörter haben die gleiche Bedeutung wie diese?
  a) aus der Situation heraus gewachsen (1)
  b) Gruppen, die bestimmte Forderungen stellen oder etwas Neues anfangen wollen (im eigenen oder anderer Interesse) (1)
  c) Daß man sieht, was in der Umgebung passiert, und es begreift (2)
  d) entstanden sind (2)
  e) Teilnahme an Entscheidungen (2)
  f) Gegenteil von Krieg (2)
  g) die zu viel an weitere Bewaffnung denkt (3)
  h) daß im wirtschaftlichen Bereich alles größer und mächtiger wird (3)
  i) eine Gesellschaft, in der zu viel ohne Bedenken gekauft und weggeworfen wird (4)
2 Welche im Text stehenden Ausdrücke haben die gleiche Bedeutung wie diese?
  a) passiert etwas (1)
  b) die mit Politik oder Gesellschaft zu tun haben (1)
  c) weil sie bemerken, wie unsere Umgebung kaputtgemacht wird (2)
  d) aus eigener Initiative (2)
  e) bei Entscheidungen mitwirken, die mit unserer Umgebung zu tun haben (2)
  f) eine Forderung nach neuen Formen (3)
3 Wie kann man die im Text stehenden Ausdrücke in eigenen Worten fassen?
  a) sich zusammengetan (3)
  b) Alternative (3)
  c) Lebensqualität (4)
4 Anhand des Textes soll man eine Liste der Vokabeln fassen, die mit der Umwelt bzw. der Umweltverschmutzung zu tun haben!

C Grammatik- und Stilübungen

1 *... als Reaktion auf* Entwicklungen ... (1)
Erkläre mit Hilfe des kursiv gedruckten Ausdrucks, warum die im Text erwähnten Menschen grün wählen!
  z.B. Als Reaktion auf **die** rüstungsbedachte Gesellschaft

Warum wählen diese Menschen grün?:
  a) Der Mann aus Gelsenkirchen
  b) Der Dortmunder Zahnarzt
  c) Die Berliner Psychologin (Bedenke die Ohrklappen!)
  d) Der Frankfurter Heilpraktiker
2 *Überall* wird von der Qualität unseres heutigen Lebens *gesprochen* (7)
(... wird gesprochen = man spricht)
Schreib' folgende Sätze auf ähnliche Weise um!
  z.B. In der BRD und der DDR spricht man viel von der Umwelt.
    → ... wird viel von der Umwelt gesprochen.
  a) Gegen die Umweltverschmutzung protestiert man auch in der DDR viel.
  b) In der DDR ruft man nach Teilnahme an der Regierung.
  c) In der BRD diskutiert man Änderungen.
  d) In der BRD arbeitet man an Alternativen.

D Gut verstanden? Fragen zum Text

1 Welche Probleme werden durch Industrie und Wirtschaftswachstum auf beiden Seiten der innerdeutschen Grenze aufgeworfen?
2 Inwiefern sind Grüne in der BRD und der DDR ähnlich?
3 Was haben diejenigen an der Gesellschaft bemerkt, die eine politische Alternative wählen wollen?

E Übersetzung ins Deutsche

A new political alternative has arisen in Germany, the so-called Green party. But Greens are not all members of the party, for the development of the Green pressure-groups has come as a reaction to the environmental pollution seen everywhere.

Thus in East Germany, where no new political parties are allowed, there are nonetheless many Greens who wish to improve their environment and hope that awareness about the environment will continue to grow. They too wish to have a voice in environmental matters, and like fellow Greens in the West they are committed to peace.

In the West Green pressure-groups have combined to form a political party (which is) committed to improvement of life altogether. Protests against a society too much intent on armaments and economic growth have led to many calls for change: They call for a world in which everyone can find room to live and with a more hopeful future. Such calls for an alternative therefore go out beyond political borders.

31. Kapitel

Die tolle Stadtluft

8/1/98

Qualmende Schornsteine verschmutzten schon
lange unsere Städte. Dort, wo Kohle vorhanden
war oder hingebracht werden konnte, baute man
Fabriken. Die größtenteils schon im 19.
Jahrhundert erbauten Fabriken dehnten
jahrzehntelang eine Rauchglocke über ganze
Gebiete hinaus: In Industriestädten und vor allem
im industrialisierten Ruhrgebiet ließen sich an
verschmutzten Häuserfassaden die
Nachwirkungen leicht ausmachen. Fabrikschlote
wurden zum Sinnbild[1] für die Verpestung der
Umwelt.

In unseren Zeiten, so möchten viele glauben,
gehe man mit der Umwelt vorsichtiger um: Das
stimmt kaum. Denn eigentlich könnte keiner
leugnen, daß das Problem überhaupt wesentlich
schwerer geworden ist. Dafür sorgten zum
Beispiel Chemikalienfabriken, deren
Nebenprodukte größere Gefahren für die Umwelt
bedeuten, weil sie die Luft heutzutage nicht
verschmutzen sondern eher vergiften. Nicht nur
Chemikalienfabriken sind daran schuld sondern
alle industriellen Anlagen, die chemische Abgase
in die Luft freisetzen. Diese wirken auch
verpestend auf die ganze Umwelt.

Die wohl größte Wirkung auf unsere Umwelt
hat neben der Industrie das Auto gehabt. Seine
Abgase vergiften die Luft ebenfalls dermaßen,[2]
daß man oft an sonst klaren Sonnentagen von
außerhalb einer Stadt her sieht, wie ein gräulicher
Dunst über dem Stadtgebiet selbst schwebt und
dichter wird, je näher an den Horizont man
hinblickt. In ihrer intensivsten Form bildet diese
Rauch-, Staub- und Abgasenwolke den
sogenannten Smog.

Vor allem im Straßenbereich – allerdings nicht
nur da – sind Pflanzen und Tiere in Lebensgefahr,
denn der Motor benötigt große Mengen
Sauerstoff, der dann für Menschen und andere
Lebewesen zum Atmen nicht mehr vorhanden ist.
In anderen Verkehrsbereichen so fortschrittlich
leidet unsere Gesellschaft an der sich steigernden
Intensität der Umweltverpestung als Folge der
zunehmenden Anzahl der Kraftwagen. Jahrelang
wurden unsere Lungen in der Stadt so
vollgequalmt, daß uns die Luft wegblieb.[3] Die
Auswirkungen der Abgase aus Millionen von
Auspuffrohren merkte man an Kindern, die diese
dicke Stadtluft[4] immer einatmen mußten: Spuren
von Gehirnschaden. Diese schädlichen
Nachwirkungen des Bleiinhalts Benzins hat die
Bundesrepublik Deutschland nunmehr durch das
Benzin-Bleigesetz wesentlich verringert, so daß

das Problem hoher Bleikonzentrationen in der
Stadtluft fast behoben worden ist. Die Abgase
sind trotzdem giftig.

In den Städten hat man zwar eingesehen, daß
Bäume nicht gefällt sondern eher gepflanzt werden
sollten, um der Stadtluft möglichst viel Sauerstoff
anzuschaffen. Aber Zeichen der Verunreinigung
der Luft sind in unseren Städten noch überall
auszumachen. Und während man seine Mitbürger
ermahnt, mit der Stadtluft vorsichtiger
umzugehen, werden auf dem Lande immer noch
neue breite Trassen[5] zum Straßenbau in Anspruch
genommen.[6] Dahin wird dann auch – abgesehen
davon, was dazu erst alles kaputtgemacht wird! –
mit der Eröffnung der neuen Straßen- und
Autobahnstrecken diese tolle Stadtluft sozusagen
exportiert. *STERN*, Gruner und Jahr, und *Spiegel*, Spiegelverlag

---

ERLÄUTERUNGEN:

1 Symbol
2 in **dem** Maße, in solchem Maße; d.h so viel
3 (doppeldeutig!) daß wir so geschockt waren,
  daß wir kaum noch atmen konnten
4 schlechte Luft; Qualm
5 Grundstück, das man z.B. zum Straßenbau
  braucht und auf dem die neue Straße gebaut
  wird
6 brauchen; gebrauchen; für sich nehmen, so daß
  es für andere(s) nicht mehr vorhanden ist

F Wovon handelt der Text?

1 Wie sind die Wirkungen der Industrialisierung?

2 Unsere Städte sehen heute sauberer aus: Sind sie es wirklich? Warum?

3 Wo und wie ist die heutige Verschmutzung zu sehen? Worauf ist sie zurückzuführen?

4 Auf welche Weisen wirkt das Auto schädlich auf die Umwelt?

5 Was wird in den Städten unternommen, um die Luft zu verbessern? Mit Erfolg?

6 Wo ist die „dicke" Luft auch zu finden? Warum?

G Wortschatz

1 Welche im Text stehenden Wörter haben die gleiche Bedeutung wie diese?
   a) da; zu finden (1)
   b) eine Decke aus Rauch und Staub, durch die die Sonne kaum hindurchstrahlen kann (1)
   c) sehen (1)
   d) ein dünner Nebel (3)
   e) hängt (in der Luft) (3)
   f) zunehmend; intensiver werdend (4)

2 Welche im Text stehenden Ausdrücke haben die gleiche Bedeutung wie diese?
   a) behandele ... auf die richtige Weise (2)
   b) machen ... schmutzig und krank (2)
   c) mußten wir so viel Dreck einatmen, weil die Luft nicht sauber war (4)
   d) (daß) man kaum noch Schwierigkeiten hat (4)

3 Erkläre in eigenen Worten folgende Wörter und Ausdrücke, die im Text stehen.
   a) größtenteils (1)   d) im Straßenbereich
   b) Schlot (1)   (4)
   c) industrielle   e) verringert (4)
      Anlagen (2)   f) gefällt (5)

4 Das Gegenteil jedes folgender Wörter befindet sich im Text: Wie lautet es?
   a) gesäubert (1)   c) vermehrt (4)
   b) bereinigen (2)   d) entnehmen (5)

H Gut verstanden? Fragen zum Text

1 Welche schädlichen Wirkungen hatte wohl die Rauchglocke, die über so mancher Stadt hing?

2 Auf welche verschiedenen Weisen hat das Auto eine solche schädliche Wirkung auf die Umwelt und die Gesellschaft?

3 Sind Wirkungen nur im Stadtbereich zu sehen?

4 Der Smog: Woran lag er früher? Worauf ist er heute zurückzuführen?

5 Fortschritte im Verkehrsbereich: Sind die Städte immer noch so voller Verkehr? Warum?

6 Sind die Wirkungen der Luftverschmutzung immer sichtbar? Geht es nur um Schmutz?

I Nicht nur Montags ▨

Saurer Regen und giftiger Staub über Deutschland
(Vokabeln auf Seite 225/226)
Beantworte folgende Fragen zu den einzelnen numerierten Abschnitten!

1 Wie ist das große Problem in Deutschlands Wäldern, und wie versucht man, es zu bekämpfen? Mit Erfolg?

2 Wie sind die Wirkungen des „Regens", wo und warum?

3 Worauf sind die Schäden und das Problem zurückzuführen?

4 a) Wie kam es zu dieser Form der Umweltverschmutzung?
   b) Was wollten Politiker erreichen, und wieviel haben sie erreicht?
   c) Warum ist das Ausmaß der Wirkungen so schlimm?

5 a) Ist nur Deutschland betroffen?
   b) Warum ärgern sich die Deutschen so über das Problem?
   c) Welche Einwohner welcher Gebiete sind betroffen, wie und warum?

J Gesprachsthemen

– Was haltet ihr von
   a) der Umweltverschmutzung?
   b) Gesetzen, die Probleme der Umweltverschmutzung regeln sollten?
– Ist die Situation zu verbessern? Wie?

K Aus eigener Erfahrung

Jetzt gehören wir zu den Betroffenen! **Eine** folgender angegebener Situationen soll man selber bearbeiten. (Erst in der Klasse besprechen? Als eine Rede vorbereiten?)

1 Stell' dir vor, nicht weit von der Stadtautobahn zu wohnen (mit Kindern?)! Beschreibe, wie alles ist, und was du dabei schlecht findest!

2 Als Stadtbewohner hattest du dich gefreut, endlich einmal aufs Land hinaus zu ziehen, obwohl du noch in der Stadt arbeitest. Es ist aber nicht so toll geworden. Erzähl' warum!

3 Du bist Obsthändler(in) bzw. Besitzer(in) eines Verkaufsstands an einer dicht befahrenen Straße. Was für Probleme werden dadurch für dich verursacht?

4 Eine neue Autobahntrasse führt direkt durch das Gelände deines Bauernhofes: Du bist gezwungen umzuziehen. Äußere deine Meinung dazu! (Bedenke deine Gefühle!)

32.Kapitel ‚Die Tankerwände sind dünn wie Eierschalen'

Eine Ölkatastrophe wie die an der Küste der Bretagne nach dem Schiffbruch der „Amoco Cadiz" – 220.000 Tonnen Öl ruinierten die Küste – fürchtete man 1981 in Hamburg, als am 25. Juli der geladene Öltanker „Afran Zenith" auf Grund trieb. Der Unfall deckte mangelhafte Vorsorge gegen eine Ölkatastrophe auf: Was wäre geschehen, wenn...?

Als die „Afran Zenith", beladen mit 80.000 Tonnen Rohöl aus Angola, gerade durch das enge Fahrwasser der Elbe in den Hafen kommen sollte, passierte, was alle Fahrensleute fürchten: Die Maschinen des großen Öltankers versagten. In Minutenschnelle legte sich das manövrierunfähig gewordene Schiff beim Hamburger Wohnviertel Övelgönne quer und trieb mit dem Bug am Elbe-Nordufer auf Grund.

Aus einem Leck im vordersten Tank, womöglich beim Überlaufen des Ankers entstanden, strömten rund 300 Tonnen Öl aus. Wasser und Strand wurden auf 15 Kilometer Länge verpestet, und während 14 Schlepper stundenlang zogen und zerrten, um den Tanker wieder frei zu bekommen, stand die Millionenstadt Hamburg, so das lokale „Abendblatt", „am Rande einer Katastrophe".

Bei ablaufendem Wasser drohte das Auseinanderbrechen des Tankers, eine Ölflut von zigtausend Tonnen hätte sich in die Elbe ergossen. Ein Funke hätte ausgereicht, um das Öl-Gas-Gemisch in ein Flammenmeer zu verwandeln oder eine Riesenexplosion auszulösen. (Ein Kubikmeter solchen Gases, rechnen Experten, wirkt etwa wie ein Kilogramm Dynamit.) Auch ohne Explosion hätte eine größere Menge ausgelaufenen Öls verheerende Folgen gehabt: Weil es in Hamburg und anderswo an Spezialgerät mangelt, wäre der Ölteppich elbabwärts gedriftet und hätte alles pflanzliche und tierische Leben im Strom und an den Ufern vernichtet.

Mit einem solchen Unfall war seit Jahren jeden Tag zu rechnen – auch in Hamburg, nach Wilhelmshaven zweitgrößtem Ölanlandeplatz Westdeutschlands. Im Schnitt kam alle zwei bis drei Tage ein Tanker mit mehr als 10.000 Tonnen elbaufwärts. In dieser Flotte fahren auch Frachter sogenannter Billigflaggen, bei denen technische Ausrüstung sowie Ausbildung des Schiffspersonals mangelhaft sind. An Sicherheitsmaßnahmen wird sowieso nicht genug gedacht. Hinzu kommen noch zahlreiche Massentransporte hochgiftiger Chemikalien, die das Risiko auf dem Industriekanal Elbe zusätzlich erhöhen.

Daß das Unglück der „Afran Zenith" nicht schwerer auswirkte, verdanken die Hamburger Hafen- und Umweltschützer mehreren günstigen Umständen: Da der Unfall im Hafen geschah, waren binnen kurzer Zeit 14 Schlepper zur Stelle; aus dem 4000-Tonnen-Tank lief weniger als ein Zehntel der Ölladung in die Elbe; Wind und Strömung sorgten für eine nur langsame Verteilung des Ölteppichs.

Das auf dem Wasser treibende Öl wurde mit Plastikschläuchen eingedämmt und mit Spezialfahrzeugen abgepumpt. An den Stränden bekämpften Feuerwehren, Technisches Hilfswerk, Privatfirmen und Freiwillige die Ölpest, mitunter mit bloßen Händen.

Dennoch war der Schaden beträchtlich. Die Elbufer wurden verpestet; und daß ein großes Fischesterben ausblieb, verdankt man nur, daß das Wasser der Unterelbe so schlecht ist, daß da sowieso keine Fische mehr sind. Aber Tausende Vögel, die im Fluß verölt flugunfähig oder durch verseuchte Nahrung vergiftet wurden, verendeten qualvoll.

Dabei wird seit Jahren vor der mit dem Öl und der Tankerschiffahrt eingeschleppten Gefahr gewarnt. „Die Außenhaut der Tanker ist im Verhältnis zur Ladung dünn wie eine Eierschale", beklagt ein SPD-Bundestagsabgeordneter. Trotzdem wird das Öl in immer mächtigeren Tankern verfrachtet. Und bei diesen Transporten, so ein ehemaliger Tanker-Kapitän, spielen die Reeder mit Menschenleben – mit denen anderer, versteht sich.

Außer der umittelbaren Gefahr für Menschenleben bedrohen Tankerunfälle die Bewohner weiter Landstriche durch die Verseuchung der Umwelt, mitunter des Grundwassers. Bedeckt eine dicke Ölschicht Wasser und Strandflächen, erstickt darunter alles Leben. Schon ein Liter Öl, so Wasserwerker, macht eine Million Liter Grundwasser unbrauchbar. Neben der Elbe ist trotz allem noch viel Landwirtschaft: Die ökologischen Spätfolgen des Ölflusses von Övelgönne sind unabsehbar.

164

32. Kapitel

A In eigenen Worten

Wie könnte man folgende Auszüge aus dem Text in eigenen Worten fassen, ohne kursiv gedruckte Wörter anzuwenden? Vorschläge, wie das zu machen wäre, stehen jeweils in Klammern.

1 . . . stand die Millionenstadt „am *Rande einer Katastrophe.*" (2)
 (→ . . . fürchtete man, daß . . .)
2 Eine Öl*flut* von *zigtausend* Tonnen hätte *sich* in die Elbe *ergossen.* (3)
 (→ Wenn der Tanker auseinandergebrochen wäre, . . .)
3 Eine *größere Menge* ausgelaufenen Öls hätte *verheerende Wirkungen* gehabt. (3)
 (→ Wenn viel mehr Öl . . . , . . .)
4 *Zahlreiche* Massentransporte hochgiftiger Chemikalien *erhöhen* das *Risiko.* (4)
 (→ Weil außer des Öls so viele Chemikalien . . . , . . .)
5 Wind und Strömung *sorgten* für *eine langsame Verteilung* des Ölteppichs. (5)
 (→ Wenn . . . anders . . . , wäre das Ausmaß der Ölpest . . .)
6 Die *Außenhaut* der Tanker ist *dünn wie eine Eierschale.* (8)
 (→ Eigentlich sollte(n) . . . , weil . . .)
7 Die *ökologischen Spätfolgen* sind *unabsehbar.* (9)
 (→ Man kann unmöglich . . .)

B Gut verstanden? Fragen zum Text

1 Wieso stand in der Hamburger Zeitung, die Stadt habe „am Rande einer Katastrophe" gestanden?
2 Welche Gefahren bestehen beim Öltransport?
3 Welche Gefahren und Schwierigkeiten bedrohen insbesondere den Hamburger Hafen? Warum? Was könnte passieren?
4 Wie könnte das alles auf die Umwelt auswirken?
5 Was das Ausmaß der Verpestung betrifft, was hätte bei der „Afran Zenith" passieren können?
6 Woran liegt es, daß das Ausmaß des Schadens nach diesem Unglück nicht noch größer war?
7 Was hat es zu bedeuten, daß die Ölpest von verschiedenen Gruppen und teilweise mit den bloßen Händen bekämpft wurde?
8 Wen macht der Text für solche Unfälle und Gefahren verantwortlich?
9 Welche Sorge bleibt nach der Säuberungsaktion noch übrig?
10 Wie wäre diese gefährliche Situation zu verbessern? (Bedenke, was die Reeder vielleicht machen sollten, und welche Maßnahmen zur Vorsorge Städte wie Hamburg treffen könnten bzw. sollten!)

C Tonbandaufnahme

„Das ist ja kein Fluß mehr!": (Interview mit einem Umweltschützer)
(Vokabeln auf Seite 226) 😎
Wenn man das Interview gehört hat, soll man eine Liste der Kritiken fassen, die der Umweltschützer an der Situation übt.

D Augenzeugen berichten

Stell dir vor, 1981 in Hamburg-Övelgönne gewohnt zu haben, als der Öltanker „Afran Zenith" auf Grund trieb.

 Beschreibe, was du damals auf der Elbe gesehen hast! Äußere deine Meinung dazu, was war und was aus der Situation hätte werden können!

 Das könnte man vielleicht als Brief an den Ölkonzern schreiben. Bedenke, was man dem Ölkonzern dann wohl sagen möchte!

Der Super-GAU von Tschernobyl

Kernschmelze, Wasserstoffexplosion[1] und tagelanger Schwelbrand im sowjetischen Atomkraftwerk. Radioaktiver Niederschlag, vergiftete Milch, verseuchte Wiesen, Run auf die Apotheken in ganz Europa. Der sowjetische Unglücksreaktor galt auch im Westen als besonders sicher.

Große Widersprüche: Einerseits versichern Politiker und Wissenschaftler übereinstimmend, der radioaktive Niederschlag des Kernkraftunglücks stelle keine Gefahr für die Gesundheit der Bundesbürger dar. Andererseits raten sie zu Vorsichtsmaßnahmen: Die Kühe im Stall lassen; die Kinder im Hause halten oder nach dem Spielen im Sandkasten wenigstens kräftig duschen; Säuglinge nachts bei offenem Fenster nicht schlafen lassen; bei Frischmilch aufpassen. Über Radio und Fernsehen wird den Bürgern geraten, bei Regenschauern nicht ins Freie zu gehen und frisches Blattgemüse zu meiden. Kein Anlaß zur Sorge – und trotzdem: Der „Größte Anzunehmende Unfall" (GAU), bisher nur als theoretische Annahme der Techniker und Physiker bekannt, und berücksichtigt, hat mehr als den Reaktor zerstört.

Es ist etwas passiert, was noch nie vorgekommen war und – nach gängigen statistischen Berechnungen – eigentlich nur einmal in zehntausend Jahren passieren kann. Eine Wolke aus radioaktiven Partikelchen aus dem explodierten Kernkraftwerk schwebt in der Luft. Seitdem wechselnde Winde diese strahlende Staubfracht aus der Ukraine über Westeuropa verteilen, klingt vielen die Formel von der sicheren zivilen Kernenergie wieder hohl. In den Apotheken gibt es keine Jodtabletten[2] mehr. Rund um die Uhr wählen erschrockene Bürger die Nottelephone an: Wie hoch die Radioaktivität sei? Dies beweist, wie tief die Angst vor der unsichtbaren Gefahr

Tschernobyl: Der explodierte Reaktor

sitzt. Diese Furcht zeigt zugleich an, daß es mit der so oft beschworenen Akzeptanz der Atomkraft nicht weit her sein kann.[3]

Eine auf Technik und Industrie vertrauende Welt reagiert mit Schrecken oder flüchtet sich in den selbstbetrügerischen Trost, so etwas könne schließlich nur „drüben"[4] geschehen. Zu diesem Glauben ist nicht der geringste Anlaß: In Windscale (jetzt mit Bedacht Sellafield genannt) hat in den fünfziger Jahren ein englischer Reaktor gebrannt. Das Unglück von Three Mile Island[5] schockte 1979 die Atomgläubigen in Amerika. Die Franzosen mußten sich mit Schwierigkeiten in ihrer Wiederaufbereitungsanlage[6] Cap La Hague herumschlagen. Und beim Störfall Brunsbüttel[7] verhielt sich deutsches Personal falsch. Gegen technische Pannen und menschliche Fehler ist kein System gefeit. Murphys Gesetz – „Wenn etwas schiefgehen kann, wird es auch einmal schiefgehen" – macht vor deutschen Reaktoren nicht halt.

Welches Risiko darf eine Industriegesellschaft tragen? Wenn schon Politiker hilflos und verwirrt reagieren – keine Gefahr, aber bitte kein Gemüse! –, so muß die Furcht vor der unfaßbaren Bedrohung in diese Risiko-Kalkulation einbezogen werden. Der Einzelne hat keine Möglichkeit, sich den Auswirkungen eines nuklearen Unglücks zu entziehen.

Es wird hoffentlich sehr lange dauern bis zum nächsten GAU, dem laut Berechnung einmal in zigtausend Jahren auftretenden größten Unfall. Der erste kam nach vierzig Jahren.

ERLÄUTERUNGEN

1 *hydrogen*
2 als Schutzmittel gegen radioaktive Bestrahlung
3 *can't be worth much*
4 d.h. im Ostblock
5 Kernkraftwerk bei Harrisburg in Pennsylvania (USA)
6 *nuclear reprocessing plant*
7 Kernkraftwerk an der Elbe unweit Hamburg

E Wovon handelt der Text?

1 Was passierte in Tschernobyl?
2 Wie reagierten darauf deutsche Politiker und Wissenschaftler?
3 Welche verschiedenen Reaktionen hat die erhöhte Radioaktivität in der Bundesrepublik hervorgerufen?
4 Wie sicher sind nukleare Anlagen im Westen?
5 Was Kernenergie betrifft, wie fühlen sich jetzt viele Bundesbürger?

F Sprachliche Arbeiten

1 Welche im Text stehenden Wörter haben die gleiche Bedeutung?
   a) als ob sie alle derselben Meinung wären (2)
   b) empfehlen (2)
   c) was man unternimmt, um ganz sicher zu sein (2)
   d) Idee, Begriff, Hypothese (2)
   e) beängstigte (3)
   f) kämpfen (4)
   g) reagierte (4)
   h) ohne sichere Ideen, was zu tun wäre (5)
   i) die man sich nicht völlig vorstellen kann (5)
   j) vor . . . fliehen (5)
2 Welche im Text stehenden Ausdrücke haben die gleiche Bedeutung?
   a) Staubpartikelchen aus einer nuklearen Explosion, die aus der Luft zu Boden herunterrieseln (1)
   b) Man glaubte, das KKW in dem der Unfall geschah, sei sicher (1)
   c) . . . würde keine schweren Erkrankungen herbeiführen (2)
   d) Man braucht keine Angst zu haben (!) (2)
   e) nukleare Katastrophe (2)
   f) scheint nicht mehr glaubwürdig zu sein (3)
   g) Plötzlich fühlt sich . . . sehr verunsichert (4)
   h) Kein System ist so sicher, daß Störfälle und Irrtümer darin unmöglich wären (4)
   i) . . . trifft auch deutsche Kernkraftwerke (4)
   j) Von einem nuklearen Unfall werden alle Menschen betroffen (5)

G Grammatik- und Stilübung

1 Faßt eine Tabelle der Argumente für/gegen KKWs, so wie hier:

Argumente der Befürworter	Argumente der Gegner
Die BRD braucht neue und weitere KKWs, weil so viel Strom verbraucht wird	Bau der KKWs ist zu kostspielig Entsorgung der Abfälle fordert zu große Unkosten

2 Schreibt an Hand eurer Tabelle Sätze über Behauptungen der Kernkraft-Befürworter/-Gegner!
   z.B. **Pro:** KKWs sind gut   **Contra:** KKWs bringen nur Probleme
   →Befürworter versichern, KKWs *seien* gut, aber Gegner behaupten, sie *brächten* nur Probleme

H Arbeiten zu zweit

1 Eine Diskussion zwischen einem Befürworter der Atomenergie und einem Gegner zur Sache: Bau weiterer Kernkraftwerke in der BRD!
2 Ein Interview mit einem Bauern bzw. einer Bäuerin aus der Gegend um Wackersdorf an der deutsch-österreichischen Grenze über die Aussichten für das Gebiet, wenn die Wiederaufbereitungsanlage, die dort gebaut wird, in Betrieb genommen wird. Zu bedenken:
   Sicherheit; radioaktive Emissionen; Unfälle; langfristige Auswirkungen auf Wiesen, Kühe, usw.; andere Gefahren

wiederverwerten – to recycle.

33.Kapitel Die Zukunft auf der Müllkippe

Weggeworfen – muß das sein?

Es geht einfach nicht, die anderen zu tadeln, wenn wir doch selber teilweise schuld daran sind: Der Müllberg wächst, und viele tun, als könnte man das nicht ändern. Tagtäglich werden Tausende von Tonnen Materialien von der Konsumgesellschaft weggeworfen, obwohl das nicht sein müßte. Folgender Text erörtert die Möglichkeiten zur Verbesserung einer Situation, vor der er gleichzeitig warnt.

Jeder Bundesbürger produziert heute sechs Zentner[1] Abfall im Jahr. Dieser bundesdeutsche Hausmüll mit einem Volumen von 80 Millionen Kubikmeter ergäbe zusammengekehrt einen Berg so hoch wie die Zugspitze[2] auf der Grundfläche mehrerer Fußballfelder. Dabei enthalten die privaten Mülltonnen weniger als ein Zehntel des gesamten Drecks der Nation: Den größten Teil bilden etwa Autowracks, Altreifen, Bauschutt, Klärschlamm und giftiger Sondermüll aus der Industrie.

In diesem Müllgebirge stecken die Rohstoffe der Zukunft: Jede Tonne Hausmüll enthält rund 14 Prozent Glas, 23 Prozent Papier und Pappe, 18 Prozent Kunststoffe, Leder, Gummi und 5 Prozent Metalle, darunter auch – auf

Geschenkverpackungen – pures Gold, dessen Rückgewinnung aber sich bisher als noch zu teuer erwies. Im Hausmüll stecken also jederzeit wiederverwendbare Rohstoffe, die, obwohl sie eines Tages nicht mehr in solchem Maße vorhanden sein werde, in erheblichen Mengen weggeworfen werden: Unbedachte Fahrlässigkeit, wo eher äußerste Vorsicht am Platze wäre, denn die Rohstoffvorkommen der Welt sind eben nicht unerschöpflich!

Der schonende Umgang mit den natürlichen Ressourcen, der gleichzeitig weniger Raubbau an der Natur bedeutet, wird immerhin im Umweltprogramm der Bundesregierung gefordert: „Abfälle müssen mehr als bisher unter möglichst geringen Kosten wieder in den Rohstoffproduktionskreislauf eingegliedert werden." Durch Recycling (Wiederverwendung) könnte sinnlosem Aufbrauchen der Rohstoffe Einhalt geboten werden.

In der Bundesrepublik werden jährlich rund eineinhalb Millionen Autowracks ausrangiert: Hintereinandergestellt eine Schlange von Frankfurt bis Hongkong. Die Schrotthändler verkraften diese Blechlawine mit Hilfe moderner Shredder-Anlagen. Eisen- und Stahlteile werden

168

Translate into English.

Müll, der nicht produziert wird

aussortiert und zu wieder brauchbarem Metall aufbereitet. Jede zweite Tonne Stahl wird bereits aus Altmetall gewonnen.

In der Papierindustrie gab es Recycling, als das Wort noch gar nicht erfunden war. Heute bleiben jährlich insgesamt 15 Millionen Bäume ungefällt, weil in der Bundesrepublik rund 45 Prozent des Altpapiers in den Papierfabriken wieder verwendet wird. Bei Papier und Pappe rangieren die recyclingbewußten Deutschen jetzt schon mit Abstand an der Weltspitze. Jede dritte Tonne Neupapier wird bereits aus Altpapier gewonnen. Aber für jede Tonne Neupapier, die nicht so hergestellt wird, kommen 15 Bäume unter die Säge, und jedes Jahr werden zum Beispiel 60 000 Tonnen Telefonbücher ungültig.

Bei Glas hapert es noch! In den Jahren von 1967 bis 1977 stieg die Zahl der Einwegflaschen von 43 Millionen auf 980 Millionen. Bundesinnenminister Gerhard Baum will diesen Verpackungsabfall ganz und gar überflüssig machen. So soll die in Vergessenheit geratene alte Milchflasche wieder verwendet werden. Baum: „Das Ende des Wegwerfzeitalters ist gekommen.”

Das Ende des Plastikzeitalters jedoch nicht: Immer noch verdoppelt sich die Kunststoffproduktion in der Bundesrepublik alle 4 bis 5 Jahre. Aber auch hier geht die müllverarbeitende Industrie intensiv vor. An der Universität Hamburg wird an einer Recycling-Anlage für Kunststoffe gearbeitet. Die Produkte des Plastikzeitalters können wieder in Rohstoffe verwandelt werden; Altreifen ebenfalls. So könnten Rohstoffe eingespart werden. Das wäre längst fällig: Bisher verschwinden in der Bundesrepublik jährlich 35 Millionen Altreifen auf Mülldeponien; und 1978 wurden 4,3 Milliarden Joghurtbecher in den Müll geworfen, die da 25 000 Jahre lang nicht verrotten werden!

Neue Formen der Müllverarbeitung würden helfen, die Belastung der Umwelt in Grenzen zu halten. Sicherlich möchte keiner Müllhaufen auf offener Straße sehen. Wir sollten uns in acht nehmen: Denn obwohl uns schon 44 Müllverbrennungsanlagen mit Strom und Heizung versorgen, werden immer noch mehr als zwei Drittel des Hausmülls umweltschädlich in der Landschaft eingelagert. *STERN*, Gruner und Jahr, 1979

Müll, der nicht produziert, wird, braucht auch nicht beseitigt zu werden. Doppelte und dreifache Verpackungen können in fast allen Fällen vereinfacht, Einweggefäße durch Mehrweggefäße (zum Beispiel Pfandflaschen) ersetzt werden. Hier werden auch noch Rohstoffe eingespart.

Es muß eine getrennte Müllversammlung eingeführt werden. In Müllverwertungsanlagen für die einzelnen Materialien können diese dann zur Wiederverwendung aufbereitet werden, wodurch der Verschwendung der Rohstoffe Einhalt geboten wird.

Die totale Müllverbrennung ist unter dem Gesichtspunkt der Umweltbelastung das schädlichste Verfahren der Abfallbeseitigung; die Verbrennung des Mülls ist gesamtwirtschaftlich nicht sinnvoll. Landesprogramm der Grünen, Hessen, 1983

* Einhalt gebieten – to put a stop to

waste disposal

* sich in acht nehmen – to be careful

* sich in Grenzen halten – to be limited

ERLÄUTERUNGEN

1 50 kg.
2 Höchster Berg Deutschlands (2863 m.)

BITTE NUR PAPIER EINWERFEN!
Altpapier ist Rohstoff

A Sprachanalyse

1 Suche an Hand der Texte „Die Zukunft auf der Müllkippe" und „Müll, der nicht produziert wird" alle Beispiele folgender Strukturen:
- a) Passivform der Verben:
  z.B. Tagtäglich *werden* Tausende von Tonnen … *weggeworfen* (Vorwort)
  Teile die Liste je nach Verbzeit bzw. -form ein, und merke, wie die Textauszüge, in denen die Beispiele vorkommen, auf Englisch gefaßt werden!
- b) Adjektive, die ohne Artikel vor einem Hauptwort stehen:
  z.B. *Folgender* Text (Vorwort)
  Teile die Liste je nach Kasus ein
- c) Verben (Partizip oder Infinitiv), die hier als
  – Hauptwort (z.B. Rohstoff*vorkommen* (2))
  – Adjektiv (z.B. *Folgender* Text (Vorwort))
  – Adverbium (z.B. zusammengekehrt (1))
  gelten
  Teile die Liste in diese drei Kategorien ein!
2 Erfinde Sätze, die folgende aus den Texten stammende Ausdrücke enthalten!
- a) und viele tun, als könnte man … (Vorwort)
- b) …, wo eher … am Platze wäre(n) (2)
- c) Durch … könnte … Einhalt geboten werden (3)
- d) würde(n) helfen, … in Grenzen zu halten (8)
- e) Vor … soll man sich in acht nehmen (8)

B Vokabelanalyse

1 Suche an Hand der Texte:
- a) Hauptwörter, die aus zwei (oder gar drei) Hauptwörtern bestehen:
  z.B. Müllkippe (Titel)
- b) Hauptwörter, die aus einem Adjektiv und einem Hauptwort bestehen:
  z.B. Altreifen (1)
- c) Hauptwörter, die aus einer Bindung von Verb und Hauptwort bestehen:
  z.B. Klärschlamm (1)
Die meisten solchen Vokabeln in diesem Text haben mit Müll, Zerstörung der Umwelt oder deren Schutz zu tun: Merke sie gut!

C Vokabelbau

die recyclingbewußten Deutschen

Erfinde ähnliche Adjektive auf ‚–bewußt', die die Menschen beschreiben, die an etwas Bestimmtes viel denken oder daran besonderes Interesse haben.

D Tonbandaufnahme

Der Joghurtbecher
(Vokabeln auf Seite 226)
Beantworte folgende Fragen, indem du die passendste Antwort aussuchst!
1 Der Joghurtbecher
- a) zeigt, was der Mensch aus Rohstoffen alles zu machen weiß.
- b) zeigt, wie verschwenderisch solche Kunstoffprodukte sind.
- c) zeigt, wie verschwenderisch wir mit solchen Produkten umgehen.
- d) ist ein gutes Vorbild für Materialvergeudung.
2 Warum?
- a) Aus Versehen wird er mit Joghurt gefüllt.
- b) Er ist nicht lange haltbar.
- c) Er kann nicht lange benutzt werden.
- d) Wie eine Einwegflasche wird er nicht wieder verwendet.
3 Was ist an seiner Beseitigung das Schlechte?
- a) Er wird immer leichtfertig weggeworfen.
- b) Er wird aus Bequemlichkeit weggeworfen.
- c) Weil er äußerst haltbar ist, verursacht er Probleme, wenn er weggeworfen wird.
- d) So werden Naturrohstoffe verschwendet.

E Übersetzung ins Deutsche

Although many people protest against the destruction of the environment through industrialisation or the building of new motorways or power-stations, they seem to act as if they had not thought of the dangers that waste-disposal brings. It just won't do to throw away raw materials in such vast quantities; yet glass, paper, metal and plastics are still dumped to such an extent that it has proved impossible to put a stop to the growth of the mountain of rubbish.

If only more people were prepared to re-use things, the pressures on the environment could be reduced. Then we should not need to waste so many areas as rubbish-tips, and we would not need to use up supplies of raw materials so quickly: after all, they are not inexhaustible. The mountain of rubbish could be kept within bounds: Yet when the dustmen go on strike there are soon heaps of rubbish in the streets and we are warned of the health-hazards!

Other countries seem more recycling-conscious: West Germany for example is way ahead of the world when it comes to sorting out waste-paper. Glass is now being disposed of separately and can be re-processed; and scrap-metal has long been collected by the scrap-dealers. But still we see too many car-dumps. Greater care would be in order.

F Überblick

Die Landschaft als Müllkippe

1 Pro oder contra?

Äußere mit Hilfe unten angegebener Ausdrücke deine Meinung über folgende Begriffe!

– überfüllte Mülltonnen   – neue Autobahnen/
– Müllhaufen auf offener Straße   Autobahntrassen
– die Landschaft als Müllkippe   – Wiederverwendung von
– Schrotthaufen einfach   Weggeworfenem
   irgendwo liegen zu lassen   – Müllverbrennungsanlagen
– chemische Verseuchung der   – Aufarbeitung von Schrott
   Flüsse   – hohe Schornsteine
– Verschmutzung der   – Kernkraftwerke
   Landschaft durch   – Wiederaufbereitungsanlagen
   Industrieanlagen   – Entsorgung radioaktiver
– weitere Industrialisierung   Abfälle

Nützliche Ausdrücke:

Es ist nicht länger zu akzeptieren, ... Obwohl ... zwar nötig ist/sind, ... Ich sehe ein, wir können auf ... nicht völlig verzichten   ... nicht völlig beseitigen Man muß/müßte bedenken, ... Wir dürften nicht bereit sein, ... zu akzeptieren/hinzunehmen ... kann man nicht rechtfertigen, weil ... Niemand scheint bereit zu sein, auf ... zu verzichten

2 „Unbedachte Fahrlässigkeit, wo eher äußerste Vorsicht am Platze wäre": Was soll man unternehmen, um der Umweltverschmutzung bzw. -verseuchung ein Ende zu tun?

Wollen wir ...,	sind wir gezwungen/gilt es/ist unbedingt nötig
	brauchen wir/bedürfen wir (+ gen)
Um ... zu ...	können wir ... nicht länger dulden

Ziele:

Luftverschmutzung	reduzieren
fahrlässigen Umgang mit der Natur	
Kippen von Müll in die Flüsse	einschränken
Zerstörung der Landschaft	
Gefahr/Risiko einer Katastrophe	beseitigen
Möglichkeiten eines GAU	in Grenzen
Problem der vergifteten Flüsse	halten
Probleme bei der Entosorgung	
radioaktiver Abfallprodukte	lösen
	meiden

besonders Kleinkinder vor der radioaktiven   Bestrahlung schützen

der Versuchung der Flüsse	ein Ende
dem Ausrotten gefährdeter Tiere	machen
der Gefahr ⎱ einer Atomkatastrophe	Einhalt
dem Risiko ⎰ eines nuklearen Unfalls	gebieten
den Bedrohungen der Atomenergie	zuvorkommen
der eventuellen nuklearen	
Verseuchung der Umwelt	

zu erwägen:

unseren Müll weitmöglichst wiederverwenden
nichts so achtlos wegwerfen
die Umwelt durch die Beschaffung weiterer
   Naturschutzgebiete schützen
neue umweltfreundlichere Formen der Energie
   /des Verkehrs erfinden
weniger gefährliche Energiequellen erschließen
alle Kernkraftwerke einmotten
Konsum mässigen/Energieverbrauch
   einschränken
mehr Bürgerinitiativen organisieren
die Regierung überreden, auf Kernenergie zu
   verzichten
strengere Sicherheitsvorkehrungen
strengere Gesetze gegen Umweltverschmutzung
   /-verseuchung
Autobahnen in der Nähe von Wohngegenden
Kernenergie/Wiederaufbereitungsanlagen

Die ökologische Weltkrise verschärft sich von Tag zu Tag. Rohstoffe verknappen sich, Giftskandal reiht sich an Giftskandal, Tiere werden ausgerottet, Pflanzenarten sterben aus, Flüsse und Seen verwandeln sich in Kloaken; der Mensch droht, inmitten einer späten Industrie- und Konsumgesellschaft geistig und seelisch zu verkümmern. So wird den nachfolgenden Generationen eine Zukunft ohne Zukunft aufgebürdet

Landesprogramm der Grünen, Hessen, 1983

Eine bis zu 500fach überhöhte Strahlendosis wurde in manchen Regionen Polens gemessen, vor allem im Ostteil der Masurischen Seenplatte. Mit einer „gewissen Anzahl'' von Schilddrüsenkrebsfällen sei zu rechnen, hieß es auf einer Pressekonferenz. Mediziner schätzen: 10 000 Polen werden in den nächsten 30 Jahren an strahleninduziertem Krebs erkranken.

(Der SPIEGEL 5.5.86)

G Zur Diskussion

1 Zeit, unbegrenztem Wirtschaftswachstum ein Ende zu machen?
  – Wirkung des Wachstums auf die Umwelt
  – Verantwortung den nachkommenden Generationen gegenüber
  – Wirtschaftlicher Umgang mit den Ressourcen der Welt
  – Sinnloses Aufbrauchen von Ressourcen/Rohstoffen
  – Können in Zukunft alle Länder so leben wie die reichen?
2 Wirtschaftswachstum = Umweltzerstörung? Stimmt das?
  – Strengere Gesetzgebung, höhere Strafen
  – Strengere Kontrollen der verschmutzenden Fabriken
  – Saurer Regen/Verseuchung der Flüsse
  – Fabriken für die eigene Müllbeseitigung zuständig?
  – Wirkung auf Kosten der Produkte/den Arbeitsmarkt
3 Sollen wir einen bescheideneren Lebensstandard hinnehmen?
  – Verschwendung von Ressourcen/Verwüstung der Umwelt
  – Verzicht auf unnötige Luxuswaren/Bequemlichkeiten
  – Autos und neue Autobahnen: Weiterhin ohne Bedenken?
  – Lebensqualität; Wunsch nach gutem Leben: Auf Kosten anderer?
  – Verbrauch in Grenzen halten? Wie?
4 Wohin mit dem Müll?
  – Wegwerfgesellschaft und Recycling/Getrennte Mullversammlung: Kosten?/Verpackungen und die Verpackungsindustrie
  – Müllverbrennung: Ständige Vorräte an Brennstoffen, Strom und Fernwärme oder Verschmutzung und Vergeudung von Rohstoffen?
  – Radioaktive Abfallprodukte
5 Atomindustrie und Umweltverseuchung: Umstrittene Aktualität
  – KKWs: Welche Gefahren? Wer ist betroffen? Wirkung?
  – Möglichkeit eines GAU: Verhängnisvolle Auswirkungen?
  – Sicherheitsvorkehrungen: Wie gut sind sie eigentlich?
  – Auswirkungen des Tschernobyler GAU? Reaktionen darauf?
  – Probleme der Entsorgung und Beseitigung radioaktiver Abfälle
  – Wiederaufbereitungsanlagen: Sicher? Baustopp verhangen?
  – Am Beispiel Schweden: Bis 2010 alle KKWs verschaffen
  – „Atomkraft? Nein, danke'': Einzige sichere Lösung?
6 Umwelt schützen:
  – Technologische und natürliche Welt verbinden/vereinigen: Wie?
  – Umweltfreundliche Formen des Verkehrs/der Energieerzeugung
  – Konsum mässigen: Wie? Wegwerfgesellschaft: Umdenken?
  – Tieferes Verständnis für/besserer Einblick in die Ökologie
7 Ist die Situation so schlecht, wie die einen behaupten?
  – Wo besteht die größte Gefahr/Bedrohung?

> „Die Strahlenkrankheit ist keine Krankheit, sie ist der Tod", heißt es kurz und bündig unter den Ärzten.
>
> *SPIEGEL*, Spiegelverlag 5.5.86

> Amerikanische Reaktor-Experten konstatierten, daß in einer Zehn-Kilometer-Zone rings um das zerstörte Kraftwerk (Tschernobyl) der Boden „extrem radioaktiv verseucht" und „wahrscheinlich auf Generationen hinaus unbesiedelbar" sei.'
>
> *SPIEGEL*, Spiegelverlag 5.5.86

H Aufsatzplan

In writing an essay it is a question of considering carefully the essay theme as well as the arguments and counter-arguments. You should not simply present a collection of ideas connected with the theme, but establish the main arguments – either for and against, or discussing the validity of the statement made in the essay title – and back them up. In organisation of the essay:

1 Decide what you want to say and consider how this determines the construction of your essay before you write your introduction.

2 Consider the two sides of the question, the 'pro' and 'contra'. This you can do in two different ways: Either by considering all together the arguments on one side and then all those on the other; or by going through point by point balancing the two sides, argument and counter-argument. This latter way has the disadvantage that the essay will need great organisation so as not to slide into disorder, but the advantage is that the essay may in this way be more lively and interesting. Remember to divide your material appropriately into paragraphs.

3 Your concluding paragraph will be important, for in this you should try to summarise briefly what may be a complicated survey of pro's and con's. There should be some expression of your own opinion also, though since you may well not consider yourself enough of an expert to solve all the world's problems, you might finish by expressing your own doubts or concern, possibly with a question.

There are plenty of useful expressions in all the texts that are connected with arguing and considering a problem. These might also help:

– Einerseits ... andererseits	– Man darf nicht vergessen, daß ...
– Auf der einen Seite ... auf der anderen Seite	– Man muß bedenken/beachten
– jedoch/hingegen/wiederum	– Dabei ist zu bedenken ...
– trotzdem/immerhin	– Wir sollten ... auch in Erwägung ziehen
– im Gegensatz zu ...	– im Grunde genommen /grundsätzlich
– Im Gegenteil!	– in erster Linie/vor allem
– allerdings ...	

Aufsatztitel

1 Wir haben nur diese eine Erde. Damit soll man vorsichtiger umgehen.

2 Umweltverschmutzung: Größte Gefahr für die Zukunft?

3 Es geht einfach nicht, die Industrie zu tadeln ...

4 Eines Tages geht die Welt kaputt: Ohne Mässigung des Konsums auch bald! Was sollen wir tun?

5 Kernkraftwerke – ja oder nein?

[handwritten: Chose any one. 250 words]

34.Kapitel Die Macht der Medien

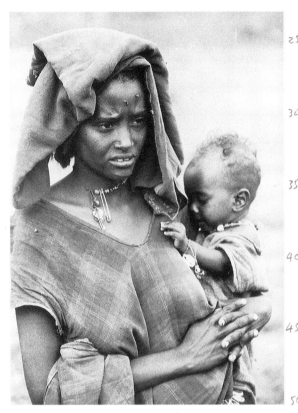

und Amerika; Millionen von Spenden, die
25 abzugeben viele auf Banken Schlange stehen
mußten.

Mit jeder neuen erschreckenden Reportage
wuchsen Spenden sowie auch die Zahl hilfsbereiter
Betroffener,[1] die von den Berichten schockiert sich
30 bereit erklärten, möglichst viel zu tun: Eine
Familie verkaufte das Haus, um alles nur
Mögliche den Verhungernden zur Hilfe zu
schenken. Andere meldeten sich als freiwillige
Helfer. Die Musikgruppen Band Aid und USA for
35 Africa spielten mit ihren Platten zugunsten der
Dritten Welt Millionen ein, die Live-Aid-Konzerte
noch mehr. Hilfe für die Verhungernden war in
aller Munde, alles infolge der Fernsehberichte:
Beispiel ohnegleichen für die Macht des
40 Fernsehens, eine Macht, die weitaus stärker ist als
die der Presse.

Nicht zu leugnen, daß auch die Presse einen
starken Einfluß ausübt, je nachdem, was und wie
berichtet wird: Wer im Oktober 1981 in den
45 konservativeren Zeitungen der Bundesrepublik
von der Bonner Demonstration gegen die
Stationierung von Atomwaffen in Deutschland
las, erfuhr, daß zwischen fünfzig- und
siebzigtausend – weit weniger als erwartet – der
50 Demonstration beigewohnt hätten. Damit war die
„sogenannte" Friedensbewegung als
Randerscheinung unserer Gesellschaft abgetan.
Las man wiederum in liberaleren Zeitungen von
den zwei- bis dreihunderttausend, die Bonns
55 Straßen und Plätze überfüllten, konnte man die
Stärke der Friedensbewegung sowie die eigene
Einstellung gegen die Waffen als bestätigt[2]
betrachten.

Bei der Interpretation von Statistik lassen viele
60 Leute zwar etwas Skepsis walten:
Erfahrungsgemäß weiß man, mit Ziffern kann
etwas hoch- bzw. heruntergespielt werden. Wenn
es aber um die Nachrichten selber geht, vergessen
viele Menschen, wie auch die Nachrichten auf
65 verschiedene Weisen interpretiert werden können.
Eine unkritische Reaktion auf in der Zeitung
Gelesenes ermöglicht, daß man durch die
Redaktion weitreichend beeinflußt wird ...

1980 erschien im Stern-Magazin unter dem Titel
„Die Welt läßt sie verhungern" ein Artikel über
die neueste Hungersnot Afrikas im Nordosten von
Uganda: Tausende seien am Sterben, die
5 Regenzeit ausgeblieben, jegliche Ernte verdorrte.
Herzzerreißende Bilder der Opfer – vor allem von
Frauen und ausgemergelten Kindern – zeugten
von den Leiden der von der Welt fast vergessenen
Menschen. Spenden gingen in Richtung Uganda,
10 doch so wie der Regen fehlte auch eine
Massenreaktion seitens der Europäer. Selbst der
Titel des Berichts sprach von mangelndem
Interesse.

Ganz anders als 1985: Erneut Hungersnot; in
15 Äthiopien waren Millionen von Flüchtlingen am
Verhungern. Fernsehreportagen und die
Unmittelbarkeit der Farbbilder und -berichte, die
Nachrichtensendungen in fast jedes Haus brachte,
bewirkten, was seinerzeit der Stern-Artikel nicht
20 hatte in Bewegung setzen können: Sie erregten
sofort starkes Mitleid mit den Opfern und einen
daraus entstehenden Wunsch, wie auch nur
möglich zu helfen; eine Massenreaktion in Europa

ERLÄUTERUNGEN
1 *(here)* stunned, upset
2 *confirmed*

A Wovon handelt der Text?

Sind diese Behauptungen falsch oder richtig? *statement*

1 Reaktionen auf die Fernsehreportagen über Hungersnot in Afrika waren stärker als die auf den Stern-Bericht seinerzeit. *richtig*
2 Im Endeffekt aber bewirkte der Stern-Artikel viel mehr als die Fernsehreportagen. *falsch*
3 Das Fernsehen übt viel mehr Einfluß aus als die Presse.
4 Die Presse ist nicht in der Lage, die Öffentlichkeit sehr zu beeinflussen. *falsch*
5 Viele Leute, die auf die Nachrichten etwas skeptisch reagieren, sind bei der Interpretation von Statistik unkritisch. *falsch*

B Sprachliche Arbeiten

1 Was bedeuten folgende im Text stehenden Wörter und Ausdrücke?
  a) herzzerreißend (1) – zum Schreien waren – die traurig machten – zerstörerisch
  b) ausgemergelt (1) – abgemagert/schwach – unglücklich – schlank
  c) seinerzeit (2) – damals – in der Freizeit – zur gleichen Zeit
  d) erschreckend (3) – Angst erregend – erstaunlich – erschütternd
  e) war in aller Munde (3) – wurde gegessen – gab es überall auf der Welt – war überall im Gespräch

2 Folgende Wörter und Ausdrücke stehen im Text:
  a) Artikel (1)   c) in Bewegung setzen (2)
  b) sprach von ... (1)   d) schockiert (3)
Suche im gleichen Textabschnitt für jedes Wort und jeden Ausdruck ein weiteres Wort mit gleicher Bedeutung. ,Verben haben nicht die gleiche Form bzw. Zeit!'

3 Welche im Text stehenden Ausdrücke haben die gleiche Bedeutung wie diese?
  a) daß viele Europäer darauf reagierten (1)
  b) sagten, sie möchten gerne nach Äthiopien, um dort ohne Bezahlung zu helfen. (3)
  c) Damit will ich aber nicht bestreiten ... (4)
  d) ... eine weitreichende Wirkung auf die Öffentlichkeit hat (4)
  e) als unwichtig zur Seite geschoben (4)

4 Fasse eine Liste der Vokabeln, die mit Medieninformation für die Öffentlichkeit zu tun haben!

C Grammatik- und Stilübung

...den Leiden der *von der Welt fast vergessenen* Menschen (1)
Schreibe folgende Sätze auf ähnliche Weise ohne Relativsatz um:
z.B. Die Bilder, die in dem Bericht erschienen sind, haben viele Leute schockiert.
  →Die im Bericht erschienen Bilder haben ... schockiert.
  a) Der Artikel, der im „Stern", erschienen war, brachte keine Massenreaktion.
  b) Die Reaktion, die man von den Europäern erwartet hatte, ließ vergebens auf sich warten.
  c) Das Mitleid, das durch die Fernsehreportagen erregt wurde, löste eine Massenreaktion aus.
  d) Viele Europäer, die von den Berichten schockiert wurden, wollten als Freiwillige nach Äthiopien fahren.
  e) Die Straßen, die mit Demonstranten überfüllt waren, zeugten von einer Massenreaktion auf die Situation.

D Gut verstanden? Fragen zum Text

1 Vergleiche die unterschiedlichen Reaktionen auf (a) den Stern-Bericht und (b) die Fernsehreportagen über Hungersnot in Afrika!
2 Wie lassen sich diese unterschiedlichen Reaktionen erklären?
3 Auf welche Weisen werden viele Menschen von der Presse beeinflußt?

E Übersetzung ins Deutsche

People who hardly react to what they have read in the newspapers are influenced greatly by television: 'Millions are close to starvation!' Once more the reports in the newspapers told of the suffering in Africa. But they didn't arouse much of a reaction on the part of the readers; it was almost as if the statistics themselves played down their meaning: it's so difficult to imagine millions. Shortly afterwards, however, a television report about the famine appeared on the news. The immediacy of the pictures shocked everyone who saw them and brought about a reaction expected by no-one. Suddenly everyone was talking about aid for the starving.

Zur Hölle mit Maxi

Probleme mit der Video-Maschine

Ich war auf Anhieb verknallt in sie. Sie sah blendend aus, ganz ohne modischen Schnickschnack.[1] Über sie kursierten tolle Geschichten. Was sie alles konnte! Sie macht dich süchtig, warnten Kollegen. Ich winkte bloß ab. Alles nur Neid von Leuten, die keine Courage haben und echte Leidenschaft nicht kennen, sagte ich mir. Ich mußte sie haben, koste es, was es wolle – und zwar gleich. Das war mein erster Fehler.

Der zweite: Ich habe sie noch immer nicht hinausgeworfen!

Zugegeben – die ersten Monate mit „Maxi" (das Kürzel nur für Kenner) waren ein Glück. Nächtelang hockte ich vor ihr und ließ mir von ihr wieder und wieder vorspielen, wie Rita Hayworth als Gilda die Kerle verrückt machte. Wirklich: „Maxi" hatte es drauf. Ein Knopfdruck von der Couch-Ecke aus genügte – und „Maxi", spurte.

Die Probleme begannen, als die Lubitsch-[2], Hitchcock-[2], Marlene-Dietrich-Reihe und Billy Wilder[2] komplett im Regal standen und meine Freundin, als sie mich zufällig mal traf, fragte: „,Maxi' oder ich?"

Da erinnerte ich mich an die Schaltuhr: ,Maxi' speicherte auf Wunsch vier Programme innerhalb von zwei Wochen! Daß ich es auf diese Weise mit beiden trieb, das war mein dritter Fehler.

Denn nun begann, was jeden Fernsehzuschauer schon mal hat schäumen lassen. Wer sich wie ich aufs ausgedruckte[3] Programm verläßt, lernt unversehens genau die Pappenheimer[4] kennen, die er immer aus gutem Grund gemieden hatte. Wollte ich beispielsweise, daß „Maxi" einen Spielfilm speicherte – einen, den ich unbedingt haben mußte –, während ich bei Freunden zum Nudelessen, Klatsch und Tratsch[5] einkehrte, wurde ich bei der Heimkehr gleich wieder stocknüchtern.

„Maxi" hatte sich nämlich – im Unterschied zu all den verbissen grinsenden Fernseh-Entertainern – pünktlich an die Zeit gehalten und einfach abgeschaltet, obwohl doch James Cagney gerade für irgendeine Riesen-Schweinerei eins auf den Hut bekam. Statt dessen hatte ich einen 25-Minuten-Anfang auf dem Band, bei dem selbst eine Tüte H-Milch[6] im Kühlschrank sauer werden mußte!

Den Frust, nach der Heimkehr von einer längeren Dienstreise gleich zwei von drei auf der Schaltuhr eingestellten Filmen auf der superlangen (und besonders teuren) Cassette verhunzt und

unvollständig zu finden, habe ich nicht vergessen. Auch nicht die Wut, wenn sich bei einigen Leer-Cassetten herausstellte, daß jede Aufnahme mißglückte, weil die Beschichtung[7] offenbar nichts taugte; die Wut darüber, daß in einem Jahr mindestens drei Cassetten zwar das Bild speicherten, dafür aber keinen Ton; daß auch „Maxi" selber noch in der Garantiezeit erste Gebrechen zeigte. Das war zwar ein stiller Triumph über ein typisches Montagsprodukt[8] *„made in Japan"*. Die Schadenfreude aber kam mich teuer zu stehen.

Der Kundendienst holte „Maxi" für drei Wochen ab, und damit begann ein Abschied auf Raten. Sechsmal in fast zwei Jahren war „Maxi" schon in der Werkstatt, obwohl ihr bei mir weder Kinder noch Hunde, Katzen und umstürzende Blumenvasen jemals zugesetzt[9] haben.

Seit kurzem lehnt sie neue Aufnahmen ab, gleichgültig, was gespielt wird. Meine „Maxi" ist nur noch zur Wiedergabe bereit. Die Aufnahme von Filmen erbettele ich von Kollegen ...

ERLÄUTERUNGEN
1 *decoration*
2 Filmregisseure
3 *(here) marked up on the timer*
4 *(here) problems*
5 *chit-chat*
6 *long-life milk (i.e. which won't go sour)*
7 *coating on the tape*
8 *i.e. one with lots of faults*
9 *disturbed*

F Wovon handelt der Text?

1 Was ist „Maxi"?
2 Warum hat es mit „Maxi" Probleme gegeben?
3 Welche Probleme hat es mit „Maxi" gegeben?

G Wortschatz

1 Welche im Text stehenden Wörter haben die gleiche Bedeutung wie diese?

a) sobald ich sie sah (1)
b) verliebt (1)
c) liefen (1)
d) wollte nicht hören, was sie sagten (1)
e) machte, was ich wollte (3)
f) nahm ... auf und hielt auf Lager (5)
g) ohne es zu erwarten (6)
h) verdorben (8)
i) (nichts) wert war (8)
j) Fehler (8)

2 Suche das Gegenteil folgender Wörter im angegebenen Textabschnitt!

a) betrunken (6)   b) ging gut (8)

3 Welche Ausdrücke stehen im Text, die folgendes bedeuten?

a) keine starken Gefühle haben (1)
b) um jeden Preis (1)
c) daß ich mein Verhältnis zu den beiden weiterführte (5)
d) geärgert hat (6)
e) erlebt gerade die Probleme, die er auf keinen Fall haben wollte (6)
f) wenn ich entdeckte (8)
g) nimmt sie nichts Weiteres auf (10)
h) Wenn ich einen Film aufnehmen will, muß ich Kollegen bitten, es mir zu machen (10)

4 Erkläre in eigenen Worten folgende Ausdrücke, die im Text stehen!

a) Ein Knopfdruck genügte (3)
b) kam mich teuer zu stehen (8)

H Gut verstanden? Fragen zum Text

1 „Ich habe sie noch immer nicht hinaus-geworfen": Was hat diese Äußerung über seine Reaktionen auf die Kollegen zu sagen?
2 Wie ging erst alles mit „Maxi" und warum?
3 Welche Wirkungen hatte „Maxi" auf das Leben des Autors?
4 Welche Probleme erlebte er bald mit ihr?
5 „Verbissen grinsende Fernseh-Entertainer": Was hält der Autor von den Entertainern und warum?
6 Was wurde aus seinem ‚Verhältnis' zu „Maxi"?
7 Was will der Autor mit diesem Artikel eigentlich sagen?

I Nicht nur montags

Zur Hölle mit Maxi
(Vokabeln auf Seite 226)
Wenn du die Aufnahme gehört hast, beantworte folgende Fragen dazu:

1 Worin besteht das Problem mit seinen Videoaufnahmen?
2 Welche zwei eventuellen Lösungen überlegt er sich?
3 Zu welchem Entschluß kommt er dann?
4 Aus welchen Gründen?
5 Unter welcher ‚Krankheit' leidet er?
6 Was hat er auch Falsches getan?

J Gesprächsthemen

– Welche Vor– und Nachteile hat ein Videorecorder?
– Warum werden viele Leute video-süchtig?
– Wie würdest du darauf reagieren, wenn ein(e) Freund(in) in dieser Situation wäre?
– Unter welchen Umständen ist es möglich, eine andere Einstellung zum Videorecorder zu haben?
– ‚Besser eingeteilte Fernsehzeit': Trägt ein Videorecorder dazu bei?

K Aus eigener Erfahrung

Erzähle die Geschichte des video-süchtigen Mannes vom Standpunkt seiner ehemaligen Freundin aus oder vom Standpunkt eines Kollegen, der ihn davor gewarnt hatte!

35.Kapitel Macht Fernsehen unsere Kinder kaputt?

Jeden Abend, so gegen 18 Uhr, hat unsere Erziehung sichtbare Erfolge: „Mammi, gibt's heute Sesamstraße?" Kurt, gerade sieben Jahre alt und sparsamen Umgang mit dem Fernsehen gewöhnt, fordert seine TV-Ration. Selbstverständlich auch dann, wenn es uns gar nicht paßt – wenn wir beim Einkaufen sind oder beim Sonntagsspaziergang. Der Versuch, unseren Sohn mit einem „morgen wieder" zu vertrösten, schlägt meistens fehl: Was sind unsere Worte gegen die Macht des Bildschirms? Erziehung für Medien hat eben ihren Preis.

Einer ließ keinen Zweifel daran, welchen Preis er forderte: Der ehemalige Bundeskanzler Helmut Schmidt verlangte den fernsehfreien Tag. Schmidt sah schwarz für das Familienleben, besonders wenn eines Tages über Satellit und Kabel 20 oder gar 30 Programme über die Bildschirme flimmerten. Schmidt fürchtete Überkonsum bei Überangebot und das Schwinden von Gesprächen in der Familie. Sein Vorschlag vom fernsehfreien Tag wird aber in den meisten deutschen Haushalten weitgehend befolgt: Zwei Drittel der erwachsenen Zuschauer lassen einmal in der Woche die Röhre kalt; bei den Drei- bis Siebenjährigen ist nach einer ARD/ZDF-[1] Untersuchung für fast alle ein fernsehfreier Tag die Regel.

In den USA sehen Kinder in diesem Alter erschreckende 30 bis 35 Stunden pro Woche fern. Es gibt zwar in der Bundesrepublik noch keine amerikanischen Verhältnisse, einfach weil hier das Programmangebot um so kleiner ist. Wahr ist aber, daß gerade Kinder bereit sind, ein größeres Programmangebot auch länger zu nutzen. In den Regionen Deutschlands, wo zum Beispiel vier bis sechs Programme zu empfangen sind, steigt der tägliche Fernsehkonsum um 15 bis 20 Prozent. Fernsehen wirkt wie eine Droge!

Wie sieht es dann für Kinder aus? Leben aus zweiter Hand, keine eigenen Erfahrungen mehr? Liegt es am Fernsehen, daß viele Großstadtkinder das Feld und die Kuh darauf nicht mehr direkt sondern nur noch auf dem Bildschirm kennenlernen? Oder darf man schon dankbar sein, daß sie ihre Umwelt wenigstens dort sehen? Werden die Kinder vom Fernsehen gefördert oder überfordert, gebannt oder verängstigt? Es gibt nur ein sicheres Ergebnis der Medienforschung: Während die von einer Sendung vermittelten Informationen relativ

schnell vergessen wird, bleiben Gefühle wie Freude oder Angst auf längere Zeit erhalten. Zuviel oder ‚falscher' Fernsehkonsum führt zu einem Streß der Gefühle. Kinder vor dem Fernseher allein zu lassen, ist der schlimmste aller Eltern-Fehler – aber leider eine alltägliche Sünde.

Da kommt Kurt – eine halbe Stunde ohne Gesprächspartner – aus dem Wohnzimmer, wo er gerade ferngesehen hat. „Ich mach' jetzt was anderes", sagt er. Nun gut, vielleicht hat er die Lust an seiner TV-Ration verloren. Dann steckt der Siebenjährige seinen Kopf wieder um die Ecke, setzt sich zu mir. Schnell wird mir klar, daß er den Fernseher nicht freiwillig verlassen hat: Ein Mann hat in der Sendung einen Cassettenrecorder geklaut und sitzt auf der Polizeiwache, wird verhört. Wird er bestraft? Für Kurt eine bedrohliche Situation, die er nicht allein sehen wollte, nicht ohne die Möglichkeit, seine Erregung mit einem Erwachsenen zu teilen.

Abschalten ist keine Antwort. *STERN, Gruner und Jahr*

ERLÄUTERUNG

1 *Channels 1 and 2 of German television*

A In eigenen Worten

Fasse folgende Auszüge aus dem Text in eigenen
Worten, ohne kursiv Gedrucktes zu benutzen!
Vorschläge, wie das zu machen wäre, stehen
jeweils in Klammern.
z.B. ... lassen ein*mal* in der Woche *die Röhre kalt*
  (→ sehen ...)
    →sehen an einem Abend gar nicht fern
1 *sparsamen Umgang* mit dem Fernsehen gewöhnt
  (1)
  (→gewöhnt, nicht ... ... zu ...)
2 Was sind *unsere Worte* gegen *die Macht* des
  Bildschirms? (1)
  (→Der Fernseher übt ... als ...)
3 Schmidt *sah schwarz* für das Familienleben (2)
  (→Schmidt glaubte, der Fernseher könnte ...)
4 *Über*konsum bei *Über*angebot (2)
  (→daß man ..., wenn ...)
5 Kinder sind *bereit*, ein *größeres*
  Programm*angebot* auch länger zu *nutzen* (3)
  (→Je mehr ..., desto ...)
6 *führt* zu einem *Streß* der Gefühle (5)
  (→hat ... auf die Gefühle)
7 daß er den Fernseher *nicht freiwillig* verlassen
  hat (6)
  (→daß er sich ..., fühlte,... zu ...) *because.*

B Gut verstanden? Fragen zum Text

1 „Erziehung für Medien hat eben ihren
  Preis": Welchen Preis hat sie für Erwachsene?
2 Wie sah Helmut Schmidt die Zukunft für die
  Familie, sollte sich das Fernsehen so
  weiterentwickeln wie in den USA?
3 Welche Unterschiede bestehen zwischen der
  Bundesrepublik und den USA, was Fernsehen
  betrifft?
4 Wie sind die möglichen schlechten Wirkungen
  des Fernsehens auf – besonders kleine – Kinder?
5 Aus welchen Gründen will Kurt nach dem
  Fernsehen plötzlich „was anderes machen"?

* *für – for, in favour of, instead of, in place of*

C Zur Diskussion

– Wie lang sollten Kinder fernsehen?
– Sollte man ihnen „sparsamen Umgang" mit dem
  Fernseher erlauben? Warum? Ist ein „Verbot"
  genug?
– Was hältst du von dem fernsehfreien Tag?
– Wie hilft man Kindern über ihre Ängste vorm
  Fernsehen hinweg?
– Welche Wirkungen habe Fernseh- und
  Computer-Spiele auf Kinder?
– „Falscher Fernsehkonsum": Was verstehst du
  darunter?

D Tonbandaufnahme

Wie beeinflußt der Fernseher unsere Kinder?
(Vokabeln auf Seite 226)
Fasse eine Liste der guten und schlechten
Einflüsse des Fernsehers auf Kinder, die in der
Aufnahme erörtert werden!

E Augenzeuge

„Mein Kind hat zu viel ferngesehen!":
Als Mutter oder Vater eines Kindes, das eine
Zeitlang zu viel ferngesehen hat, erzählst du,
warum es dazu kam, welche Fehler ihr Eltern
gemacht habt, wie ihr über die Probleme
hinweggekommen seid. Das soll alles als
Mahnung an andere Eltern gelten!

Das video-gerechte Haus: Traum oder Alptraum?

Das Zeitalter der totalen elektronischen Kommunikation in Wort und Bild ist keine Utopie mehr. Eine neue Generation wird ganz selbstverständlich groß mit Videorecorder, Videokamera, Bildschirmtext und Videotext, Satelliten-TV und Kabelfernsehen, Heim-Computer und Videospielen. Aber was für ein Leben führen die Tele-Kinder mit all dieser Gerätschaft in ihren vier Wänden? Oder wie werden sie demnächst damit leben? Die „Casa telematica"(zu Deutsch das video-gerechte Haus), die der italienische Architekt Ugo La Pietra zur Mailänder Messe[1] entwarf, eröffnete ebenso überraschende wie beklemmende Perspektiven.

Der Dame des video-gerechten Hauses zum Beispiel bleibt bei der morgendlichen wie abendlichen Toilette, am Schminktisch von Kameras und Monitoren umringt, nichts verborgen, was die Kinder im Hause machen. Arbeiten und Wohnen heißt in der „Casa telematica" auf Schritt und Tritt mit den neuen Medien leben. Auch im Kinderzimmer häuft sich die Technik, so daß das Wohnzimmer im Vergleich dazu geradezu gemütlich wirkt, obwohl für unseren Geschmack alles so steril aussieht. Wo bei uns Bilder, Farben, Erinnerungen zu sehen wären, befindet sich in diesem Haus nur Elektronik.

Dieses Wohnzimmer mit seinen vielen Fernsehschirmen ermöglicht den Kindern wenigstens bildhübsche Fernsehpartys. Über sein fernsehgerechtes Wohnzimmer sagt La Pietra: „Im Wohnzimmer hat normalerweise einer die TV-Fernbedienung[2] in der Hand – meist der Familienvater – und zwingt den anderen seinen Fernsehwillen auf. Was liegt näher, als jedem zu seinem Recht zu verhelfen und viele Bildschirme zu installieren?" Die in die Rückenlehnen der Sessel eingebauten Fernsehgeräte lösen dabei das schon heute drängende Problem vieler Familien: Hintereinandergereiht ermöglichen sie, daß jeder das Programm sehen kann, das er will. Kopfhörer sind natürlich unentbehrlich. Aber auch im Schlafzimmer soll jedes Kind ungestört sein eigenes Programm genießen können.

Beim Anblick solcher sterilen Zimmer waren die meisten Besucher der „Casa telematica" entsetzt und schüttelten den Kopf: Das war ihnen doch zu viel Huldigung[3] an die Technik. Wer will schon so wohnen? Stellte sich der Architekt die Wohnkultur und das Leben der Kinder des 21. Jahrhunderts wirklich so vor? Sollte das nur ein Alptraum der von Fernsehserien und Zeichentrickfilmen geplagten Familien sein? Oder eine Provokation für Kulturkritiker, die seit langem warnend den Finger heben?

Die Reaktionen der Besucher waren von La Pietra einkalkuliert. Er wollte absichtlich mit seiner „Casa telematica" provozieren oder zumindest zum Nachdenken anregen: Wollen wir den Kindern der Zukunft das antun?

Stern, Gruner und Jahr

ERLÄUTERUNGEN

1 *Milan trade-fair*
2 *remote control*
3 *homage*

35. Kapitel

F Wovon handelt der Text?

Der Text geht um die eventuellen Wirkungen der Elektronik auf die Zukunftskinder. Sind folgende Behauptungen zum Textinhalt falsch oder richtig?

1 Eltern werden wohl nicht mehr ins Kinderzimmer gehen müssen, um zu sehen, was die Kinder da machen. *richtig — colourful*

2 Die Kinder werden ein farbenvolleres, schöneres Leben genießen, als wir es tun können. *falsch*

✗ 3 Das Wohnzimmer wird durch die Elektronik noch gemütlicher. *falsch*

4 Nur einer wird das Sagen haben, was im Fernsehen läuft. *falsch*

5 Die vielen Fernsehgeräte im Wohnzimmer werden zum Familienleben viel beitragen.

6 In der „Casa telematica" wird die Technik wichtiger sein als die Kinder. *richtig*

7 Ein nur von der Technik umgrenztes Leben wäre kein Leben mehr für die Kinder. *surrounded.*

G Sprachliche Arbeiten

1 Welche im Text stehenden Wörter haben die gleiche Bedeutung wie diese?

a) problemlos, natürlich

b) ängstigende, bedrückende

c) so, daß man sich da wie zu Hause fühlt

d) trocken und leblos

e) unbedingt nötig dazu

f) belasteten, gestörten

2 Welche im Text stehenden Ausdrücke haben die gleiche Bedeutung wie folgende?

a) im Haus

b) Mutter sieht alles

c) überall und immer

d) jeden gerecht zu behandeln

e) Auf . . . hatte er gezählt

f) dazu führen, mehr zu überlegen

3 Fasse eine Liste der Gerätschaft, die mit der Fernsehtechnik zu tun hat!

H Grammatik- und Stilübung

das *schon heute drängende* Problem (3)
Schreibe folgende Sätze auf ähnliche Weise ohne Relativsatz um!
z.B. Die Fernsehserie, die seit 3 Jahren läuft, geht bald zu Ende.
→Die seit 3 Jahren laufende Fernsehserie geht bald zu Ende.

a) Was viele Eltern unglücklich macht, ist das Fernsehprogramm, das auch am frühen Morgen läuft.

b) Die Ansicht, die am meisten störte, war das sterile Wohnzimmer.

c) Filme, die erst am späten Abend laufen, haben oft als Folge Kinder, die bis zum späten Morgen schlafen.

d) Ein Kind, das in so einer elektronischen Welt lebt, erlebt nicht genug von der Realität.

I Arbeiten zu zweit

Baut zu zweit eines dieser beiden Gespräche auf!

1 Ihr habt zu zweit die „Casa telematica" besucht und seid nun ganz anderer Meinung dazu: Eine(r) ist für die ganze Elektronik, da für die Menschen weit weniger Arbeit zu verrichten ist; der (die) andere sehr dagegen, da alles so entmenschlicht wird. Jetzt diskutiert ihr die Vor- und Nachteile eines Hauses, in der so viel Elektronik (wozu?) vorhanden ist. Zu bedenken:
Kosten; Hilfe; Vor- und Nachteile bestimmter Geräte; Familienleben bzw. -beisammensein; Gespräche; Kontakt zwischen Menschen; Lernen; Information; Erfahrungen (aus zweiter Hand?);
Kinder, die nicht oft genug aus dem Haus gehen; Freiheit

2 Um die Kinder vor den schlechten Wirkungen und Einflüssen des Fernsehens und der Videogeräte zu schützen, will Mutter ihnen keinen Videorecorder kaufen und nur begrenzte Fernsehzeit erlauben. Vater dagegen findet das nicht richtig und möchte den Kindern viel mehr Freiheit erlauben; der Fernseher, sagt er, habe auch viele Vorteile: Eine Diskussion erfolgt.

36. Kapitel Die neuen Medien – Gefahr für Kultur und Gesellschaft?

*Von manchen mit Sorge, von anderen mit
Hoffnungen begleitet, drängt das Fernsehen auf
vielen neuen Kanälen wie etwa Kabel in die
deutschen Wohnstuben. Welche
kultursoziologischen Wirkungen wird dieses rapid
zunehmende Programmangebot haben? 1984 trug
Neil Postman, Professor für Medienwissenschaft an
der New Yorker Universität, seine in Amerika
schon bekannten Warnungen auf der Frankfurter
Buchmesse vor. Was er dabei zu sagen hatte, steht
auszugsweise hier.*

Im amerikanischen Durchschnittshaushalt läuft
der Fernseher ungefähr sieben Stunden pro Tag.
Die einzige Beschäftigung, die mehr von der Zeit
eines amerikanischen Jugendlichen einnimmt als
Fernsehen ist: Schlafen. Mit 40 haben Amerikaner
mehr als eine Million Werbespots gesehen.

Fernsehen in Amerika, so scheint es, ist die
Glück und Zufriedenheit liefernde Droge
„Soma"[1] in Aldous Huxleys „Schöne neue Welt".
Aber Amerikas totale Fernsehberieselung ist nicht
etwa der Versuch einer böswilligen Regierung, das
Volk in einem Zustand nicht aufrührerischer
Zufriedenheit zu halten. Das Problem ist auch
nicht, daß das Fernsehen lauter unterhaltende
Themen präsentiert, sondern vielmehr, daß es alle
Themen als Unterhaltung präsentiert. Das
Gefährliche des Fernsehens ist nicht der Schund,
der kulturelle Ausschuß, sondern daß es alle
ernsthaften öffentlichen Belange der Kultur in
Schund verwandelt.

Während man unsere Politik, unsere
Nachrichten, unsere Religion, unser
Bildungssytem und unsere Wirtschaft immer
weniger durch das gedruckte Wort darstellt,
werden diese Dinge immer häufiger fernsehgerecht
umgeformt und den Erfordernissen des
Bildschirms angepaßt. Und weil das Fernsehen ein
visuelles Medium ist, das eine unmittelbare
emotionale Reaktion verlangt und keine Zeit zum
Nachdenken läßt, wird das, was gezeigt werden
kann, wichtiger als das, was gedacht werden kann.

Sollten Sie ein genaues Beispiel dafür brauchen,
stellen Sie sich Folgendes vor: In Amerika kann
1984 ein fettleibiger Mensch nicht für ein hohes
politisches Amt gewählt werden. Ein dicker
Mensch sieht im Fernsehen nicht gut aus, und so
ein unangenehmes Image überschattet mühelos
alle noch so tiefschürfenden Aussagen, die dieser
Mensch von sich geben mag. Wenn Sie lange keine
interessanten Ideen von führenden amerikanischen
Politikern gehört haben, so ist das nicht, weil sie
keine haben, sondern weil Ideen für politischen
Erfolg belanglos sind. Im Zeitalter des Fernsehens
geht es nicht so sehr darum, ob man einem
Politiker zustimmt, sondern es geht darum, ob er
(oder sie) den Leuten sympathisch oder
unsympathisch ist. Das Image besteht aus schnell
vorbeihuschenden Bildern; es ist eine gute Show.

Deshalb ist es möglich, daß eines Tages ein
wegen seiner Filme bekannter Hollywood-
Schauspieler Präsident der Vereinigten Staaten
werden kann. Deswegen treten unsere Politiker
auch so gern in Fernsehsendungen auf, die nichts

mit der Politik zu tun haben: Henry Kissinger[2] erschien zusammen mit dem früheren Präsidenten Gerald Ford in der Erfolgsshow „Der Denver-Clan".[3] Hauptsache ist dabei, daß man gut aussieht.

Was für die Politik zutrifft, ist auch für die Nachrichten gültig, die den Amerikanern in einem Format angeboten werden, das als „Ferhsehnachrichtenshow" bekannt ist. Unsere Nachrichtensprecher und -sprecherinnen – sie werden gelegentlich „redende Frisuren" genannt – gehören zur am besten aussehenden Menschenklasse in Amerika.

Ihre Shows werden mit Musik eingeleitet und beendet. Eine Fernsehnachrichtenshow ist genau das, was der Name impliziert: Unterhaltung, eine künstliche, sorgfältig inszenierte Welt, die eine bestimmte Reihe von Effekten erzielen soll, so daß das Publikum entweder lachend oder weinend oder verstört zurückgelassen wird. Man sollte zwar annehmen, daß 30 Minuten fragmentierter Bilder von Unordnung und Leid genug Ängste für einen ganzen Monat voll schlafloser Nächte liefern würden. Weit gefehlt! Wir schauen tags darauf wieder, denn eine gute Show wissen wir allemal zu schätzen.

Bekanntlich ist die ganze Welt eine Bühne. Aber daß die ganze Welt eine Fernseh-Situationskomödie sein soll – das kommt doch überraschend. Aber täuschen wir uns nicht. Fernsehen ist nicht bloß Unterhaltungsmedium, sondern es kann eine ganze Kultur verändern: Durch das Fernsehen scheint alles simplistisch, konkret und vor allem. Die Folge ist, daß Amerika als erste Kultur der Welt die Gefahr läuft, sich buchstäblich zu Tode zu amüsieren.

Und es sieht so aus, als ob große Teile der übrigen Welt es gar nicht abwarten können, den USA Gesellschaft zu leisten. Nach neuesten Schätzungen exportiert Amerika heute etwa 250 000 Fernsehprogrammstunden pro Jahr, zu gleichen Teilen nach Europa, Asien und Lateinamerika ... *Der Tagesspiegel*, Berlin, 14.4.85

Das Fernsehen

Fernsehen beeinflußt das Denken nicht, sondern es ersetzt es, sofern der Zuschauer sich nicht dagegen zur Wehr setzt. Im Gegensatz zum Lesen, wobei ohne Benutzung des Verstands keine Information zustande kommt, setzt das Fernsehen nur gesunde Augen und Ohren voraus. Es wirkt daher direkt auf Gemüt und Gefühl, ohne durch die kritische Schranke des Verstands notwendigerweise gefiltert zu werden. Der Mensch gewinnt den Eindruck, daß er das, was er „mit eigenen Augen gesehen", auch tatsächlich erlebt hat und daß es daher wahr ist.

Bei allen Vorteilen des Fernsehens, vor allem Information und Bildung einer ungeahnten Zahl von Menschen ohne Unterschied der sozialen Schicht und Vorbildung, muß man vor dem „naiven" Gebrauch dieses Mediums warnen. Das Fernsehen ist vorzüglich geeignet, Denkanstöße, Material und Motivation zu geben, aber es setzt das Denken nicht selbst in Gang. Es darf nicht Ersatz für das eigene Leben, die eigene Lebenserfahrung sein, sondern es muß immer überprüft, ergänzt und distanziert werden.

Berliner Morgenpost

ERLÄUTERUNGEN

1 *The contentment-inducing drug features in Huxley's "Brave New World" as a means of preventing the people from becoming rebellious*
2 Ehemaliger Außenminister der USA
3 *"Dynasty"*

A Sprachanalyse

1 Suche an Hand der Texte „Die neuen Medien –
   Gefahr für Kultur und Gesellschaft?" und „Das
   Fernsehen" Beispiele folgender Strukturen:
   a) Lange Adjektiv-Ausdrücke, die aus zwei
      oder mehreren Worten bestehen:
      z.B. das *rapid zunehmende* Programmangebot
      (Vorwort)
      Teile die Liste danach ein, ob das direkt vor
      dem Hauptwort stehende Adjektiv Partizip-
      Präsens oder Partizip-Vergangenheit ist!
   b) Passivform der Verben:
      z.B. ... *werden* diese Dinge ... *fernsehgerecht*
      umgeformt (3)
      Teile die Liste in Präsens- und Infinitivform
      des Passivs ein!
   c) Partizipien, die als Adverbien gelten:
      z.B. so daß das Publikum *lachend*
      zurückgelassen wird (7)

2 Erfinde Sätze, die folgende aus den Texten
   stammende Ausdrücke enthalten!
   a) Das Gefährliche des Fernsehens ist,... (2)
   b) ... keine Zeit zum ... läßt (3)
   c) Im Zeitalter des Fernsehens geht es nicht so
      sehr um ... (4)
   d) Was für ... zutrifft, ist auch für ... gültig (6)
   e) Man sollte zwar annehmen,.... Weit
      gefehlt! (7)

B Vokabelanalyse

Suche an Hand der Texte:
   a) Adjektive, die aus einem Hauptwort gebildet
      werden, und zwar durch die Hinzufügung
      verschiedener Endungen.
      z.B. kultursoziolog*isch* (Vorwort);
           auszugs*weise* (Vorwort)
           Merke die verschiedenen Endungen!
   b) Verben, die aus anderen Sprachen stammen,
      d.h. die als ‚Fremdwörter' gelten:
      z.B. *präsentiert* (2)
   c) Andere Fremdwörter, die offensichtlich zum
      Glossar international bekannter
      Fernsehausdrücke gehören:
      z.B. Werbe*spots* (1)
   d) Hauptwörter, die aus zwei zusammengefügten
      Hauptwörtern bestehen:
      z.B. *Programmangebot* (Vorwort)

C Vokabelbau

*fernseh**gerecht***

Erfinde weitere Wörter auf ‚——gerecht'! Solche
Wörter haben teilweise mit dem Bereich Medien
und Maschinen zu tun!

D Tonbandaufnahme ▮

Die neuen Medien – große Chance für die Zukunft?
(Vokabeln auf Seite 227)
Wenn du die Aufnahme gehört hast: Fasse eine
Liste der Argumente für die neuen Medien!

E Übersetzung ins Deutsche — *Homework.*

Do we really need to be so concerned that our
children will watch more television if the number
of programmes available increases? Perhaps even
now they have had enough, and cable-TV will not
affect them greatly. For if the programmes are
boring to them, they will still want to get up and
do something else: children need interest.

But this is not the only worry. It is the adults
whom television affects more; for many of them
TV no longer encourages them to think more,
because the programmes that they choose to
watch are all "entertainment". Even the news
broadcasts leave them no time to react: instead of
having time to consider what we think of
something, we quickly see more pictures flashing
past and forget the previous ones.

Many people then become lazy; they no longer
want to think: "It's easier to leave the thinking to
the politicians or the television people," they say.
Dangerous, I say!

F Überblick   *Argumente für und gegen das Fernsehen*

1 Was Befürworter sagen:

Das Fernsehen bietet		einen besseren Einblick in …
Dokumentarfilme Schulsendungen Kultursendungen Spielfilme	bieten	unzählige Möglichkeiten,… zu …
Durch das Fernsehen haben heute viel mehr Leute die Chance,…		
Mit Kabelfernsehen gibt es ein größeres Programmangebot, wodurch…		

Einblick in	Möglichkeiten
– wichtige Weltereignisse – die Politik – die Gesellschaft – unsere Umwelt	– sich ausführlicher informieren – sich entspannen, wenn man zu müde ist, etwas Kreatives zu machen – sich weiter ausbilden – etwas Neues lernen – Denkprozesse anregen
Man kann die Öffentlichkeit	zum Guten beeinflussen/vor Gefahren warnen auf Probleme anderer aufmerksam machen mobilisieren, wenn es gilt, etwas zu tun

2 Was ausgesprochene Fernseh-Gegner behaupten:

Das Gefährliche/Schlechte/ Problem(atische) ist,/besteht darin,/liegt für mich daran, daß…

– fast alles als Unterhaltung präsentiert
– keine Zeit zum Nachdenken
– nicht genug Anregung der Denkprozesse
– so viele schlechte Nachrichten, daß man
  abgehärtet wird
– zu viele Leute glauben alles, was sie im
  Fernsehen erleben
	– viele möchten lieber ‚den Denver-Clan‘ als eine
	  Schulsendung sehen
	– Fernsehen oft nicht diskriminierend genug
	– man kann leicht vor dem Fernseher Zeit
	  verschwenden
	– eine unkritische Reaktion auf Nachrichten
	  ermöglicht eine weitreichende Beeinflussung

3 Wirkungen des Fernsehen auf Kinder:

Ungemachte Hausaufgaben Angsterfüllte Träume Gespräche nur übers Fernsehen Mangelnde Unternehmungslust	zeugt/zeugen spricht/sprechen	davon, daß… von…
	deutet/deuten darauf hin, daß…	
Daß sie nur vorm Fernseher hocken,	soll (en) darauf aufmerksam machen, daß…	

| …die Kinder | zu viel Zeit vorm Fernseher zubringen *to spend*
diese Sendung nicht hätten sehen dürfen
schon fernsehsüchtig sind
der Brutalität des eben gesehenen Films nicht gewachsen sind
zu lange fernsehen dürfen/durften
Probleme haben könnten, wenn die Eltern nicht eingreifen *intervene* |
| …man den Fernseher nicht als Beruhigungsmittel benutzen soll | |

Das Fernsehen ist ein sehr großes Medium und ein Dreijähriges ein sehr kleines Kind...

Heute kommen viele Kinder, kaum daß ihre Nabelschnur durchtrennt ist, vor den Fernsehschirm, weil die Eltern finden: „Dann sind sie ruhig". Wenn heute in Amerika die Kinder in die Schule kommen, haben sie bereits Tausende von Stunden vor dem Fernsehschirm gesessen. Etwa zwölf Jahre später, beim Verlassen der höheren Schule, werden sie 12 000 Stunden im Klassenzimmer und 15 000 Stunden vor dem Fernsehschirm zugebracht haben.

John M. Culkin: *aus: Beispiel Summerhill*, Rowohlt

G Zur Diskussion

Kritik und Lob

1 Wie wirkt das Fernsehen auf das Leben aus?
  – Hält es die Zuschauer zu viel vom Denken ab oder regt es Denkprozesse an? Eigene Beobachtungen?
  – Wird das Familienleben dadurch ge- bzw. zerstört? Bedenke:
    Schwinden von Gesprächen in der Familie; Anregung von Streit über Sendungswahl
  – Ist das Fernsehen diskriminierend genug?
  – Wird zu viel unkommentiert gebracht?
  – Hält der Fernseher viele Leute zu lange in seinem Bann? Wen?
  – Rolle des Videogeräts: Hat es die Lage verschlechtert?
  – Lernen und Information
  – Einblicke und Verständnis
  – Kommunikation

2 Wie sind die möglichen Wirkungen von verschiedenen Sendungen auf Kinder und Jugendliche?
  – Warum fasziniert das Fernsehen so?
  – Was können Kinder und Jugendliche durch den Fernseher alles erleben? Wie sind die Vor- und Nachteile?
  – Ist es wichtig, ob ein Kind lange vor dem Fernseher zubringt?
  – Was für Sendungen dürfte ein Kind sehen? Bedenke:
    Aufregung, Gewalt, Grausamkeit, Alpträume, Lernen, Erlebnisse, Erfahrungen, Spaß, Unterhaltung, usw.
    Wirkung der Erlebnisse?
  – Unter welchen Umständen sollten (besonders junge) Kinder fernsehen?
  – Kann man Kinder davor bewahren, daß sie zu lange fernsehen? Wie?
  – Beeinflußt Fernsehen im allgemeinen zum Guten oder zum Schlechten?

3 Ausbau des Netzes/Kabelfernsehen:
  – Brauchen wir das?
  – Bietet das weitere Möglichkeiten oder wird es mehr des Gleichen bedeuten?
  – Spielt das Beispiel der USA hier eine Rolle? Welche?

H Aufsatzplan

Once you have organised the general outline of your essay and start the process of writing it, attention to the details of construction is important.

A logical sequence throughout the essay should be aimed at, and if that is not always possible in its entirety, you should at least make connections between the paragraphs.

One way to do this is to develop in the subsequent paragraph a point made at the end of a preceding one, especially as you begin the development of your essay out of the introduction.

Connecting paragraphs may not be difficult, particularly when you are dealing with various aspects of a question. Make sure that each paragraph deals with only one major point. That point may be stated at the beginning of the paragraph and then developed further, with sentences of varying length and structure to justify and explain what you are saying. Or you may like to work up to making the point at the end of a paragraph.

If the point is a bone of contention, this then provides an excellent connection to the next paragraph, in which the counter-argument may be stated for contrast. Sometimes it is possible to do this (or to question the validity of a previous statement) in a few words or even a single phrase: the effect can be impressive.

If you read carefully through the German texts you will see this in action. At the same time you can make a note of useful expressions and vocabulary for use in your essay. It is helpful to do this before you start your essay, so that as you write you can refer to a list and select the right word(s) at the right moment. By imitation of good style you will achieve the same.

Words and phrases to connect your sentences and paragraphs might be selected from this list:

– sowohl . . . wie auch. . .	– angenommen, daß. . .
– . . . sowie auch. . .	– unter der Voraussetzung, daß
– statt, . . . zu . . .	– unter der Bedingung, daß . . .
– anstatt, daß . . .	– vorausgesetzt, daß/solange . . .
– im Übrigen/noch dazu	– beim ersten Anblick/auf Anhieb
– außerdem/darüber hinaus	– bei näherem Betrachten
– deswegen/infolgedessen	– Dagegen kann/muß man
– angesichts dieser Tatsache	einwenden, daß . . .
– aufgrund dessen	– zwar . . ., aber . . .
– unter diesen Umständen	

Aufsatztitel

1 „Zu viel Fernsehen ist nicht gut.": Wieviel würde dein Kind fernsehen dürfen, und warum?

2 Macht Fernsehen die Familie kaputt?

3 Brauchen wir Kabelfernsehen?

4 Fernsehen – Freund oder Feind?

37.Kapitel Die Männer – feine Partner?

Es ist Feierabend: Karin deckt die Schreibmaschine zu, rafft alles zusammen, darunter zwei prallgefüllte Einkaufstaschen, eilt zum Wagen, und rast damit zur Universität, um dort Norbert abzuholen. Wie jeden Feierabend. „Wobei willst du mir im Haushalt helfen?" fragt sie ihren Mann, der entgeistert aufsieht. Norbert tut, als hätte er den Satz akustisch nicht verstanden: „Was hast du gesagt?" Karin, geduldig wie alle erwerbstätigen oder nicht erwerbstätigen Hausfrauen, sagt darum noch einmal: „Wobei du mir im Haushalt helfen willst?"

Jetzt schlagen wir entsetzt die Hände über dem Kopf zusammen: Wer hilft schon gern im Haushalt? Vor allem aber: Wie kann sie nur so fragen?!

Doch warum soll Karin es besser machen als die Repräsentativ-Umfrage der Europäischen Gemeinschaft „Wobei wollen Männer im Haushalt helfen?"? Selbstverständlich wollen Männer möglichst gar nicht im Haushalt helfen, und am allerwenigsten deutsche Männer: 83 Prozent wollen nicht einmal im Notfall sich um ihr krankes Kind kümmern, nur 8 Prozent wollen dreckige Windeln anfassen und wechseln. Beim Zubereiten einer Mahlzeit, Staubsaugen, Putzen, Waschen und Kloscheuern – dabei helfen wollen 28 Prozent der deutschen Männer.

Die meisten lassen sich von den Frauen weitgehendst noch bedienen, auch wenn die Frauen erwerbstätig sind. Eine Studie des Meinungsforschungsinstituts Allensbach hat im Südwesten festgestellt, daß nur 8 Prozent der baden-württembergischen erwerbstätigen Hausfrauen von „partnerschaftlicher

Aufgabenteilung" berichten können.

Verwunderlich ist das nicht. Die Ergebnisse solcher Umfragen sind stets gleich miserabel. Verwunderlich ist nur die Fragestellung: Wobei möchte der große Junge helfen, um Mutti das Leben zu erleichtern? Wieso soll die Hausarbeit Pflicht der Frauen sein? Darin besteht das größte Vorurteil unser aller, nämlich daß das, was im Haushalt vorgeht, immer noch als Frauensache gilt: Wer sagt, daß nicht Männer das machen sollten?

Die Vorurteile 12- bis 14jähriger Jungen einer englischen Schule sind nicht untypisch für die unter Männern noch weitverbreitete Vorstellung, Frauen seien sowieso kaum zu etwas fähig. Diese Schüler, die sich in einem Aufsatz in die Rolle von Mädchen hineindenken sollten, hielten die Hausarbeit für kaum wesentlich. Sie stellten sich vor, sie brächten ihre Tage als Hausfrau vor dem Fernseher, beim Friseur und bei der Freundin zu.

Wenn die Hausarbeit so einfach sein soll, warum machen es die Männer nicht? Warum wissen Männer nicht, was für die notwendigsten Dinge des Überlebens, nämlich das Zubereiten von Essen und den Ablauf eines Mindest-Hygiene-Programms, zu tun ist? Sind sie ignorant, um nicht zu sagen rücksichts- und verantwortungslos? Denn Frauen werden für selbstverständlich genommen: Was die Männer nicht machen wollen, das wird den Frauen zur Pflicht! Vorne dran die Hausarbeit, und nicht einmal „Danke"! Warum erwarten Männer immer noch, die Frauen sollten dafür sorgen?

Warum kommt niemand auf die Idee, Frauen danach zu fragen, ob sie im Haushalt helfen wollen?

A Wovon handelt der Text?

1 Für was für Ehepaare sollen Karin und Norbert typisch sein?
2 Was hat die Repräsentativ-Umfrage der Europäischen Gemeinschaft festgestellt?
3 Was hat das Allensbacher Meinungsforschungsinstitut festgestellt?
4 Welche Idee ist unter vielen Männern noch weitverbreitet?
5 Was will die Verfasserin des Textes damit eigentlich sagen?

B Sprachliche Arbeiten

1 Welche im Text stehenden Wörter haben die gleiche Bedeutung wie folgende?
   a) zu voll, ... fast am Auseinandergehen (1)
   b) erstaunt; verdutzt (1)
   c) berufstätig (1)
   d) wodurch man Meinungen in der Öffentlichkeit herausfindet (3)
   d) in die Hände nehmen (3)
   f) überraschend (5)
   g) was man machen muß (5)
   h) ein gutes Beispiel (für ...) (6)
   i) häufig und vielerorts geäußert (6)
   j) Idee (6)
   k) wie alles vorgehen sollte (7)
   l) daß sie an andere nicht (genug) denken (7)
2 Welche im Text stehenden Ausdrücke haben die gleiche Bedeutung wie diese?
   a) auch wenn es ein schweres Problem gibt (3)
   b) versorgen; betreuen (3)
   c) daß die Ehemänner bereit sind, einen wesentlichen Teil der Arbeiten im Haushalt zu erledigen (4)
   d) ... müssen ... machen, ob sie es wollen oder nicht (7)
3 Wie kann man diese im Text stehenden Wörter und Ausdrücke in eigenen Worten fassen?
   a) rafft ... zusammen (1)
   b) selbstverständlich (3)
   c) festgestellt (4)

C Grammatik- und Stilübung

Norbert tut, *als hätte* er ... akustisch nicht verstanden (1)
(= als ob er ... hätte)
Natürlich hat er schon verstanden!
Viele Männer tun, als wäre viel anders, als es ist!
z.B. Frauen können mehr als nur im Haushalt arbeiten.
   →Viele Männer tun, als könnten Frauen nur ... arbeiten.

Wie tun sie?
   a) Ihre Frauen haben schon den ganzen Tag gearbeitet.
   b) Sie haben schon von partnerschaftlicher Aufgabenteilung gehört.
   c) Frauen haben schon etwas anderes zu tun, als Männer zu bedienen.
   d) Die Aufgaben im Haushalt bedürfen viel Zeit.

D Gut verstanden? Fragen zum Text

1 Was für ein Leben führt Karin, und warum?
2 Was haben die Ergebnisse der beiden im Text erwähnten Umfragen über deutsche Männer zu sagen?
3 Worin besteht „das größte Vorurteil unser aller"?
4 Auf welche Weisen könnten sich später die Vorurteile der englischen Schüler auf das Leben junger Engländerinnen auswirken?
5 Woran liegt es, daß Männer nicht viel mehr im Haushalt machen?
6 Unter welchen Umständen wären die Männer ‚feine Partner'?

E Übersetzung ins Deutsche

It's not surprising that working women complain, and it's not surprising that they are always tired. It's only surprising that they accept biased husbands as much as they do. Many husbands act as if we had nothing to do with housework, and it seems typical of our prejudices that we don't hit upon the idea of supporting our wives more: such thoughtlessness! Many men, it is true, now try to imagine themselves in the role of women and understand that women – especially working women – shouldn't have to take care of all the household.

But the biggest mistake of us all was that for many years we took our wives for granted and were waited on as far as was possible. How often in all those years did **we** clean the toilet or change dirty nappies? Who looked after crying children in the night? It all fell to the women. And that's the big problem for us all now, namely to take an equal share in jobs at home, to do these jobs without thinking that what goes on in the home is women's work.

Beruf: Hausmann

„Manchmal hab' ich die Nase voll ...", sagt Horst B. aus Travemünde über seinen Beruf.

„Es kommt vor, daß ich nervös werde, wenn wir Besuch haben und ich Brote schmieren muß und Bier einschenken und alles ...", so schildert Siegfried W. aus Ingolstadt bestimmte Momente seiner Tätigkeit.

Die Hausarbeit langweile ihn schon, klagt Josef E. aus Bensberg bei Köln, denn „in ein paar Stunden bin ich mit allem durch".

Die Klage klingt vertraut, doch ungewohnt aus Männermund. Es sind Männer auf Entdeckungsreise in eine jahrhundertelang weiblich besetzte Domäne: Hausmänner. Das Wort ist bereits geläufig – schon amüsiert man sich über den im Haushalt arbeitenden Mann einer berufstätigen Frau. In Wahrheit sind diejenigen, die die überlieferten Rollen der Ehepartner tauschen, sehr selten. Den Haushalt besorgt meist noch die Frau.

„Die Zeit des Hausmanns bricht an, da bin ich sicher", meint dagegen Josef E.. „Es gibt viele Männer, die der Beruf kaputtmacht und die mit fliegenden Fahnen[1] überwechseln würden." Es klingt, als wolle jemand desertieren. Die Gesellschaft empfindet es wohl auch so: Hausmänner werden zuweilen als Arbeitslose oder Drückeberger[2] angesehen, die sich von der Frau aushalten lassen. In der Tat: Man ertappt sich selbst beim Rückfall in die vertrauten Vorurteile, wenn man Hausmänner besucht, man fragt sich: Was ist das für ein Typ? Ein Versager? Ein Weichling?[3]

Für den Frankfurter Hans S. und seine Lebensgefährtin Gisela K. traf es sich gut, daß er von Karriere nichts wissen wollte. Sie wollte ein Kind, ihren Beruf aber trotzdem nicht aufgeben. „Als Ärztin", erklärt sie, „kann ich nicht aussteigen, ich bekomme nie wieder eine Stelle." Für die Betreuung des Kindes ist also Vater hauptverantwortlich.

Für Josef E. ist das Leben als Hausmann eine Art Antistreß-Programm. Er war zwar tüchtig im Beruf, doch litt er unter dem Streß. Den Ausschlag gab schließlich die Geburt seines Söhnchens. Ehefrau Helga, gewillt zu arbeiten und später auch zu studieren, fühlte sich durch das Kind stark angebunden. So wechselten sie die Rollen. Er kündigte die Stellung, sie wurde Sekretärin. Das Einkommen der Familie ist geringer als früher; trotzdem, so meint er, komme man jetzt genauso gut zurecht. Er hat seinen ‚dicken Wagen' verkauft und hat keine Geschäftsverpflichtungen mehr.

Fühlt er sich nicht abgeschnitten von den einstigen Kollegen, isoliert in dem Häuschen im Grünen, eine gute halbe Autostunde vom Kölner Zentrum entfernt? Er schüttelt den Kopf: „Ich bin ein häuslicher Mensch. Am liebsten säß' ich in einer Hütte in den Bergen".

Befragt über sein Verhältnis zu Freunden und ehemaligen Kollegen wird Josef E. deutlich: „Wir müssen uns schon sehr genau überlegen, wem wir überhaupt die Wahrheit über unsere Situation anvertrauen." Es ist ein Leben, das sicher harmonisch und partnerschaftlich innerhalb der Familie ist aber im Verhältnis zur Umwelt von Problemen belastet wird. Dennoch geben Hausmänner ihrer Lebensform Zukunft – und das, obwohl vor allem Emanzipationsgruppen dringend davon abraten, die bisherige Rollenverteilung der Geschlechter nun einfach auf den Kopf zu stellen.

Sorglos blicken Hausmänner aber nicht in die Zukunft. Otto K. aus Grafing bei München kommt prächtig mit dem Sohn aus, den er zu Hause betreut. Aber irgendwann, spätestens wenn der Sohn zur Schule geht, will er wieder in den Beruf zurück, und dann muß er seinem Chef erklären, weshalb er ein paar Jahre nicht berufstätig war: „Das kann schwer werden. Einer Frau verzeiht man das schon eher." *STERN*, Gruner und Jahr

---

ERLÄUTERUNGEN

1 *with flying colours* (d.h. sehr gern!)
2 *shirker, dodger* (Er drückt sich vor der Arbeit!)
3 *wimp, wet, softy*

F Wovon handelt der Text?

Sind diese Behauptungen falsch oder richtig?
1 Hausmänner mögen Hausarbeit.
2 Viele Leute haben Vorurteile gegen Hausmänner.
3 Hausmänner ermöglichen es ihren Frauen, trotz Kinder Karriere zu machen.
4 Hausmänner können nicht immer mit anderen über ihre Situation offen sprechen.

G Wortschatz

1 Welche im Text stehenden Wörter haben die gleiche Bedeutung wie diese?
  a) beschwert sich (3) e) unfrei (7)
  b) bekannt; gewohnt (4) f) sagte, er wollte ... nicht mehr (7)
  c) sieht; findet; fühlt (5) g) empfehlen, ... nicht zu machen (9)
  d) einer, der nichts kann (5)
2 Für folgende Wörter aus dem Text steht jeweils ein weiteres Wort im Text, das die gleiche Bedeutung hat. Wie lauten diese Wörter?
  a) vertraut (4): (4) e) Beruf aufgeben (6): (6)
  b) bisherig (9): (4) f) isoliert (8): (8)
  c) wechseln (7): (4) g) ehemalig (9): (8)
  d) manchmal (1): (5)
3 Was bedeuten folgende im Text stehende Wörter? Welche von den angegebenen Möglichkeiten ist richtig?
  a) schildert (2) – kritisiert
                  – beschreibt
                  – erklärt
  b) Lebensgefährtin (6) – Partnerin
                  – Putzfrau
                  – Geschäftspartnerin
  c) Geschlechter (9) – Rassen
                  – Männer und Frauen
                  – böse Leute
4 Welche im Text stehenden Ausdrücke haben die gleiche Bedeutung wie folgende?
  a) ein Bereich, in dem seit langem nur Frauen tätig sind (4)
  b) Plötzlich merkt man, daß man in die alte voreingenommene Art zu denken zurückgegangen ist. (5)
  c) ... war es ein glücklicher Zufall, ... (6)
  d) Es ist vorwiegend die Pflicht des Vaters, sich um das Kind zu kümmern. (6)
  e) alles ... genau erklären. (9)
5 Wie kann man folgende Ausdrücke in eigenen Worten erklären? (Ohne kursiv Gedrucktes zu benutzen!)
  a) Es *kommt vor* (2)
  b) ... *bin* ich mit allem *durch* (3)
  c) ... *bricht an* (5)

H Gut verstanden? Fragen zum Text

1 Wie sind soziale und persönliche Reaktionen auf Hausmänner?
2 Aus welchen Gründen haben die Männer im Text ihre Rolle mit der Frau getauscht?
3 Wie beurteilt Josef E. im allgemeinen die Lebensform als Hausmann?
4 Welche Vor- und Nachteile gibt es für die Familie eines Hausmannes?
5 Wie sind für einen Hausmann die eventuellen Nachteile seiner Situation?
6 Wie beurteilen Hausmänner den Rollentausch?
7 Welche eventuellen späteren Probleme bestehen für Hausmänner? Warum?

I Nicht nur montags

Hausmänner und berufstätige Frauen
(Vokabeln befinden sich auf Seite 227)
Fasse eine Liste:
(a) der verschiedenen Vorurteile gegen Hausmänner
(b) der Probleme für deren berufstätige Frauen, von denen die vier Befragten sprechen.

J Gesprächsthemen

– Warum haben viele Leute Vorurteile gegen Hausmänner?
– Würdest du Hausmann werden? Warum?
– Wie würdest du auf einen Freund reagieren, der in einer solchen Situation wäre?
– Ist Hausarbeit ein Antistreß-Programm?
– Kann ein Mann alles mit dem Kind so gut erledigen wie eine Frau?
– Soll man „die bisherige Rollenverteilung der Geschlechter" ändern?

K Aus eigener Erfahrung

Bearbeite eine der angegebenen Situationen!
1 Du schilderst einem Freund dein Leben als Hausmann – eventuell als Brief an einen Freund, der es sich überlegt, ob er das machen sollte, und dich um deinen Rat gebeten hat.
Bedenke: Alltag; Frau bzw. Lebensgefährtin (wie kommt es ihr zugute, daß du zu Hause bleibst?); eventuelle Vorurteile anderer und deine Reaktionen!
2 Du schilderst einer Freundin dein Leben als berufstätige Frau, deren Mann zu Hause bleibt und Haushalt und Kinder betreut. Vergleiche dein jetziges Leben mit dem, das du geführt hast, bevor er Hausmann wurde!
Bedenke: Vor- und Nachteile; Vorurteile; Reaktionen der Kinder bzw. der Arbeitskolleg(inn)en!

38.Kapitel Gastarbeiter in der Bundesrepublik

Gastarbeiter: Gewünscht?

Als in den sechziger Jahren der bundesdeutschen Industrie Arbeitskräfte fehlten, wurden von den Arbeitgebern Ausländer ins Land geholt, die verschiedene Arbeiten verrichten würden.

Angefangen hat es 1961, als in Berlin die Mauer gebaut wurde. Schlagartig gingen der Westberliner Industrie 60 000 Arbeitskräfte verloren, die nicht mehr von Ost nach West zur Arbeit kommen konnten. Die Einstellung dieser Migration führte eine rasch zunehmende Einwanderung ausländischer Arbeitskräfte herbei. Wo früher Umsiedler aus den Ostprovinzen und Polen gewohnt hatten, dahin zogen andere Einwanderer, die vorwiegend aus ländlichen Gebieten der Türkei stammten. Daß viele der Ankömmlinge daher wenig vom Stadtleben verstanden, machte ihnen die neue Existenz nicht gerade leichter. Aber Berlin machte Schule: Bald wurde die Bundesrepublik zum Traumziel von Tausenden von Türken, Jugoslawen, Griechen, Italienern und Spaniern.

Die Gastarbeiter verdingten sich hauptsächlich als Müllabfuhrmänner, Straßenarbeiter, Straßenreinigungs- und Küchenpersonal oder als Fließbandarbeiter in den Fabriken: Unbeliebte Arbeiten, die zum großen Teil keine Ausbildung forderten. Auf das Wohnen und Arbeiten in der BRD ungenügend vorbereitet, trafen sie aber auf Probleme: Ärmliche oder bedürftige Unterkunft in den schlechten Vierteln der Großstädte, Unfreundlichkeit seitens vieler Deutscher. Zu diesen Widrigkeiten kamen noch hinzu: Mangelnde Sprachkenntnisse und Berufsausbildung, und daß sie oft nicht gerecht oder duldsam behandelt wurden.

Die Ausländerfeindlichkeit äußerte sich hauptsächlich gegen die Türken. Ihre andersartige Kultur machte sie zu leichten Opfern von Vorurteilen. Und Vorurteile entstanden bald, etwa: Daß sie schmutzig, anpassungsunfähig, faul, gewalttätig seien. Solches Mißtrauen, das durch die mangelnden Kontakte zwischen Türken und Deutschen gesteigert wurde, führte dazu, daß nicht wenige Deutsche die Gastarbeiter in die eigenen Länder abschieben möchten. Eins wollen die Ausländerfeindlichen nicht akzeptieren: Die „Gäste" sind keine Last auf dem Staat sondern ein notwendiger Faktor der Wirtschaft. Ohne ihre Arbeitskraft hätte 1961 die Westberliner Industrie nicht weiter funktioniert. Über zwanzig Jahre später ist es gleich so: Ohne Gastarbeiter müßten ganze Fabriken stillgelegt werden, und die Straßen stünden voller Müll.

Bei steigender Arbeitslosigkeit fürchten trotzdem viele um den Arbeitsplatz. Für die Familien der Gastarbeiter wird das Problem größer: Gerade Jugendliche trifft es in dieser Beziehung hart. Während die Eltern Arbeit haben, hat eine große Anzahl der Jugendlichen keine Aussichten auf Ausbildungs- oder Arbeitsplatz. Diejenigen, die die Ausländer sowieso lieber nicht im Lande haben möchten, sehen darin nur eine Rechtfertigung ihrer Vorurteile gegen die ungeliebten Gäste. Für sie gilt es nicht als Problem der Menschen.

7. herbeiführen – to bring about
23 hinzukommen – es kommt noch hinzu daß – there is also the fact that
13 Schule machen – to become the accepted thing.
46 das gilt nicht – that doesn't count

A Wovon handelt der Text?

1 Warum kamen so viele Ausländer nach Deutschland?
2 Wo und warum hat es angefangen?
3 Was für Arbeiten verrichten hauptsächlich die Gastarbeiter?
4 Was für Probleme erlebten sie in Deutschland?
5 Unter welchen Problemen litten besonders die Türken?
6 Welche Schwierigkeit steht vielen jungen Türken bevor?

B Sprachliche Arbeiten

1 Welche im Text stehenden Wörter haben die gleiche Bedeutung wie diese?
   a) machen (1)
   b) plötzlich; über Nacht; von einem Tag auf den nächsten (2)
   c) hatte als Folge (2)
   d) Immigrant (2)
   e) nahmen Arbeit (3)
   f) nicht gut genug; (zu) schäbig (3)
   g) tolerant (3)
   h) Fremdenhaß (4)
   i) so, daß sie sich wie die meisten anderen nicht machen können (4)
   j) wegschicken; loswerden (4)
   k) geschlossen; außer Betrieb; nicht mehr benutzt (4)
   l) etwas, was zeigt, daß sie recht haben (6)
2 Welche im Text stehenden Ausdrücke haben die gleiche Bedeutung wie folgende?
   a) daß diese Leute nicht mehr herüberkommen konnten (2)
   b) daß plötzlich immer mehr Ausländer ins Land kamen (2)
   c) stand als Vorbild für andere (2)
   d) weil sie zu wenig von . . . wußten, als sie ankamen (3)
   e) . . . fanden sie (Schwierigkeiten) vor (3)
   f) etwas, worauf man nicht verzichten kann (4)
   g) sehr viele (5)
   h) kann . . . nicht erwarten (5)
3 Fasse eine Liste der im Text stehenden Vokabeln, die mit den Begriffen ‚Gastarbeiter' und ‚Reaktionen auf Ausländer' zu tun haben. Merke gut, wie sich Vokabeln der Reaktionen auf Ausländer auch auf andere Minderheitsgruppen und auf Frauen beziehen könnten!

C Grammatik- und Stilübungen

1 **Ohne Gastarbeiter *müßte* ganze Fabriken stillgelegt werden, und die Straßen *stünden* voller Müll (4)**
Wie wäre es, wenn . . .?
   z.B. Wenn alle in London lebenden Schotten die Stadt verließen   (frei Arbeitsplätze)
      →Dann gäbe es eine große Anzahl freier Arbeitsplätze.
   a) Wenn alle in Berlin lebenden Türken zusammenlebten   (Getto, entstehen)
   b) Wenn alle in London arbeitenden Schwarzen die Stadt verließen   (U-Bahn, stillstehen, Müll, Geschirr/Kantinen)
   c) Wenn alle in Deutschland lebenden Türken gut Deutsch könnten (Verständnis, Vorurteile, einkaufen)
   d) Wenn alle Türken in Deutschland in Streik träten   (Chaos, ausbrechen, Mülltonnen, Straßen)
2 **Ohne ihre Arbeitskraft . . . *hätte* die Industrie nicht weiter *funktioniert* (4)**
Wie wäre es gewesen, wenn . . .? (Informationen stammen aus dem Text)
   z.B. Wenn in den 60er Jahren die bundesdeutsche Industrie keine Arbeitskräfte gebraucht hätte?
      →Dann wären keine Gastarbeiter nach Berlin gekommen.
   a) Wenn man die Berliner Mauer nicht gebaut hätte?
   b) Wenn die Gastarbeiter nicht nach Deutschland gekommen wären?
   c) Wenn die Gastarbeiter mehr vom Leben und Arbeiten in Deutschland gewußt hätten?
   d) Wenn die türkische Kultur nicht so andersartig wäre?

D Aus eigener Erfahrung

Als Gastarbeiter(in), der (die) schon vor einigen Jahren in die Bundesrepublik Deutschland umsiedelte, sprichst du von deinem Leben in einer deutschen Stadt, von den Schwierigkeiten, die du am Anfang vorgefunden hast und wie du sie überwunden hast. Zu bedenken wären:
   Heimat; Herkunft; Erwartungen; Gründe zum Umsiedeln; allein oder mit Familie?;
   wie die Stadt war; Sprachkenntnisse; Menschen; Freunde; Nachbarn; Einkaufen;
   ob türkische Waren vorhanden waren;
   Arbeit; Arbeitskollegen;
   Kontakte;
   Geld; deine Meinungen und Ansichten

Istanbul, Ankara, Izmir, Berlin

Mit über 120 000 türkischen Menschen, bei den insgesamt 250 000 Ausländern, ist Berlin die viertgrößte türkische Stadt der Welt. Die meisten Türken leben bei uns unter sich, wie zuhause: Das schafft Probleme. Zwar hat es in Berlin Tradition, Fremde aufzunehmen; aber durch den völlig andersartigen Kulturkreis der Türken bildete sich zum ersten Mal eine Stadt in der Stadt. Der Kontakt zu Deutschen endet oft schon sozusagen am Fabriktor, wenn die „Gäste" nach Feierabend ins „eigene Land" zurückkehren.

Von den in Berlin lebenden Türken wohnen allein in Kreuzberg um die 30 000: Im am dichtesten besiedelten Bezirk[1] Berlins ist jeder vierte Bewohner Türke, und jedes zweite hier geborene Kind hat türkische Eltern. Hier an der Mauer spielen die Kinder in sonnenlos bleibenden Hinterhöfen, die Häuser sind baufällig und alt, viele Wohnungen haben kein Bad und nur ein Gemeinschaftsklo im Treppenhaus. Aber die Gastarbeiter beschweren sich selten über kaputte Klos oder defekte Elektroleitungen oder Treppengeländer: Das bringt meist nur weitere Probleme.

Für viele Deutsche aber hat die Gegend einen Hauch[2] der Exotik, wie im Nahen Osten: Aus einer nur von Männern besuchten Kneipe kommen die Töne türkischen Gesangs her, und die türkische Sprache ist überall zu hören – auf den Straßen und dem „Türkenmarkt", der für viele Türken wie ein Stück Heimat wirkt. Hier geht es zu wie auf einem Basar: Die türkischen Frauen, viele von denen man sonst nicht so oft sieht, feilschen[3] um die Preise, ganz gleich, ob es sich um Stoff, Melonen oder Kochtöpfe handelt. So daß von vielen die Gegend Klein-Istanbul[4] genannt wird.

Exotisch vielleicht: Aber viele in Berlin geborene Kinder werden zu zweisprachigen Analphabeten, die weder die deutsche noch die türkische Sprache richtig beherrschen. Einige Schulen bestehen bis zu sechzig Prozent aus Ausländerkindern, von denen die meisten nicht einmal die Hauptschule schaffen: Daraus entstehen später natürlich große Probleme.

ERLÄUTERUNGEN

1 Stadtteil
2 *breath*
3 versuchen, die Preise herunterzuhandeln
4 Anspielung auf ‚Klein-Asien'

Wir wollen miteinander leben

Izzettin Karanlik kam vor 20 Jahren nach Deutschland. Ihm wurde schnell bewußt, daß vieles in seinem Leben sich ändern müßte, wenn er nicht fremd bleiben wollte. Er engagierte sich im Ausländerbeirat[1] und als Mitbegründer einer Kindertagesstätte. 1974 machte er seinen Tischlermeister. Er wußte: Nur als qualifizierte Fachkraft kann man sich im Arbeitsleben behaupten. So kam er auf seine neueste Initiative.

„Durch meinen angesehenen Beruf", erinnert er sich, „hatte ich einen leichteren Start als viele meiner ungelernten Landsleute: Ihnen fiel es schwer, eine vernünftige Arbeit zu finden. Ausbildungsplätze sind rar geworden. Um Jugendlichen zu helfen, gründete ich mit Freunden den Verein Integrationswerkstätten. Seit diesem September (1982) bilden wir die ersten 15 Tischlerlehrlinge aus. Deutsche und Türken, Jungen und Mädchen beginnen hier gemeinsam den Weg ins Berufsleben."

Sein Ziel ist die Integration von Ausländern in unsere Gesellschaft. Denn: Integration heißt, daß Ausländer als gleichberechtigte Mitglieder in der deutschen Gesellschaft leben und arbeiten.

ERLÄUTERUNG

1 *foreigners' council/advisory board*

Izzettin Karanlik (rechts) bildet Tischlerlehrlinge aus

E In eigenen Worten

Wie könnte man folgende Auszüge aus den beiden Texten in eigenen Worten fassen, ohne kursiv gedruckte Wörter anzuwenden? Vorschläge, wie das zu machen wäre, stehen in Klammern.

1) Berlin ist die *viertgrößte* türkische Stadt (1)
   (→Nur . . . haben mehr . . .)
2 Es hat in Berlin *Tradition,. . .* (1)
   (→Man ist . . .)
3 Der Kontakt zu Deutschen *endet* oft schon *sozusagen am Fabriktor* (1)
   (→Sie haben Kontakt zu . . .)
4 (Im) *am dichtesten besiedelten* Bezirk (2)
   (→Bezirk, in dem . . . pro . . . leben)
5 Einige Schulen *bestehen* bis zu 60 Prozent aus Ausländerkindern (4)
   (→In einigen Schulen . . .)
6 *Ihm wurde* schnell *bewußt* (5)
   (→Er . . .)
7 *Ihnen fiel es schwer* (6)
   (→Sie . . .)
8 die *Integration* von Ausländern in unsere Gesellschaft (7)
   (→. . ., daß Ausländer und Deutsche . . .)

F Grammatik- und Stilübungen

1 **Viele *in Berlin geborene* türkische Kinder** (4)
   (= Kinder, die in Berlin geboren sind)
   Wie kann man diese Sätze auf ähnliche Weise umschreiben?
   z.B. aus einer Kneipe, die nur von Männern besucht wird
   → aus einer nur von Männern besuchten Kneipe
   a) Kreuzberg ist der Bezirk Berlins, der am dichtesten besiedelt ist.
   b) Der Bezirk, der von Berlinern Klein-Istanbul genannt wird, hat eine türkische Atmosphäre.
   c) Die meisten Türken, die nach Deutschland geholt wurden, hatten keine Ausbildung.
   d) Viele türkische Kinder, die in Deutschland geboren sind, werden später Probleme erleben!
   e) Die Häuser, die von Türken bewohnt werden, sehen großenteils verwahrlost aus.
2 **Von den *in Berlin lebenden* Türken . . .** (2)
   (= Türken, die in Berlin leben,. . .)
   Wie kann man diese Sätze auf ähnliche Weise umschreiben?
   z.B. die Kinder spielen in Hinterhöfen, die sonnenlos bleiben
   → . . . in sonnenlos bleibenden Hinterhöfen

a) Viele Schwarze, die in London leben, wohnen in Brixton.
b) Eine Türkin, die in Berlin arbeitet, verdient oft nicht gut.
c) Viele Türken, die aus den ländlichen Gebieten der Türkei stammen, verstehen wenig vom Stadtleben.
d) Oft finden sie Wohnungen nur in Häusern, die leider allzu baufällig aussehen.
e) Die Türkinnen, die auf dem Türkenmarkt um die Preise feilschen, wirken für viele Berliner ziemlich exotisch.

G Gut verstanden? Fragen zum Text

1 Warum ist die Integration der Türken in die deutsche Gesellschaft schwieriger als die anderer Einwanderer?
2 Was kennzeichnet oft Gebiete, die viele türkische Gastarbeiter bewohnen?
3 Wie reagieren viele Deutsche auf solche von vielen Türken bewohnten Gebiete?
4 Wieso ist das kein vollständiges Bild der Situation?
5 Aus welchen Gründen geht es Herrn Karanlik wesentlich besser als vielen seiner Landsleute, die in Deutschland wohnen?
6 Worauf zielt Herr Karanlik mit seiner neuesten Initiative?

H Tonbandaufnahme

„Papa hat nichts gegen Italiener"
(Vokabeln auf Seite 227)
Wenn man das Gespräch zwischen Vater und Sohn gehört hat, soll man eine Liste von Vaters Vorurteilen gegenüber Gastarbeitern fassen. Welche Aspekte seiner Ansichten kommen uns blöd vor? Warum?

I Arbeiten zu zweit

1 Ein Interview mit Izzettin Karanlik: Er antwortet auf Fragen über Probleme, die Türken bei ihrer Ankunft und beim Leben in Deutschland erleben, und über seine Ideen zur Besserung dieser Lage; er begründet seine Antworten wohl mit den eigenen Erfahrungen.
2 Ein Gespräch über Gastarbeiter zwischen zwei Jugendlichen (Sind sie Freunde, ehemalige Schulkameraden?): Der (die) eine hatte nie mit Türken zu tun und hört ziemlich auf die Vorurteile anderer; der (die) andere macht eine Lehre bei Herrn Karanlik im Verein Integrationswerkstätten.

39.Kapitel Haß gegen Ausländer: Es geht uns alle an

Die Erscheinung von vielen fremdenfeindlichen Parolen wie „Türke 'raus!", „Ausländer go home", „Kanaken 'raus" oder gar „Türkenschweine", mit der Spraydose an Wänden geschmiert, könnte leicht zum Schluß führen, gegen die Ausländer führe man eine Hetzkampagne, zumal die Parolen meist gerade da zu stehen scheinen, wo viele Türken wohnen oder vorbeigehen.

Warum gerade die Türken? Nur weil sie Andersartige sind? Oder weil sie die größte Ausländerminderheit bilden? Oder weil viele Angst vor Unbekannten haben? Sicher hat es zur Besserung der Lage wenig beigetragen, daß in den letzten Jahren viele Ausländer bei uns Asyl beantragt haben: Denn diese neue Immigrationswelle von Nichtarbeitenden (Gastarbeiter sind sie nicht) ist zu einer Zeit über uns hereingebrochen, da die Arbeitslosenzahl gestiegen ist, und hat zu einer gesteigerten Fremdenfeindlichkeit geführt. Aber zu diesen Asylsuchenden gehören nur die wenigen aus der Türkei, und die meisten Türken in Deutschland verdienen sowieso ihr eigenes Geld.

Aus einer brisanten Situation entstehen nicht selten Reibungen: Dazu kommt es nicht nur in Lokalen, wo Ausländer „unerwünscht" sind oder Deutsche gar abgewiesen werden, wenn sie mit Ausländern – sprich: Türken oder Farbigen! – eintreten wollen (Von den vielen schwarzen amerikanischen Soldaten nichts zu sagen!). Denn rechtsradikale Organisationen, die lauthals ihren Haß gegen Fremde äußern, beeinflussen leider viele Jugendliche: Wie die zum Beispiel, die in Bielefeld vier Türken mit abgebrochenen Bierflaschen angriffen, oder die, die in Berlin vor einem türkischen Fußballklub die Reifen dort parkender Autos zerstachen und Mitglieder des Klubs bedrohten. Es wird schwerer, auf friedliche Verhältnisse zu hoffen, wenn junge Leute auch voller Vorurteile sind.

Damit will ich natürlich nicht sagen, alle seien so. Die meisten, die der Ansicht sind, man müsse nunmehr der Immigration Einhalt gebieten, beurteilen objektiv und realistisch eine Situation, die ihrer Meinung nach sonst in Schwierigkeiten geraten könnte.

Andere wiederum, bestimmt nicht wenige, glauben, die Gastarbeiter hätten ihr Zuhause übernommen: In Gegenden, wo Deutsche aus- und viele Ausländer eingezogen sind, sieht so mancher verbittert die sich ändernde Atmosphäre, daß beispielsweise die Häuser oft verwahrlost aussehen. Schuld sind nicht die Ausländer sondern die Besitzer, die die Häuser verkommen lassen: Einfacher aber, die Ausländer zu beschuldigen. Während andere Gastarbeiter – etwa Italiener, Griechen, Jugoslawen – anpassungsfähiger sind und sich völlig eingedeutscht haben, bleiben die Türken großenteils etwas fremder: Auf Andersartige läßt sich leicht zeigen und von ihnen behaupten, sie seien an den Problemen schuld.

Viele bezeichnen die Ballung der Türken in werdenden Gettos als sozialen Sprengstoff, der leicht zu

Gewaltausbrüchen wie in den USA führen könnte. Die einen haben Angst, Türken könnten gewalttätig werden; die anderen fürchten Angriffe auf Ausländer, wozu es schon gekommen ist: Gerade als die Immigrationswelle der Asylsuchenden 1981 ihren Höhepunkt erreichte, wurden ein paarmal Attentate verübt. Bei Sprengstoffanschlägen auf Ausländerwohnheime in Hamburg und in Lörrach bei Basel kamen zwei Ausländer ums Leben, und mehrere wurden schwerverletzt. Obwohl die Attentäter nicht gefaßt wurden, war die Meinung weitverbreitet, es handele sich um Rechtsextremisten. Die Schockwelle, die die Folgen dieser Bombenangriffe unter Deutschen auslösten, entschärfte die gespannte Situation.

Trotz des Entsetzens der meisten werden Türken weiterhin von verschiedenen Gruppen angegriffen. Um solchen Angriffen zuvorzukommen, muß man handeln. Denn wir wissen schon, was sonst daraus entstehen kann: In unserer Geschichte ist das schon einmal vorgekommen. Oder sind wir zu feig oder zu gleichgültig, gegen die Zeichen jeglicher Intoleranz aufzustehen? Oder können wir es hinnehmen, wenn Politiker mit den Unruhen ihre Pläne rechtfertigen, viele Gastarbeiter wieder heimzuschicken? Denn wie Minderheiten von uns allen behandelt werden, kennzeichnet unsere Gesellschaft. Wollen wir Demokraten sein?

Die Fremde ist auch ein Haus

Kopie eines von Emine
geschriebenen Briefes
an den türkischen Generalkonsul
in Berlin
und an den Berliner Innensenator

Sehr geehrte Herren,
wenn ich etwas Falsches schreibe, verzeihen Sie mir
dieses Falsche, aber nehmen Sie mein Schreiben trotzdem an.
Weil ich im Paß meines Vaters stehe,
passiert mir alles, was meinem Vater passiert,
5 von der Steppe angefangen, die er hinter sich herschleift,
seit nämlich (wie ein Mann im Flugzeug erzählte)
zu Ende der fünfziger Jahre ein Bagger in die Steppe
kam und anfing, den Boden aufzuwühlen.
Hinter dem Bagger erschien eine Straße, die Fremde begann.
10 Die Fremde begann schon in der Heimat, aber mein Vater
nannte sie ,Deutschland'.
Ich nenne sie jetzt „Türkei".

Als ich herkam, war ich fünf Jahre alt.
Seit zehn Jahren bin ich hier, meine Brüder
15 sind in Berlin geboren.
Wo ist jetzt meine Fremde, wo meine Heimat?
Die Fremde meines Vaters ist meine Heimat geworden.
Meine Heimat ist die Fremde meines Vaters.

Streichen Sie bitte meinen Namen
20 im Paß meines Vaters.
Ich möchte einen eigenen Paß in der Tasche haben.

Wer mich danach fragt, dem will ich
ehrlich sagen, wer ich bin,
ohne Scham, ohne Furcht
25 und fast noch ein bißchen stolz darauf.
Das Jahrhundert, in dem ich lebe,
hat mich so gemacht:
geboren 1963 in Kayseri,
Wohnort: Berlin-Kreuzberg.
Emine

aus: Aras Ören, *Die Fremde ist auch*
ein Haus, Berlin Poem
Rotbuch 1980

A Sprachanalyse

1 Suche an Hand des Textes „Haß gegen
Ausländer: Es geht uns alle an" und des
Gedichts „Die Fremde iste auch ein Haus":
  a) Passivformen der Verben:
    z.B. wo … Deutsche *abgewiesen werden* (2)
  b) Verben, die im Zusammenhang mit einer
    Präposition stehen:
    z.B. könnte *zum* Schluß *führen* (Vorwort)
    Merke, mit welchem Kasus die Präposition
    hier geschrieben wird!
  c) Adjektive, die als Hauptwort gelten:
    z.B. *Andersartige* (1)
    Teile die Wörter je nach Kasus ein!
  d) Konjunktivformen der Verben:
    z.B. könnte zum Schluß führen, gegen die
        Ausländer *führe* man eine
        Hetzkampagne (Vorwort)
    Teile die Liste danach ein, ob Konjunktiv
    indirekte Rede bezeichnet oder (sowie im
    Beispiel oben) die Wahrheit der
    beschriebenen Sache in Frage stellt/
    bezweifeln läßt!
  e) Partizipien, die als Adjektive dienen:
    z.B. Nicht*arbeitende* (1)
2 Erfinde Sätze, die folgende aus dem Text
  stammende Ausdrücke enthalten!
  a) könnte leicht zum Schluß führen, (Vorwort)
  b) Aus … entstehen … (2)
  c) Es wird schwerer, auf … zu hoffen, wenn (2)
  d) Auf … läßt sich leicht zeigen und von ihnen
    behaupten, … (4)
  e) Die einen …, die anderen … (5)
  f) Um … zuvorzukommen (6)

B Vokabelanalyse

Suche an Hand des Textes und des Gedichts:
  a) Ausdrücke, die aus einem Hauptwort und
    einem Verb bestehen (eventuell in Verbindung
    mit einer Präposition):
    z.B. Asyl beantragen (1)
  b) Verben, die auf Adjektiv oder Hauptwort
    gebildet werden:
    z.B. be*antrage*n (1) (Antrag)
    Merke, auf welches Adjektiv bzw.
    Hauptwort sie gebildet werden!
  c) Adjektive, die aus einer Bindung von
    Hauptwort und Adjektiv oder von zwei
    Adjektiven bestehen
    z.B. fremdenfeindlich (Vorwort)
  d) Hauptwörter, die aus einer Zusammenfügung
    von zwei Hauptwörtern bestehen:
    z.B. Gastarbeiter (1)

C Vokabelbau

*fremden**feindich**; Fremden**feindlichkeit***

Erfinde weitere Wörter auf ‚——feindlich' und
‚——feindlichkeit'!
Schreib' jedes erfundene Wort in einem Satz!

D Tonbandaufnahme

*Eine Sozialarbeiterin spricht mit einer
Frauengruppe*
(Vokabeln auf Seite 227)

Beantworte folgende Fragen:
1 Wie könnten türkische Männer darauf
  reagieren, wenn deutsche Frauen kritisieren, wie
  sie ihre Frauen behandeln?
2 Warum könnten sie so reagieren?
3 Wovor warnt die Sozialarbeiterin? Warum?
4 Wie wirken sich kulturelle Unterschiede auf die
  Situation türkischer Frauen aus?
5 Welche Probleme sind für viele türkische Frauen
  die schwersten?
6 Warum ist in dieser Angelegenheit Vertrauen
  wichtig?

Zur Diskussion
Was könnte die Frauengruppe später für
Türkinnen machen, um ihnen über ihre Probleme
hinwegzuhelfen und ihnen das Leben in
Deutschland besser oder interessanter zu machen?

E Übersetzung ins Deutsche

It would be easy to conclude that the house fire in
Deptford, in which several young Blacks were
killed, is part of a campaign of violence against im-
migrants. For attacks on Blacks and Asians living in
London have a long history, and it is widely believed that those responsible are often members of
an extreme right-wing organisation, because they
express their prejudice volubly. Since coloured im-
migrants often live in the poorer, run down areas of
the city it is easy for those who don't like foreigners
to point at these new British and say that they are
responsible for the mess in the area.

From such prejudice only friction can result; it is
no wonder that the extremists get accused, although
in this case the accusations cannot be justified; and
one hopes that even the most extreme would not
make such an attempt on people's lives. But the
minorities are afraid. For the attacks continue.
They ask whether enough is being done to forestall
further attacks or to break down prejudices which
can contribute nothing to an improvement of
relations between Black and White in London.

F Überblick

Probleme und Vorurteile

1 Mit welchen Problemen und Vorurteilen müssen Fremde, Andersartige (und Frauen?) zurechtkommen? Zu bedenken:

Unterkunft; Arbeit; Arbeitslosigkeit; Arbeitskollegen; Nachbarn; Mißhandlung; Bedrohungen; Unfreundlichkeit; Wandparolen; Unwissen; Sprachkenntnisse; Einstellungen und Ansichten.

Bürger zweiter Klasse; gleichberechtigte Mitglieder der Gesellschaft; mangelnde Ausbildung bzw. Qualifikationen; Vorurteile (schmutzig, dumm, faul, gewalttätig; Last auf dem Staat, usw.)

Nützliche Ausdrücke:

Oft müssen ...	sich mit ... abfinden, mit ... zurechtkommen, ... akzeptieren, ... hinnehmen,	weil ...

Ein oft erlebtes Vorurteil besteht darin, daß ...

Obwohl sie theoretisch ..., kommt es in Wirklichkeit oft vor, daß ...

Sie werden von vielen als ... betrachtet/gesehen/behandelt

Durch ... werden ... zu leichten Opfern von Vorurteilen

Was Jugendliche/Frauen/Türken betrifft, ...

... rechtfertigt man oft dadurch, daß ...

2 Was soll man an der Situation ändern und wie?

Wenn wir ... Um ... zu ...,	wollen, sollen,	gilt es/ist es nötig, wäre es wichtig, müßten wir/müßte man	... (zu) ..., indem man ...

Probleme, Ziel und Methoden:

Vorurteile/Haß/Fremdenfeindlichkeit Reibungen (zwischen wem und wem?) Gewaltausbrüche/Gewalttätigkeit	abbauen vorbeugen nicht wuchern lassen	für Verständnis / Respekt vor ... sorgen zur Gleichberechtigung beitragen
Anschläge(n) / Angriffe(n) auf Minderheiten / Andersartige Gewaltakte(n) gegen Fremde / Schwächere	Einhalt gebieten ein Ende machen in Grenzen halten beseitigen	Beistand / praktische Hilfe leisten sich in die Gefühle/Lage von ... hineindenken Situation/Kultur von ... versetzen
fremdenfeindliche Einstellungen Ansichten/Aktionen/Handlungen eine gespannte Situation Mißverständnisse	entschärfen ändern	gegen ... protestieren/sich gegen ... auflehnen über ... hinweghelfen organisieren/integrieren verstehen/begreifen, wie ...

> In den sechziger Jahren, in der hoffnungsvollen Zeit des Wirtschaftswunders, ließen sich die Industrieländer von Westeuropa auf ein Unternehmen ein, das ihnen anscheinend nur Vorteile versprach: Sie holten in großem Stile Arbeitskräfte für ihre rasch wachsende Industrie aus dem Ausland. Dabei vergaßen sie, daß alles auf der Welt seinen Preis hat. Jetzt sehen sie sich einer Folge dieser Politik gegenüber, mit der keiner gerechnet hatte: Jetzt, da es zu spät ist.
>
> STERN, Gruner and Jahr

G Zur Diskussion

1 Wie werden Frauen heute in der Gesellschaft behandelt?
  – Traditionelle Rolle der Frau: Ist die Rolle heute gewünscht?
  – Beispiele von Frauenfeindlichkeit bzw. Ausnützung von Frauen. Merkt man heute mehr? Warum?
  – Inwiefern hat sich die Situation geändert?
  – „Gleichberechtigung" – Mythos oder Realität? Bedenke: Arbeitsplätze, Gehalt, Status
  – Einstellung zu Hausarbeit (Frauenarbeit?): Eigene Erfahrungen?
  – Was versteht man unter Emanzipation?
  – Kann eine Frau so leicht Karriere machen, wie ein Mann? Warum?
  – Woran bzw. an wem liegt es, wenn es Frauen in vielen Situation immer noch nicht so geht, wie sie es möchten?
  – Wie sieht es für die Gleichberechtigung der Frau in Zukunft aus?

2 Wie werden Ausländer (besonders Farbige) behandelt?
  – Gastarbeiter in der BRD, Inder, Pakistanis und Jamaikaner in GB: Ähnlichkeiten? In welchen Bereichen?
  – Wie reagieren viele Leute auf Ausländer? Warum?
  – Welche Probleme erleben diese Einwanderer im Alltag? Warum?
  – Was verlangen die Ausländerfeindlichen? Mit welcher Begründung? Kann man das, was sie sagen, rechtfertigen? Wie siehst du es?
  – Ist das, was sie verlangen, eine Möglichkeit? Warum?
  – Kriminalität: Wie betrifft es die Ausländer?
  – Welche Rolle spielen diese Ausländer in der Gesellschaft? Wirkt das darauf aus, wie sie gesehen werden?
  – Gibt es bestimmte Schwierigkeiten, die allen große Sorgen machen?
  – Geht es allen Ausländern schlecht? Warum?
  – Ist die Situation zu bessern? Wie?
  – Rolle der Schulen?

3 Wie ist es für die Kinder der ausländischen Einwanderer? (Viele dieser Kinder sind erst in der „neuen Heimat" der Eltern geboren)
  – Haben es die Kinder besser als ihre Eltern?
  – Wo erleben die Kinder vielleicht auch Schwierigkeiten/Vorurteile?
  – Was für Schwierigkeiten/Vorurteile sind es?
  – Welche Initiativen könnte man ergreifen, um für diese Kinder die Situation zu bessern? (in der Gemeinde, in der Schule, usw!) Betrifft es alle ausländischen Kinder gleich schwer?
  – Was könnte sonst passieren, wenn keine Initiativen ergriffen werden?

> Lacht die Dummen nicht aus! Sie sind nicht aus freien Stücken dumm und nicht zu eurem Vergnügen. Und prügelt keinen, der kleiner und schwächer ist als ihr! Wem das ohne nähere Erklärung nicht einleuchtet, mit dem möchte ich nichts zu tun haben. Nur ein wenig warnen will ich ihn. Niemand ist so gescheit oder so stark, daß es nicht noch Gescheitere und Stärkere als ihn gäbe. Er mag sich hüten. Auch er ist, vergleichsweise, schwach und ein rechter Dummkopf.
>
> Erich Kästner: *Ansprache zum Schulbeginn*

H Aufsatzplan

An analytical essay, where you take a hard look at a problem and recognise particular characteristics in a variety of contexts, is possibly the most difficult type of essay to write, since you have to try and see the causes of the problem. You may also be asked to try and make some forecast – however imprecise – about the future.

In the case of the essays in this unit, in connection with recognising where prejudices lie (especially for minorities) and their effects, it is firstly a question of choosing areas of life where prejudice may exist.

Secondly (and this will then provide the substance of your essay), you will need to define and analyse the various circumstances in which a particular type of prejudice may show, as well as the nature, origins and causes of it, and how the people concerned are affected.

Thirdly you may consider ways of improving the situation. Make sure the remedies you suggest are connected firmly to your analysis of the symptoms: the force of your argument is here all-important.

This then provides you with the springboard for making forecasts about the future. Use of questions to suggest what might happen is a technique that you might try. In this way you can then lead on to summarise the difficulties and potential complications in order to point out the need for change, if you see it as being necessary.

The following expressions may prove useful:

– Der Grund besteht darin, daß . . .	– Das hat als Folge, daß . . .
– Anlaß dazu gibt, ...	– Folge davon ist . . . .
– Was dazu geführt hat, ist, daß . . .	– Daraus ergibt sich . . . .
– Ausgangspunkt von . . . war . . .	– Das Ergebnis davon kann nur . . . sein
– Das ist oft auf . . . zurückzuführen	– Die Situation spitzt sich zu
– Das liegt daran, daß . . .	– Hat sich die Lage verbessert/verschlechtert?
– Entscheidend ist, ob/daß . . .	– Ich will nicht bestreiten, daß . . . aber was
– Es nützt nichts, daß . . .	hilft es, wenn . . .

Aufsatztitel

1 Ist die Welt frauenfeindlich?

2 „Fest steht, daß wir sie nicht heimschicken können.": Was soll denn passieren?

3 Wird für die Kinder von Einwanderern genug gemacht, daß sie in der neuen Heimat **gut** leben können?

4 „Kinder sind eine unterdrückte Minderheit": Was hältst du davon?

5 „An der Geschichte sollten wir lernen, wohin die Verachtung der Andersdenkenden und Andersartigen führen kann!": Wie ist deine Meinung zu dieser Äußerung?

Heinrich Böll: *Die verlorene Ehre der Katharina Blum*

In dieser 1974 veröffentlichten Erzählung setzt sich Böll mit den Mißbräuchen von Teilen der deutschen Boulevardpresse auseinander. Eine junge schuldlose Frau wird zum Opfer von Rufmord, weil sie sich auf einer Karnevalsparty spontan in einen jungen Mann verliebt, der als radikaler Rechtsbrecher von der Polizei gesucht wird, und ihm zur Flucht verhilft. Damit gerät sie in den Mittelpunkt der Sensationsmache einer großen Boulevardzeitung. Katharina wird in den Berichten als „Mörderbraut" und „Räuberliebchen" denunziert, ist der Hetze und deren Folgen – anonymen Briefen und Telefonanrufen – nicht gewachsen und erschießt in unerwarteter Gegenwehr den korrupten Journalisten Tötges, der die Berichte geschrieben hat.

Trude hielt ihm die ZEITUNG entgegen. Katharina auf der Titelseite. Riesenfoto, Riesenlettern. „RÄUBERLIEBCHEN KATHARINA BLUM VERWEIGERT AUSSAGE ÜBER HERRENBESUCHE. Der seit eineinhalb Jahren gesuchte Bandit und Mörder Ludwig Götten[1] hätte gestern verhaftet werden können, hätte nicht seine Geliebte, die Hausangestellte Katharina Blum, seine Spuren verwischt und seine Flucht gedeckt. Die Polizei vermutet, daß die Blum schon seit längerer Zeit in die Verschwörung verwickelt ist."

Auf der Rückseite las er dann, daß die ZEITUNG aus seiner Äußerung, Katharina sei klug und kühl, „eiskalt und berechnend" gemacht hatte und aus seiner generellen Äußerung über Kriminalität, daß sie „durchaus eines Verbrechens fähig sei". (Er hatte zum Reporter gesagt: „Ich bin Anwalt, und ich weiß, wer alles eines Verbrechens fähig ist. Welches Verbrechen, denn? Katharina? Undenkbar, wie kommen Sie darauf?")

———

Unter der Überschrift: „Rentnerehepaar ist entsetzt, aber nicht überrascht", fand Blorna noch auf der letzten Seite eine rot angestrichene[2] Spalte:

„Der pensionierte Studiendirektor Dr. Bertold Hiepertz und Frau Erna Hiepertz zeigten sich entsetzt über die Aktivitäten der Blum, aber nicht ,sonderlich überrascht'. In Lemgo,[3] wo eine Mitarbeiterin der ZEITUNG sie bei ihrer verheirateten Tochter aufsuchte, äußerte der Altphilologe und Historiker Hiepertz, bei dem die Blum seit drei Jahren arbeitet: ,Eine in jeder

Beziehung radikale Person, die uns geschickt getäuscht hat.' "
(Hiepertz, mit dem Blorna später telefonierte, schwor, folgendes gesagt zu haben: „Wenn Katharina radikal ist, dann ist sie radikal hilfsbereit, planvoll und intelligent – ich müßte mich schon sehr in ihr getäuscht haben, und ich habe eine vierzigjährige Erfahrung als Pädagoge hinter mir und habe mich selten getäuscht.")

———

Eine jüngere Polizeiassistentin, Renate Zündach, berichtete, Katharina Blum habe die ganze Zeit über – etwa zweieinhalb Stunden lang – nichts weiter getan, als immer und immer wieder die beiden Ausgaben der ZEITUNG zu lesen. Sie habe dann, um der Blum, die sich regelrecht in die Lektüre der ZEITUNG verbissen habe, zu helfen, aus dem Archiv die Berichte anderer Zeitungen geholt, in denen über die Verstrickung und Vernehmung der Blum, ihre mögliche Rolle, in durchaus sachlicher Form berichtet worden sei, von ihr lediglich als von einer gewissen Katharina B., Hausgehilfin, gesprochen worden sei. Zum Beispiel habe in der ,Umschau' nur eine Zehnzeilen-Meldung gestanden, natürlich ohne Foto, in der man von unglückseligen Verstrickungen einer völlig unbescholtenen Person gesprochen habe. Das alles – sie habe der Blum fünfzehn Zeitungsausschnitte hingelegt – habe diese nicht getröstet, sie habe nur gefragt: „Wer liest das schon? Alle Leute, die ich kenne, lesen die ZEITUNG!"

———

Der Tod der Frau Blum, Katharinas Mutter, wurde zwar gewaltsam herbeigeführt, aber unbeabsichtigt gewaltsam. Jedenfalls hatte der Todesherbeiführer weder mörderische noch totschlägerische, nicht einmal körperverletzende Absichten: Tötges hatte schon am Donnerstag versucht, zu ihr ins Krankenhaus vorzudringen. Er war vom leitenden Arzt Dr. Heinen drauf aufmerksam gemacht worden, daß Frau Blum nach einer schweren Krebsoperation sehr ruhebedürftig sei, daß ihre Genesung davon abhängig sei, daß sie keinerlei Aufregungen ausgesetzt werde und ein Interview nicht in Frage käme. Später brüstete er sich Kollegen gegenüber, es sei ihm gelungen, am Freitagmorgen dennoch zu Frau Blum vorzudringen, denn nichts sei so ergiebig wie Mütter, auch kranke; er habe Frau Blum mit den Fakten konfrontiert, sei nicht ganz sicher, ob sie das alles kapiert habe, denn Götten sei ihr offenbar kein Begriff gewesen, und sie habe gesagt: „Warum mußte das so enden, warum mußte das so kommen?", woraus er in der ZEITUNG machte: „So mußte es ja kommen, so mußte es ja enden." Die kleine Veränderung der Aussage von Frau Blum erklärte er damit, daß er als Reporter drauf eingestellt und gewohnt sei, „einfachen Menschen Artikulationshilfe zu geben".

ERLÄUTERUNGEN

1 Götten wird als Bundeswehrdeserteur überführt, der ein Safe ausgeplündert hat und eine Pistole gestohlen
2 Sensationsberichte werden in vielen Boulevardzeitungen oft so gedruckt
3 Stadt zwischen Bielefeld und Hameln

A Im Sinn der Sache

1 Welche Äußerungen über Katharina in diesen Textauszügen sind als Lob gemeint?
2 Mit welchen Worten werden diese Äußerungen von der fiktiven ZEITUNG verfälscht wiedergegeben, um Katharina tadelnd darzustellen?
3 Mit welchen Bemerkungen wird Katharina von der ZEITUNG sonst noch schlecht gemacht?
4 Welche Eigenschaften der ZEITUNG – soweit sie in den Textauszügen beschrieben sind – und welche Wörter und Ausdrücke in den Berichten sind typisch für die Sensationsmache?
5 An welchen Wörtern und Ausdrücken erkennt man, daß Katharina von den Berichten in der ZEITUNG völlig geschlagen ist und sie nicht vergessen kann?
6 Welche Ausdrücke in den Textauszügen kennzeichnen die nüchterne, nicht sensationelle Art der anderen Zeitungen?
7 Welche Wörter und Ausdrücke im letzten Textauszug kennzeichnen am besten die Einstellung Tötges' anderen Menschen gegenüber?

B Zur Diskussion

1 Wie soll der Bericht im ersten Textauszug auf den Leser der ZEITUNG wirken?
2 Aus welchen Gründen werden die Aussagen von Blorna und Hiepertz in der ZEITUNG verfälscht wiedergegeben?
3 Wieso wird Hiepertz als „pensionierten Studiendirektor" und als „Altphilologe und Historiker" beschrieben? Welche Wirkung auf den Leser wünscht die ZEITUNG?
4 Wenn Hiepertz überhaupt entsetzt war, worüber dann wohl?
5 Vergleicht mögliche Reaktionen auf die Berichte über Katharina in der ZEITUNG und in den anderen Zeitungen! (Bedenkt auch Reaktionen auf Katharina!)
6 Was hat der letzte Textauszug über die Machart und Einstellungen des Journalisten Tötges zu sagen?
7 Vergleicht, was Katharinas Mutter sagte, damit, wie die ZEITUNG es wiedergab! (Bedenkt, was Frau Blum eigentlich sagen wollte, wie man aber das auffassen würde, was in der ZEITUNG stand!)

C Augenzeuge

1 Schreib' einen Brief an die ZEITUNG oder an eine(n) Abgeordnete(n), um journalistische Mißbräuche zu kritisieren, soweit sie in diesen Textauszügen zu sehen sind!
2 Schreib', als ob du Tötges wärest, einen Bericht für die ZEITUNG über den Tod von Katharinas Mutter! Zu bedenken:
Was ihren Tod herbeigeführt hat; Mitleid; Katharinas Reaktion; Kommentare (auch anderer Menschen?); Beurteilung
(Ein späterer Vergleich mit dem Buch *Katharina Blum* wäre wohl interessant!)

Eva Heller: *Beim nächsten Mann wird alles anders*

In diesem Roman schildert Eva Heller die Suche nach Emanzipation von der Studentin Constanze Wechselburger, die zwar mit ihrem Freund Albert zusammenlebt, von ihm aber genug hat! Sie liegt gerade im Bett – er ist schon aufgestanden – und überlegt, wie ihr Leben wäre, wäre sie jemand anderes, . . .

. . . als mich ein größerer Gegenstand am Kopf traf. Es wurde dunkel um mich. Die Tür meines Zimmers wurde zugeknallt. Es war mein Bademantel.

Albert hatte ihn auf mein Bett geworfen beziehungsweise auf mich. Vermutlich hatte ich wieder das Verbrechen begangen, meinen Bademantel auf seinen Haken im Bad zu hängen. Du liebe Güte! Wie ich seine Pedanterie verabscheue . . .

Ich schmiß den Bademantel vom Bett. Er fiel auf ein Weinglas, das vor dem Bett stand. Das hatte ich leider vergessen. Solange Albert noch in der Wohnung war, konnte ich nicht aufstehen und die Scherben wegräumen, er hätte wieder rumgemeckert, er würde Gläser nicht auf dem Fußboden stehen lassen, ich sei schlampig – die alte Leier[1]. Das Glas war eines von denen, die Albert von seiner hysterischen Mutter geschenkt bekommen hatte. Geschah ihm recht, er hatte schließlich den Bademantel nach mir geworfen. Es war sieben Uhr siebzehn, vor sieben Uhr dreiunddreißig fuhr er nie in die Klinik.

Um sieben Uhr achtunddreißig endlich knallte er die Wohnungstür hinter sich zu. Ich konnte wieder frei atmen. Ich war erschöpft und mußte noch zwei Stunden schlafen.

Dann fand ich im Waschbecken einen Zettel. „Das Waschbecken muß geputzt werden!!!" stand drauf. Ich holte einen Filzer[2] von Alberts Schreibtisch. „Gut beobachtet!!!!!!" schrieb ich auf den Zettel dazu und legte ihn zurück ins Waschbecken, nachdem ich mir die Zähne geputzt hatte. Dabei bemerkte ich zwei Haare im Waschbecken. Albert und ich haben fast dieselbe dunkelbraune Haarfarbe, aber meine Haare sind viel länger als seine. Die beiden Haare waren lang und folglich eindeutig von mir. Ich nahm die Nagelschere, kürzte die Haare auf Alberts Haarlänge und legte sie auf den Zettel drauf, als Garnierung sozusagen. Ha ha ha.

Im Kühlschrank lag noch ein Zettel: „Du schuldest mir DM 10,85!!" Das war die Frechheit. Ich zählte meine Joghurts – er hatte wieder einen gestohlen! Natürlich, in der Mülltüte lag ein leerer

Becher. Den hatte ich nicht gegessen. Aber ich hatte die Joghurts bezahlt. Ich holte den Joghurtbecher aus der Mülltüte und sammelte darin die Scherben des Weinglases. Sein Weinglas gegen meinen Joghurt: Damit waren wir quitt.

Der Ärger machte mich so schlapp, daß ich mit meiner Kaffeetasse zurück ins Bett ging. Es war nicht mehr auszuhalten mit Albert. Seit drei Jahren kannten wir uns, seit zwei Jahren wohnten wir zusammen. Warum eigentlich? Keine Ahnung! Ich jedenfalls konnte mich nicht erinnern, daß ich jemals den Wunsch gehabt hätte, mein Leben an der Seite eines schizophrenen Geizhalses[3] zu verplempern[4]. Er wird stündlich geiziger. Seit einem Jahr ist er Assistenzarzt, und ich dachte, wenn er mal Geld verdient, wird er großzügiger, ha ha, im Gegenteil. Er verdient jetzt viermal soviel Geld, wie ich von meinen Eltern bekomme, aber daer jetzt angeblich nur für die Steuer[5] arbeitet, muß ich als arme Studentin die Joghurts des reichen Arztes bezahlen.

Weihnachten war der Höhepunkt gewesen. Ich hatte das Essen eingekauft: 79 Mark 85 hatte ich insgesamt bezahlt, ich werde es nie vergessen. Aber er hat mir statt 39 Mark 92 lediglich 39 Mark 48 gegeben, weil ich nicht nur eine, sondern zwei kleine Dosen Erbsen gekauft hatte, wir brauchten fürs Weihnachtsessen aber nur eine Dose. Die andere, sagte Albert, würde ich bestimmt irgendwann alleine essen. Also hat er sich an der zweiten Dose Erbsen zu 98 Pfennig nicht beteiligt.

Und diesem Geizhals hatte ich eine phantastische Uhr geschenkt! Ganz in Schwarz, auch das Zifferblatt, nur die Zeiger weiß. 109 Mark hatte ich mir vom Munde abgespart[6], und da meckerte er wegen einer Dose Erbsen. Und als Albert dann mit seinem schäbigen Weihnachtsgeschenk ankam – blöde Mokkatassen vom Trödler[7] und ein Blumenübertopf in Kackbraun–, da packte mich die totale Wut. Ich hab die Uhr ins Klo geschmissen und die vor seinen Augen runtergespült. Jawohl, ha ha. Weg war sie. Schließlich soll man seine Gefühle spontan ausleben.

Albert hat dann die Mokkatassen in die Badewanne geschmissen. Das war wieder typisch. Alles, was ich mache, macht er nach. Er ist total reaktiv. Das geht mir auf den Wecker[8]. Nur die Scherben aus der Badewanne raussammeln, das durfte ich natürlich ganz alleine machen . . .

Ich stand auf und beschloß, mein Leben zu ändern. Während ich meine rosa Strickstrumpfhosen suchte, schwor ich mir, daß Albert ausziehen muß. Schließlich habe ich zuerst hier gewohnt. Meine Eltern würden bestimmt Verständnis dafür haben, daß ihr einziges Kind unter solchen Bedingungen nicht leben und schon gar nicht studieren konnte. Die paar Mark mehr, die ich nun als alleinstehende Studentin brauchen würde, die mußten sie mir geben! Außerdem, für alle Fälle, hatte ich das Aussteuersparbuch⁹ meiner alten Tante Frida selig. Es wäre sicher ganz in ihrem Sinne, wenn ich ihr Erbe verwenden würde, um mich von den Männern unabhängig zu machen! Jawohl. Freilich, meine Eltern durften es nicht erfahren, wenn ich mehr als die Zinsen von meinem Sparbuch abheben würde. Mein Vater würde toben. Mein Vater lebt in dem Wahn, die Aussteuer eines Mädchens sei dazu da, um sich einen Ehemann zu kaufen. Wieviel wohl meine Mutter für ihn bezahlt hatte? Ich habe es nicht nötig, mich zu verkaufen. Ich werde niemals heiraten!

Die rosa Strumpfhosen waren unauffindbar. Sicher hatte Albert sie irgendwohin geworfen... Albert mußte so schnell wie möglich aus meinem Leben verschwinden. Ich hatte mich entschlossen. Ich schrieb Albert einen Brief.

"Albert!!!
Verschwinde so schnell
wie möglich aus
meinem Leben
+ der Wohnung!!!
Hochachtungsvoll
Deine Constanze Wechselburger."

ERLÄUTERUNGEN
1 *always the same old story*
2 Filzstift
3 *miser*
4 verschwenden
5 *i.e. to pay taxes*
6 *pinched and scraped in order to afford*
7 *second-hand dealer*
8 auf die Nerven
9 *dowry bank-book*

A Im Sinn der Sache

1 Welche Äußerungen und Bemerkungen, die Constanze macht, zeigen, daß sie Albert nicht nur nicht mehr mag sondern auch nicht mehr leiden kann?
2 Constanze hält ihren Freund für unausgeglichen und emotional unreif: An welchen Wörtern und Ausdrücken ist das zu erkennen?
3 An welchen Äußerungen und Bemerkungen erkennt man Alberts Charakter und Einstellungen, Frauen und Haushalt betreffend?
4 Welche Bemerkungen kennzeichnen Constanzes Einstellung Männern gegenüber?
5 Welche Bemerkungen sprechen davon, daß sie ein emanzipiertes Leben anstrebt?

B Zur Diskussion

1 Woran ist die Spannung zwischen Constanze und Albert deutlich zu erkennen?
2 Wie reagiert sie jetzt auf Albert und seine Tuerei, und warum?
3 Was sucht sie vielleicht, was sie bei Albert überhaupt nicht findet?
4 Was mag sie nicht an ihm?
5 Wie ist ihre Einstellung Männern gegenüber? Warum hat sie eine solche Einstellung?
6 Auf welche Weisen versucht Eva Heller zu beeinflussen, wir wir Albert sehen? Warum?
7 Aus welchen Gründen muß Albert so schnell wie möglich aus Constanzes Leben verschwinden?

C Augenzeuge

Zu zweit

Constanze, die den ganzen Tag unterwegs war, kommt abends in die Wohnung zurück, als Albert den Zettel gerade gelesen hat.

Schreibt zu zweit das Gespräch, das zwischen den beiden geführt wird! Bedenkt, was ihr von den Einstellungen und dem Charakter der beiden schon festgestellt habt?

14.EINHEIT

40.Kapitel „Wir leben in einer Welt …"

Zwei Drittel der Menschheit leben heute in der sogenannten Dritten Welt. „Dritte Welt" – diese Bezeichnung hat sich für die wirtschaftlich unterentwickelten Länder dieser Erde eingebürgert.[1] Wir leben alle in einer Welt, auch wenn Kambodscha oder Bangladesch oder die Länder des tropischen Afrika viele tausend Kilometer von Deutschland entfernt sind. Aber die Menschen in diesen Teilen der Erde leben in der Regel unter ganz anderen Bedingungen als die Bürger der westlichen oder östlichen Industrieländer.

Von den rund drei Milliarden Menschen der Entwicklungsländer leben 800 Millionen in absoluter Armut. Es fehlen ihnen selbst die dringendsten Bedürfnisse des Lebens. Ihr Einkommen ist zu gering, um die Ernährung zu sichern. Für die meisten von ihnen bestehen Lebenssinn und Lebensziel gezwungenermaßen nur in einem: Nahrung zu finden, den heutigen Tag zu überleben. Arbeitslosigkeit und Unterbeschäftigung sind an der Tagesordnung.

1980 berichtete die Brandt-Kommission, die die Situation unter dem Vorsitz des ehemaligen deutschen Bundeskanzlers Willi Brandt untersucht hatte, daß zwischen den reichen Ländern, die meist auf der nördlichen Hälfte der Erdkugel zu finden seien, und den armen auf der südlichen Halbkugel ein gewaltiges Gefälle bestehe: das Nord-Süd-Gefälle. Während die Länder des Nordens mehr als genug hätten, so die Kommission, gebe es im Süden (zu dem auch Gebiete nördlich des Äquators gehören) viele arme Länder, wo Millionen von Menschen an den Folgen von Hungersnot, Erkrankungen und lähmender Armut litten.

Nicht, daß alle betroffen sind: In vielen der unterentwickelten Länder würde eine gleichere Verteilung der vorhandenen Güter und Dienstleistungen zur Besserung der Lebensbedingungen vieler beitragen. Aber das Bruttosozialprodukt[2] vieler Länder ist zu gering, als daß sie eigenhändig alles in Ordnung bringen könnten. Trotz des niedrigen BSPs kosten die von den Entwicklungsländern benötigten Importe (z.B. Öl) genau so viel wie bei uns! Bei Preiserhöhungen dieser Importe bedarf es zunehmender Exporte, um gleichbleibende Importmengen zu ermöglichen. In dieser Welt des Überflusses,[3] so der Befund der Brandt-Kommission, dürfe diese Lage nicht weiter

geduldet werden; alle seien mitverantwortlich. Denn heute würde der Reichtum der Menschheit – erstmals in der Geschichte – insgesamt dazu ausreichen, alle Bewohner dieser Erde zu ernähren, zu kleiden und zu behausen. Aber weiterhin müssen Abermillionen in Not und Elend dahinvegetieren, verhungern, verdursten, erfrieren, von Krankheit dahingerafft[4] werden, noch ehe sie richtig zu leben begonnen haben. Ist das der Fortschritt dieser Welt?

Das Verhältnis des Pro-Kopf-Einkommens von nicht erdölexportierenden Entwicklungsländern und Industrieländern liegt bei 1:13. Auf deutsch: Wenn ein Arbeiter in Deutschland 24000 DM netto im Jahr verdient, verdient sein indischer Kollege ein Dreizehntel davon, also knapp 1850 DM im Jahr bzw. 154 DM in Monat – wenn er überhaupt Arbeit hat.

ERLÄUTERUNGEN

1 akzeptiert werden
2 *gross national product*
3 surplus
4 *carry off*

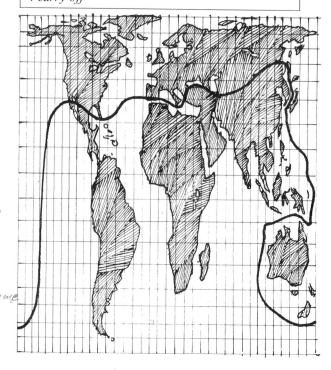

A Wovon handelt der Text?

1 Wie ist für viele Millionen in der Dritten Welt
   das Leben? Warum?
2 Welchen Befund der Brandt-Kommission
   erläutert der Text?
3 Können alle Länder der Dritten Welt ihre
   Probleme selber bewältigen? Warum?
4 Wie könnte die Situation wesentlich anders sein?

B Sprachliche Arbeiten

1 Welche im Text stehenden Wörter haben die
   gleiche Bedeutung wie folgende?
   a) daß man genug Gutes zum Essen hat (2)
   b) überstehen; nicht sterben (2)
   c) die Welt (3)
   d) Zustände, in denen viele zu wenig zum Essen
      haben (3)
   e) so schlecht, daß Menschen dadurch fast zu
      Krüppeln gemacht werden (3)
   f) ohne Hilfe; aus eigener Kraft (4)
   g) die (die Entwicklungsländer) brauchen (4)
   h) braucht (4)
   i) so, daß wir alle helfen sollten, die Situation
      zu bessern (4)
   j) viele Millionen; Millionen und weitere
      Millionen (5)
2 Welche im Text stehenden Ausdrücke haben die
   gleiche Bedeutung wie diese?
   a) normalerweise (1)
   b) was man unbedingt braucht, um leben zu
      können (2)
   c) gehören zum Alltag; sind ganz normal (2)
   d) daß es einen riesigen Unterschied gebe (3)
   e) die Situation, wenn die Armen mehr davon
      hätten, was die Reicheren jetzt schon haben
      (4)
   f) vielen helfen, besser leben zu können (4)
   g) in absoluter Armut (5)

C Vokabelbau

ehemalig

(= von früher/von ehemals)

Folgende Begriffe kann man durch ein Adjektiv
auf ‚——malig' ersetzen. Jedes Adjektiv hat mit
der entsprechenden Zeitangabe auf ‚——mal(s)'
zu tun. Wie lauten sie? Schreib' jedes Adjektiv in
einem Satz!
   a) von früher; von der Zeit.
   b) so selten, daß es dies nicht zweimal gibt
   c) häufig
   d) was nie vorher da war; was zum ersten Mal
      da ist

D Grammatik- und Stilübung

Das BSP ist *zu* gering, *als daß* sie alles in Ordnung bringen *könnten* (4)
Welche Probleme haben folgende? Jede Antwort
fängt mit den angegebenen Worten an:
z.B. Warum bauen viele in der Dritten Welt kein
      schöneres Leben auf? (Einkommen/ gering)
      →Ihr Einkommen ist zu gering, als daß sie
      ein schöneres Leben aufbauen könnten.
   a) Warum finden viele Bewohner der Dritten Welt
      nicht genug Nahrung? (Ihr Einkommen
      /gering)
   b) Wieso findet man die derzeitige Verteilung der
      Güter in vielen Ländern der Dritten Welt nicht
      akzeptabel? (Viele Bewohner/arm)
   c) Wieso können sich viele Entwicklungsländer
      nicht so viel leisten, wie sie brauchen? (Die von
      ihnen benötigten Importe/teuer)
   d) Warum können noch nicht alle Bewohner
      dieser Erde ernährt, gekleidet und behaust
      werden? (Die Verteilung des Reichtums der
      Menschheit)

E Gut verstanden? Fragen zum Text

1 Wie arm sind die Ärmsten der Dritten Welt?
2 Was versteht man unter dem „Nord-Süd-
   Gefälle"?
3 Was trägt außer dem Nord-Süd-Gefälle auch
   viel zur Armut in Entwicklungsländern bei?
4 Warum müssen „Abermillionen in Not und
   Elend dahinvegetieren"?
5 Was wäre für die Brandt-Kommission ein
   wahrer Fortschritt?

F Übersetzung ins Deutsche

The inhabitants of Bangladesh live in quite
different circumstances from us by and large. If we
compare our own country with Bangladesh, we
can see that there is a huge divide betwen us: the
North-South-Divide. Although Bangladesh is in
the northern hemisphere it really belongs to the
South.

   In this developing country the distribution of
available wealth is very unequal, and the income
of many people is so small that they cannot afford
more than the barest of essentials, and too small
for them to improve their living conditions on
their own.

   The big problem is the imports that Bangladesh
needs. Because of price rises it now takes even
more exports to finance an unchanged amount of
imports. That means the country is getting poorer.
Can we allow this situation to continue?

40.Kapitel

Würden Sie das trinken?

Daß in der Dritten Welt Krankheiten wie Pocken bis in die neueste Zeit florierten, liegt nicht nur an der mangelnden Impfung.[1] Wenn mit Pocken kein Problem mehr ist: Andere Krankheiten gedeihen weiter. Auffallend ist, wie oft sie zu finden sind, wo Wasservorräte[2] spärlich oder nicht sauber sind.

Fast eineinhalb Milliarden Menschen auf der Welt sind tagtäglich gezwungen, Wasser zu trinken, das sie erkranken läßt oder gar in den Tod bringen könnte: Die Hälfte von ihnen sind Kinder. Nach Schätzungen der WHO (Weltgesundheitsorganisation) sind 80 Prozent aller Krankheiten auf schlechtes Wasser zurückzuführen.

Zehn Millionen Menschen sterben jedes Jahr an den Folgen der Wasserverseuchung. Unzählige Millionen werden durch die Bakterien von Krankheiten wie Bilharziose dermaßen verschwächt, daß sie nicht mehr arbeiten können. Zur Beseitigung der Krankheit bedürfte man weiterer Hygienemaßnahmen. Noch mehr – auf 400 Millionen wird die Zahl geschätzt – leiden an Gastroenteritis. Viele derjenigen, die die Krankheit überleben, werden ebenfalls so verschwächt, daß sie zu Opfern anderer Krankheiten werden: Wiederaufnahme der Arbeit bleibt ihnen lange ausgeschlossen. An Malaria und Wasserblindheit leiden wieder Hunderte von Millionen.

Die Ursachen dieses Elends sind das Trinken von verseuchtem Wasser, mangelnde Hygiene, die auch durch äußerst knappe Wasservorräte verursacht wird, und Bakterien, Insekten und Würmer, die in Abwässern und verseuchtem Wasser wohnen oder sich vermehren.

Die ärmsten Länder der Dritten Welt sind teilweise auch die Länder der Trockengebiete der Welt. Für jeden zweiten ist der Zugang zu sauberem Wasser nicht gesichert; und in den trockenen Jahreszeiten dient oft ein Tümpel als einzige Trinkwasserquelle für Dorfbewohner und deren Tiere. Eine Dürre – z.B. beim Ausbleiben der Regenzeit – erschwert die Lage noch weiter: Menschen, Tiere und Pflanzen verdursten.

Nicht, daß reichliche Vorräte an Wasser allein das Problem lösen: In weniger trockenen Entwicklungsländern ist das Wasser voller Bakterien; Mücken und Fliegen wuchern[3] darin. Das Wasser wird von Menschen verseucht, die das Ufer als Toilette benutzen und es dem Fluß ermöglichen, Seuchengefahr und Krankheiten zu verbreiten. Wer trinkt, erkrankt. Der Teufelskreis wird geschlossen, sobald dem Erkrankten das

Ufer auch als Toilette dient.

Aber Dreiviertel der Bewohner von armen Ländern haben weder Kanalisation noch Sanitäranlage. Und wo es offene Kloaken gibt, so wie in vielen Entwicklungsländern noch, gehören Krankheiten zum Alltag.

Die Versorgung[4] sauberen Wassers würde das Leben vieler erheblich verändern und ihnen zu einem neuen besseren Gesundheitsstand verhelfen.

ERLÄUTERUNGEN

1 *vaccination*
2 *supplies water*
3 groß und dick werden/wachsen
4 *provision/supply*

G Wovon handelt der Text?

1 Welche Probleme erlebt man mit dem Wasser in der Dritten Welt?

2 Welche Krankheiten gehören zu den häufigsten in Ländern der Dritten Welt?

3 Was verursacht diese Krankheiten?

H Wortschatz

1 Welche im Text stehenden Wörter haben die gleiche Bedeutung?
   a) so, daß man es sofort merkt; frappierend
   b) was man unternimmt, um alles sauber zu halten
   c) unmöglich
   d) wo Wasser herkommt
   e) Möglichkeit, daß Tausende erkranken könnten
   f) System von Röhren, wodurch Abwässer beseitigt werden
   g) Toiletten- und Waschinstallationen
   h) Graben/Tunnel, durch den Abwässer fließen

2 Die Gegenteile folgender im Text stehender Wörter sind auch im Text zu finden:
   a) Folgen (2)
   b) sauber (Vorwort)
   c) gedeihen/florieren (Vorwort)
   d) spärlich (Vorwort)

3 Erkläre in eigenen Worten folgende Wörter und Ausdrücke, die im Text stehen!
   a) erkranken läßt (1)
   b) in den Tod bringen (1)
   c) knapp (3)

4 Welche im Text stehenden Ausdrücke haben die gleiche Bedeutung wie diese?
   a) (die WHO) rechnet, daß ungefähr ….
   b) … kann man … durch … erklären.
   c) … kann nicht regelmäßig bzw. immer sauberes Wasser bekommen.
   d) wenn der erwartete Regen nicht kommt.
   e) dazu beitragen, daß sie gesunder werden.

I Gut verstanden? Fragen zum Text

1 Wieso sind so viele Krankheiten auf schlechtes Wasser zurückzuführen?

2 Wie wirken sich solche Krankheiten auf die Lebensbedingungen vieler Menschen in der Dritten Welt aus?

3 Aus welchen Gründen benutzen Bewohner vieler Länder weiter schmutziges Wasser?

4 Beschreibe den Teufelskreis der Erkrankung durch verseuchtes Wasser!

5 Welche Maßnahmen müßte man treffen, um das Problem verseuchten Wassers zu bewältigen?

J Nicht nur montags

Sauberes Wasser für alle
(Vokabeln auf Seite 227)

Beantworte diese Fragen:

1 Wofür will die WHO sorgen und wie?

2 Was erschwert die Situation, und wie wirkt sich das oft aus?

3 Wem kommen die Fortschritte in der Wasserversorgung zugute und wie? Wovon soll uns das Ende der Aufnahme überzeugen?

K Zum Gespräch

– Würdest **du** das trinken? Warum?

– Welche Reaktionen löst der Inhalt von Text und Tonbandaufnahme bei uns aus? Warum?

– Wieso kommt es so oft zu solchen Krankheiten und Seuchen in der Dritten Welt? Was scheint zu fehlen? Wie findest du das?

– Welche Mängel erschweren die Situation?

– Welche Menschen sind gefährdet?

– Was würdest du machen, wenn du in einer solchen Situation wärest?

– Was braucht man zu ändern? Wie? Was braucht man, um das Problem völlig zu beseitigen?

– Könnten wir helfen? Wie?

L Augenzeugen berichten

Bearbeite **eine** folgender Situationen! Die Klasse könnte vielleicht erst die verschiedenen Situationen zusammen besprechen.

1 Du bist als Entwicklungshelfer(in) in der Dritten Welt gerade angekommen, wo du arbeiten wirst, und zwar:
   entweder (a) in einem afrikanischen Dorf im Trockengebiet,
   oder (b) in einem brasilianischen Dorf unweit des Urwalds, wo es zwar viel Wasser gibt aber keine Kanalisation.
   Im ersten Brief nach Hause beschreibst du deine ersten Eindrücke und äußerst eine Meinung dazu, was getan werden könnte, um die Lebensbedingungen zu ändern.

2 Du bist Entwicklungsexpert(in), der (die) in einem Land der Dritten Welt arbeitet: Du hast einen Bericht über die neulich gebesserte Lebensgrundlage eines Dorfs zu schreiben. Beschreibe die Situation vor und nach:
   (a) der Installation von Bewässerungsanlagen,
   oder (b) der Versorgung des Dorfes mit sicherem, sauberem Trinkwasser.

41.Kapitel Dieses Kind hat alles, was es braucht...

Geborgenheit[1] und Gesundheit

Dahinter allerdings steht eine Geschichte, in der seine Mutter die Hauptrolle spielt. Sie war es nämlich, die die anderen Frauen in ihrem Dorf in Burkina Faso in Afrika angesprochen hat, wegen der hohen Kindersterblichkeit und der vielen fehlernährten Kinder. Sie war es, die sich mit den anderen Frauen zu einer Freiwilligeninitiative zusammengetan hat.

Selbsthilfe mit einfachsten Mitteln

Die Frauen haben sich gefragt, wie sie mit dem wenigen, das sie selbst anbauen,[2] kalorienreichere Mahlzeiten zusammenstellen können; wie sie selbst eine Gesundheitsversorgung organisieren können, angesichts der großen Entfernungen zu den wenigen Krankenhäusern in Burkina Faso.

Sie haben die Frauen in den Nachbardörfern befragt, wie sie ihr Essen zubereiten und was sie von Heilkräutern und überlieferten[3] Heilmethoden wissen. Schließlich sind sie in die Stadt gefahren, um zu erkunden,[4] was dort bekannt ist; und um die Regierung um Unterstützung zu bitten, für den Gesundheitsdienst. Doch das Land ist eines der ärmsten der Welt, und die Regierung hat kein Geld.

Die Frauen in jenem Dorf in Burkina Faso haben es dann doch noch geschafft. Sie kennen sich heute in Ernährungs- und Gesundheitsfragen aus und beraten die Frauen aus den Nachbardörfern. Und sie haben eine eigene kleine Sanitätsstation[5] mit einer Grundausstattung an Medikamenten für die häufigsten Infektionskrankheiten.

Wie es dazu kam

Irgendwie hatten die Frauen erfahren,[6] daß es eine Organisation gibt, die Initiativen wie die ihre unterstützt: „terre des hommes", Hilfe für Kinder in Not. Wir fördern[7] Ernährungsberatung, Sanitäts- und Entbindungsstationen[8], Mutter-Kind-Beratung und Basisgesundheitsdienste in vielen Ländern Afrikas, Asiens und Lateinamerikas:

– Weil wir damit einen Beitrag leisten gegen Kinderelend und hohe Kindersterblichkeit.
– Weil wir mitverantwortlich sind, denn Wohlstand bei uns und Elend in der Dritten Welt sind zwei Seiten derselben Medaille.
Unsere Partner in den Entwicklungsländern sind Menschen, die sich und ihren Kindern helfen

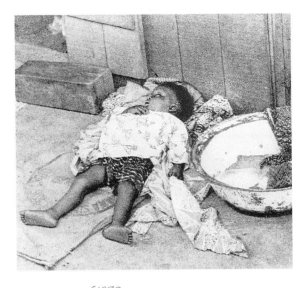

wollen. Sie ergreifen die Initiative selbst. Sie brauchen unsere Unterstützung.

Hier sind auch Sie gefordert: Machen Sie mit:
– Als Projektpartner, der bestimmte Projekte regelmäßig unterstützt.
– Als Spender,[9] damit Basisinitiativen einen Schritt (manchmal den entscheidenden) weiterkommen.
– Als Mitarbeiter in unserer Bürgerinitiative.

„terre des hommes" – Hilfe für Kinder in Not –

555

Spendenkonto bei der
Bank für Gemeinwirtschaft
Osnabrück (BLZ 265 101 11)

„terre des hommes"· Postfach 4126 · 4500 Osnabrück

ERLÄUTERUNGEN
1 Gefühl des Geschütztseins (wie ein Kind bei der Mutter hat)
2 pflanzen bzw. wachsen lassen
3 von Generation zu Generation weitergegeben
4 fragen/herausfinden
5 Klinik
6 gehört/herausgefunden
7 unterstützen/helfen weiterzukommen
8 wo eine Frau ihr Kind auf die Welt bringt
9 Einer, der Geld schenkt, damit man anderen helfen kann

A In eigenen Worten

Wie könnte man folgende Auszüge aus dem Text in eigenen Worten fassen, ohne kursiv gedruckte Wörter anzuwenden? Die Vorschläge, wie es zu machen wäre, stehen in Klammern.

1 *wegen* der hohen Kinder*sterblichkeit* und der vielen *fehlernährten* Kinder (1)
(→weil hier so viele . . .)

2 *angesichts* der großen Entfernungen zu den wenigen Krankenhäusern (2)
(→weil sie sahen, . . .)

3 um die Regierung um *Unterstützung* zu *bitten*, für den Gesundheitsdienst (3)
(→um zu fragen, ob . . .)

4 Sie *kennen sich* heute in Ernährungs- und Gesundheitsfragen *aus* (4)
(→Was Ernährung und Gesundheit betrifft, . . .)

5 mit einer *Grundausstattung* an Medikamenten (4)
(→mit den Medikamenten, die . . .)

6 Weil wir damit einen *Beitrag leisten* . . . (5)
(→weil wir . . . , was . . . , um . . . zu . . .)

7 Sie *ergreifen* die *Initiative* selbst (5)
(→machen . . . , statt auf . . . zu warten)

B Gut verstanden? Fragen zum Text

1 Warum scheint zwischen Bild und Überschrift ein Widerspruch zu bestehen? (Bedenke, was man unter diesem Überschrift im europäischen und im afrikanischen Zusammenhang versteht!)

2 Was braucht das Kind und warum? Wie wäre in Europa ein Kind, das alles hätte, was es brauchte? Bedenke die Unterschiede!

3 Aus welchen Gründen wollte diese Mutter eine Initiative gründen?

4 Was wollte sie damit erreichen?

5 Vor welchen Schwierigkeiten stand sie?

6 ,,Sie haben es dann doch noch geschafft": Aus welchen Gründen?

7 Wieso ist in diesen Fragen gerade Beratung so wichtig?

8 Wieso ist Elend in der Dritten Welt die Kehrseite der Medaille unseres Wohlstands? Was will man eigentlich mit diesem Ausdruck sagen?

C Tonbandaufnahme

Wir bitten um Hilfe
(Vokabeln auf Seite 227)
Wenn man die Aufnahme gehört hat, soll man Informationen aus dem Text kurz fassen, und zwar:

1 über Gründe, die Bitten um Hilfe für die Dritte Welt rechtfertigen

2 über Quellen und Ziele der Hilfe.

D Aus eigener Erfahrung

Jetzt gehören wir zu den Betroffenen!
Stell' dir vor, eine der Frauen zu sein, die diese Initiative zur Gründung einer Sanitätsstation aufbauten. Erzähle die Gründe und Probleme, die euch dazu motivierten, und die Schwierigkeiten, die ihr überwinden mußtet, um euren Plan zu realisieren! Dabei wäre unter anderem zu bedenken:

– Was merkte man in den Dörfern, was einem Sorgen machte?

– Wie waren Reaktionen darauf und warum? (Verschiedene?)

– Was machte euch so entschlossen, etwas Positives zu unternehmen?

– Wofür wolltet ihr in erster Linie sorgen?

– Was war dabei wichtig bzw. beeinflußte eure Aktion?

– Hättet ihr alles aus eigener Kraft machen können? Warum?

– Wie hattet ihr von der Organisation ,,terre des hommes" erfahren?

Kinder helfen Kindern

„Warm ist es dort. Die Menschen sind arm, und nichts läuft.'' Das war die Vorstellung, die der 15-jährige Frank Herberg von der Anne-Frank-Hauptschule im sauerländischen Lennestadt über Afrika hatte. Jetzt weiß er es besser: Mit zwei Mitschülerinnen, vier Lehrern und einer Elternvertreterin besuchte er die Patenschule[1] in Mosambik im südlichen Afrika. Diese Schule konnte nur gebaut werden, weil die Kinder in Lennestadt sieben Jahre lang Altpapier und Flaschen verkauft, Ausstellungen organisiert und Geld gesammelt hatten. Frank: „Ich habe gestaunt, was die mitten im Busch alles aufgebaut hatten.''

1975 fing es an, als eine sechste Klasse durch den Verkauf von Pilzen 250 Mark eingenommen hatte. Da im Unterricht gerade über Probleme der Dritten Welt gesprochen wurde, wollten die Kinder helfen. Vor allem interessierte sie ein Plan, in der Tete-Provinz von Mosambik eine Internatsschule[2] für Waisenkinder zu gründen. Benachbarte Schulen beteiligten sich.

150 000 Mark kamen innerhalb von sieben Jahren zusammen. Auch Kleidung, Decken, Hefte und Bleistifte wurden per Schiff ins südliche Afrika transportiert. Im Februar 1982 konnte die Schule von Nkondeze mit dem Unterricht beginnen. Die ersten fünf Schüler waren die „Kinderbanditen von Tete'': Kinder, die ihre Eltern im Unabhängigkeitskampf Mosambiks verloren hatten und sich durch Stehlereien über Wasser hielten!

Als die deutsche Reisegruppe ankam, wurde sie von 89 Schülern zwischen 6 und 16, vier Lehrern und dem Bürgermeister begrüßt. Eine Woche lang lebten die Gäste mit den Afrikanern; eine Woche lang stellten sie auch ihre Ernährung gründlich um: „Jeden Morgen Maisbrei'',[3] erzählt Schülerin Bärbel Heinemann. „Maisbrei und Kohl, abends wieder Maisbrei und Kohl.''

Daß die Wolldecken, die sie vor eineinhalb Jahren geschickt hatten, so verfilzt[4] aussahen, hat die Schülerin Ruth Wordel „zuerst mal schockiert''. Doch nach dem Waschtag wundert sie sich nicht mehr: „Die ganze Wäsche wird im Fluß gewaschen. Die afrikanischen Jungen und Mädchen mußten uns Deutschen zeigen, wie man die Decken auf die Steine klopft. Klar, daß der Flausch[5] 'rausgeht.'' Sie weiß aber, wie sinnlos dort eine Waschmaschine wäre: „Strom gibt es nicht. Was die brauchen, sind Wannen und Waschbretter.''

Die Lennestädter ließen sich in die täglichen Arbeitsgruppen einteilen – zum Gießen und Pflanzen in den Gemüsegärten, zum Wäschewaschen, zum Bau eines Spielplatzes, zum Basteln einer Wandzeitung mit Fotos aus dem Sauerland. Sie ließen sich von den afrikanischen Schülern zeigen, wie man Bambusrohr schneidet und auch ohne teures Spielzeug und Sportgerät miteinander spielen kann.

Nach ihrer Reise wollen die Lennestädter noch aktiver werden. Denn die Schule in Nkondeze soll erweitert, eine Reparaturwerkstatt, ein Generator und ein Elektromotor für die Maismühle sollen gekauft werden. „Ich bin froh, daß ich dabeigewesen bin'', sagt die Elternvertreterin Monika Nöker, „jetzt kann ich den Vorurteilen mancher Leute besser begegnen.''

ERLÄUTERUNGEN

1 *sponsored school* (Pate = *godfather*)
2 Schule, in der die Schüler die ganze Zeit wohnen
3 *corn porridge*
4 *matted; worn; threadbare*
5 *pile; fluff*

E Wovon handelt der Text?

1 Was hat die Anne-Frank-Schule in Lennestadt mit der Dritten Welt zu tun?
2 Wieso war die Schule in Nkondeze nötig?
3 Was erlebten die Deutschen in Nkondeze?
4 Was lernten sie da?
5 Wozu führte ihr Besuch, und warum?

F Sprachliche Arbeiten

1 Welche im Text stehenden Wörter haben die gleiche Bedeutung wie folgende?
   a) wie er es sich dachte; Idee
   b) wobei Sachen zur Schau gestellt werden, z.B. Kunstobjekte, Bilder, Handwerk
   c) es unglaublich gefunden
   d) gesammelt
   d) Kinder ohne Eltern, bzw. deren Eltern gestorben sind
   f) die in der Nähe lagen
   g) machten mit
   h) empfangen; willkommen geheißen
   i) war ... erstaunt
   j) die Pflanzen bewässern
2 Welche im Text stehenden, teils längeren Ausdrücke haben die gleiche Bedeutung wie diese?
   a) am Leben blieben; Hunger ... von sich fernhielten
   b) ... aßen sie völlig anders als normalerweise
   c) Jeden Tag gab man ihnen verschiedene Aufgaben zu erledigen
   d) die unberechtigten Kritiken ... kontern

G Grammatik- und Stilübungen

1 **Die Schule** *konnte* nur *gebaut werden* (1)
  Die Schule *soll erweitert werden* (7)
  Was mußte gemacht werden, bevor die Schule beginnen konnte?
  z.B. Erst mußte das Schulhaus gebaut werden.
  Zu bedenken:
     Geld sammeln, schicken; Kleidung und Decken sammeln bzw. per Schiff transportieren; Waisenkinder; usw.
  Was soll gemacht werden, damit die Schule alle Waisenkinder aus der Gegend unterbringen kann?
  z.b. Mehr Klassenzimmer sollen gebaut werden.

2 **Da im Unterricht über Probleme der 3. Welt** *gesprochen* **wurde,**...
  (= Da man ... sprach)
  Was wurde wann, wie oder wo gemacht?
  z.B. Als das Schulhaus fertig war ...
  →Als es fertig war, *wurde* mit dem Unterricht *begonnen*.
   a) In den Gemüsegärten, jeden Tag
   b) Niemand durfte faulenzen: Tagsüber ...
   c) Abends, am Feuer
   d) Im Fluß, für die ganze Schule
  Mach aus jeder Antwort einen Nebensatz mit ,weil', der etwas erklärt!
  z.B. Die Schüler konnten endlich etwas lernen, weil mit dem Unterricht begonnen wurde.

3 **Sie** *ließen* **sich (Dativ) von den afrikanischen Schülern zeigen,**...
  (= Die afrikanischen Schülern zeighten ihnen, ...)
  Schreib folgende Sätze auf ähnliche Weise um!
  z.B. Die Afrikaner sagten uns, wo wir schlafen könnten.
     → Wir ließen uns von den Afrikanern sagen,...
   a) Der Schuldirektor erklärte ihnen, was sie essen würden.
   b) Man gab den Deutschen das gleiche Essen wie den Afrikanern.
   c) Die deutschen Gäste halfen den Schülern, einen Spielplatz zu bauen.
   d) Die Schüler durften den Gästen nicht dienen. (Die Gäste wollten das nicht!)

H Arbeiten zu zweit

1 Ein Interview (für die Schülerzeitung?) mit einem der Schüler, die die Schule in Nkondeze besuchten, und zwar darüber, was sie dort alles erlebten und lernten, wie der Besuch ihre Vorstellungen beeinflußte, und ob sie weiter helfen wollen und wozu.
2 Ein Gespräch zwischen zwei Menschen, die verschiedener Meinung sind, ob man Hilfe in die Dritte Welt schicken sollte. Der Gegner dieser Hilfe wird wohl der Meinung sein, warum er Geld spenden sollte, er zahle schließlich Steuern! Aus welchen Gründen überhaupt findet er es nicht gut, daß so viel Hilfe in die Dritte Welt geschickt wird? Zu bedenken:
   – seine Vorstellung von Afrika, Afrikanern und Ländern der Dritten Welt
   – was er von Spenden und Afrikanern hält
   – was er meint, was aus dem Geld wird, und wer Entwicklung in diesen Ländern sowieso zahlen sollte!
  Wie begegnet man seinen Argumenten?

42.Kapitel Gezielte Hilfe für Entwicklungsländer

Die Unterschiede im Lebensstandard der Bevölkerung eines hochentwickelten Industriestaates und der eines Entwicklungslandes sind augenfällig. Der allgemeine Lebensstandard in den Entwicklungsländern ist so niedrig, daß oft nicht einmal die lebensnotwendigen Bedürfnisse der Bevölkerung gedeckt werden können. Entwicklungsländer leiden unter dem Teufelskreis der steigenden Preise der Industrieländer gegen die sinkenden Einkommen der Entwicklungsländer für Exportwaren. So wie den Ländern ergeht es auch den Ärmsten der Bevölkerung: Diesen Unterernährten kann man ansehen, daß sie schwach und ungesund sind; deshalb finden sie keine Arbeit und bleiben arm und unterernährt.

Jeder Vergleich der Lebensbedingungen entwickelter und unterentwickelter Länder ergibt, daß die Lebenserwartungen niedriger werden, je ärmer das Land ist; der tägliche Kalorienverbrauch ist entsprechend geringer, die Gesundheitsversorgung armseliger. In dieser Beziehung scheint die Anzahl der Einwohner je Arzt eine Rolle zu spielen, zumal die Ärzte eher in den Städten arbeiten als auf dem Land, wo sich die vorwiegend ländliche Bevölkerung dieser Länder oft mit schweren Mängeln abfinden muß.

Vorrangiges Ziel der deutschen Entwicklungspolitik ist folglich die Bekämpfung der absoluten Armut und die Sicherung der Grundbedürfnisse, um diese Teufelskreise der Armut zu beseitigen.

Wie wollen wir den Entwicklungsländern eine gezielte Hilfe leisten? Geld allein in die Dritte Welt zu schicken hat keinen Sinn, denn das hilft keinem Land, selbständig zu werden. Grundstein der Hilfe ist Technische Zusammenarbeit, die für das Entwicklungsland kostenlose Entsendung von Fachkräften und Beratern, sowie die Bereitstellung von Ausbildungsplätzen – im Heimatland, in anderen Ländern oder bei uns in der BRD. All das soll dem Aufbau einheimischer Experten dienen, damit die Länder auf ausländische Hilfe nicht angewiesen bleiben.

Die Zusammenarbeit im Bereich der ländlichen Entwicklung zielt vor allem auf die Verminderung der Abhängigkeit der Entwicklungsländer von Nahrungsmittelimporten. So wurde zum Beispiel in Bangladesch die Rinderzucht gefördert, damit für Milchproduktion besser gesorgt werden könnte: Bis dann hatten die 18 Millionen Rinder des Landes fast ausschließlich als Zugtiere gedient und nur wenig Milch gegeben. Dieses Projekt steht heute völlig unter bangalischer Leitung.

Im Energiebereich gilt es, durch die Entwicklung angepaßter Technologien alternative, nicht erschöpfliche Energiequellen zu erschließen, um die Abhängigkeit der Entwicklungsländer von kostspieligen Ölimporten zu verringern. In diesem Bereich scheinen Sonnenenergie und Biogas eine bedeutende Rolle zu spielen. Am Beispiel Nepal sind die Vorteile der Biogas-Technologie deutlich zu sehen.

Die Anwendung des Gases, das aus Dung natürlich fermentiert wird, zum Heizen und Kochen und zur Beleuchtung, bedeutet eine wesentliche Verringerung der Abforstung, die sonst durch Brennholzsuche zustandekommt und ihrenteils zur Reduzierung des Ackerlandes durch Erosion der abgeforsteten Gebiete geführt hat. Das natürliche Düngemittel, das bei der Produktion von Biogas übriggelassen wird, trägt dann zur Steigerung der Agrarproduktion sowie auch zur Wiederherstellung des Ackerlands bei. Die erweiterte Anwendung des Gases steht neben weitreichender Wiederaufforstung als Mittelpunkt verschiedener Programme, die auf die Erhaltung oder Wiederherstellung der natürlichen Umwelt gerichtet sind.

Der Aufbau einer angepaßten Technologie, die von Land zu Land verschieden sein könnte, fordert weitere Studien. Größtes Problem dabei bildet aber die Anschaffung der nötigen Technologie: Für die Verhältnisse der armen Länder ist alles (zu) teuer.

Weitere Worte wären überflüssig

Land	Lebens-erwartungen bei der Geburt	Einwohner je Arzt	Kalorien-verbrauch in % des notwendigen Bedarfs	BSP pro Kopf (US-Dollar)
Äthiopien	40	75 320	75	130
Tschad	41	41 940	74	110
Burkina Faso	43	49 810	79	180
Nepal	44	35 250	91	130
Indien	52	3 620	91	190
Haiti	53	5 940	93	260
China	64	1 160	104	–
Bundesrepublik Deutschland	73	490	127	11 730

Was deutsche Politiker sagen

„Die herkömmlichen politischen und wirtschaftlichen Dimensionen von Entwicklungshilfe reichen nicht aus. Freiheit und Fortschritt für das eigene Volk gibt es auf Dauer nur, wenn Hunger und Not überall in der Welt wirksam bekämpft werden, wenn alle Völker an den Entwicklungen der Zukunft, an der Schaffung menschenwürdiger Lebensverhältnisse teilnehmen können. Entscheidend ist auch, daß Entwicklungspolitik als Hilfe zur Selbsthilfe, als Beitrag zum Frieden in den Ländern der Dritten Welt verstanden und praktiziert wird."

Franz-Josef Strauß

„Langfristig gibt es, davon bin ich zutiefst überzeugt, keinen Gegensatz zwischen unseren nationalen Interessen und dem Bemühen, den Gegensatz zwischen Norden und Süden zu überwinden oder doch zumindest zu reduzieren. Wir leben in einer Welt…"

Willi Brandt

Politik der Partner: Bundesministerium für wirtschaftliche Zusammenarbeit

A Sprachanalyse

1 Suche an Hand des Textes „Gezielte Hilfe für Entwicklungsländer":
  a) Passivformen der Verben, die in einem Nebensatz stehen:
    z.B. daß oft die Bedürfnisse nicht *gedeckt werden können* (1)
  b) Ausdrücke, die an der Stelle eines Infinitiv-Ausdrucks stehen. Diese Ausdrücke bestehen jeweils aus einem Hauptwort, das die Aktion des Verbs darstellt, und einer Genitivform:
    z.B. *die Bekämpfung der* absoluten Armut (3)
    Schreibe diese Ausdrücke dann mit Hilfe eines Infinitivausdrucks um. (z.B. die Armut zu bekämpfen)
  c) Verben und Partizipien, die im Zusammenhang mit einer Präposition geschrieben werden:
    z.B. Entwicklungsländer *leiden unter* dem Teufelskreis (1)
    Merke auch bzw. schreib' auf, mit welchem Kasus die Präposition geschrieben wird!
  d) Hauptwörter in der Dativpluralform:
    z.B. *den Entwicklungsländern* (1)
    Teile diese danach ein, ob in der normalen Pluralform ‚n' am Ende steht! Merke auch gut, warum die Wörter hier der Dativform bedürfen!

2 Erfinde Sätze, die folgende aus dem Text stammende Ausdrücke enthalten!
  a) ... kann man ansehen, daß ... (1)
  b) Jeder Vergleich von ... und ... ergibt (2)
  c) (muß) sich mit ... abfinden (2)
  d) Vorrangiges Ziel von ... ist (folglich), ... (3)
  e) ... eine gezielte Hilfe ... leisten (4)
  f) damit ... auf ... nicht angewiesen bleiben (4)
  g) ... damit für ... gesorgt werden könnte (5)
  h) ... trägt zur Steigerung ... bei (7)

B Vokabelanalyse

1 Suche an Hand des Textes:
  a) Hauptwörter, die durch Änderung der Endung eines Verbs gebildet werden:
    z.B. die Bevölkerung (bevölkern) (1)
    Die meisten solchen Wörter stellen die Aktion eines Verbs dar.
  b) Partizipien, die als Adjektive benutzt werden:
    z.B. (hoch)entwickelt (1)

C Vokabelbau

Entwicklungsland; Lebensstandard; Gesundheitsversorgung; Agrarproduktion; Nahrungsmittel

Suche im Text und erfinde dann weitere Wörter auf die fett gedruckten Bestandteile dieser Wörter!

D Tonbandaufnahme

Vittorio Pastori
(Vokabeln auf Seite 227)
Beantworte folgende Fragen zum Text:
1 Was für ein Koch war Vittorio Pastori?
2 Mit wem war er früher „im Geschäft"?
3 Mit wem bzw. für wen will er fortan arbeiten?
4 Woher bekommt er die nötige Hilfe?
5 Wieso kann er das alles bekommen?
6 Wie bezeichnet man seinen neuen Beruf? Was versteht man darunter?
7 Wieso hat er nicht abgenommen, obwohl er im ugandischen Busch wohnt?

Zur Diskussion
– Herr Pastori ist erfolgreich in einem Bereich, wo größere Hilfsorganisationen wenig(er) geschafft haben: Warum?
– Welche Schwierigkeiten hat(te) er vielleicht bei diesem Unternehmen?

E Übersetzung ins Deutsche

India is a land full of serious and massive problems. But of all these problems the most serious, it seems to me, is the lack of trees on the bald hillsides. Deforestation goes on today because the necessity of a source of energy for cooking is so great. But without trees erosion causes a vast reduction of the available farming land, and agricultural production goes down!

The second most serious problem is that of health care. The average Indian doesn't have a chance of radiant health: The ground on which he walks barefoot is polluted, the water that he drinks is likewise polluted. A large proportion of the rural population has little idea of the dangers. Hygiene will only be better when more people are taught how vital proper preparation of food and better standards of cleanliness are.

For my money the third great problem is malnutrition. And undernourished people can never be a healthy people. But an undernourished soil cannot provide enough food for all its people. Although chemical fertilizers may help to increase the next harvest, they do not help to maintain the health of the soil: Natural fertilizers would contribute much more to the regeneration of the soil. But in 1976–7 nearly 67 per cent of India's farmland was not fertilized at all.

Ursula Walker: *Trial Balloon*

Die Dritte Welt

F Überblick

1 Worin bestehen die Probleme der Dritten Welt? Wie werden sie herbeigeführt? Fasse mögliche Erklärungen der Probleme zusammen!

Probleme:

Gründe

die Armut (der Länder)
Probleme der | Gesundheit
Nahrungsmittelversorgung
Erosion des Ackerlandes
Energieversorgung
ärmliche Lebensbedingungen
die niedrigen Lebenserwartungen
die Verseuchung des Trinkwassers
die Anzahl der Analphabeten
Überbevölkerung/Seuchengefahr
Hungersnot/Unterernährung
hohe Kindersterblichkeit

mangelnde Nahrungsmittelproduktion
ungenügende Gesundheitsversorgung
Mangel an | angepaßten Technologien
Energiequellen
Hygiene/Krankenhäusern
Schulen/Geld
ungleiche Verteilung des Reichtums
hohe Importpreise
niedrige Exportpreise
mangelnde Industrialisierung
Reduzierung des Ackerlandes
Dürre/Abforstung

Nützliche Ausdrücke:

... erklärt/erklären sich oft durch ...
... wird/werden hauptsächlich durch ... verursacht/
herbeigeführt
... ist/sind großenteils/größtenteils auf ... zurückzuführen
... scheint/scheinen ... mit ... zu tun zu haben
... sind zu ..., als daß sie selber Probleme von ... lösen könnten

2 Was soll man unternehmen?

Um	für...	zu sorgen	könnte(n)	man
	...	aufzubauen	müßte(n)	wir
	zu...	beizutragen	sollte(n)	die Länder
	...mit ...	zu versorgen	braucht(en)	
	...zu ...	zu verhelfen	gilt es ...	(zu) schicken
	...	wiederherzustellen	ist es nötig...	entwickeln
	...	zu sichern		organisieren
	...	zu ernähren		aus(zu)bilden
	...	zu behausen		zu ... bei(zu)tragen
	das Problem ... zu lösen			auf(zu)bauen

Ziele:

Methoden:

Entwicklung ∫ angepaßter Technologien
{ neuer Energiequellen
eigenständige Nahrungsmittelproduktion
Sicherung der Grundbedürfnisse
Verminderung der Abhängigkeit der
Entwicklungsländer
gleichere Verteilung des Reichtums
Erhaltung der natürlichen Umwelt
bessere Gesundheitsversorgung
Verbesserung der Lebensbedingungen

Bau von ∫ Kanalisation
{ Sanitäranlagen
Entsendung von Beratern
und Fachkräften
in Fragen der Hygiene
gezielte Hilfe
Geburtenregelungsprogramme
Aufbau der Industrie
Bau von ∫ Schulen
{ Krankenhäusern

42. Kapitel

Was die Wirtschaftler sagen

> „Entwicklungspolitik fordert die Lernfähigkeit auch unserer Gesellschaft heraus, ihre Bereitschaft, die Sorgen anderer Völker zu teilen und ihre Entscheidungen ernst zu nehmen."
>
> *Bundesministerium für wirtschaftliche Zusammenarbeit*

> „Rund 700 Millionen Menschen leben in totaler Armut in den ländlichen Gebieten der Entwicklungsländer. Ihre Not ist so außerordentlich, daß sie einer Verletzung der Menschenrechte gleichkommt, und zwar ihrer Würde, da sie als Menschen ein besseres Los verdient haben, und unserer Würde, weil wir alle zwar mehr helfen könnten, aber dies bisher versäumt haben."
>
> Robert S. McNamara, bis 1981
> Präsident der Weltbank
>
> *(Bundesministerium für wirtschaftliche Zusammenarbeit)*

G Diskussion

1 Nennt erst einige der ärmsten Länder der Welt und die Mängel, unter denen die Einwohner dieser Länder leiden! Zu bedenken:
   Nahrungsmittel; Hygiene; Gesundheitsversorgung; Lebenserwartungen; sauberes Wasser; Dürre

2 Auch in anderen, zwar nicht so armen Entwicklungsländern, fehlt es an Verschiedenem; zu bedenken:
   Energie, Schulen, Möglichkeiten der Selbsthilfe, Landwirtschaft, Industrie, Import- bzw. Exportpreise, Technologie, ungleiche Verteilung des Reichtums bzw. der Güter

3 Versucht, euch das Leben in so einem Land vorzustellen!
   – Wie wird man von den schon diskutierten Mängeln betroffen?
     (Bedenkt auch: Tagesablauf, Wohnung, Kleider, usw.!)
   – Sind alle Menschen in diesen Ländern so betroffen?
   – Haben wir eine einseitige Vorstellung des dortigen Lebens? Warum?

4 Sollen wir den Entwicklungsländern Hilfe leisten?
   – Wie sehen es heute Politiker und Öffentlichkeit?
   – Vom historischen Standpunkt aus: Ehemalige Kolonien? Wozu waren damals die Kolonien für die Weltmächte da?
   – Geben wir genug Hilfe? Wieviel sollen wir geben?

5 Welche Hilfe soll bzw. kann man den Entwicklungsländern leisten?
   – Geld? Bedenkt die bisherige finanzielle Abhängigkeit der Entwicklungsländer!
   – Reaktion der Menschen der Dritten Welt auf ständige Subventionierung?
   – Wollen sie sich selber helfen? (Versetzt euch in ihre Lage!) Welche Schwierigkeiten stehen ihnen im Wege?
   – Technisches Wissen/angepaßte Technologien
   – Praktische Hilfe – in welchen verschiedenen Lebensbereichen?
   – Maschinen: Ersatzteile/Reparaturen/ Wartungsdienst? Wie kann man bisherige Probleme vermeiden?
   – Vorbilder?
   Hilfe mit welchen Zielen?

Die Selbsthilfe stärken!

„Gib einem Hungernden einen Fisch, und er ist satt für einen Tag. Lehre ihn fischen, und er braucht nie mehr zu hungern."

Spendenkonto Welthungerhilfe

111
Postgiroamt Köln
Sparkasse Bonn
Volksbank Bonn
Commerzbank Bonn

Einzahlungen sind überall möglich.

Deutsche Welthungerhilfe Adenauerallee 134
5300 Bonn

in this respect

H. Aufsatzplan:

compared with
in relation to
with exception of

Drawing conclusions from your observations is important if you are to make firmly the point of your essay.

1. It is appropriate to place conclusions at the end of the essay, of course, in the final paragraph. But do not leave it till then to decide what your conclusions are!

   Some of the essays in this unit are concerned with changing attitudes and developing awareness of the problems experienced in other less developed countries, and in reflecting this awareness you may feel it is important to conclude from your survey the importance of particular actions. The logic of your observations should point to the conclusions you wish to draw, so you must be clear in which direction you are arguing before you start writing.

2. Comparisons (in this case probably between richer and poorer nations) will again lead well to the conclusions to be drawn. Comparisons of the consequences of past and present attitudes might also be effective. In making these comparisons and conclusions you should note the usefulness of short, pithy sentences, possibly of only a single word, for emphatic contrast or underlining of exactly that conclusion which you wish to draw.

3. Lastly, essays that are narrative or descriptive – possibly in the form of an extended letter, as in this unit – may also benefit from conclusions being drawn in order to emphasise the point being made. (Do not forget the importance of division into paragraphs, as in other types of essays, though!) In the case of a letter, a more personal form of expression, you may find it useful to intersperse comments or opinions through the letter, the intention being to convince the receiver of the letter of the rightness or importance of your views. Be

careful not to overload, though – there is nothing more off-putting than being obviously preached at(!). Concluding statements in a letter need to be clear, concise and firm, but polite.

Useful expressions in connection with comparisons and conclusions:

somewhat/reasonably

– einigermaßen *measure*	– Aus diesem Grund ist zu schließen, …
– in großem Maße	– Daher/Daraus ist zu schließen, daß..
– nicht im geringsten *not in the least*	– Schließlich/Zum *finally*
– lange nicht/keineswegs	Schluß *conclusion*
– in dieser Hinsicht	– Letzten Endes
– in vieler/aller Hinsicht	/Alles in allem
– im Vergleich mit …	– Um alle Punkte
– im Verhältnis zu …	zusammenzufassen
– mit Ausnahme von …	– Um nach … zu
– von … abgesehen	beurteilen *review*
– um von … abzusehen *forsee?*	

Aufsatztitel *Essay*

1. Wie ist das Nord-Süd-Gefälle am besten zu überbrücken? *bridge*
2. Welche Hilfe sollten wir Entwicklungsländern leisten? *supply*
3. Schreib' einen Brief an einen Regierungsminister, um deine Meinung über Hilfe für die Dritte Welt zu äußern!
4. Stell' dir vor, du lebst in einem Dorf in Afrika. Schildere deinen Alltag!

in dieser Beziehung – in this respect

Aural questions and vocabulary

2. Kapitel S. 17

Christiane im Ausland

lebenslustig	so, daß man alles sehr genießt, was man macht
auswandern	in ein fremdes Land umziehen
die Berufsausbildung	wobei man lernt, was man für den Beruf braucht und wie man den Beruf ausübt
Fachfrau	Spezialistin
gedrängt	immer wieder gesagt, ich soll etwas machen, und mich nicht in Ruhe gelassen
auf den eigenen Beinen stehen	selbständig sein/werden
unentschlossen	unsicher, was man machen sollte
unartig	so, daß sie alles machen, was sie nicht sollten!
engagiert	an etwas interessiert und bereit viel Zeit dabei zu verbringen

Fragen

1 Wie fand Christiane ihre Zeit im Ausland?
2 Warum wollte sie vielleicht eine Zeitlang im Ausland arbeiten?
3 Wie änderte sie ihre Berufsvorstellungen?
4 Warum drängte sie ihre Mutter? (Was hätte Christiane wohl sonst gemacht?)
5 Wie hat sie sich mit der englischen Familie verstanden?
6 Auf welche Weisen war ihr Leben in England anders, als es in Deutschland gewesen war?
7 Liegt es nur an der Stadt (London), daß sie alles so gut fand?

3. Kapitel S. 21

Wohngemeinschaft

die Wohngemeinschaft (= die WG)	Wohnung, die mehrere Leute teilen, in der aber jeder sein eigenes Zimmer hat
überlegen	gut denken
sonst	wenn es nicht so ist /wäre
das Gemeinschaftszimmer	Zimmer, in dem man zusammen etwas macht
gemeinsam	zusammen
die Küche führen	die Küche und das Kochen organisieren
eine Entscheidung treffen	*make a decision*

4. Kapitel S. 25

Traumberuf und Wirlichkeit

das Kraftfahrzeug (Kfz.)	*motor vehicle*
die Lehre	Ausbildung
der Bankkaufmann	*official title of someone working in banking*
der Großhandelskaufmann	*official title of someone working in the wholesale trade*
ausnützen	*to exploit, use*
die Umstellung	*change (re)adjustment*
(jemandem) auf der Tasche liegen	*to be a financial burden*

Fragen: Zu jeder der sieben Aussagen steht hier eine Frage!

1 Wie kommt so mancher Jugendliche leichter als andere zu einem Ausbildungsplatz?
2 Wie sieht für Jugendliche, die Kfz-Mechaniker werden wollen, die Zukunft aus, und warum?
3 Wie sehen andere Jugendliche (wie zum Beispiel Horst) ihre Berufssituation?
4 Andere Jugendliche wiederum fühlen sich wie Daniela: Wieso ging für sie die Ausbildung nicht gut?
5 Welche Vorteile brachte Ayten relativ leicht zu einer Lehrstelle?
6 Was war für Gabi zu schwer an der Arbeit?
7 Wie sieht Karl seine Lehre? Warum macht er damit weiter?

5. Kapitel S. 31

Topmodell wird Tischlerin

Tischler	*joiner*
Nicky	*type of pullover with elasticated cuffs*
Punker	*punk*
Werkstück	*piece of work*
schwielig	*covered in hard skin*
Handwerk	*trade*
Tischlerei	*joiner's workshop*
Bühnenbildnerin	*stage-set designer*
weiblich	*female*

Fragen
1 Auf welche Weisen hat sich Pammys Leben geändert?
2 Ist sie das einzige Mädchen, das in Hamburg als Tischlerlehrling arbeitet?
3 Beschreibe ihre frühere Lebensart!
4 Wieso gab sie alles auf, was sie hatte?
5 Wie scheint ihre jetzige Lebensart im Vergleich mit der früheren?

6. Kapitel S. 35

Jobben

Abwechslung	*variety, a bit of a change*
Fließband	*conveyor-belt, production-line*
schaffen	*manage*

7. Kapitel S. 39

Mit den Alten auskommen: Junge Menschen berichten

erfährt	hört, findet … heraus
beschimpfen	über jemanden Schlechtes sagen; anmotzen
brüllen	laut schreien, z. B. wie ein Löwe
schlampig	unordentlich (als ob man sich keine Mühe gäbe)
zurechtkommen	sich verstehen

Sind folgende Behauptungen zur Aufnahme falsch oder richtig?
1 Heike wird von ihrem Vater immer beschimpft, wenn er böse ist.
2 Sie findet es nicht richtig, wenn er sie wegen Faulheit kritisiert, weil er selber nichts macht.
3 Peter meckert selten, weil seine Eltern ihn in Ruhe lassen.
4 Sein Vater ärgert sich darüber, daß Peter abends spät nach Hause kommt.
5 Kerstins Kleider finden ihre Eltern nicht schön.
6 Kerstins Eltern sind unordentlich.
7 Christophs Eltern sind mit ihm zufrieden.
8 Er findet seine Eltern ganz in Ordnung.

8. Kapitel S. 45

Interview mit einem Ausreisser

bestimmen	sagen, was passieren sollte und wie
überlassen	jemandem erlauben, selber zu sagen /entscheiden
sitzenbleiben	das Schuljahr wiederholen (müssen)
verderben	schlecht machen
herumbefehlen	sagen, was jemand zu tun hat; daher: jemandem nicht genug Freiheit erlauben
der Zettel	kleines Stück Papier, worauf etwas geschrieben ist
erschweren	schwerer machen (Gegenteil von ‚erleichtern')
sich einmischen	die Nase hineinstecken
die Beschäftigung	etwas zu machen, was das Interesse hält
Spielraum geben	Freiheit erlauben

9. Kapitel S. 49

Ordnung

verstummen	still werden (Stumm ist, wer nicht sprechen kann)
der Schäferhund	Polizeihunde sind normalerweise Schäferhunde
zupfen	ziehen (wie man z.B. ein Haar herauszieht)
sich aufrichten	(so daß man nicht mehr liegt sondern sitzt)
die Streife	Polizisten, die die Runde machen
wippen	eine plötzliche kleine Bewegung zur Seite machen
der Gummiknüppel	Schlagstock eines Polizisten, aus Gummi gemacht

10. Kapitel S. 55

An Ihrer Sicherheit sollten Sie nie sparen

Umbau	*alterations*
Unfallstation	*casualty department*
Stromschlag	*electric shock*
Steckdose	*plug-socket*
Fachmann (pl. Fachleute)	*expert*

Was stimmt?
*In der Reklame stand:
1 Man könne an der Sicherheit viel sparen.
2 Viele Leute auf den Unfallstationen seien unglücklich.
3 Viele Unfälle im Haushalt seien passiert, obwohl man damit nicht gerechnet hätte.
4 Man solle Installations- und Elektroarbeiten immer machen lassen, um für Sicherheit zu sorgen.
5 Es koste nichts, an die Sicherheit zu denken.

11. Kapitel S. 59

Tips für Feilscher

bar	*cash*
angebracht	*appropriate*
Kratzer	*scratch*

Vorwand	*excuse*
widerstandsfähig	*capable of resisting*
zögern	*hesitate*
vermitteln	*mediate*
verweigern	*refuse*

12. Kapitel S. 65

Konsum

Winterschlußverkauf	*winter sales*
Hemmungslosigkeit	*recklessness, lack of restraint*
mäßigen	*moderate, cut down*
dichtmachen	*close*
taugen	*to be good/fit/of use for*
Rasierklingen	*razor-blades*
Einwegflaschen	*non-returnable-bottles*
Pfand	*deposit*
Blech	*tin*
Container	*skip*

13. Kapitel S. 69

Im Himalaja

einmalig	*(here) just amazing, simply wonderful*
Kathmandu	Hauptstadt von Nepal
schier	beinahe
Annapurna-Gebirge	Teil des Himalaja

14. Kapitel S. 75

Ferien mit dem Autoreisezug

Autoreisezug	*motorail train*
verstauen	*stow/store/pack away*
ausgerechnet heute	*today of all days*
zähflüssig	*heavy and fast-moving*
Ladebühne	*loading platform (of the car-transporter wagons)*
zurücklegen	*cover*
auf Nummer Sicher	*for a safe bet*
anvertrauen	*entrust*
Verladebahnhof	*i.e. where you can put your car on a motorail train*
Westerland	*town on the island of Sylt in North West Germany*
Rimini	*town on the Italian Adriatic coast*

15. Kapitel S. 79

Lohnt es sich, im Sommer zu verreisen?

mit Kind und Kegel	*with bag and baggage*
ausschließlich	*exclusively*
Vorbuchung	*advance booking*
auf gut Glück	*trusting to luck*

16. Kapitel S. 83

Mitfahrzentralen

trampen	*hitch-hike*
vermitteln	*arrange, supply with*
Inhaber	*proprietor*
Vermittlungsgebühr	*commission*
Verdienst	*wages, earnings*
unterhaltsam	*entertaining, pleasant (i.e. good company)*
Nulltarif	*i.e. without cost*
sich verabschieden	*say goodbye*

1 Was wird in einer Mitfahrzentrale gemacht?
2 Wie wird das organisiert?
3 Wer profitiert davon, und wie?
4 Woran erkennt man die Freundlichkeit und Hilfs-bereitschaft der Autofahrer?

17. Kapitel S. 89

Todes-Knick

Knick	*sharp bend*
Ziffer	*number*
Übermut	*high spirits, recklessness*

18. Kapaitel S. 93

Trunkenheit am Steuer

beeinträchtigen	*impair*
erwischen	*catch*
abhauen	*do a bunk*
Fahrerflucht	*driving away from an accident, hit and run*
Führerscheinentzug	*losing one's licence*
Promillegrenze	*blood alcohol limit (0.8 Promille)*
Sehschärfe	*(here) eyesight*

19. Kapitel, S. 101

Opfer eines Raubüberfalls

traut sich	*ventures, dares*
zitterig	*trembly, shaky*
zustoßen	*befall*
Lebensabend	*last years*
Ruhestand	*retirement*

Fragen
1 Wovor hat Frau Busche Angst?
2 Was hat ihr geholfen, über den Schock hinwegzukommen?
3 Wieso ist trotzdem nicht alles in Ordnung?
4 Erkläre ihre verschiedenen Reaktionen!
5 Was ist aus ihrem Lebensabend geworden?
6 Was sagst **du** zu der Handlungsweise der beiden Täter?

20. Kapitel S. 107

Streifenwagen

Streifenwagen	*patrol-car*
ermitteln	*investigate*
Funkgerät	*two-way-radio*
Revier	*district, police-precinct*
ihm eine geschmiert	*'thumped him one'*

21. Kapitel S. 111

Stadtkrawalle

Versicherung	*insurance company*
Knüppel	*truncheon*
losdreschen	*lash out at, lay into*
überlastet	*overworked*
durchblicken	*grasp what's going on*
verkommen	*decaying*
Randalieren	*vandalism*
anrücken	*advance*
Handgemenge	*hand-to-hand fight*
Bösewicht	*villain*

22. Kapitel S. 115

Rausch und Elend einer Drogensuchtigen

der Rausch	was man spürt, wenn man Rauschgift (Drogen) genommen hat
das Gestammel	*stammering*
sich übergeben	*be sick*
geil (*slang*)	toll
das Stanniol(papier)	dünne Metallfolie
sich einen Reim auf ... machen	*make sense out of ...*
die Entziehung	was passiert, wenn man aufhört, Drogen zu nehmen

Fragen: (Auf die Fragen 2 und 3 sind verschiedene Antworten möglich)

1 Sind diese Behauptungen falsch oder richtig?
  a) Christiane nahm die Warnung des Freundes vor Heroin nicht wahr.
  b) Christiane spürte nur schöne Gefühle, als sie die Droge probierte.
  c) Mutter begriff nicht, warum Christianes Arm voller Einstiche war.
  d) Zwei Jahre lang hatte Mutter nichts Ungewöhnliches gemerkt.
  e) Der Tod ihrer Freundin war für Christiane eine große Überraschung.
2 Was bildete sich Christiane ein?
3 Was hätten Christiane und ihre Mutter machen bzw. nicht machen sollen?

23. Kapitel S. 121

Sport bis zur Geburt

schwanger	Eine Frau, die ein Kind erwartet, ist schwanger
Leistungssport	Sport, bei dem man versucht, besser als die anderen zu sein.
Aufprall	*bump*
Entbindung	Wenn das Kind geboren wird
Tauchen	unter Wasser schwimmen
Sauerstoff	was man atmet, um zu leben

Die Aufnahme in Stichwörtern:
Sportarten: Mögliche
Sportarten: Riskante
Skilaufen, Radfahren und Schwimmen
Signale von Gefahr
Vorsicht!

24. Kapitel S. 125

Gespräch mit einer Rollstuhlfahrerin

auf ... eingerichtet	*organised for the benefit of ...*
Was kommt auf einen zu?	*What awaits you?*
unüberwindliche Hindernisse	*insurmountable obstacles*
Behörde	*administrative office, agency*
ein gutes Echo finden	*be accepted well*
in die Tat umsetzen	*put into practice, actually do*
Begegnungszentrum	*day-centre*

Fragen

1 Welche praktischen Schwierigkeiten erlebt man als Rollstuhlfahrer(in)
  a) im Haus, b) außerhalb des Hauses,
  c) wenn man irgendwohin fahren will?
2 Waren bisher die meisten Leute Behinderten gegenüber freundlich und hilfsbereit?
3 Akzeptieren Behinderte diese Situation?
4 Was machen sie denn, und wie reagieren die meisten Leute darauf?
5 Welche Alternativen zum Heim gibt es?
6 Wo fühlen sich Rollstuhlfahrer diskriminiert, und warum?

25. Kapitel S. 131

In der Gropiusstadt

Blechrutsche	*slide (on a children's playground)*
Mist	*rubbish (slang)*
Hauswart	*caretaker*
buddeln	*dig*

26. Kapitel S. 133

Was aus den Mauerspringern wurde

Streife	*police patrol*
Staatssicherheitsdienst	*security police*
Antrag	*application*
Staatstreue	*loyalty*
Jugendwerkhof	*training school for young offenders*
büßen	*pay for (crimes), atone for …*
Stammkino	Kino, in das er normalerweise geht
Vorführer	*projectionist*
ausfallen	nicht stattfinden

27. Kapitel S. 138

Neu-Perlach

S-Bahn	*suburban railway*
Wohnsilo	d.h. großer Wohnblock
Süddeutsche	(eine Zeitung)
ruckzuck	ziemlich schnell

28. Kapitel S. 149

„Jetzt heißt es: Sparen, sparen, sparen"

Straffung	*tightening up*
Streichung	*cutting-out*
Rückgang	*reduction*
Kraftstoff	*fuel*

29. Kapitel S. 151

Die USA im Jahr 2001

gewitterreich	*subject to frequent thunderstorms*
anzapfen	*tap*
Hühnerzuchtbetrieb	*chicken-farm*
Schwefel	*sulphur*

30. Kapitel S. 156

Mit dem Fahrrad gegen den Strom

keuchend	atemlos vor Anstrengung
Schrottplatz	wo alte Autos weggeworfen werden
speichern	aufbewahren bzw. behalten, bis man es braucht
Saft	(hier) Strom
sich bescheiden	sich mit etwas zurechtfinden müssen
Spinner	verrückte Leute (Du spinnst! = Du bist verrückt!)
Sperrkonto	wovon keiner etwas abheben darf
zappenduster	dunkel
Ansprüche	Erwartungen

31. Kapitel S. 163

Saurer Regen und giftiger Staub über Deutschland

1. Abschnitt:

der Waldstrich	bewaldete Fläche
der Wipfel	oberster Teil eines Baums
der Ast (¨e)	große Abzweigung eines Baumstamms
Es liegt etwas in der Luft	Es wird sich etwas Unangenehmes ereignen

2. Abschnitt:

der Niederschlag (¨e)	Regen oder Schnee
die Säure	saure Flüssigkeit, entweder aus Chemikalien bestehend oder so wie Zitronensäure
der Marmor	sehr hartes Gestein in verschiedenen Farben
verwittern	durch die Einwirkungen des Wetters kaputtgehen

3. Abschnitt:

der Schwefel	Chemikalie (chemisches Zeichen: S)
die Raffinerie	wo man Öl raffiniert
der Auspufftopf	Teil des Autoauspuffs, der dafür sorgt, daß die Abgase nicht so laut herauskommen
rieseln	in kleinstmöglichen Stückchen bzw. Partikeln vom Himmel herunterfliegen

4. Abschnitt:
die Luftreinhaltung — Vorsorge, damit die Luft nicht verschmutzt wird (industrielle), oft sehr große Firma

{ der Betrieb (-e)
der Konzern (-e) } — direkt daneben

immediate
∾ next to — unmittelbar

aufwendig — sehr kostspielig (der Aufwand = hohe Kosten)

die Filteranlage — damit die Luft nicht verschmutzt wird

to cause
bewirken — zu ... führen, verursachen (absichtlich)

rückgängig (sein) — weniger werden
der Laubbaum (¨e) — Baum, der Blätter (= Laub) trägt
der Nadelbaum (¨e) — so wie eine Tanne, zum Beispiel

empfindlich — sensibel; so, daß man auf etwas intensiv reagiert
sensitive

5. Abschnitt:
verheerend — sehr schädlich, katastrophal (das Heer = die Armee: Bedenke die Auswirkungen einer Armee bzw. eines Krieges auf eine Landschaft!)

32. Kapitel S. 165

„Das ist ja kein Fluss mehr!"

die Vorsorge — Sicherheitsmaßnahmen, die als Ziel haben, daß etwas Schlechtes möglichst nicht passiert
Precautions

das Spezialgerät — z.B. ein Sonderschiff, das ausgeflossenes Öl von dem Fluß entfernen kann

in die Tat umsetzen — Ideen bzw. Pläne durchführen, daß sie zur Realität werden
to translate into action — zurückhalten; hindern

eindämmen —
der Atommeiler — Atomreaktor; daher auch Atomkraftwerk

die Steigerung — steigern = intensiver bzw. größer machen

der Ausgleich — Wie wenn die beiden Seiten gleich (schwer) sind
Balance

---

der Schlamm — Gemisch von Wasser und Erde; Gift-schlamm ist ein

by product — Nebenprodukt der Aluminiumherstellung

die Müllkippe — Wo man Abfälle (z.B. Altpapier, leere Dosen, usw) hinbringt und liegen läßt

die Kloake — Abflußkanal bzw.
sewer — -schacht
extensive
das Ausmaß — Wie weit etwas ausge-dehnt ist (also: Ausdehnung)

verringern — vermindern; (gering = klein)

33. Kapitel S. 170

Der Joghurtbecher

Vergeudung — *waste*
versehen — *fitted out(with)*
vergebens — *in vain*
achtlos — d.h. ohne Gedanken
sich auflösen — *dissolve*

34. Kapitel S. 177

Zur Holle mit Maxi

besser eingeteilte Fernsehzeit — *better organised viewing (time)*
im Original — *in the original language*

Retros — *i.e. retrospective series of films (of famous directors or stars)*

Lehrgeld — *tuition fees*
Schwarzseher — *illegal viewer/viewing*
Gebühreneinzugs-Zentrale — *licence fee office*

35. Kapitel S. 179

Wie beeinflußt der Fernseher unsere Kinder

Kabelfernsehen — *cable television*
das Programmangebot — choice of programmes

36. Kapitel S. 184

Die neuen Medien – große Chance für die Zukunft?

Bescheid wissen	*to know, be informed*
aufschlußreich	*informative, instructive*

37. Kapitel S. 191

Hausmanner und berufstätige Frauen

Ernährer	*bread-winner*
Aussteiger	*drop-out*
Ausdauer	*stamina, endurance, perseverance*
ausnehmen	*exploit*
Unterstellung	*insinuation, imputation*
sich wehren	*defend o.s.*
aus der Reihe fallen	*be very unusual, go one's own way*
zuständig	*responsible (die eigentlich Zuständige = the one(f.) who's actually responsible)*

38. Kapitel S. 195

Papa hat nichts gegen Italiener

der Wucherpreis	Preis, der schnell gestiegen ist, daher: ein zu hoher Preis (wuchern = schnell *value* wachsen)
taugen	wert sein
sich unterhalten	ein Gespräch führen
die Überlegenheit	daß man besser als andere ist
sich benehmen	*to behave*
in den Sinn kommen (+ Dativ)	an ... denken
einleuchten	Das leuchtet dir ein (= Das verstehst du)
gebildet	So ist man, wenn man *educated.* lange und viel gelernt oder studiert hat

39. Kapitel S. 198

Eine Sozialarbeiterin spricht mit einer Frauengruppe

anderweitig	d.h. auf eine andere Weise
unterdrückt	*kept down*

beruhen auf ...	*be based on ...*
seelisch	*spiritual, mental*
sich trauen	*to dare*
Gemeinde	*community*

40. Kapitel S. 209

Sauberes Wasser für alle

die Spruchparole	*slogan* aim
die Wassertafel	Die Fläche des Wassers, das unter dem Boden liegt
der Flüchtling	Einer, der aus einem Land in ein anderes flieht
menschenwürdig	gut genug für alle Menschen
die Lebensgrundlage	Basis des Lebens
mühselig	mit Mühe und Schwierigkeiten
die Rohrleitung	System von Röhren, durch die Wasser geleitet wird

41. Kapitel S. 211

Wir bitten um Hilfe

Appell	*appeal*
Dürre	*drought*
verfügen über (+ Acc)	*have (at one's disposal)*
Agrarproduktion	*agricultural production*
Bruttosozialprodukt (BSP)	*Gross National Product (GNP)*
geeignet	*appropriate*

42. Kapitel S. 216

Vittorio Pastori

fortan	von jetzt an
dickleibig	mit dickem Körper
Gaumenspezialist	Koch für Feinschmecker
ins Leben gerufen	gegründet
darben	Not leiden, hungern

Vocabulary

This vocabulary is intended primarily as an aid to understanding the texts in the book.
It does not include:
– words whose meaning should be clear from their context
– words and phrases included in the ERLÄUTERUNGEN
Abbreviations used:
ugs – Umgangssprache colloquial language, slang
dat – dative case
pl – plural form
Plural form is given in brackets.
The list of meanings of any particular word is not necessarily exhaustive, but all meanings of the words in this book are included where the words are featured in this vocabulary.

abbauen to demolish, break down
abdichten to insulate
Abermillionen (*pl. only*) millions and millions
der **Abfall (-ᵉe)** waste, rubbish
sich **abfinden (mit ...)** to accept, come to terms with
die **Abforstung** deforestation
das **Abgas (-e)** exhaust, waste gas
sich **abgeben (mit)** to accept, come to terms with
der **Abgeordnete (-n)** Member of Pariament
abgemacht agreed, arranged
abgeschlossen separate
der **Abgrund (-ᵉe)** abyss
der **Ablauf** course, contents
die **Ablehnung (-en)** refusal
ablenken to distract
abraten (von) to advise against
abreißen to tear off, demolish
die **Absage (-n)** refusal
abschalten to switch off (*also figuratively*)
abschieben to deport, repatriate
der **Abschied** farewell
der **Abschnitt (-e)** section, paragraph
die **Abschreckung** deterrence, deterrent
absehbar foreseeable
absenken to reduce
absichtlich deliberate
eine Strafe **absitzen** to serve a sentence
absolvieren to complete (an academic course)
der **Abstand** distance
mit **Abstand** by far
abstimmen to tune, harmonise
abtasten to feel over
abtun to dismiss, reject
die **Abwärme** wasted *or* lost heating *or* warmth

die **Abwechslung** variety, a change
abweisen to reject, turn away
abweisend off-putting, alienating
sich **abwenden** to turn to go
abwinken to wave aside, say no
sich **abzeichnen** to show up, become clear
die **Achsel (-n)** shoulder, armpit
sich in **acht nehmen** to beware
achtsam careful
die **Achtung** respect
das **Ackerland** farm land, arable land
ahnen to suspect, have an idea
ähnlich similar
die **Ahnung (-en)** idea, clue
allenfalls at most, at best
allerdings admittedly, after all
das **Allheilmittel (-)** panacea
allmählich gradual
der **Alptraum (-ᵉe)** nightmare
die **Altersversorgung** provision for old age
der **Altphilologe (-n)** classicist, classical linguist
ambulant visiting, peripatetic
der **Analphabet (-en)** illiterate
anbauen to plant
andeuten to suggest, point towards
anerkennen to recognise, acknowledge
anfallende Kosten costs incurred
anfassen to touch, pick up
anfertigen to prepare, complete
anführen to quote, cite
der **Angeber (-)** boaster, braggart
angehen to concern
der **Angehörige (-n)** member of family
die **Angelegenheit (-en)** matter, business
angepaßt appropriate
angesehen respected
angesichts in view of, in face of
der **Angestellte (-n)** employee
angestrengt tense, straining
angewiesen (auf) dependent on
sich (*dat*) **angewöhnen** to get into the habit of
der **Angriff (-e)** attack
auf **Anhieb** from the first
sich **anhören** to sound
ankommen (auf ...) to depend
der **Ankömmling (-e)** newcomer
ankündigen to announce
der **Anlaß (-ᵉsse)** cause
anlocken to appeal to, attract
annehmen to assume, expect, believe possible
anpassen to suit, make conform
sich **anpassen** to conform, fit in
anreden to address
anregen to stimulate

der	**Anreiz** attraction, incentive
	anrichten to cause
	anschaffen to acquire
	anscheinend apparently, evidently
	anschließend immediately afterwards, next
	anschnallen to put one's safety belt on
die	**Ansicht (-en)** sight, view
der	**Anspruch (¨e)** demand, claim
	anstecken to infect
der	**Anstoß** starting point, kick-off, stimulus; offence
	anstreben to aspire to
der	**Anteil (-e)** share
der	**Antrag (¨e)** application
eine Stelle	**antreten** to start a job
der	**Antrieb** impetus, drive
	anvertrauen to entrust
sich	**anvertrauen** to confide, entrust oneself
der	**Anwalt (¨e)** lawyer
die	**Anweisung (-en)** instruction, direction
	anwenden to use
	anwesend present
der	**Anwohner (-)** resident of the street
der	**Appell (-e)** appeal, plea
das	**Arbeitsamt (¨er)** employment office
die	**Arbeitskraft (-¨e)** employee, labour
die	**Art** way of behaving
	atem to breathe
das	**Attentat (-e)** attempted assassination
	aufbereiten to re-work
	aufbrechen to set off
	aufbringen to raise (money)
	aufbürden to impose, load onto
	aufdecken to expose
	auffallen to strike *(figurative)*
	auffassen to interpret, take, understand
die	**Aufforderung (-en)** request, demand, invitation
	aufführen to set out, lay out, reproduce
die	**Aufgabe (-n)** task
	aufgrund by reason of, because of
	aufheben to lift; to store up
	aufklären to enlighten
	auflauern to lie in wait for
sich	**auflehnen** to resist, oppose, put up a fight
	aufmerksam machen (auf ...) to bring someone's attention to
die	**Aufnahme (-n)** recording, record
	aufnehmen to record; to receive (people), accept
das	**Aufpassen** care, attentiveness
die	**Aufregung** excitement
der	**Aufruhr** turmoil
	aufrührerisch rebellious
der	**Aufschlag** impact
die	**Aufsicht** supervision
sich	**aufstauen** to store up, build up (bad feelings)
der	**Aufstieg** promotion, rise
	aufsuchen to go and find
der	**Auftakt** starting point
	auftauen to thaw
	auftreten to appear (e.g. in play, film), to occur
	auftürmen to pile up
der	**Aufwand** expense, expenditure
	aufwendig expensive
der	**Aufwind** encouragement
	aufzwingen to impose
	augenfällig eye-catching, striking
der	**Augenzeuge (-n)** eye-witness
der	**Ausbilder (-)** person responsible for training
die	**Ausbildung (-en)** apprenticeship
der	**Ausbildungsplatz (-¨e)** apprenticeship
	ausbleiben to not happen
die	**Ausdauer** power of endurance, stamina
sich	**ausdehnen** to spread out, stretch
	ausdienen to finish serving one's purpose
der	**Ausdruck (¨e)** expression
	auseinanderbrechen to fall apart, break asunder
sich	**auseinandersetzen (mit ...)** to take up against
die	**Auseinandersetzung (-en)** disagreement
	ausflippen *(ugs)* to go wild, go mad
	ausführen to carry out
	ausführlich thorough, exhaustive
die	**Ausgabe (-n)** edition
der	**Ausgangspunkt (-e)** starting point
	ausgemergelt emaciated
	ausgeschlossen impossible
	ausgesprochen staunch, decided
der	**Ausgleich (-e)** balance
sich	**aushalten lassen** to be kept
sich	**auskennen** to be well-informed, know one's way around
	auslösen to induce, trigger off
	auskommen to manage
	auskommen (mit ...) to get on with (people)
	auslernen to finish learning
	ausmachen to see, make out (**es macht viel aus** it makes a lot of difference)
das	**Ausmaß** extent
der	**Auspuff** exhaust
	ausrangieren to sort out
	ausreichend satisfactory, sufficient
der	**Ausreißer (-)** runaway
	ausrichten to do, pass on a message
	ausrotten to wipe out
die	**Ausrüstung** equipment
die	**Aussage (-n)** statement
der	**Ausschlag** impetus, starting point
	ausschenken to pour out
	ausscheren to pull out, drop out
der	**Ausschuß** rubbish
sich	**äußern** to express oneself
die	**Äußerung (-en)** statement

aussetzen to expose
die **Aussicht (-en)** prospect
aussichtslos hopeless
ausstatten to equip
ausstehen to bear, stand
aussteigen to give up one's job *or* conventional life-style
die **Ausstellung (-en)** exhibition
sich **austoben** to let off steam
ausüben to commit (crime), exert (influence)
auswechseln to replace
ausweichen to avoid, give way to
sich **ausweisen** to prove one's identity
auswendig by heart
die **Auswirkung (-en)** effect
auszeichnen to label, mark
der **Auszubildende (-n) (,Azubi' (-s))** apprentice
der **Auszug (-e)** extract, excerpt

der **Bahnhofsvorsteher (-)** station master
die **Ballung** concentration
bangen (um) to fear for
der **Bankrott** bankruptcy
der **Bann (-e)** spell
barsch rough, coarse, crude
beachten to heed
das **Becken (-)** basin, pool
bedacht (auf ...) intent on, keen on
mit **Bedacht** prudently, deliberately
der **Bedarf** need, requirements
bedauern to regret
bedenken to bear in mind, consider
die **Bedeutung** meaning, significance
die **Bedingung (-en)** condition
bedrängen to squeeze out
bedürfen to need, require
bedürftig wanting, lacking, in need of
befördern to transport
befriedigend satisfying
der **Befürworter (-)** proponent, supporter
sich **begeben** to go, take oneself off
begegnen to encounter, counter
begehrenswert desirable
begreifen to understand, grasp
begrenzt limited
der **Begriff (-e)** concept, idea
für meine **Begriffe** as far as I'm concerned
begründen to give reasons for; to found
begrüssen to welcome
behandeln to treat
behaupten to assert, maintain
sich **behaupten** to hold one's own, get on
(Sorgen) **beheben** to relieve, ease (problems)
beherrschen to control, know (i.e. to have mastered)
beherzigen to take to heart, pay heed to
die **Behörde (-n)** authorities
beibringen to show, teach

beichten to confess
der **Beifall** applause
beitragen to contribute
beiwohnen to attend, be present at
bekämpfen to fight
bekanntlich it is well-known
beklemmend disturbing, oppressing
der **Belang (-e)** concern
belanglos unimportant
belasten to burden
beleben to invigorate
beleuchten to light, illuminate
beliebig 'any old', any one you like
belügen to lie to
die **Bemerkung(-en)** remark
sich **bemühen** to make an effort, take the trouble
die **Bemühung (-en)** effort
das **Benehmen** behaviour
die **Benennung (-en)** way of referring to something
benutzen to use
die **Beobachtung (-en)** observation
beraten to advise
berechnend calculating
berechtigt justified
der **Bereich (-e)** area
bereitstellen to provide
bereuen to regret
berieseln to shower
berücksichtigen to take into consideration
(sich) **beruhigen** to calm down
berühmt famous
die **Beschädigung** damage
die **Beschaffung** creation
beschäftigen to occupy
bescheiden modest
beschlagen steamed up
beschuldigen to accuse, hold responsible
sich **beschweren** to complain
beschwichtigen to soften, ease
beschwören to cite
besetzen to occupy
besiedeln to occupy, settle, colonise
der **Besitz** property, possession(s)
besorgen to sort out, take care of
bestätigen to confirm
bestehen (auf ...) to insist on
bestehen (aus ...) to consist of
das **Bestehen** existence
bestimmen to decide, determine
bestimmen (für ...) to intend, mean for
bestimmt assuredly
die **Bestrahlung** exposure to the sun
radioaktive **Bestrahlung** radiation, exposure to radiation
bestrafen to punish
bestreiten to question (truth, validity)
der **Beteiligte (-n)** participant, person concerned *or* affected

das **Beton** concrete
betrachten to consider, regard, view
beträchtlich considerable
der **Betrag (ⸯe)** amount
betreffen to concern
betreuen to look after
der **Betrieb (-e)** business, concern, factory
die **Betriebsamkeit** bustle
der **Betriebsleiter (-)** manager
der **Betriebsrat (ⸯe)** trade union representative
betroffen affected, upset
betrügen to deceive
die **Beule (-n)** dent
bewachen to guard, keep watch on
bewaffnen to arm
die **Bewässerung** irrigation
die **Bewährungsprobe (-n)** test of strength
der **Beweggrund (ⸯe)** motive
die **Bewegung (-en)** movement, exercise
sich **bewerben** to apply
bewerten to put a value on
bewirken to bring about, effect
bewußt aware
bewußtwerden to become clear to
bezaubert magical
bezeichnend characteristic
die **Bezeichnung (-en)** term, description
beziehen to draw, derive
die **Beziehung (-en)** connection, relation
bezweifeln to question, cast doubt on
der **Bildschirm (-e)** television screen
die **Billigflagge (-n)** flag of convenience
bimmeln to ring, chime
bislang hitherto
blechen *(ugs.)* to 'cough up', pay up
das **Blei** lead
blenden to blind, dazzle, flash
blindlings unquestioningly
böswillig malevolent, malignant
der **Botschafter (-)** ambassador
die **Boulevardpresse** popular press
die **Brandstiftung** arson
der **Breitmacher (-)** 'wide boy'
bringen (um) to rob of
brisant brittle, explosive
bröckeln to crumble
brüllen to roar
sich **brüsten** to boast
Bückling machen to bow and scrape
buchstäblich literal
die **Bühne (-n)** stage
bündig terse
die **Bürgerinitiative (-n)** pressure-group
der **Bürgersteig (-e)** pavement

die **Dämmerung** dawn, dusk
darbieten to present, offer
darstellen to portray, present, represent
das **Dasein** existence
auf die **Dauer** in the long run

das **Delikt (-e)** crime, felony
deponieren to dump
deprimieren to depress
derartig so, such
dicht watertight, airtight; thick; close
dicht befahren busy (road)
dickfellig thick-skinned
Dienstleistungen (*pl.*) services
die **Drohung (-en)** threat
drosseln to throttle, cut back
duldsam tolerant, patient
das **Düngemittel** fertilizer
der **Durchschnitt (-e)** average
der **Dunst** haze

ebenerdig ground level
ehemalig former
eigensinnig stubborn, obstinate
eigentlich actually
eigenwillig self-willed, unconventional
sich **eignen** to be suitable
einbeziehen to include, incorporate
sich **einbilden** to imagine (mistakenly)
der **Einblick (-e)** insight
sich **einbürgern** to establish oneself
der **Eindruck (ⸯe)** impression
der **Einfall (ⸯe)** sudden *or* good idea, brainwave
einfallsreich imaginative
sich **einfinden** to turn up, report
die **Einfuhr** import
die **Einführung** introduction
eingeben to feed, inspire
eingefleischt through and through, dyed in the wool
eingehen to wither and die; to accept (a risk)
eingeschnappt snappy, angry
eingetragen registered
eingliedern to incorporate
Einhalt gebieten to put a stop to
einheimisch indigenous
der **Einheimische (-n)** local
die **Einheit** unit, unity
einig agreed
einlagern to store, dump
sich **einlassen (auf...)** to get involved, caught up in
einleuchten to be clear
einmotten to put in mothballs
einprägen to imprint
einräumen to admit
die **Einrichtung (-en)** furnishing
der **Einsatz** duty, service
einsaugen to suck in
einschalten to tune in, turn on
einschlagen to adopt, take up, assume
die **Einschränkung (-en)** limitation
einschreiten to take action
einsehen to realise

der **Einspruch** (¨e) objection
  einstecken to accept (unpleasantness)
  einstellen to take on (employees); to stop,
    cease
die **Einstellung** (-en) attitude
  einstig former
  eintauchen to plunge
  einteilen to organise, fit in (to what is
    available)
(sich) **eintragen** to register
  einverstanden agreed
die **Einwanderung** immigration
  einwilligen to agree to something
  eisern iron
das **Elend** misery
  empfindlich sensitive
  emsig busy
sich **engagieren** to be committed
der **Engpaß** (¨sse) bottleneck
  entarten to degenerate
  entführen to kidnap, hi-jack
  entgeistert horrified
  entkernen to stone (i.e. to remove the
    pips)
  entladen to defuse, unload
  entlassen to release, fire, sack
  entlasten to relieve the strain or load on
  entlegen isolated, remote
  entmündigen to rob of the right to speak
    for oneself
  entmutigt discouraged
sich **enpuppen** to reveal onself, turn out to be
  entrüstet outraged
  entschärfen to defuse
  entscheiden to decide, determine
  entsetzt horrified
die **Entsorgung** decontamination
sich **entspannen** to relax
  entsprechen to correspond to
  entstehen to arise
  entwickeln to develop
der **Entwicklungshelfer** (-) volunteer (in fore-
    ign aid programmes)
  entzündet inflamed
  erbost angered
  erdenklich conceivable
das **Ereignis** (-isse) event, occurrence
  erfahren to experience; to hear, find out
die **Erfahrung** (-en) experience
  erfassen to hit (in a road accident)
der **Erfolg** success
die **Erfrischung** (-en) refreshment
sich **ergeben** to turn out, turn up, result
  ergiebig informative
  erhalten to maintain
  erheblich considerable
sich **erholen** to recuperate, relax
die **Erholung** recreation
  erinnern to remind, point out
  erkunden to inquire, find out

die **Erlaubnis** permission, permit
  erläutern to explain
  erledigen to finish off
  erlösen to free, release
  ermahnen to exhort, upbraid
die **Ermordung** murder
  ernähren to feed
  erneut once more, anew
die **Ernte** (-n) harvest, crop
  erobern to conquer
  eröffnen to open, disclose
die **Erpressung** extortion, blackmail
die **Erregung** excitement
  errungen hard-won
der **Ersatz** replacement
  erschließen to tap, develop
  erschöpflich exhaustible
  erschrocken frightened
  erschwinglich cheap, reasonable (of prices)
  erspüren to perceive
  ersticken to choke
sich **erstrecken** to spread out
  ertappen to catch
  ertragen to bear, stand
die **Erwägung** (-en) consideration
  erwähnen to mention
  erwerben to buy
  erwerbstätig working, employed
  erwischen to catch
die **Erziehung** education, upbringing
die **Etappe** (-n) stage
  eventuell possible, perhaps
das **Exemplar** (-e) copy, model
  extra specially

die **Fachkraft** (-¨e) expert, specialist
das **Fachwissen** specialist knowledge
  fähig capable
die **Fahne** (-n) flag
die **Fahrfertigkeit** driving ability
  fällig due, needed
  fassen to compose, contain; to catch
sich **fassen** (auf ...) to prepare oneself for
  fehlschlagen to fail
  feig cowardly
  feilschen to barter, bargain
der **Feind** (-e) enemy
zu **Felde ziehen** to go into battle
  fertig fed up
die **Fessel** (-n) ankle; ball and chain
  feststellen to establish
  fettleibig corpulent
  feucht damp
  Feuer und Flamme für ... very keen on,
    mad about
  flechten to weave
  flicken to patch
das **Fließband** (-¨er) conveyor belt, production
    line
  flimmern to flicker

florieren to flourish
die **Flucht** escape, flight
flüchtig fleeting, volatile
der **Flüchtling (-e)** refugee
der **Fluglotse (-n)** air-traffic controller
folgendermaßen in these terms
fordern to demand
fördern to promote
fortan henceforth
der **Fortschritt (-e)** progress *(usually plural)*
die **Fracht** freight
nicht in **Frage kommen** to be out of the question
der **Freiheitsentzug** imprisonment, loss of freedom
freiwillig voluntary
fremdenfeindlich xenophobic
friedlich peaceful
Front machen to fight, join battle
aus den **Fugen geraten** to fall apart at the seams
der **Führerschein (-e)** driving licence
die **Führung** conduct, guidance
fundiert well-based, well-founded
der **Funk** radio
der **Funke (-n)** spark
furchterregend terrifying
füttern to feed

gängig current
die **Gartenlaube (-n)** summer house
die **Garzeit (-en)** cooking time
die **Gastfamilie (-n)** host family
gebannt spellbound
geborgen secure, sheltered, protected
das **Gebrechen (-)** weakness, fault
die **Geburtenregelung** birth control
das **Gedächtnis** memory
sich **Gedanken machen** to be worried
gedeihen to thrive, flourish
das **Gedicht (-e)** poem
geduckt squat
die **Geduld** patience
das **Gefälle (-)** divide, gap; drop
gefeit secure, proof, immune
das **Gefriergerät (-e)** freezer
als **Gegenleistung** in return
die **Gegenwehr** self-defence
das **Gehalt (-er)** salary
das **Geheimnis (-isse)** secret
das **Gehirn (-e)** brain
die **Geisel (-n)** hostage
geknickt bowed, broken
das **Geländer (-)** balustrade, banister, railings
geläufig in common *or* current use
gelenkig supple
gelten to be worth, be seen *or* considered as
gemächlich stately
die **Gemeinschaft (-en)** community
das **Gemeinschaftsleben** communal life
gemütlich cosy, comfortable, easy

genehmigen to permit
die **Genesung** convalescence
gerecht just, fair
das **Gericht (-e)** court; dish
die **Geschäftsführerin (-innen)** manageress
gescheit clever
geschieden divorced
das **Geschlecht (-er)** sex
die **Gesellschaft (-en)** company, society
Gesellschaft leisten to keep ... company
gesichert secure
gestalten to organise, plan
gestatten to allow
die **Gesundheitsversorgung** health-care provision
getreu faithful
geübt experienced
gewachsen on a par with, able to cope with
gewähren to grant, allow
gewaltig mighty
die **Gewaltsamkeit** violence
die **Gewalttätigkeit** violence
das **Gewerbe (-)** trade
die **Gewerkschaft (-en)** trade-union
gezielt appropriate
das **Gezwitscher** twittering
gezwungenermaßen by dint of force
das **Gitter (-)** bars
gleichaltrig of the same age
die **Gleichberechtigung** equality, equal rights
gleichgültig indifferent
gleichkommen to be equivalent to
gleichmäßig equal
gönnen to grant
gräßlich horrible, awful
die **Grausamkeit** cruelty
die **Greueltat (-en)** awful deed
der **Griff (-e)** grip
jeden **Griff beherrschen** to know the ropes
der **Grund (-e)** reason
gründlich thorough, radical
grundsätzlich basic, fundamental
der **Grundstein** cornerstone, foundation
gültig valid

der **Hahn (-e)** cock
der **Haken (-)** hook
handfest definite, positive
es **hapert** it's tricky
der **Hau (-e)** clout, smack
der **Hauch (-e)** breath, suggestion
das **Hauptwort (-er)** noun
der **Hausknecht (-e)** servant
das **Heilkraut (-er)** herbal cure
der **Held (-en)** hero
heraussetzen to expose
sich **herausstellen** to turn out
herbeiführen to cause
herkömmlich original, of older type

die **Herkunft** origin
der **Hersteller (-)** producer
sich **herumschlagen** to fight, struggle
hervorragend outstanding, excellent
der **Herzinfarkt (-e)** heart-attack, coronary
herzzerreißend heart-rending
hetzen to harass
das **Hindernis (-isse)** obstacle
hinnehmen to accept, assume
hinreichend sufficient
die **Hinsicht (-en)** respect, way
hinwegkommen (über . . .) to get over
der **Hinweis (-e)** indication, instruction
hinweisen (auf . . .) to point out, indicate
der **Hochofen (-̈)** blast furnace
die **Hochrechnung (-en)** prediction, projection
hochspielen to inflate the importance of
höflich polite
honorieren to pay, remunerate
hören (auf . . .) to pay heed to; to go by the name of
der **Hühnerstall (-̈e)** chicken shed
die **Hungersnot (-̈e)** famine
sich **hüten** to beware

der **Inhalt** contents
innerdeutsch between West and East Germany
der **Insaß (-assen)** inmate, occupant
insgesamt all in all, altogether
inszenieren to stage-manage
das **Internat (-e)** boarding-school
die **Investition (-en)** investment

der **Jäger (-)** hunter
jeglich any at all
jubilieren to exult, be joyful
die **Jugendstrafanstalt (-en)** detention-centre
Jura law

das **Kabriolett (-e)** convertible
der **Kahn (-̈e)** (small) boat
der **Kampf (-̈e)** struggle, fight
der **Kanal (-̈e)** channel, canal
die **Kanalisation** drainage system
der **Kanonenofen (-̈)** cylindrical stove
kapieren to understand, grasp
kapitulieren to surrender
kaputtschmeißen to break by throwing things
die **Karambolage (-n)** crash, pile-up
die **Karre (-n), der Karren (-)** barrow, trolley
der **Kasten (-)** box
der **Kaufmann (-leute)** businessman
kehren to turn
die **Kehrseite (-n)** reverse side
kennzeichnen to distinguish, characterise
die **Kernkraft** nuclear power
die **Kernschmelze** melt down
der **Kessel (-)** boiler

keuchen to pant
die **Klage (-n)** complaint
die **Klappe (-n)** flap
klappen to work out, succeed
der **Klärschlamm** sewage-sludge
klatschen to clap, crash
die **Kloake (-n)** sewer
knattern to rattle, chatter
knapp in short supply, only just
die **Kneipe (-n)** pub
die **Kohle** (ugs) cash, dough, 'readies'
die **Konkurrenz** competition
konsequent consistent
konstatieren to confirm
der **Konzern (-e)** company
körperlich physical
köstlich tasty, delightful
der **Krach** trouble, noise
krachen to bump, bang
das **Kraftwerk (-e)** power-station
der **Kram** junk
die **Krankenkasse (-n)** health-insurance company
der **Kratzer (-)** scratch
der **Krawall (-e)** disturbance, riot, street-violence
der **Krebs** cancer
der **Kreislauf** circulation
der **Kriminalbeamte (-n)** detective
der **Kübel (-)** bucket, large pot
die **Kulisse (-n)** scenery, backcloth
der **Kummer** trouble, worry
sich **kümmern** to bother, be bothered, be concerned
kündigen to give notice
kursieren to course, run
kürzlich recently

labil unstable
lähmen to cripple
der **Landstrich (-e)** stretch (of land)
lauter nothing but
lauthals at the top of one's voice, loud and long
die **Lawine (-n)** avalanche
die **Lebensbedingung (-en)** living condition
die **Lebensgefährtin (-innen)** partner (with whom one lives)
der **Lebenslauf** curriculum vitae
der **Lebensunterhalt** living
der **Leerlauf** neutral gear
die **Lehrstelle (-n)** apprenticeship
leichtfertig unthinking, irresponsible
das **Leiden (-)** suffering, sorrow
leisten to afford; to achieve
in **leitender Stellung** in management
die **Leitplanke (-n)** safety-barrier
lenken to steer
leugnen to deny
liegen an . . . to be due to/because of

die **Neigung** (-en) tendency
das **Netz** (-e) grid (system)
neuerdings recently, lately
die **Neugier(de)** curiosity
nicken to nod
niedergeschlagen downcast
die **Niederlage** defeat
der **Niederschlag** precipitation
radioaktiver **Niederschlag** fallout
die **Not** (-̈e) need, shortage, difficulty
der **Notfall** (-̈e) emergency
die **Notierung** (-en) price
notwendig necessary
nüchtern sober
nützen to be of use
der **Nutzungsgrad** efficiency level

offensichtlich obvious
öffentlich public
ohnmächtig powerless
ohrenbetäubend deafening
ohrfeigen to box someone's ears
ökologisch ecological
ökonomisch economic
der **Ölteppich** (-e) oil-slick
das **Opfer** (-) victim
das **Ortsbild** (-er) aspect/appearance of the place

der **Pädagoge** (-n) teacher, educator
die **Panne** (-n) breakdown
die **Parole** (-n) saying, catchphrase, slogan
passend suitable
die **Patenschule** (-n) sponsored school
der **Personaldirektor** (-en) personnel manager
die **Pest** plague, scourge
pfeifen auf . . . *(ugs)* to do without
das **Pflaster** paving (cobbles)
die **Pflege** care, upkeep
der **Pförtner** (-) doorkeeper, gatekeeper
plagen to plague, pester, trouble
der **Platten** (-) flat tyre
die **Plauderei** chat
poltern to thunder
prächtig fine, splendid
prallgefüllt full to bursting
preisgünstig bargain, cheap
der **Preisnachlaß** (-asse) price reduction
das **Protokoll** (-e) (official) report
prügeln to beat
der **Putz** plaster

quälen to torture, maltreat
der **Quatsch** nonsense, rubbish
die **Querstraße** (-n) side-street
quietschen to squeak, squeal

der **Rabatt** (-e) rebate, price-cut
rabiat rabid, mad
das **Randalieren** vandalism

loben to praise
die **Lohnsteuer** income tax
lösen to release
loswerden to dispose of, get rid of
die **Lücke** (-n) gap
die **Luftstörung** air turbulence
die **Luke** (-n) skylight
die **Lupe** (-n) magnifying-glass
lustlos listless

die **Macht** power
mächtig huge, mighty
die **Machtübernahme** (-n) seizure of power
mähen to mow
mässigen to moderate
die **Maßnahme** (-n) measure (to be taken)
melden to announce
sich **melden** to report
das **Merkmal** (-e) trait, characteristic
mickrig titchy, tiny
die **Minderheit** (-en) minority
mißachten to ignore, pay no heed to, disregard
die **Mißbilligung** disapproval
der **Mißbrauch** (-̈e) abuse, misuse
mißgünstig begrudging
mißhandeln to maltreat
der **Mißstand** (-̈e) problem, difficulty
die **Mist** manure, dung
die **Mitarbeiterin** (-innen) co-worker, colleague
die **Mitbestimmung** participation in decision making
miterleben to witness
die **Mitfahrzentrale** (-n) office that organises lifts
der **Mitleidende** (-n) fellow sufferer
das **Mittel** (-) means, finances *(in plural form)*
mittlerweile meanwhile
alles **mögliche** all sorts of things
montieren to install
morsch rotten
die **Müllabfuhr** refuse-disposal, refuse-collection
die **Müllkippe** (-n) refuse-tip
der **Mut** courage, guts

die **Nabelschnur** (-̈e) umbilical cord
das **Nachbarschaftsgefühl** community spirit
die **Nachfrage** demand
nachhaltig lasting
nachmessen to check the measurements
der **Nachtanbruch** nightfall
der **Nachteil** (-e) disadvantage
nachtrauern to mourn
nachweisen to prove
das **Nahrungsmittel** (-) foodstuff
die **Nase voll haben** to be fed up to the back teeth
der **Neid** envy

die **Randerscheinung (-en)** something marginal
rasant speedy
die **Raserei** speeding
die **Rauchglocke (-n)** pall of smoke
der **Rausch** intoxification
das **Rauschgift** drugs
realisieren to realise (i.e. make into a reality)
rechtfertigen to justify
die **Redaktion** editorial staff
der **Reeder (-)** shipowner
die **Reibung (-en)** friction
der **Reiseveranstalter (-)** tour-operator
die **Reklame (-n)** advertisement
der **Rentner (-)** pensioner
der **Richter (-)** judge
die **Riegel (-n)** bar
die **Rinderzucht** cattle-breeding
das **Rohr (-e)** tube
rücken to move
rückfällig werden to slip back into one's old ways
die **Rücksicht** care, concern
der **Rufmord** character assassination
sich **rühmen** to boast, to have ... to show
der **Rumpf (ᵂe)** fuselage
die **Rüstung (-en)** armaments
rutschen to slip

sachlich factual, matter-of-fact
saftig juicy
der **Sammelbegriff (-e)** generic term
sämtlich all
die **Sanitäranlage (-n)** washing and toilet facilities
die **Sanitätsstation (-en)** clinic
die **Sauerei (-en)** disgrace
der **Sauerstoff** oxygen
der **Säugling (-e)** infant
sausen to rush, go flying
der **Schaden (ᵂ)** damage
schädigen to damage
schaffen to manage to do, succeed
die **Schaltuhr (-en)** timer
die **Schar (-en)** hoard, drove
schätzen to esteem, value, estimate
schäumen to foam
scheinheilig sanctimonious
scheitern to fail, flounder, capsize
scheuen to shy away from, avoid
scheuern to scour
die **Schicht (-en)** social class or group, level
der **Schichtdienst** shift (in factory)
der **Schiffbruch** sinking
das **Schild (-er)** sign(board)
schildern to describe
schimpfen to scold, curse
schirmen to screen
schlagartig suddenly

die **Schlagzeile (-n)** headline
schlampig sloppy, slovenly
Schlange stehen to queue
schleichen to creep, crawl
der **Schlepper (-)** tug
schleudern to hurl
der **Schlot (-e)** chimney
schmieren to lubricate
schnacken *(ugs)* to chat
schnallen to realise, cotton on
die **Schnecke (-n)** snail
schneidig sharp
schonend careful, sparing
der **Schönredner (-)** flatterer, smooth talker
die **Schöpfung** creation
der **Schornstein (-e)** chimney
der **Schraubenzieher (-)** screwdriver
das **Schreiben (-)** official *or* business letter
die **Schreiberei** writing business
der **Schrott** scrap metal
schrumpfen to shrink
die **Schulabgängerin (-innen)** school leaver
die **Schuld (-en)** debt
Schule machen to be an example, give someone ideas
der **Schund** rubbish
die **Schürze (-n)** apron
der **Schutt** rubble
schütten to pour
schützen to protect
schwankend variable
schwanger pregnant
schwärmen to speak enthusiastically
schwärmen für ... to be very keen on
schweben to hover, hang
der **Schwelbrand (ᵂe)** smouldering fire
die **Schwelle (-n)** bump, step
schwerfallen to seem difficult, cause difficulty
der **Schwerpunkt (-e)** point of emphasis
das **Schwinden** disappearance
schwindlig dizzy
sich **sehnen** to yearn, long for
das **Seil (-e)** rope, cable
die **Selbständigkeit** independence
selbsttrügerisch self-deceptive
selbstverständlich self-evident, a matter of course
sengend searing
die **Seuche (-n)** epidemic
die **Siedlung (-en)** (housing) estate; colony
das **Sinnbild (-er)** symbol
sitzenbleiben to repeat a year in school
der **Sklave (-n)** slave
sorgen für to take care of, provide for
sorgfältig careful
spalten to split
die **Spannung (-en)** tension
sparsam economical, careful
speichern to store

die **Spende (-n)** donation
der **Spielraum** leeway, freedom, room for manoeuvre
die **Spitzhacke (-n)** pikestaff
der **Sprengstoff** explosives, dynamite
der **Sprit** fuel
die **Sprosse (-n)** rung
die **Spur (-en)** clue
spürbar noticeable, palpable
stammen (aus ...) to originate, stem, come from
standfest tough
ständig constant
der **Stapel (-)** pile, heap
stattfinden to take place
der **Stau (-e)** blockage, traffic jam
der **Stausee (-n)** reservoir
sich **steigern** to intensify, increase
die **Stellungnahme (-n)** opinion, position
der **Steuerzahler (-)** taxpayer
das **Stichwort (¨-er)** 'banner', keyword, title
stiften to cause, stir up
stillstehen to be shut-down
stimmen to make someone feel
die **Stimmung** mood, atmosphere
es **stinkt mir** *(ugs)* I'm fed up with it
der **Störfall (-¨e)** breakdown
die **Stoßzeit (-en)** rush-hour
straffen to tighten, tense
die **Straftat (-en)** crime
strahlend beaming, bright; radioactive
der **Strahlenschutz** radiation-protection
stramm strenuous, tiring, tough
die **Strapaze (-n)** difficulty, strain
strapazierfähig durable, hard-wearing
streifen to stroke
der **Streit (-e)** argument, row
streng strict
streuen to spread, scatter
aus freien **Stücken** of one's own free will, willingly
das **Stückgut** baggage
subventionieren to subsidise
süchtig addicted
der **Sünder (-)** sinner

tadeln to find fault with
der **Täter (-)** criminal
tätig active
der **Tatort (-e)** scene of the crime
nichts **taugen** to be good for nothing
tauschen to swap, exchange
täuschen to deceive
teilen to share
teilnehmen to participate
das **Tempo** speed
der **Teufelskreis (-e)** vicious circle
der **Tiefkühlkost** frozen food
tiefschürfend searching
der **Tischler (-)** joiner
der **Totschlag** manslaughter

treffen to hit (the target)
sich gut **treffen** to work well, fit well
der **Treibstoff (-e)** (vehicle) fuel
der **Triebmörder (-)** compulsive killer
das **Trockengebiet (-e)** arid area
trösten to console
die **Tuchfühlung** close contact
tüchtig hard-working, virtuous
der **Tümpel (-)** pool, pond, waterhole

der **Überblick (-e)** survey
übereinstimmend unanimous, all in accord
überfallen to attack
überfordert overstretched
überfüllt overcrowded
überholen to overtake
überleben to survive
überlegen superior
überlegen to consider
überliefert traditional, handed on
überreden to talk someone into
überreichen to hand
überschätzen to overestimate
überschäumen to boil over
überschüssig excess, superfluous
überschreiten to exceed
übersehen to overlook
überstehen to survive
übertreffen to outdo, outstrip
übertreiben to exaggerate
überwechseln to transfer, change course
überwiegen to predominate
überwinden to overcome
überzeugen to convince
nichts **übrig haben für ...** to have no time for
umdenken to change one's way of thinking
die **Umfrage (-n)** questionnaire
die **Umgangssprache** colloquial language, slang
umgehen mit ... to treat, behave with
umgekehrt vice-versa
umgrenzen to surround, enclose
umrandet rimmed, circled
der **Umsiedler (-)** immigrant
umständlich awkward, inconvenient
umstellen to change, alter
umstritten controversial
der **Umweltschutz** environmental protection
die **Unabhängigkeit** independence
unangenehm unpleasant
unbedacht unthinking
unbescholten blameless, guiltless
unbewohnbar uninhabitable
unentbehrlich essential, vital, indispensible
unermeßlich immeasurable
unfaßbar incomprehensible
ungerecht unfair, unjust
ungetrübt untroubled
unglückselig unfortunate

	unmittelbar immediate		**verkneifen** to suppress
der	**Unmut** unease		**verkommen** to decay
	unrein impure		**verkraften** to cope with, manage
	unsereins the likes of us		**verlangen** to demand
	unterentwickelt under-developed		**verlassen** deserted
die	**Unterführung (-en)** subway, underpass		**verlocken** to tempt, attract
sich	**unterhalten** to have a chat	der	**Verlust (ⁱe)** loss
die	**Unterhaltung** entertainment		**vermitteln** to send, arrange, convey
die	**Unterkunft** accommodation, lodgings		**vermögen** to be able to, to know how to
	unternehmen to do, try		**vernachlässigen** to neglect
	untersagen to ban		**vernehmen** to question
der	**Unterschied (-e)** difference		**vernünftig** sensible, reasonable
	unterstreichen to underline		**verordnen** to order, organise
	unterstützen to support	der	**Verordnete (-n)** official
die	**Untersuchung (-en)** examination, investigation	die	**Verpestung** pollution
	unverbindlich optional	die	**Verpflegung** board, food
	unverderblich non-perishable	die	**Verpflichtung (-en)** responsibility
	unvernünftig unreasonable		**verputzen** to plaster
die	**Unverschämtheit (-en)** disgrace, rudeness		**verringen** to diminish, decrease
	unversehens suddenly, unexpectedly		**verrostet** rusty
	unverwüstlich indestructible		**verrückt** mad
	üppig luxuriant		**versagen** to fail
die	**Ursache (-n)** cause		**versäumen** to miss, omit
das	**Urteil (-e)** judgement	(sich)	**verschärfen** to intensify
der	**Urwald (-ⁱer)** jungle		**verschärft** tighter
			verschmutzen to pollute
	verachten to disregard, disrespect, scorn		**verschollen** disappeared, missing
	verächtlich scornfully		**verschulden** to cause, be responsible for
	verantwortungslos irresponsible	die	**Verschwendung** waste
sich	**verbeugen** to bow	die	**Verschwörung (-en)** plot, conspiracy
	verbissen hard-bitten		**versehen (mit . . .)** fitted with
	verblüffen to astound	das	**Versehen** error, oversight
der	**Verbrauch** consumption		**versehen** to acquit (one's duty)
der	**Verbraucher (-)** consumer		**versetzen** to place, transfer, transpose
das	**Verbrechen (-)** crime		**verseuchen** to contaminate
	verbreitet widespread		**versichern** to insure, assure
die	**Verbrennungsanlage (-n)** incinerator		**versiegeln** to seal
sich	**verdingen** to take up work, contract oneself		**versorgen** to provide, look after
	verdorren to wither and die	das	**Verständnis** understanding
	verdrängen to push out	sich	**verstehen mit . . .** to get on with
der	**Verein (-e)** club, union		**verstopfen** to block
der	**Verfall** decay		**verstricken** to catch up, involve
	verfehlen to miss		**verstummen** to fall silent
	verflixt accursed		**versunken** lost in thought, engrossed
	verflucht accursed		**vertäut** tied up
	verfrachten to transport		**verteilen** to distribute
	verfügbar available		**vertieft** absorbed, engrossed
zur	**Verfügung** available, at one's disposal		**vertraulich** confidential
	verführen to seduce		**vertraut** familiar
	vergeuden to squander, fritter away		**vertrösten** to comfort
das	**Vergnügen (-)** pleasure		**verunglücken** to have an accident
	vergüten to pay		**verurteilen** to condemn
das	**Verhalten** behaviour		**verwahrlosen** to neglect
sich	**verhalten** to behave, react	die	**Verwaltung (-en)** administration
das	**Verhältnis (-isse)** relationship		**verwenden** to use
	verhängnisvoll disastrous, fatal		**verweigern** to refuse
	verheerend devastating		**verwickeln** to involve
	verhunzen to spoil		**verwischen** to erase
			verwunderlich surprising
			verzehren to consume

verzichten (auf ...) to forego, do without

verzogen spoilt

die **Verzweiflung** despair

vierstellig four-figure

vollführen to carry out

die **Voraussetzung (-en)** precondition, proviso, prerequisite

der **Vorbehalt (-e)** reservation

vorbeihuschen to flit past

vorbestimmen to predetermine

der **Vorbestrafte (-n)** person with a criminal record

vorbeugen to prevent

das **Vorbild (-er)** example, model

vordringen to get through, advance, penetrate

die **Vorfahrt** priority

der **Vorfall (-̈e)** incident

der **Vorfahr (-en)** ancestor

der **Vorgang (-̈e)** process

vorgeschoben pretextual, as a pretext

vorhaben to plan, intend

die **Vorkehrung (-en)** precaution, safety-measure

vorkommen to happen, occur, be something one sees

vornehmen to undertake

der **Vorrang** priority, importance

der **Vorrat (-̈e)** supply

zum **Vorschein kommen** to appear

vorschreiben to prescribe

vorsichtshalber just in case

die **Vorsorge (-n)** precaution

die **Vorsprache (-n)** interview

die **Vorstellung (-en)** imagined idea, picture in ones mind's eye

der **Vorteil (-e)** advantage

vortragen to give a talk, lecture

vorübergehend temporary

vorüberhuschen to flit past

das **Vorurteil (-e)** prejudice

vorwerfen to accuse of, reproach for

die **Wahl (-en)** election

wahrnehmen to perceive, notice, take in

das **Waisenkind (-er)** orphan

walten lassen to bring to bear

die **Wanne (-n)** bath, tub

die **Wartung** servicing (of machines)

wegfallen to become unnecessary

die **Weide (-n)** meadow

weismachen to have someone believe

die **Weisung (-en)** instruction

weitverbreitet widespread

sich **wenden an ...** to contact, get in touch with

die **Wendung (-en)** turn of phrase *or* speech

die **Werbung** advertising

die **Werksleitung (-en)** management

wesentlich essential, considerable

wetten to bet

das **Wickelkind (-er)** baby in nappies, babe-in-arms

widerlegen to disprove, deny

widerrechtlich illegal

widerspiegeln to reflect

der **Widerspruch (-̈e)** contradiction

der **Widerstand** resistance

die **Widrigkeit (-en)** adversity

die **Wiederaufnahme** resumption

die **Wiederherstellung** re-creation, reconstitution

die **Willkür** despotism

die **Windel (-n)** nappy

der **Winkel (-)** corner, angle

wirken (wie ...) to seem like

wirksam effective

wirr confused

die **Wirtschaft** economy; farm

wirtschaftlich economical

der **Wohlstand** prosperity

die **Wohngemeinschaft (-en)** shared house or flat

die **Würde** dignity

die **Wüste (-n)** desert

der **Zank** dispute

zappelig jittery, on tenterhooks

zärtlich gentle, tender

auf **Zehenspitzen** on tiptoe

die **Zeitschrift (-en)** magazine, periodical

zerlumpt ragged

zersplittert divided, fragmented

zerstechen to slit

der **Zettel (-)** note, slip of paper

der **Zeuge (-n)** witness

zeugen von ... to bear witness to, speak clearly of

zielen auf ... to aim for, aspire to

das **Zitat (-e)** quotation

das **Zittern** shakes, trembling

der **Zivildienst** community service (*instead of national service*)

zögern to hesitate

der **Zopf (-̈e)** plait

der **Zorn** anger

zucken to twitch, jump

der **Zufall (-̈e)** coincidence

die **Zufahrt** access

die **Zuflucht** refuge

zufügen to do (to others)

der **Zugang** access

zugeben to admit

zugestehen to grant

das **Zugtier (-e)** beast of burden

zugunsten for the benefit of

zulässig permitted

die **Zulassung** admission

zunehmen to increase, gain weight
zurechtkommen to get on alright, feel comfortable
zurechtlaufen to turn out right
zurückführen (auf ...) to ascribe, put down to
zusammenfassen to summarise
zusammenfügen to combine, join
zusammenraffen to pack up
zusätzlich additional
zuständig responsible, in charge
zusteigen to board, get on
zustimmen to agree with
die **Zustimmung** permission
zutreffen to apply, be valid
zuverlässig reliable
zuvorkommen to preclude, forestall
zuweisen to allocate
der **Zweifel** doubt
der **Zwischenfall (-̈e)** incident

Grammar Summary

This summary is a basic collection of the grammatical points you need to know. It is not exhaustive but is designed to assist in a full understanding of the contents of *Neue Perspektiven*. As far as possible, the examples in this summary have been drawn from the texts and exercises in the book, so that it is possible for you to see a particular point in its context: Numbers in brackets after the examples are chapter numbers.

You should make your own lists of further examples from the texts you have read: this is a far better way to consolidate your knowledge and understanding of German grammar than to sit learning rules (which may have exceptions anyway!). A loose-leaf folder (possibly divided into sections as in this summary) might be the best way to do this.

Sections of the Grammar Summary
(see also Index of Grammar and Exercises on page 270)

  A. Articles and Cases
  B. Adjectives
  C. Nouns
  D. Pronouns
  E. Numbers and quantities
  F. Asking questions
  G. Prepositions
  H. Relative clauses
   I. Subordinate clauses
  J. Word order
  K. Punctuation

Verb sections

  L. Use of tenses
  M. Passive voice
  N. Giving instructions and commands
  O. Infinitives
  P. Using the conditional
  Q. Present participle
  R. Reflexive verbs
  S. Separable verbs
  T. Modal verbs
  U. Subjunctive
  V. Verb constructions

A. Articles and cases

1. Article goes with noun to indicate number (singular or plural), gender (masc., fem., neut.) and function in the clause (by means of case)

dieser, jener, jeder, welcher, and in plural only **alle, keine** change their endings for the different genders and cases in the same way as the definite article

Definite article

	m	f	n	pl
Nom	der	die	das	die
Acc	den	die	das	die
Gen	des	der	des	der
Dat	dem	der	dem	den

kein, mein, dein, sein, ihr, unser, euer, Ihr, ihr add the same endings as **ein** to form their different genders and cases

Indefinite article

	m	f	n
Nom	ein	eine	ein
Acc	einen	eine	ein
Gen	eines	einer	eines
Dat	einem	einer	einem

2. Nominative case is used:
► for subject

Sicherlich kann *der Besuch* auch mißlingen (2)
Die Gastfamilie nimmt das Au-pair-Mädchen wie eine Tochter auf (2)
Das Mädchen soll im Haushalt helfen
Normalerweise müssen *die Mädchen* mindestens 18 Jahre alt sein (2)

► always with the verb **sein**
► for expressions of price, speed, rate

ein sicherer Beruf muß es nicht sein (5)
zwei Mark das Kilo
zwanzig Mark der *or* das Meter

3. Accusative case is used:
► for object of verb

Ich bekomme immer *den Schreibkrampf* (1)
Gabi hat *eine abgeschlossene Wohnung* (2)
Sie bekommt *ein Taschengeld* (2)
... holen wir *die Jugendlichen* aus den Familien heraus (2)
... daß ich *einen festen Freund* habe (2)
wenn ich hier *keine so guten Freunde* hätte (1)

► with certain prepositions
► with certain prepositons governing acc. and dat. case where movement is involved

Für *den Besuch* einer Fremdsprachenschule (2)
oder wir gehen mal *ins Kino* (1)
als sie *in die Fremde* zog (2)
so war ich *auf die Idee* ... gekommen (3)
das Hotel hat einen Blick *auf das Meer*

or in figurative uses
► in some expressions of manner
► in definite time expressions with **letzt, jeder, dieser** and **nächst**

Er saß den Arm auf meiner Schulter gestützt
letzten Montag, letzten April
jeden Donnerstag
dieses Jahr
nächste Woche

► in expressions of duration (the word *for* is not needed in German, unless intended duration in future is being indicated)

Er blieb nur *einen Tag* da
... bleiben die Mädchen *6 bis 12 Monate* bei ihrer Gastfamilie (2)
Ich fahre *für eine Woche* nach Bonn

4 Genitive case denotes possession. **-s** or **-es** on end of masc. and neut. nouns!

das schwarze Schaf *der Familie* (8)
das lächelnde Gesicht *des Schaffners* (18)
eine Leuchten *des Erkennens* (18)
die Ermordung *des Mädchens* Gritli Moser (2)
die Ausbesserung *des Mauerwerks* (27)
die Senkung *der Kriminalität* (21)
die Taschen *anderer Leute* (*other people's pockets*)

▶ it is also used, as in English, for doing of actions to something or someone e.g. reduction of crime

▶ Genitive goes either after the noun whose possession is indicated,
  or before it, as in English; here the article preceding that noun is omitted
  Note the expression:

ohne den Griff in *anderer Leute* Taschen (21)

▶ also used in indefinite time expressions which start in English with *one*
▶ with certain prepositions
▶ sometimes replaced, as also in last example, by **von** with dative case

in *aller* Munde (*in everyone's mouth, i.e. the current topic of conversation*)
eines Tages/eines Abends
eines Nachts (*although it is* **die Nacht**)
mittels *der Errichtung* von Verkehrsinseln (18)

5. Dative case is used:
▶ for indirect object of verb

daß du *der Babsi* eine Geschenk kaufen könntest (7)
Wir sagen *den Jungen*, daß sie . . . . . (9)
diejenigen . . ., die *alten Menschen* helfen (9)

▶ for direct object of certain verbs requiring dative object
▶ with certain impersonal verbs

Ihre Wahlheimat gefällt *ihr* gut (2)
Dem Lehrer ist es gelungen, uns Mathe zu lehren!
(*But*: Die Aufgabe ist gelungen)

▶ with certain prepositions governing dative case
▶ with certain prepositions governing acc. and dat. case where no movement is involved

Mit meinen Eltern komme ich gut aus (2)
Gabrielle Aellen stammt *aus der Schweiz* (2)
vor einigen Monaten (1)
Sie haben sich gerade *am Bahnhof* getroffen (1)

6. Definite article is used with:
▶ abstracts and concepts, where in English none is needed
▶ adjectives preceding proper names

das Ausreißen ist . . . häufig geworden (8)
Alternative zur Senkung der Kriminalität (21)
der arme Frank (22)
die Geschichte von dem fernsehverrückten Frank (22)
aus dem südlichen Deutschland
am Dienstag
im März/im Frühjahr

▶ days of the week, months and seasons when these are used with a preposition
▶ parts of the body when one is doing something to oneself
▶ expressions of speed, rate, price
▶ names of countries that are masc. (**der**) or fem. (**die**)

Sie brauchen auf den eigenen Beinen zu stehen (2)
Deshalb schüttelten die Nachbarn den Kopf (9)
zehn Mark die Stunde/zehn Mark das Kilo
die Bundesrepublik, die DDR
Gabrielle Aellen stammt aus der Schweiz (2)
die USA (plural), die UdSSR
der Iran, der Irak

7. Definite article is omitted:
▶ where a verb used as a noun is the object
▶ with **folgend**

Paul Meyer lernt Autofahren (16)
folgende Wörter
(*the following words*)

! **in der folgenden Zeit** means *in the time which followed/after that*

▶ where two or more nouns are the object of one verb

Sie nimmt Taschen und Einkäufe und fährt heim

8. Indefinite article is needed:
▶ in talking about illnesses
▶ in comments about weather

Ich habe eine Grippe
Das ist ein Wetter! (*What weather*)

9. Indefinite article is omitted:
▶ with nationalities and professions

Er ist Deutscher, sie ist Deutsche
Mein Vater ist Spanier und von Beruf Anstreicher
(2)

▶ with nouns in apposition concerning people, professions
▶ sometimes with **mit** and **ohne**

Rita Huggle, Geschäftsführerin der Hamburger Beratungsstelle (2)
Junge Menschen mit wenig Gepäck und müdem Gesicht (8)
mit Sack und Pack (*with bag and baggage*)

▶ sometimes with **weder...noch...**
▶ in certain adverbial expressions of degree involving an adjective

Er hat weder Mantel noch Schirm mit.
in großem Maße

▶ with aches and pains

Ich habe Zahnweh, Kopfschmerzen

10. Where two nouns of different gender are used in one context, e.g. both dependent on one preposition, article must be repeated.

Was hat diese Bemerkung über *den* Charakter und *die* Einstellung der alten Dame zu sagen? (2)

The articles may be omitted altogether, particularly if the two nouns used tend to belong together or form one concept

Was hat diese Bemerkung über Verständnis und Menschenliebe der alten Dame zu sagen?

11. dieser and **jener**
(endings as for **der/die/das**)
dieser is used for both *this* and *that*

Diese Langhaarigen! (7)
An diesem Tag hatte ich zufällig Zeit.
Magst du dieses Auto?

jener is used where a distinction is made between *this/these* and *that/those*
colloquially **jener** is often replaced by **der/die/das** (or their inflected forms) with da after the noun

Jenes Auto ist besser.
Wie findest du diesen Wagen?
Den Wagen da finde ich besser.

12. Possessive adjectives agree with noun in number and gender. Case endings for singular are as for **ein/eine/ein**.
Basic forms: **mein, dein, sein, ihr, unser, euer, Ihr, ihr**

in *meiner* Kindheit (3)
Als sie *ihre* Au-pair-Stelle antrat (2)
Insgesamt ist sie mit *ihrem* Aufenthalt recht zufrieden (2)
Zum Glück hat *unser* Hausbesitzer Verständnis dafür (2)
Später lehnt die Wirtin *unser* Geld ab (14)
Denken Sie an *Ihren* Hintermann! (16)

Case endings for plural are as on **keine**.

für *meine* Begriffe (1)
Mit *meinen* Eltern komme ich gut aus (2)
Unsere Lehrer dürfen wir duzen,...(2)
Mißtraut gelegentlich *eure* Schulbücher!

Possessive adjective for **man, einer** and **jeder** is **sein**
Referring to nouns of different gender, possessive adjective must be repeated

eine Wohngemeinschaft, in der jeder *sein* privates Eckchen hätte (3)
Im Garten gingen *mein* Vater und *meine* Mutter spazieren.

B. Adjectives

13. Used in connection with a verb, the basic form of an adjective is not affected by number, gender or case

Wherever an adjective is used before a noun, endings are needed, depending on number, gender and case

Das Leben hier ist wirklich schön (1)
... kann jede Stadt schön sein (1)
Die meisten Leute halten das für wichtig (1)

14. With definite article, singular:

Nom	der gute Mann
Acc	den guten Mann
Gen	des guten Mannes
Dat	dem guten Mann
Nom Acc	die gute Frau
Gen Dat	der guten Frau
Nom Acc	das gute Kind
Gen	des guten Kindes
Dat	dem guten Kind

These endings are the same with the various forms of **dieser, jener, jeder, welcher, solcher, alles** (*neut.* only)

Nun war der letzte Schultag gekommen (3)
Sie registrieren ... den plötzlich bremsenden Vordermann (17)
Die neuen Leiden des jungen W. (Lit. I)
Unterkunft im feuchten Keller (2)
Das war für mich die große Schwierigkeit (3)
Den Wettlauf ... um die höchste Zahl der Frauen in Männerberufen (5)
während der achtstündigen Schicht (6)
den Wettlauf mit der Alten Welt (5)
Das ganze Leben hier finde ich toll (2)
Ermordung des kleinen Mädchens Gritli Moser (2)
mit dem lange gesparten Geld (13)

alles Gute, alles Irische (15)

15. With definite article, plural:

Nom Acc	die guten Leute
Gen	der guten Leute
Dat	den guten Leuten

These endings are the same with the various forms of **diese, jene, welche, solche, alle, sämtliche, keine, meine, deine, seine, ihre, unsere, eure, Ihre, ihre** as well as with the various forms of the plural pronouns **wir, ihr, Sie**

die eingefleischten Geschirrspüler-Muffel (10)
der Lärm der klatschenden Rohre (6)
... würde ich auf den eigenen Beinen stehen (3)
solche schmutzigen Arbeiten (5)
Welche im Text stehenden Wörter ...?
meine eingereichten Papiere (4)
unsere beiden Kinder
drei Viertel aller Interviewten
Na, ihr Lieben? (7)
wir Erwachsenen (7)

16. derselbe and **derjenige**

These are article and adjective written together as one word. Both parts of both words vary according to number, gender and case

Wir sind an demselben Gymnasium
Wir sind an derselben Gesamtschule (2)
Man darf diejenigen nicht vergessen, die alten Menschen helfen (9)

17. With indefinite article, distinction needs to be made between *masc. nom.* and *neut. nom. and acc.*, for each of which the article is **ein:**

masc. ein guter Mann
neut. ein gutes Kind

In all other forms for all three genders adjective endings are the same as the corresponding form with definite article

These endings are the same with the various forms in the singular of **mein, dein, sein, ihr, unser, euer, Ihr, ihr**

... waren ein *wichtiger* Grund dafür (2)
Kuddl, ein *lieber* Freund ihres Vaters (3)
Sie haben ein *neuentwickeltes* Sprühsystem (10)
als ich ein *klemmendes* Rohr nachschieben will (6)
Ich bin nicht nur eines *einzigen* Berufes fähig (5)
daß ein Junge dieses Alters einem *wegfliegenden* Ball nachläuft (17)
Gabi hat eine *eigene abgeschlossene* Wohnung (2)
Leben in einer *fremden* Familie (2)
Hier soll mein *künftiger* Arbeitsplatz sein (6)
Auf unseren *fragenden* Blick erklärte sie (14)
mein letztes Schulzeugnis

18. Where there is no article before a noun, gender and case are indicated by the adjective ending (except for *masc. and neut. genitive*, where case is shown by noun ending)

These endings – strong adjective endings – correspond to the end of the appropriate definite article:

masc.	*nom.*	deutscher Wein
	acc.	deutschen Wein
	gen.	deutschen Weins
	dat.	deutschem Wein

neut.	*nom.* *acc.*	warmes Wasser
	gen.	warmen Wassers
	dat.	warmem Wasser

| **fem.** | *nom.* *acc.* | gute Luft |
| | *gen.* *dat.* | guter Luft |

pl.	*nom.* *acc.*	junge Leute
	gen.	junger Leute
	dat.	jungen Leuten

Offener Brief an einen Konsumenten (12)
Der ADAC sagte *steigenden* Spritverbrauch und *unerträglichen* Lärm aus (18)
die Auswirkungen zu *hohen* Blutdrucks (23)
Es riecht nach . . . und *neuem* Tag (14)
gesichertes Sonnenwetter (15)

die Auswirkungen *regelmäßigen* Radelns (23)
in *akzentfreiem* Deutsch (2)

bekommt . . . . . und *freie* Verpflegung (2)

trotz *späterer* Vorsprache (4)
in *leitender* Stellung (5)

Note these expressions using adjectives with strong endings. No article in them, unlike the English equivalent

Gute Noten in 6 Fächern (4)
Nicht weil sie zu *kleine* Lungen hätten (5)
mit Hilfe *folgender* Vorschläge (6)
Hinter *geduckten* Häusern . . . . . (6)
aus verschiedenen Gründen (8)
seit geraumer Zeit (12)
in großem Maße (12)
in aller Ruhe (14)
in erster Linie (22)
letzten Endes (24) (*after all*)
mit Hilfe folgender Vorschläge (6)
in folgender Schlüsselszene des Romans (12)
   (*in the following key scene . . .*)

As **folgender** means *the following*, strong adjective endings are frequently needed

. . . hier ist . . . so viel Schönes zu besichtigen (1)
. . . wir unternehmen etwas Interessantes (1)
irgendwo Ruhiges (14)
beim Kauf von etwas Neuem (11)
sich mit etwas weniger Befriedigendem abgeben

Neuter strong endings are used on adjectives with **viel, etwas, nichts, wo**. Adjective always follows these words and has a capital letter. Endings will change according to case

19. Comparative form is always formed only by addition of **-er**

interessanter, häufiger, müder

Superlative form is always formed by adding **-(e)st**

interessantest, häufigst, müdest

Some monosyllabics have *Umlaut*

groß – größer, größt
alt – älter, ältest

A few are irregular

gut – besser, best
gern – lieber, liebst
viel – mehr, meist

All are used with the appropriate endings where needed

längere Wartezeiten (5)
daß die meisten Au-pair-Stellen gut gelingen (2)

Comparative form is used also to imply *rather*

Sicherlich besteht ein *größerer* Andrang nach Ausbildungen (5) (*. . . rather a heavy demand . . .*)

20. All participles are adjectives and used before nouns with the appropriate endings

Present participle is used to indicate actions done by the noun referred to, either now or at the time in question

Present participle is used sometimes to make an adjective more specific

Whether participial adjective refers to present or past action may depend on other accompanying words

If the action is done to the noun in question, past participle is used as adjective.

This implies that the action is now finished

21. Where English would have a relative clause or an adjectival expression after the noun, German has all the relevant words in a longer adjectival expression before the noun. Notice position of adjective. Many such longer adjective expressions end with a participle

Where the noun referred to would be the subject of an active verb in a relative clause, present participle. (Compare participial phrase and relative clause!)

Where the noun referred to would be
► subject of verb with sein in perfect tense
► subject of passive verb
► object of active verb
in a relative clause, past participle. (Compare participial phrase and relative clause!)

22. Where in English a noun would be followed by *to be done*, German has **zu** + present participle before noun.

In modern terminology apprentices are people to be trained (**Sie sind auszubilden**)

23. Some adjectives do not decline
► **lila, rosa**
► all adjectives formed from the names of towns/cities; these always end **-er** whatever the case, gender and number of the noun

Herzzerreißende Bilder (34)

Er wurde unter den stehenden Linienbus geschleudert (17)
(*the bus that was standing there at point*)
Sie registrieren . . . das spielende Kind am Bürgersteig (17)
(*the child who is playing*)
leerstehende Häuser (26) (*i.e. not occupied*)
in die Brüche gehende Häuser (26)
(*in the process of decaying*)
das schon *heute* drängende Problem (35)
das *damals* drängende Problem

eine renovierte Wohnung

viele in Berlin geborene Kinder (38)

(*aus Familien, die ganz intakt scheinen,*)
→ aus ganz intakt scheinenden Familien (8)
(*Welche Wörter, die im Text stehen, . . .?*)
→ Welche im Text stehenden Wörter . . .?

von den *in Berlin lebenden* Türken (38)
(Türken, die *in Berlin leben*)
Sie registrieren . . . den *plötzlich bremsenden* Vordermann (17)
(Vordermann, der *plötzlich bremst*)
die *am meisten Erfolg versprechende* Alternative (21)
(Alternative, die *am meisten Erfolg verspricht*)
viele *in Berlin geborene* Kinder (38)
(Kinder, die *in Berlin geboren* sind)
aus einer *nur von Männern besuchten* Kneipe (38)
(Kneipe, die *nur von Männern besucht* wird)
die *als Geiseln genommenen* Passagiere (2)
(Passagiere, die man *als Geiseln genommen* hatte)

eine *noch zu renovierende* Wohnung (25)
(*Wohnung, die noch zu renovieren ist*)
die *am schwersten zu überwindende* Grenze der Welt (26) (*i.e. the Berlin Wall*)
Auszubildende (*commonly*: Azubis)

ein rosa Hemd
in allen Münchner Schulen (17)
ein Mitarbeiter der Münchner Verkehrswacht (17)
ein Schüler des Münchner Maria-Theresia-Gymnasiums

24. Adjectives are written with a capital letter where they are
- ► used as nouns
- ► used with **viel, etwas, nichts, wo, alles** (but **andere** never has a capital letter!)

die Deutschen
etwas Interessantes
alles Gute
etwas anderes, die anderen

- ► used in set expressions with noun force, like names

Erste Hilfe
die Dritte Welt
der Eiserne Vorhang
der Nahe *and* der Ferne Osten
die Vereinigten Staaten
das Vereinigte Königreich
die Deutsche Demokratische Republik

- ► formed from town names

in allen Münchner Schulen (17)

25. All adjectives are adverbs.
Comparative form of adverbs is as for adjectives.
Superlative form:
am besten, am liebsten, etc.

Mit meinen Eltern komme ich *gut* aus (2)
… werden sich die Zahlen *dramatischer* ändern (5)
(*more dramatically*)
die *am schwersten* zu überwindende Grenze der Welt (26)

C. Nouns

26. All nouns have *masc., fem.* or *neut.* gender.
Articles and adjectives agree as appropriate.
All nouns have a capital letter

Of nouns referring to persons
- ► some are related to one gender only
- ► most have both *masc.* and *fem.* forms, *fem.* form adding **-in** to *masc.* form, or in the case of adjectival nouns having appropriate ending
- ► a few are positively sexist

- ► not all are *masc.* or *fem.*

der Mensch, die Person, die Arbeitskraft
der Student, die Studentin
der Franzose, die Französin
ein Deutscher, eine Deutsche
der Deutsche, die Deutsche
der Fachmann, die Fachmännin (!) (*expert*)
der Kaufmann, die Kaufmännin (*business-***person**)
das Kind, das Mädchen

27. Some guidelines for establishing gender:
Masculine
- ► all words ending in **-ant, -ent, -graf/graph, -ist, -og, -oph, -ismus**

der Intendant   der Geolog   der Polizist
der Student   der Philosoph
der Fotograf   der Kommunismus

- ► all nouns formed by replacing **-en** at the end of an infinitive by **-er**
- ► all nouns formed by the addition of **-er** to another noun (often with modification) to signify doer of particular work or action
- ► all nouns formed from the names of towns and cities by the addition of **-er** and meaning a male person from that place
- ► all adjectives used as nouns referring to male persons
- ► Countries whose name is preceded by *masc.* definite article

der Verkäufer   der Verbraucher
der Arbeiter   der Lehrer
der Politiker
der Grafiker
der Gärtner
der Münchner
der Berliner
der Frankfurter
der Jugendliche
der Verwandte
der Iran, ich fahre in den Iran
der Irak, der Kongo

Feminine

- most nouns ending in **-e** (But not **der Käse, das Ende, das Gemüse**) — die Schule, die Lehre, die Fremde (*abroad*)
- all nouns formed by replacing **-en** at the end of an infinitive by **-ung** — die Ordnung / die Senkung der Kriminalität (21)
- all nouns formed from adjectives by adding **-heit** or **-keit** — die Schönheit / die Selbständigkeit
- all nouns made by adding **-in** to *masc.* form — die Geschäftsführerin, die Polizistin
- all conceptual nouns (incl. subjects at school, college and university) ending **-ik** (*Oceans:* **der Atlantik** and **der Pazifik**) — die Politik / die Mathematik / die Germanistik
- all nouns ending **-ität, -schaft, -sion, -ssion, -tion** — die Qualität, die Universität / die Nachbarschaft, die Mannschaft / die Pension, die Rezession, die Information
- all adjectives used as nouns referring to female persons — die Arbeitslose / die Jugendliche
- countries whose name is preceded by *fem.* definite article (**die USA** is plural) — die Bundesrepublik, ich fahre in die DDR / die Schweiz, die Türkei, die UdSSR

Neuter

- all verbs used as a noun — das Ausreißen... (8)
- all nouns ending **-chen** and **-lein** — das Mädchen / das Häuslein
- most foreign loan words (*But:* **der Shop**) — das Etui
- all town and country names except those prefixed by **der** or **die** — München bietet *seinen* Gästen viel an. / *im* südlichen Deutschland

Compound nouns always have the gender of the last noun — die Jugend + der Schutz = der Jugendschutz

Some nouns have more than one gender. Differences in meaning are indicated in this way —
der See (*lake*): der Bodensee
die See (*sea*): die Nordsee
der Band – volume (*of a series of books*)
das Band – ribbon, tape
die Band – band, group (*pop music*)

28. Some guidelines on plural forms:

Masculine

- all weak nouns: **-n, -en** — der Name → die Namen / der Automat → die Automaten
- all nouns ending **-er:** plural form is the same — der Arbeiter → die Arbeiter
- monosyllabics: usually **-e** and Umlaut where possible (But: **Mann → die Männer**) — der Tisch → die Tische / der Gang → die Gänge

Feminine

- all nouns ending **-e: -n** — die Schule → die Schulen
- most others: **-en** (But: **Mutter – die Mütter Tochter – die Töchter**) — die Information → die Informationen
- all nouns ending **-in: -nen** — die Lokführerin → die Lokführerinnen

Neuter

- all words ending **-chen** and **-lein:** plural form is same — das Mädchen → die Mädchen / das Häuslein → die Häuslein
- monosyllabics: **¨er** — das Buch → die Bücher

German often uses plural form for English singular or conceptual words (**ein Vorurteil** means *a single prejudice*) —
Fortschritte
Vorurteile
Informationen

Some German nouns are singular where English has plural —
die Politik, die Mathematik
die Behörde (Behörden = *several authorities*)

29. Case variations of noun form occur:

▶ in *Genitive singular* of masc. and neut. nouns

das Haus unseres *Freundes*
das Leben eines *Kindes*

▶ in *Dative singular* of certain monosyllabic masc. and neut. nouns

nach *Hause*, zu *Hause*
auf dem *Lande*
in aller *Munde*

▶ in *Dative plural*, where all nouns end in **-n** (except those with plural form ending **-s**, e.g. **Hotels**)

Wenn man zu *Freunden* ein gutes Verhältnis hat
Ich verstehe mich mit meinen *Brüdern* ganz gut (2)
Urlauber aus nördlichen *Ländern* (15)

30. Weak masculine nouns

These nouns end **-n** in all cases except Nominative singular
Thus Genitive singular ends **-n** (not **-s**!)

Da kommt einem der *Nachbar* gerade recht (20)
Sie jagte den *Nachbarn* vor sich her (20)
das ... Fernsehgerät seines *Nachbarn* (20)
... Wenn es dem bösen *Nachbarn* nicht gefällt (20)
Deshalb schüttelten die *Nachbarn* den Kopf (9)

Plural form also ends **-n**
Common nouns of this type include:

▶ **Junge, Herr** (pl. **Herren**), **Name, Gedanke, Bub, Bauer, Automat, Soldat, Student, Polizist, Löwe, Bär, Affe**

alles ... war sie unter dem *Namen* Wiebau geworden (Lit. I)
Die ist aus dem *Automaten* (Lit. I)
... leistete dem schreienden *Buben* Erste Hilfe (17)

▶ all masc. nouns ending **-ant, -ent, -graf/ -graph, -ist, -og, -oph**

Elephant, Student, Fotograf, Polizist, Geolog, Philosoph

▶ all nationalities where masc. form ends **-e** (This applies of course to masc. form only, as fem. forms all end **-in** and form plural with **-nen**)

der Franzose – den Franzosen
der Däne – den Dänen

31. Adjectival nouns

Many adjectives referring to persons can be uses as nouns and have both masc. and fem. forms:

▶ they function as nouns having a capital letter

der Deutsche, die Deutsche, die Deutschen

▶ they function as adjectives having the appropriate ending according to article, gender, case, number

ein Deutsch*er* (ein deutsch*er* Mann)
eine Zwanzigjährige (eine 20 jährige Frau)
der Arme saß mit *einer Blinden* da
Jugendliche werden ausgebildet (4)

▶ masc. words have two *Nominative* forms, **der Deutsche** and **ein Deutscher**

Beim Rennen war *der Deutsche* schneller
Der Inhaber dieses Passes ist *Deutscher*

▶ *acc.* form

... als Karl und Maria Meßmacher *einen Jugendlichen* in ihr Haus aufnahmen (9)
... beruhigen *den* verunsicherten *Reisenden* (15)

▶ *gen.* form

Der Rollstuhl *der Behinderten* wurde in den Gepäckwagen gebracht
Die Einzelheiten *des Arbeitslosen*

▶ *dat.* form

Dem Fremden wird Hilfe geleistet (15)
Er saß mit *einer Zwanzigjährigen* da

All adjectival nouns have two plural forms:

▶ with article   *Nom.*
    Acc.
    Gen.
    Dat.

Jugendliche, die Jugendlichen
Die Auszubildenden werden gut behandelt (4)
Die Jugendlichen von heute finde ich freundlich
drei Viertel *aller Interviewten* (18)
Gastfamilien, die mit den *Jugendlichen* Probleme haben (2)

► without article:

Nom.	*Jugendliche* werden ausgebildet (4)
Acc.	*Auszubildende* behandelt man hier gut (4)
Gen.	Sie sind auf Hilfe *Dritter* angewiesen (24)
Dat.	*Jugendlichen* aus schlechtem Zuhause kann man ihre Missetaten nicht einfach verzeihen (24)

andere, although used as an adjectival noun, does not have a capital letter

die Aggression so zu beherrschen, daß man *anderen* nicht wehtut (19)

32. The differences between **adjectival nouns** and **weak masculine nouns**

masc. nom. sing. $\begin{cases} \textit{adj. noun} \\ \textit{weak noun} \end{cases}$ der Deutsche   ein Deutsch*er*
   der Dän*e*   ein Dän*e*

fem. nom/acc. $\begin{cases} \textit{of adj. noun} \\ \textit{from weak noun} \end{cases}$ die/eine Deutsch*e*
   die/eine Dän*in*

fem. gen./dat. $\begin{cases} \textit{of adj. noun} \\ \textit{from weak noun} \end{cases}$ der/einer Deutsch*en*
   der/einer Dän*in*

plural forms $\begin{cases} \textit{adj. noun} \\ \textit{weak noun} \\ \textit{fem. from weak noun} \end{cases}$ die Deutsch*en*   Deutsch*e*
   die Dän*en*   Dän*en*
   die Dän*innen*   Dän*innen*

33. Adjectives can also be used in *neuter* form as nouns, with the meaning: ___thing; singular only; case as appropriate
some meanings are specific

das einzige (*the only thing*)

das Gefährliche des Fernsehens (36)
wie er das Innere des Wagens wusch (Lit. II)
   (*the interior*)
die Angst vor dem Unsicheren (15)
   (*fear of the unknown*)

used without an article such nouns have a collective sense
conciseness is a strength of such nouns

Sonstiges (*other things*)
Folgendes (*the following things*)
Ungewolltes, Ungebrauchtes, Halbkaputtes (12)
(*half-broken things you don't want or can't use*)

best English equivalent may be: *something* + adjective
some meanings are specific

Auf der Fahrt nach Westport erlebt er *Ähnliches* (15)
seit *langem* (7)

34. Adverbs used with adjectival nouns still have no endings; **geistig** qualifies **geschädigt,** indicating how damage was done

Die Überlebenden werden zu *geistig* Geschädigten (19)

Compare with this expression: **arm** describes the people, thus it is an adjective. It doesn't say how they were damaged

die *armen* Geschädigten

A further example:

das angeblich Unmögliche (27)
(*that which is apparently impossible*)

35. Verbs used as nouns are always *neuter* and correspond to English use of *present participle* as noun.

Das Ausreißen ist ... häufig geworden (8)

The article is generally included,
except where the verbal noun is the object of a verb,

Das Reden allein hilft ihnen sehr (9)
Paul Meyer lernt Autofahren (16)

or is used with an adjective

die Auswirkungen regelmäßigen Radelns (23)

With prepositions the article is needed, most commonly with:

► **bei** (instead of a subordinate clause)

Beim Nachmessen fällt ihm auf, ... (Lit. I)

► **zu**

der Grund zum Ausreißen (8)

36. Apposition

Where an explanation, involving a noun, of a name occurs, the case of the noun must match the theoretical case of the name it explains; this occurs frequently with **in**

Indicators are sometimes in the text

in Ottobrunn, *einem* Vorort von München (24)

Haushalte in Flensburg, Deutschlands *nördlichster* Stadt (28)

bis *zum* nächsten GAU, *dem* einmal in 5000 Jahren auftretenden Unfall (32)

D. Pronouns

37. Nom.	Acc.	Dat.	Acc.	Dat.
Subj.	*Dir. obj.*	*Indir. obj.*	*Refl.*	*Refl.*
ich	mich	mir	mich	mir
du	dich	dir	dich	dir
er	ihn	ihm	sich	sich
sie	sie	ihr	sich	sich
es	es	ihm	sich	sich
wir	uns	uns	uns	uns
ihr	euch	euch	euch	euch
Sie	Sie	Ihnen	sich	sich
sie	sie	ihnen	sich	sich

Sie haben mich so freundlich aufgenommen (1)

so wie ich es mir nur wünschen würde (2)
Habe ich dir denn nicht gesagt,..?
Da habe ich ihn einfach mal mitgebracht (2)

Ihre Wahlheimat gefällt ihr sehr gut (2)
wir treffen uns (1)
Na, ihr Lieben (7)
Ist bei Ihnen eine Preisreduzierung möglich? (13)
Sie haben sich gerade am Bahnhof getroffen (1)
Du siehst sie gleich selber (1)
Das habe ich mir gedacht!
Er hat sich den Fuß verrenkt

All object pronouns come as soon as possible after the verb in main clause, and as near the beginning of a subordinate clause as possible.

Use with prepositions is widespread

... haben sie auch Vertrauen *zu ihm* (2)
Du hast echt einen guten Kontakt *zu ihnen* gewonnen? (1)
Es geht dir hier besser als *bei uns* (1)
Freunde *von mir* (4) (*friends of mine*)
Für mich sind alle Haue falsch (19)

38. Indirect object pronouns are used:

▶ in doing actions to others

weil du *mir* auf kein einziges Schreiben geschrieben hast (1)
versperrte *ihm* den Weg zu seinem Haus (20)
als Kroll *ihr* eine Beule in die Wagentür trat (20)

▶ with certain verbs

Ich habe dir gestern Geld gegeben (7)
Verzeihe mir die schlechte Schrift (1)
Ihre Wahlheimat gefällt ihr (2)
... dachte ich mir (3) (*thought to myself*)
Sie sind nicht glücklich; man sieht es ihnen an (5)
Soll ich ihm den Besuch eines Fußballstadions verbieten? (2)

▶ in doing things for others

haben wir ihm keine Spielzeugpistolen gekauft (20)
... daß ich dir nichts mitgebracht habe

▶ with the implication of "*as far as I'm concerned*" or "*I'm telling you*"

Du gehst mir sofort auf dein Zimmer und räumst auf! (7)

39. Genitive form of pronouns, more commonly seen as *possessive adjectives* (**mein, dein, sein, ihr, unser**, etc), is used in certain constructions; in this context indeclinable

das größte Vorurteil unser aller (37) (*of us all*)

40. Reflexive pronoun must be the same person as the subject when infinitive is used

Ich muß mich hinsetzen
Du solltest dich mehr ausruhen
Man kann sich hier gut entspannen

41. **man** (*one, someone, you, they, we*)
used in generalised observations

used to give personal statements more general relevance
often replaces passive
accusative and *dative* forms are **einen** and **einem**, though colloquially **dich** and **dir** are more frequently used
jemand (*someone*) declines in *acc.* and *dat.* case like *masc. strong adjective*

Es kommt darauf an, ob man nette Menschen kennenlernt (1)
... weil man dann mehr Vertrauen zu ihnen hat (2)
Das hat man nicht gesagt (*That wasn't said*)
Der Bus bringt einen direkt dahin
Was einem sofort auffällt: Der Turm ist schief!
Was dir sofort auffällt ...
Ich spreche *jemanden* an, der ... (6)

42. **einer**
can be used instead of **man** or **jemand** for *someone*
is used for *one of* ... varying according to gender of the noun referred to,

and according to its function in the context in which it is used (i.e. case)

Das hat *einer* dort auch gesagt

Einer der 3 Männer hat die Jugendlichen kirtisiert (7) (*masc.*)
Plötzlich heult **eines** der Mädchen (20) (*neut.*)
Bearbeite **eine** folgender Situationen! (*fem.*)
Einen sicheren Beruf möchte ich nicht, sondern **einen**, in dem ich glücklich wäre. (*acc., masc.*)
Sie arbeitet in **einer** der besten Schulen. (*dat., fem.*)
Eins steht fest (10) (*One thing's for sure*)

Note the expression:

43. **keiner** hence means *none of ,..., not one* or *no-one*,
with endings according to case and gender

Keiner der 6 Männer hat das gesagt!
Ich bin keiner, der den ersten Job nimmt (5)
Was du nicht willst, daß man dir tu', das füg auch keinem anderen zu!

44. **das** and **es**
Both are used for unnamed objects, **das** demonstratively, as well as for *facts, ideas, concepts, impressions*
das is used to sum up a preceding main clause,
or a preceding subordinate clause.

Used with a preposition both **das** and **es** are replaced by **da-** + preposition
(**dar-** before a vowel)

These forms are used to replace *acc.* and *dat. pronouns* with a preposition where the pronoun refers to a *thing/idea*,
and where a verb with preposition refers to a *subordinate clause* or *infinitive phrase*

Ich habe es nicht gesehen
Das habe ich nicht gesehen
Das gibt's doch nicht! (*I can't believe it*)
Gerade dieses Alleinsein brauchte ich sehr. Das begriff Mutter nicht (3)
Wie das zu machen wäre, das hatten wir uns noch nicht überlegt
... hat unser Hausbesitzer Verständnis **dafür** (2)
Sie haben nichts **dagegen** (2)
Darauf reagieren nicht alle Jugendlichen mit Verständnis (8)
Sie haben sich sehr **darauf** gefreut (13)
(*instead of* **auf ihn**, *referring to* **Urlaub**)

Es kommt **darauf** an, ob man nette Leute kennenlernt (1)
Wir hatten **damit** gerechnet, eine ruhiges Hotel gebucht zu haben (13)

Used with prepositions governing *genitive* case, **das,** becomes

des- before the preposition,

deswegen, deshalb

dessen after the preposition (joined as one word in certain expressions)

angesichts dessen (*in view of this*)
infolgedessen (*in consequence*)

das is used to mean both *this* and *that*

Das ist mein Bruder

Where necessary verb must be plural if logical subject is plural

Das sind meine Eltern

Likewise with **es** in expressions corresponding to *It's . . .,* following the verb where pronouns are used

Es ist meine Schwester
Es sind meine Eltern
Ach – du bist es! (*Oh, it's you!*)
Wir sind es. (*It's us*)

es often occurs where English uses no pronoun

Sie kam nicht so, wie ich es mir gedacht hätte (3)
(*as I'd have imagined (it happening)*)
Das ist viel interessanter, als ich es geglaubt hätte
Heute will jeder Bankkaufmann werden! Ich will es aber nicht (5)
(**es** *refers to* **Bankkaufmann werden**)

45. Possessive pronouns
(*mine, yours, his, hers, ours, theirs*)
Forms vary according to number, gender and case.
There are two different forms:

a. **meiner, meine, meins, meine** Endings are the same as on **einer** (§42), added to the basic form **mein, dein,** etc. This is the more colloquial form

Von allen Ärzten, die ich kenne, ist **meiner** der beste (*m. nom.*)
Die Brieftasche ist **meine.** (*f. nom.*)
Dein neues Auto ist gut, aber **meins** ist besser! (*n. nom.*)
Dein Onkel? **Meinen** finde ich netter. (*m. acc.*)
Meine Eltern sind zu streng; mit **ihren** komme ich viel besser aus. (*pl. dat.*)
Nicht in meinem Zimmer, in **deinem.** (*n. dat.*)

b. **der/die/das meine; die meinen**
mein, dein, sein, ihr, unser, euer, Ihr, ihr are used as adjective with the appropriate ending according to gender, case, number
This is the form used more in writing

In seinem Garten war immer mehr zu tun als im unseren
Die Unterschiede zwischen meinem Lebensstil und dem ihren
Bewegungen, die den Ihren ähneln (16)
(*movements which resemble yours*)

46. Demonstrative pronouns
(*the one, this one, that one, these, those*)

▶ **derjenige, diejenige, dasjenige, diejenigen**
(*definite article* + adjective written together)
These agree in number and gender with the noun referred to.
Case according to function

Der schnellste Läufer ist keineswegs besser als **derjenige,** der nicht laufen kann
Man darf *diejenigen* nicht vergessen, die alten Menschen helfen (9)
Sie kam am besten mit *denjenigen* aus, die etwas älter waren als sie selber
Von den beiden Bildern ist *dieses* das bessere

▶ **dieser, jener** (endings according to number, gender, case)
dieser is used for both *this one* and *that one*

Die besten sind diese hier.
Von all den Häusern, in denen ich lebte, lebte ich am liebsten in diesem

jener is often used in contrast to **dieser,**

and can also replace **derjenige,** etc.

"Welche möchten Sie? Diese hier?" – "Nein, jene da!"

▶ All these demonstrative pronouns are often replaced by *relative pronoun* in the appropriate form

Besonders jene, die mit Freiheitsentzug bestraft worden waren, kamen von Mal zu Mal ... (21)

Die Zahl der Einbruchdiebstähle wird steigen und *die* der Aufklärungen weiter sinken. (11)

Die Kinder von heute haben es leicht im Vergleich mit *denen* der Nachkriegsgeneration

47. Anyone who ...
Wer + subordinate clause,
even though females may be indicated
The subordinate clause is often summarised in the main clause by use of **der**
The subordinate clause is not necessarily the subject of the main clause. Then the summarising word needs to be in the appropriate case

Wer einmal im Gefängnis war, ist vorbestraft (9)

Wer als Au-pair arbeitet, braucht Mut (2)

Wer in leitender Stellung arbeitet, der verdient mehr ... (5)

Wer das glaubt, *dem* kann ich nicht rechtgeben (19)

E. Numbers and quantities

48. Apart from **ein/eine,** numbers are generally indeclinable, although *genitive* and *dative* inflexions on **zwei** and **drei** are sometimes seen

die Eltern zweier anderer Kinder
von uns dreien

With article *two* is generally **beide**

Numbers may serve as nouns; then they have a capital letter

Tatsächlich fanden die beiden Willy (26)
... der ältere von beiden ... (26)
Eigentlich gehören die Fünf in den Knast (21)

49. Effectively numbers function as adjectives followed by strong adjective endings, ...
except where definite article is used
hundert and **tausend** can be used as neuter nouns, generally seen in plural form as indefinite quantities and followed by *gen. case* or **von;** as numbers they do not have capital letter
eine Million and **eine Milliard** are always nouns

zwei *andere* Männer
Sie kam mit zwei *anderen* Freundinnen zur Party
die sieben *fetten* Jahre
Hunderte junger Deutscher
Tausende von Fans waren da

hundert Jahre später

zwei *Million* Mark
Das hat *Millionen* gekostet

50. These adjectives function as indefinite quantities:
wenige, andere, viele, einige, mehrere, etliche
They have strong endings, as do all other adjectives which follow them

Viele Behinderte, Blinde und alte Leute brauchen gar nicht in ein Heim (24)

Die Eltern vieler junger Menschen wissen ihnen nicht zu helfen.

Strong adjective endings also follow **genug, mehr, weniger**

Mehr alte Leute leben heute im Heim
Wir haben nicht genug neue Ausbildungsplätze.

51. After **alle, sämtliche** and **die meisten** weak adjective endings (always **-n** regardless of case)

Sämtliche neuen Arbeitsplätze sind für junge Menschen bestimmt.
Alle guten Dinge sind drei.
Die meisten Behinderten können trotzdem selbständig leben.

52. **viel** (*much*) is always singular and indeclinable when used with a noun
viele (*many*) is always plural with appropriate strong ending
Use with an article **viele** has the appropriate weak ending

Ich habe zu viel Arbeit

Viele alte Menschen leben dort
Sie hat Kontakt zu *vielen alten* Menschen
die *vielen alten* Menschen, die dort leben

53. *Everybody* may be either **jeder** (*sing.*) or **alle** (*pl.*). Where one of these is subject, verb must be the appropriate *sing.* or *pl.* form
Sometimes **alles** (+ *sing.* verb) is used instead of **alle**

Das *weiß* doch jeder!
Das *wissen* doch alle!
Heute *will* jeder Bankkaufmann werden (5)
Wenn die Sirene wieder losheult, *bleibt alles* noch einige Sekunden hocken (6)

54. Collective nouns, though indicating *plural*, are themselves *singular*; as subject they require *singular* verb: **eine Menge, eine Mannschaft, eine Gruppe, die Redaktion** (*editors*), **ein Großteil, der größte Teil, die Mehrheit, die Minderheiten, die Zahl**
These words may, of course, be used in *plural* form

Er ging durch die Menge, die da *stand.*
Die Redaktion *hat* den Namen geändert.
Die Zahl der Einbruchdiebstähle *wird* weiter steigen . . . (11)

Minderheiten leiden oft in unserer Gesellschaft.
Die beiden Gruppen haben gut gespielt.

die Hälfte, though *singular*, can be subject of both *sing.* verb (where it is half of *one* thing) and *pl.* verb (where it is half of a *plural* noun)

Die Hälfte des Kuchens *ist* schon weg!
Mindestens die Hälfte aller Straftaten *entstehen* unter Alkoholeinfluß (21)

55. Fractions are:
► *singular* if their numerator is *one*
► *plural* if their numerator is *higher than one*
Three quarters may also be:
Hälfte is not used adjectivally but is replaced by **halb**
Other fractions become part of a compound

die Hälfte, ein Viertel
Drei Viertel der Frauen glaubten . . . (19)
ein Dreiviertel
eine halbe Stunde

eine Dreiviertelstunde

56. Units of measurement are *singular* when preceded by a number
Tonne is an exception to this

Zwei Million Mark
500 Gramm
80.000 Tonnen Rohöl aus Angola (32)

57. With measurements, quantities and containers, the item measured is indeclinable regardless of the case and magnitude of the measurement

ein Liter Öl (32)
eine Menge Öl, in dieser Menge Öl
300 Tonnen Öl (32)
ein Kubikmeter Gas
eine Kilogramm Dynamit (32)
eine Million Liter Grundwasser (32)

Preceded by an adjective, however, the item measured is in *genitive* case

eine größere Menge *ausgelaufenen Öls* (32)
ein Kubikmeter *solchen Gases* (32)

F. Asking questions

58. Expecting **ja/nein** answer, questions generally start with *verb*, followed by *subject*

Ist eine Preisreduzierung möglich? (10)
Haben Sie schon Wünsche, . . .? (4)

59. Using a question word or phrase – **was, wie, wann, wo, warum, wieso, wer, seit wann, bis wann, wieviel(e), um wieviel Uhr, inwiefern** – *inverted verb + subject*

Warum hast Du so lange nicht geschrieben, . . .? (1)
Wie schafft man das am besten? (4)

What/Which...?

▶ **Was:** as subj. + *verb*
    as object + *inverted verb and subject*
▶ **Welcher** as pronoun

▶ **Welcher** + *noun*

60. Inflected forms: **Wer/Welcher**
▶ as subject

▶ as object (+ *inverted verb and subj.*)

▶ as indirect object or with *prep. + dat.*

▶ *whose*

61. Asking someone else's opinion, questions are presented as subordinate clauses with verb at end.
    Questions anticipating **ja/nein** answer begin with **ob**
    The implication of this is like saying *I wonder..., What do you think...?*
    Expressions like **Ich bin gespannt, Was meinst du** may appear, but often do not.

62. Repeated questions are presented as reported speech with verb at end in *subjunctive* form, implying „**Ich habe gefragt...**" As this is a form used in speech, past tense of *subjunctive* is often used
    Where the implication of the repeated question is "*I was wondering...*", subjunctive is not needed, but there may be a question mark at the end of the repeated question

63. Wann?/wenn
    wann can be used in
▶ direct questions
▶ indirect questions (*verb at end*)

    wenn is not a question word! It can only appear in a subordinate clause and determines the time at which the action in the main clause occurs
    wenn can be replaced grammatically and without much altering the sense by **sobald** or **während**
    wann can only be replaced by more specific phrases as **um wieviel Uhr, zu welcher Zeit, an welchem Tag,** etc.

Was ist mit dir los?
Was hältst du von der Stadt? (1)
2 Männer: Welcher ist der Stärkere?
2 Frauen: Welche ist die Stärkere?
Welcher Wagen gefällt dir am besten?

Wer hat es getan?
Welcher Wagen gefällt dir am besten?
Welche Berufsmöglichkeiten bestehen für uns?
Wen hast du da gesehen?
Welchen Wagen hast du gekauft?
Wem hast du das gesagt?
Mit *wem* hat sie gesprochen?
In *welchem* Haus wohnt er?
Wessen Wagen hat da gestanden?

Was der Verkäufer wohl sagen wird?

Ob sie uns eine Preisreduzierung erlauben? (10)

Ob sie die Cassettenrecorder im Sonderangebot haben? (10)
Ich bin auch gespannt, wie der Recorder überhaupt ist (10)

„Darf ich den Cassettenrecorder sehen?"
„Was haben Sie gefragt?"
„*Ob* ich den Cassettenrecorder sehen *dürfte*" (10)
„Ist eine Preisreduzierung möglich?"
„Wie bitte?"
„*Ob* eine Preisreduzierung möglich *wäre*" (10)
„Wobei willst du mir im Haushalt helfen?"
„Was hast du gesagt?"
„Wobei du mir im Haushalt helfen willst?" (37)

Wann kann ich euch besuchen?
Weißt du, *wann die Sendung läuft*?
Es ließ sich vorhersagen, *wann er ihnen den Hinterkopf zudrehen würde* (26)
Wenn er umzieht, wird er viele Renovierungen zu machen haben.
Wenn die Sendung läuft, will er ungestört bleiben.

Sobald die Sendung läuft,...
Während die Sendung läuft,...
    (*as above*)
Um wieviel Uhr kann ich euch besuchen? (*as above*)

G. Prepositions

64. Prepositions are often used in connection with verbs and nouns. Some examples:
- ▶ **auskommen mit** + *dat.*
- ▶ **nichts übrighaben für** + *acc.*
- ▶ **Vertrauen zu** + *dat.*
- ▶ **Verständnis für** + *acc.*

An exhaustive list of such uses would be too long. Observe for yourself which case the preposition governs from the context in which it appears

Mit meinen Eltern komme ich gut aus (2)
... für die Jugendlichen habe ich nichts übrig (7)
Jetzt haben sie auch Vertrauen zu ihm (2)
Zum Glück hat unser Hausbesitzer Verständnis dafür (2)

65. Prepositions + *Accusative*
durch, für, gegen, ohne, um, wider, entlang

There are many uses of these prepositions after verbs
durch is used to mean *by means of*

für often occurs after adjectives which in English are followed by a different preposition

Schulkinder sollten durch diesen Unfall gewarnt werden. (17)
... warf einen Mülleimer gegen das Fenster. (20)
Sie fielen mir um den Hals (22)
Wir *bitten um* ihre Hilfe
Ich *interessiere mich* nicht *für* diese Musik!
Durch die Geiselnahme der Fluggäste (20)
Durch die Freilassung anderer Terroristen hätten sie ... ermöglicht (20)
Das ist *typisch* für ihn!
Berufsberater, die für Jugendliche *zuständig* sind (5)

66. Prepositions + *Genitive*
trotz, während, wegen, statt, mittels, mangels, ungeachtet, an Hand, angesichts, zwecks, diesseits, jenseits, innerhalb, außerhalb, aufgrund, zugunsten
Most of these prepositions, formed from nouns, correspond to English prepositional phrases ending with *of*, e.g. *by means of, in the absence of*

Allerdings muß sich der Käufer innerhalb realistischer Grenzen halten (11)
mittels der Errichtung von Verkehersinseln (18)
angesichts der Umweltverschmutzung (31)
Platten zugunsten der Dritten Welt (34)
Unfreundlichkeit seitens vieler Deutscher (38)
Statt des Bruders nahm er den Freund mit.

67. Prepositions + *Dative*
aus, bei, mit, nach, seit, von, zu, gegenüber, entgegen
aus is used to indicate motivation, normally without article before the noun;

where definite article is used, then only demonstratively
bei is used with verbal nouns to mean *while doing* ...

Gabrielle Aellen stammt aus Schweiz (2)
Mit meinen Eltern komme ich gut aus (2)
Man fährt in Urlaub aus Lust auf Abwechslung (15)
Sie verlassen ihre Eltern aus verschiedenen Gründen: Aus Angst vor elterlicher Strafe (8)
... man lernt Land und Leute kennen. Aus dem Wunsch heraus fuhr Böll nach Irland (15)
Die Feriengäste beherrschen beim Ausmisten jeden Griff (14)
(*When they're cleaning out the cowshed*)
Beim Nachmessen fällt ihm auf, ... (Lit. I)
(*while he's checking the measurements*)

bei is used with nouns to mean *in the event of* . . .

Note its use also with weather

nach is used with wishing and searching to mean *for*,

and in inquiring after someone

zu is used often where English has *for + present participle*. Usually **zu** is followed by a verbal noun or by a noun that indicates the action of a verb

(**ein Grund zu** . . . is *a reason for doing something*, whereas **ein Grund für** . . is *a reason why something is so*, i.e. an explanation)

zu is used often after verbs that imply a change of state, **werden, entwickeln** and some contexts of **machen**

bei einer Ablehnung ihrer Freilassungsforderungen (20)
bei schönem Wetter (*when it's fine*)
bei Regenwetter (*when it's wet*)
einen Wunsch nach Abenteuer und Erlebnissen
   (15)
die Suche nach ruhigen Stränden (15)
Er fragt oft nach dir (d.h. wie es dir geht)
der Grund zum Ausreißen (8)
Zeit zum Nachdenken (15)
Es ist außerdem gut zur allgemeinen Abhärtung
   (23)
Radfahren ist eine echte Alternative zum Jogging
   (23)
der Grund zur Freude (8)
   (*for feeling happy*)
der Grund dafür, daß er nicht geschrieben hat, . . .

Er wurde zum Präsidenten der Republik.
Ich war froh, daß Christiane *zu einem* fröhlichen
   Teenager *entwickelte* (22)
Was Männer nicht machen wollen, das *wird* den
   Frauen *zur* Pflicht (37)
Ihre andersartige Kultur *machte* sie *zu* leichten
   Opfern von Vorurteilen (38)

68. Prepositions + *Accusative/Dative*
an, auf, hinter, in, neben, über, unter, vor, zwischen

Normally they go with *acc.* where movement is involved,

and with *dat.* where no movement is implied in relation to the noun

These prepositions are written mostly with *acc.* in figurative uses:

an appears with verbs such as **denken, sich erinnern, sich gewöhnen**, as well as meaning *to* for *mail* and *presents*

an is used with *dat.* after any verb starting with **vorbei-**
Note the expression:
auf is used with verbs such as **warten, wirken, verzichten, hören** as well as many nouns. Always *acc.* in all these *fig.* uses.

Wir fahren in *die* Stadt

Wir könnten in *der* Stadt etwas essen

Ich denke oft an *ihn*
Brief an *deine* Mutter (Lit. I)
sich an *die* neuen Verhältnisse gewöhnen (18)
Die meisten Autofahrer halten sich nicht an *die*
   vorgeschriebenen 30 km/h. (18)
Menschen, an *denen* man bei dem üblichen Tempo
   vorbeigerast wäre (14)
an *deiner* Stelle/an *Ihrer* Stelle (*If I were you* . . .)
Recht auf *sein* eigenes Leben (7)
Wir haben . . . auf *die* Eltern hören müssen (7)
Rücksicht auf *andere* Menschen (13)
wie sich die neue Regelung auf *die* Unfallstatistik
   auswirkt (18)
Matthäi wartet jahrelang auf *den* Mörder (Lit. II)
auf *den* Rollstuhl angewiesen (23)
man verläßt sich auf *das* ausgedruckte Programm
   (34)

auf also features with:
- rising and falling *to* a certain level

- expressions of hope and expectation/ anticipation (Often, though not always there is no article after **auf** in this context)

- effects and responses

- as well as in expressions such as:

  in is used figuratively in expressions of involvement with *acc.*
  Notice the particular use of **treten in** + *acc.* for *to pedal*
  über is used for talking, comments, questions and reports *about* + *acc.* in all fig. uses

über also features
- in expressions to do with getting/helping *over* s.t.

- in expressions of pleasure
  unter is used with *dat.*
- in these expressions to do with conditions

- to mean *among*

  vor is used with *dat.* for:
- fear *of*
- flight, protection or salvation *from*

- warnings *about*

69. Where prepositions govern a subordinate clause or infinitive expression they are added to **da-** (**dar-** before a vowel)

Die Zahl der Unfälle mit Fußgängern ist auf *ein* Drittel geschrumpft (18)
Aus Lust auf *gesichertes* Sonnenwetter fahren sie nach Spanien (15)
Ich will nicht glauben, auf *einen* gewünschten Beruf hätte ich keine Hoffnungen (5)
Sie haben sich so auf *die* Ferien gefreut (13)
Reaktion auf, Antwort auf *die* Frage
die Wirkungen auf *ihn* (Lit. I)
der Einfluß auf *das* Kind
auf *unsere* Kosten (7)
auf *diese* Weise/auf *gleiche* Weise (16)
auf *eigene* Faust (31)/auf *eigene* Initiative (31)
das Spiel, in *das* Kinder vertieft sind (17)
Ich war auf Anhieb verknallt in *sie* (34)
... daß man möglichst locker in *die* Pedale tritt (23)
über *die* Schule motzen (7)
Fragen über *die* Qualität des Mikrowellenherdes (10)
ein Bericht über *den* Zwischenfall mit der Platte (Lit. I)
Er spricht über *die* Gründe... (13)
Was hat diese Bemerkung über *den* Charakter und *die* Einstellung der alten Dame zu sagen? (Lit. II)

über *die* Ängste und *die* schlechten Erinnerungen hinweghelfen (20)
Sie wollen noch nicht glauben, sie seien über *das* schlimmste hinweggekommen (20)
Er freut sich über *das* neue Auto

Unter *welchen Umständen* wäre sie akzeptabler gewesen? (7)
unter *diesen* Bedingungen
Unter *den* Demonstranten befand sich auch ein Priester.

Angst vor *elterlicher* Strafe (8)
um vor *dem* hektischen Alltag zu fliehen (15)
Wie kann man Kinder vor *solchen* Mißhandlungen schützen? (Lit. II)
die letzte Möglichkeit, sich vor *der* Prügelei zu retten (19)
Eltern sollen ihre Kinder vor *den* Gefahren des Straßenverkehrs warnen (17)

Es kommt *darauf* an, was gefragt ist (5)
Viele Probleme sind *darauf* zurückzuführen, wie wir leben (11)
... es geht nicht *darum*, möglichst viel für sich selbst zu bekommen (11)
Wir hatten eigentlich *damit* gerechnet, ein ruhiges Hotel gebucht zu haben (13)

70. Some prepositions are also used as subordinating conjunctions. Rules about case no longer apply, since the word is then no longer a preposition:

▶ **seit** is used for **seitdem**
▶ **während** as a conjunction means *while* (**während** as a preposition means *during!*)

seit man mit 18 volljährig wird (7)
Sie faulenzen, während wir Erwachsenen arbeiten müssen (7)

H. Relative clauses

71. A relative clause refers back to and gives further information about a person or thing already mentioned in the sentence
It is separated from the rest of the sentence as appropriate by commas, and does not affect the word order of the rest of the sentence
Relative clauses are subordinate clauses, verb at end

Zu ihrem Freund, *der Siegfried heißt*, geht sie fast jeden Nachmittag (2)

Der junge Däne, *der zu den ersten Au-pair-Jungen gehörte*, konnte . . . nicht mehr ertragen (2)

. . . Mietshaus, in dem noch weitere fünf Familien *wohnen* (2)

72. A relative clause begins with a *relative pronoun*: This must agree in number and gender with the noun to which it refers (*the antecedent*)

Der junge Däne, **der** zu den ersten Au-pair-Jungen gehörte, . . . (2)
eine Familie zu finden, **die** sie nehmen möchte (2)
Gastfamilien, **die** mit den Jugendlichen Probleme haben, sollen mit uns in Kontakt kommen (2)

73.

	masc.	fem.	neut.	pl.
Nom.	der	die	das	die
Acc.	den	die	das	die
Gen.	dessen	deren	dessen	deren
Dat.	dem	der	dem	denen

The case of the relative pronoun is determined by its function in the relative clause (not by the case of its antecedent!)
It may be in the same case as the antecedent, but not necessarily!

74 *Rel. pronoun* is **subject** in rel. clause in these four examples, hence *nom.*

Der junge Däne, **der** zu den ersten Au-pair-Jungen gehörte, . . . (2)
Gastfamilien, **die** mit den Jugendlichen Probleme haben, . . . (2)
. . . ging zur Vermittlungsstelle, **die** ihm zu einer neuen Stelle verhalf. (2)
Zu ihrem Freund, **der** Siegfried heißt, . . . (2)

75. *Rel. pronoun* is **object** in rel. clause in these three examples, hence *acc.*

Die Mädchen, **die** wir vermitteln, müssen mindestens 18 Jahre alt sein (2)
Sie feuern auf jeden los, **den** sie in der Maschine noch stehen sehen (20)
. . . mit einem Schlüssel, **den** ihm der Hausmeister gegeben hatte (26)
Sonst ist dies mein letztes Schreiben, **das** ich dir geschrieben habe! (1)

Beware of hidden relative clauses in English: *which/that* are often omitted where rel. pronoun would be object in rel. clause. This is not possible in German

76. *Rel. pronoun is* **indirect object** or **object of verb** + dat. obj. in rel. clause in these three examples, hence in *dat.*

Ein Kind, **dem** die Eltern zu viele Geschenke geben, wird schnell verzogen

durch die Wärme der Menschen, **denen** Böll begegnet (15)

die Aggression, **der** man jeden Tag begegnet (19)

77. *Whose* indicates genitive form of rel. pronoun

Die Frau, **deren** Mann den Unfall gebaut hatte, betreute die Verletzte

Das Kind, **dessen** Eltern überstreng sind, wird oft geschlagen

daß München die schönste Stadt sei, **in der** man leben könnte (1)

78. Rel. pronoun is often governed by a preposition. Case of rel. pron. depends on the preposition, which must precede rel. pron. at beginning of rel. clause

▶ with prep. + *acc.*

Traktoren und Melkmaschinen, **ohne die** man heute nicht mehr auskommen würde (14)

... beruhigen den Reisenden, **für den** alles wie bezaubert zurechtläuft (15)

▶ with prep. + *dat.*

ihre Freundin Karin, **zu der** sie ein gutes Verhältnis hat (2)

die Geschwister, **mit denen** ich die Wohnung auch teilten, hatten Verständnis dafür (3)

▶ with prep. + *acc./dat.* the particular function of the preposition needs to be considered

Die Wohnung, **in die** wir zogen, war zu klein. (*Wir zogen in die Wohnung*)

eine Wohngemeinschaft, **in der** jeder sein Eckchen hätte (3) (*man hat ein Eckchen in der WG*)

Menschen, **an denen** man bei dem üblichen Tempo vorbeigerast wäre (14) (*vorbeirasen an* + *DAT.*)

▶ with prep. + *gen.*

die Grenzen, **innerhalb deren** man sich halten muß, ...

79. Rel. pronoun preceded by preposition can often be replaced by **wo,** as in English by *where*

eine Wohngemeinschaft, **wo** man auch zusammen etwas unternahmen könnte (3) (*instead of* **in der**)

in Lokalen, **wo** Ausländer abgewiesen werden (39) (*instead of* **in denen**)

80. Rel. clauses referring to nouns/expressions of time mostly start with **wo** or **da**

Jahrzeiten, **wo** zu Hause noch alles kalt ist (15)

... in die alte Zeit zurück, **da** sich die Bauten eines Stils noch rühmten, ... (15)

81. was is used as rel. pronoun to refer to:
▶ **alles, etwas, nichts, viel, das**

alles, **was** sie im Werk geworden ist, ist sie unter dem Namen Wiebau geworden (Lit. I)

eine Fernsehnachrichtenshow ist genau das, **was** der Name impliziert (36)

weil es „das einzige ist, **was** wir machen können" (5)

▶ adjectives uses in *neut.* form as conceptual or collective nouns
▶ the whole of the preceding clause

Er sagt zu viel Blödes über sie, **was** ich nicht gut finde (7) (*instead of:* **und das finde ich nicht gut**)

82. Where **was** would be preceded by a preposition in a rel. clause it is changed to **wo- (wor-** before a vowel) and added to the front of the preposition

das einzige, **wovon** sie sprach, ...

alles, **worüber** er sich beschwerte, ...

I. Subordinate clauses

83. Where any of these subordinating conjunctions is used in a clause, the verb stands at the end of that clause:

> **weil, da, wenn, als, sobald, bevor, nachdem, während, ob, obwohl/obgleich, als ob, daß, indem, so daß, damit, als daß, solange**

A subordinate clause is always separated from main clause by a comma as appropriate

Where a subordinate clause stands at the beginning of a sentence, main verb and subj. must be inverted

Wenn ich keine so guten Freunde *hätte*, wäre das Leben ... (1)

Du sprichst, als ob ich nichts anderes zu tun *hätte*, ... (7)

Wir verstehen uns nicht gut mit ihnen, weil meine Brüder öfters mal Krach *machen* (2)

Wenn du nicht schreiben könntest, *wäre es* etwas anderes ... (1)

84. Relative clauses are subordinate clauses, hence the verb is at the end

But they do not affect the order of the words in the main clause

die schönste Stadt, in der man leben *könnte* (1)

Mit ihrem Freund, *der Siegfried heißt*, versteht sie sich sehr gut (2)

85. Indirect speech and indirect questions are written in subordinate clauses, hence with verb at the end

Sie sagte, daß sie mit ihren Eltern gut *auskomme* (2)

Er fragte, ob eine Preisreduzierung möglich *sei/wäre* (10)

Es war egal, welchen Beruf sie ausüben *könnte* (4)

Ich begreife nicht, warum ich die Kinder allein gelassen *habe* (22)

Sie sagte, *sie komme* mit ihren Eltern gut aus (2)

daß is largely omitted from reported (indirect) speech: main clause word order then applies in the reported speech

86. Rule about verb at end of clause applies as appropriate where two (or more) subord. clauses depend on one conjunction; each verb is at the end of the appropriate clause; the two subord. clauses are not separated from each other by a comma

Vom Familienleben war nicht viel, weil meine Eltern *arbeiteten* und abends müde waren (3)

87. Rules about the position of *infinitive* or *past participle* being at the end of a clause are superceded by the requirements of subordinate clause word order,

except where there is a compound verb consisting of a verb form + two infinitives

Wenn Du nicht *schreiben* könntest, ... (1)

Wenn Du *geschrieben* hättest, ... (1)

Fenster, die *gebrochen worden* sind, ... (11)

... mit einem Schlüssel, der ihm vom Hausmeister *gegeben worden* war. (26)

..., ob sie sich von einem Mann *habe* aushalten lassen (8) (See §95)

88. Where one subordinate clause is inside another, the normal rule of word order applies, with each verb at the end of the appropriate subordinate clause; commas as appropriate to divide the clauses

(*Into the gap in this clause:*
die ...... in erheblichen Mengen weggeworfen werden, *fits the clause:* obwohl sie eines Tages nicht mehr vorhanden sein werden *to produce* ...)

Rohstoffe, die, obwohl sie eines Tages nicht mehr vorhanden sein werden, in erheblichen Mengen weggeworfen werden (33)

89. when

a Referring to one occasion or period of time *in the past*: **als,** or at the beginning of the sentence

Meine Frau war ganz entrüstet, als sie den Strand sah (16)

Als Silke Springer für den Staubsauger 240 Mark bot, nickte der Verkäufer mit dem Kopf (11)

The period of time may be of years' duration:

Als ich ein Junge war, haben wir auf die Eltern hören müssen (7)

Where present tense is used to describe actions/situations in the past, **als** may appear with present tense

Ich gerate . . . mit meiner Hand in die Maschine, als ich ein klemmendes Rohr nachschieben *will* (6)

b Referring to *the present or the future:* **wenn**

Wenn die Sirene wieder losheult, bleibt alles noch einige Sekunden hocken (6)

c In references to repeated actions or states, **wenn** is used for past, present and future (*when* could be replaced by *whenever* in English without changing the sense)

Wenn es ein Problem gibt, sind sie . . . verständnisvoll (2)

Christiane war nun allein, wenn sie aus der Schule nach Hause kam (22)

Certain markers such as **oft, jedesmal** indicate clearly than **wenn** is needed

Wenn ich von der Arbeit kam, konnte ich den Mädchen *oft* noch etwas mitbringen (22)

90. so that

a Where **so that** implies something being done with a particular *purpose* in mind, **damit** is used

Da habe ich ihn einfach mal mitgebracht, *damit* sie sich kennenlernen (2)

b Where **so that** implies that a particular *result* emerged from something being done, **so daß** is used

Sie hat in der Schule viel Freiheit, *so daß* sie sich da wie zu Hause fühlt

so and **daß** are often in separate clauses

Sie lachte manchmal *so, daß* ich mitlachen mußte (22)

91. by doing

In German a subordinate clause is needed with **indem**

Indem sie ihre Kinder zu oft allein ließ, gab sie ihnen zu wenig Führung

92. too . . . for something to happen

In German a subordinate clause is needed with **zu . . ., als daß**. Verb must be in **conditional** tense

Das BSP ist *zu* gering, *als daß* sie alles in Ordnung bringen *könnten* (40)

Ihr Einkommen ist *zu* klein, *als daß* sie ein schönes Leben aufbauen *könnten* (40)

93.

A subordinate clause can be the subject of a sentence; although it is part of the main clause, it is nonetheless separated from it by a comma according to normal rule of punctuation

Den größten·Beifall fand, *was unverbindlich war* (30)

Wer als Au-pair-Mädchen arbeiten will, braucht Mut (2)

94. The verb is not at the end of a subordinate clause in the following contexts:

   a **wenn** clauses can be written without **wenn**, either by using **Sollte** + *infinitive* or by omitting **wenn** and putting the verb at the beginning of the clause

Solltest Du mir nicht schreiben, ... (1)
    (*instead of:* Wenn Du nicht schreibst)
Hättest Du mir geschrieben, ... (1)
    (*instead of:* Wenn Du geschrieben hättest, ...)
Hätten die Eltern sie mehr beachtet, wären die Jugendlichen vielleicht nicht ausgerissen (9)
Steht die Bude lange frei, sagt der Hausmeister: ,,Mach, was du willst!'' (26)

Whereas in English this is usually done only with *had* and *were,* it is widespread in German
In this sentence there are two examples

Klappt die Verständigung nicht, wird ihre Ankunft nicht signalisiert, muß sie Mitreisende finden, die ihr helfen ... (23)

   b **als ob** clauses can omit **ob**: **als** is then followed immediately by verb

Viele tun, als könnte man das nicht ändern (33)
    (*instead of:* als ob man ... könnte)
Norbert tut, als hätte er den Satz akustisch nicht verstanden (37)

   c **daß** is largely omitted from reported speech; main clause word order applies

Sie sagte, *sie habe* kein Geld gespart (5)
Freunde haben gesagt, zur Zeit *sei es* schwer, einen Arbeitsplatz zu finden (4)

   d Where a compound verb form consists of a verb and two infinitives, the verb precedes the two infinitives at the end of any subordinate clause. This applies with the following tenses of modal verbs and **werden, lassen, sehen, hören** where these are used with another infinitive:

   ▶ perfect

Mutter fragte, ob sie sich von einem Mann *habe* aushalten lassen (8)

   ▶ pluperfect

weil Klosen drei Schafe auf Hoffmanns Wiese *hatte* grasen lassen (2)

   ▶ conditional perfect

weil er nicht da *hätte* sein sollen (20)
weil sie einen so starken Einfluß auf ihn *hätten* ausüben können (20)

   ▶ conditional with **würde**

Er würde sie so schlagen, daß sie wieder *würde* ausziehen wollen (19)

   ▶ future

Ob sie es später *wird* machen müssen?

95. After an emphatic wenn clause with the implication of *Even if this is so!,* main clause has word order without inversion of verb and subject for particular emphasis. Notice the punctuation

Selbst wenn das alles nachgewiesen ist: *Die Gerichte nehmen* die Kinder in Schutz (17)
Selbst wenn der Wagen repariert ist: *Ich will* ihn nicht mehr haben (17)

J. Word order

96. The verb in a main clause must be the second part of the clause

Sie *findet* ihre Schule gut (2)
Mit meinen Eltern *komme* ich gut aus (2)
Ulrike *ist* vor einigen Monaten nach München umgezogen (1)

(except in questions, where, if there is no question word, verb leads – see §58)

97. Preceded by an adverbial expression verb precedes subject (*inversion*)

Sicherlich *kann der Besuch* mißlingen (2)
Im Durchschnitt *bleiben die Mädchen* sechs bis zwölf Monate (2)

Inversion occurs also where the object of the verb precedes the verb

Unsere Lehrer *dürfen wir* duzen (2)

98. Both direct and indirect speech may precede the verb. Inversion of verb and subject follows both

,,Mit meinen Eltern komme ich gut aus", *erzählte sie* (2)
Er schlage sie, *berichtete sie,* ... (19)

99. A subordinate clause may begin the sentence, followed by a comma; inversion of main verb and subject comes after that

Als sie ihre Au-pair-Stelle antrat, *waren ihre Deutschkenntnisse* ein Grund dafür, daß ... (2)
Wenn Du nicht schreiben könntest, *wäre es* etwas anderes (1)
Hättest Du mir ein Wort davon geschrieben, *so hätte ich* meinem Vater geschrieben, ... (1)

Main verb in a conditional sentence is often preceded by **so;** this does not affect word order

100. A subordinate clause at the beginning of a sentence may be the subject of the main verb; subord. clause is followed by a comma, after which main verb appears

Wer als Au-pair-Mädchen arbeiten will, *braucht* Mut (2)

In this construction the subord. clause is often summarised by use of **der;** no change of word order is required:

Wer in leitender Stellung arbeitet, *der verdient mehr* ... (5)

101. Order of pronouns and nouns as direct/ indirect objects of main and subord. clauses:

▶ pronoun before noun

Sie haben *mir das Du* sofort angeboten (2)
Ich habe *mich der Sache* sofort gewidmet

▶ where there are two pronouns: *acc.* before *dat.*

Ich hatte *es mir* in meiner Kindheit oft so vorgestellt (3)

▶ where there are two nouns: *dat.* before *acc.*

Ich habe dir gestern Geld gegeben, daß du *der Babsi ein Geschenk* kaufen könntest

102. Where there are two or more adverbial expressions in a clause, they are generally in the order:
time – manner – place

Zwei deutsche Frauen radelten in den Ferien (*time*) tausend Kilometer durch Deutschland (Ost) (*place*) (14)
Zehn Teenager sind emsig beim Arbeiten (*manner*) im Stall (*place*) (14)
Im Stall sind zehn Teenager emsig beim Arbeiten

Many sentences will start with an adverbial expression in order not to cluster too many later in the sentence

Which of the adverbial expression stands at the beginning depends on which needs particular emphasis.

Where no particular emphasis is needed, the time expression usually leads

Morgens sind die Teenager emsig beim Arbeiten im Stall

103. Where two main clauses are joined by one of these conjunctions:

Bei ihm unterhalten wir uns, hören Platten oder gehen ins Kino (2)

und, denn, aber, allein, oder, sondern

no changes in word order are needed

Die Gastfamilie nimmt das Au-pair-Mädchen wie eine Tochter auf und läßt sie am Familienleben teilnehmen (2)

104. Variations in word order are largely a matter of emphasis. The object may be at the beginning of a sentence:

In this way an emphasis similar to that of passive in English can be achieved in German without using passive

In short sentences emphasis of the object at the beginning of the sentence also means special emphasis of the subject through its standing at the end

105. Subject can also stand at the end for emphasis where there is no object
This is very suitable where the subject is a subordinate clause
Where perfect tense is involved, the subject emphasised at the end of the sentence stands immediately before the past participle

106. Where subject and verb are inverted, subject may also follow object, if object – direct or indirect – is a shorter word than subject. Almost invariably subject is a noun and object is a pronoun

This applies particularly with reflexive verbs, as reflexive pronoun is object

107. Past participles and infinitives stand at the end of a main clause

Passive infinitive: **werden** stands last

108. Past participle can stand at the beginning of a sentence for emphasis, and in taking up a point someone has just made
Having past participle at beginning allows scope for other words to be specially emphasised by being (unusually) at the end. This applies particularly in a list of different activities that are connected, either in *passive*

or in *perfect tense*

Past participle at beginning of sentence allows scope for:
► subordinate clause to stand close to word referred to:
► emphasis of infinitive expression at the end:

Mich ärgert es sehr, daß sie so faul sind (7)

Den abenteuerlichen Kleinen entdeckten Grenzbeamte ... (8)
(*i.e. he was found by them*)

Vorfahrt hat der Schwächere (27)
(i.e. *It's the weaker who ...*)

Abgemacht war überhaupt nichts (Lit. I)

Den größten Beifall fand, was unverbindlich war (30)
Die wohl größte Wirkung auf die Umwelt hat neben der Industrie das Auto gehabt (31)

„... ausgeschlossen!" hatte uns der Beamte in Gießen gepoltert (14)

Traurig wandte sich der Kunde ab (11)
Allerdings muß sich der Käufer innerhalb realistischer Grenzen halten (11)

Sie werden vom Betriebsleiter interviewt (4)
Habe ich dir nicht gesagt, ...? (1)
Du wirst sie bald selber sehen (1)
Sonst müßte der Lebenslauf immer neu geschrieben werden (4)

Gesagt hab' ich das (Lit. I)

„Das war alles abgemacht" – „Abgemacht war überhaupt nichts" (Lit. I)

Gefahren wird mit Benzin, geschmiert wird mit Öl (16)

Gesehen habe ich den Wagen in Köln, gekauft habe ich ihn in Bonn (16)

Angefangen hat es 1961, als in Berlin die Mauer gebaut wurde (38)
Verboten war, zum Beispiel, irgend etwas zu spielen (25)

109. For emphasis in contradicting statements, infinitive can be put at the beginning of a clause	Er schlage sie oft, berichtete sie, weggehen lasse er sie aber nicht (19)
110. The position of **nicht** does not necessarily affect the meaning, but it does alter the emphasis, and (by implication) the sense of things	Wenn es kracht, sind nicht immer die anderen schuld (16) (*i.e. You're the guilty one!*) ..., sind die anderen nicht immer schuld (*i.e. Perhaps it was an accident*)

K. Punctuation

111. A comma separates two main clauses with different subjects,	wird ein Termin an Sie geschickt, und Sie müssen sich zu der Zeit zum Interview einfinden (4)
even if both clauses are dependent on/ connected with the beginning of the sentence	Ohne Gastarbeiter müßten Fabriken stillgelegt werden, und die Straßen stünden voller Müll (38)
112. Where two main clauses are dependent on one subject, they are not separated by a comma, except where the subject is repeated	Die Gastfamilie nimmt das Au-pair-Mädchen wie eine Tochter auf und läßt sie am Familienleben teilnehmen (2) ... holen *wir* die Jugendlichen aus den Familien heraus, und *wir* vermitteln nicht wieder an die Adressen (2)
Comma is also omitted if the verb of the second clause is left out and one verb serves for both subjects. This is common with *future tense, passive, modal verbs*	Die Zahl der Einbruchdiebstähle *wird* weiter steigen und die der Aufklärungen weiter sinken (11) In diesem satirischen Artikel *wird* die Situation übertrieben und der Stau von einem anderen Standpunkt aus gesehen (14)
113. Two past participles dependent on one auxiliary are not separated by a comma, though **und** may be replaced by a comma	Erst wird der Lebenslauf angefertigt und fotokopiert. (4) Sie haben mir das Du sofort angeboten, mich wie eine echte Tochter aufgenommen (2)
114. Two subordinate clauses with different subjects dependent on one subordinating conjunction are not separated by a comma This applies also for rel. clauses	Wenn die Ölscheichs den Hahn zudrehen und die Preise ins Unermeßliche steigen sollten, ... (32) Tage, an denen ich nichts zu sagen hätte oder alles schlecht ginge (3)
115. Colon is generally followed by a capital letter	Eins steht fest: Ich kann nicht kommen
In emphatic conditional sentences, where in the main clause verb and subject are not inverted, colon replaces comma	Selbst wenn der Wagen repariert: Ich will ihn nicht mehr haben (17)
Colon often replaces a verb introducing both direct and indirect speech, especially in news reports	Der Minister: „Wir haben alles mögliche gemacht" Erschrockene Bürger wählen die Nottelephone an: Wie hoch die Radioaktivität sei? (32) ein Artikel über die neueste Hungersnot: Tausende seien am Sterben (34)

The remaining sections of the Grammar Summary deal with verbs.

L. Use of tenses

116. German uses present tense (*indicative*) to talk about:

▶ what is happening now

▶ what does happen

▶ a state of being

▶ what is happening later (i.e. in the future)

▶ actions/states that have lasted some time up to and including now, using **seit** or **schon**

Jetzt **erhält** sie zum ersten Mal Besuch (1)

Die Gastfamilie **nimmt** das Au-pair-Mädchen **auf** (1)

es **geht** dir hier besser als bei uns (1)

Du **siehst** sie gleich selber (1) (*You'll see them...*)

Wir **wohnen** schon 9 Jahre hier

Wir **wohnen** seit 9 Jahren hier [*We've been living... (and still are)*]

117. German uses simple past tense (*imperfect*) to talk about:

▶ what was happening

▶ what happened (narrative)

▶ a past state

▶ actions/states in the past that had lasted some time up to and including the time in question, using **seit** or **schon**

▶ what one was about to do, using **wollte eben** or **wollte gerade**

und Lutz **sauste** mit dem Motorrad zum Prenzlauer Berg zurück (20)

(*and Lutz was roaring back...*)

Sie **machten** einen Besuch im Gefängnis und **lernten** mehrere junge Männer **kennen** (9)

Zuerst **war** ich einfach fertig mit ihm (1)

Wir **lebten** schon 9 Jahre da, als mein Bruder auf die Welt kam

Das **wollte** ich gerade sagen!

(*I was about to say that*)

118. Perfect tense is used for:

▶ actions that have happened

▶ actions which are finished

▶ speaking about the past, where English uses simple past tense,

or perfect continuous

▶ actions or states that have not happened /existed for some time up to and including now, using **seit, schon** or **lange**

Edgar Wibeau **ist ausgerissen** (Lit. I)

(*E.W. has run away*)

Heiners **sind** aus dem Urlaub **zurückgekehrt** (13)

Mein Vater **hat** mich **geprügelt** (8)

(*...beat me*)

Also, Herr Schulz, das **hat** mich dermaßen **enttäuscht** (13)

(*...so disappointed me*)

Freunde von mir **haben gesagt,** ... (4)

(*... have been telling me*)

Wir **haben** seit 9 Jahren nicht mehr in einem Mietshaus **gewohnt**

Warum **hast** Du so lange nicht **geschrieben,** ..? (1)

119. Pluperfect tense is used for actions which had happened before the main action in the past

Ich **hatte** es in meiner Kindheit oft so **vorgestellt** (3)

Sie kam nicht so, wie ich es mir **gedacht hatte** (3)

(*like I had imagined*)

Wir **waren** eines Tages zum Park **gegangen** (20)

120. Perfect and pluperfect tenses – with **haben** or **sein?**

▶ Verbs with a direct object always form *perf., pluperf.* and *conditional perf.* tense with **haben**

Sie **haben** *mich* so freundlich aufgenommen (1)
Und durch sie **habe** ich *die Stadt* auch gut kennengelernt (1)
Da **habe** ich *ihn* einfach mal mitgebracht,... (2)

▶ Reflexive verbs always form these tenses with **haben,** since they all have a direct object – the reflexive pronoun

Sie **haben** sich gerade am Bahnhof getroffen (1)
Es **hat** sich ergeben, daß ...
Aber ich **habe** mich nicht beruhigt (Lit. II)

▶ Compound tenses of verbs of movement that have no object are formed using **sein**

Ulrike **ist** vor einigen Monaten nach München umgezogen (1)
Ich **bin** ja nicht hierher gekommen um auszuflippen (2)
Fast **wären** Sie gegen die Laterne gefahren (17)

Beware of **fahren:** Normally it has no object, hence **sein** is its auxiliary, but it can also have an object, in which case its auxiliary is **haben**

,,Wer von Ihnen **hat** den Wagen gefahren?'' fragte der Polizist (*i.e. Who was driving?*)

▶ Verbs that imply a change of state have **sein** with perfect tense. Among these are: **werden, sterben, umkommen, verschwinden**

Da **ist** Albertchen selig zornig geworden (2)
Er **ist** im Unfall umgekommen.
Sechs Wochen lang **war** Marion Hütte verschwunden (8)

▶ **sein** and **bleiben:** + **sein**

Er **war** in der Schule zweimal sitzengeblieben

▶ Where compound tenses of verbs with both **haben** and **sein** are used together, the appropriate auxiliary must appear with each participle

Ein Ölteppich **wäre** elbabwärts gedriftet und **hätte** alles ... vernichtet (32)
Als er angekommen **war** und sich umgezogen **hatte,** ...

121. To talk about what will happen in the future use:

▶ Future tense: **werden** + *infinitive*

Die Bäuerin **wird** die Kirschen in einer köstlichen Marmelade **kochen,** die man nächstes Jahr **haben wird** (14)

▶ Present tense, where an indication of future time is given

Ich **mache** *nächstes Jahr* mein Abitur

122. Future tense is also used to indicate probability, and future perfect where appropriate

Er wird wohl kommen (*I expect he'll come*)
Er wird wohl vergessen haben (*I expect he's forgotten*)

123. Don't confuse:
Future tense
(**werden** + *Infinitive*)
with:

Die Bäuerin wird die Kirschen **kochen**

Passive voice
(**werden** + *Past Participle*)
Study this example:

Die Kirschen werden **gekocht**

Rohstoffe, die, obwohl sie eines Tages nicht mehr vorhanden **sein werden** (*future*), in erheblichen Mengen **weggeworfen werden** (*passive*) (33)

M. Passive voice

124. Passive is formed from parts of **werden** + *past participle*.

Object in an active sentence becomes subject in a passive sentence

Act. Man schickt viele Angebote an uns
Pass. Viele Angebote **werden** an uns geschickt (4)
Act. Er schlug viele Fenster ein
Pass. Die Fenster **wurden** eingeschlagen (11)

Use of passive can simplify a sentence where two active verbs refer to one object; in the passive sentence more than one past participle can depend on one **werden**

Act. Man fertigt den Lebenslauf an und fotokopiert ihn
Pass. Der Lebenslauf **wird** angefertigt und fotokopiert (4)

Passive infinitive consists of *past participle* + **werden**

Bewußtsein darüber, wieviel Energie *gespart werden* kann (28)

125. In *perfect, pluperfect* and *conditional perfect* tenses the normal past participle of **werden (geworden)** loses **ge** when used in conjunction with another past participle

Fenster, die von den Einbrechern gebrochen *worden* waren (11)
Viele Frauen gaben zu, daß die Kinder mißhandelt *worden* seien (19)

126. *by* in passive sentences is **von**

Sie werden *vom* Betriebsleiter interviewt (4)

by means of in passive sentences is **durch**

Schulkinder sollten *durch* diesen Unfall gewarnt werden (17)
(*Compare to*: Sie sollten **von den Eltern und Lehrern** gewarnt werden)

127. In German, passive form of verbs that have no object is possible. The verb in such passive sentences has no apparent subject

Act. In den Zeitungen redet man über die Frauen, . . .
Pass. In den Zeitungen **wird** über die Frauen **geredet**, . . . (5)
Überall **wird** von der Qualität des Lebens **gesprochen** (31) (*People are talking about . . .*)

128. It is thus also possible to have passive form of verbs that have neither object nor preposition following.

This construction, generally starting with an adverb or adverbial expression, is used to make general observations or to give instructions/orders

Act. Man arbeitet
Pass. Es **wird gearbeitet**
Act. Erst blinkt man
Pass. Erst **wird geblinkt** (16)
Hier **wird gearbeitet!**
(*This is where the work is done. If you're staying, get to work!*)
Jetzt **wird gearbeitet!**
(*Now it's time for work, i.e. Do it!*)

129. Passive of verbs of motion is also possible. Again, these are used to give instructions instead of using **man**

Act. Hier biegt man nach rechts
Pass. Hier **wird** nach rechts **gebogen** (16)
So schnell **wird** sowieso nicht **gefahren** (16)

130. Care is needed with passive use of verbs that require *dative* object

Act. Nachmittags hilft man dem Bauern.
Pass. Dem Bauern **wird** nachmittags **geholfen** (14)
Über Radio und Fernsehen **wird** den Bürgern **geraten**, . . . (32)

131. In English indirect object can become subject of passive verb. In German this is not so. Only direct object can be passive subject, with appropriate verb!

Act. Man gab ihm ein Buch/zwei Bücher
Pass. Ihm **wurde** ein Buch gegeben
Ihm **wurden** zwei Bücher gegeben

132. Alternatives to using a passive verb:
▶ Reflexive verb

▶ **sein** + **zu** + *infinitive* instead of **können** + *passive infinitive*

▶ Active sentence with the object first gives the same emphasis in German as English passive sentence

133. **lassen** + *refl. pronoun* + *infinitive* is the most common alternative to passive form of verb, corresponding in most cases to *can be done/could be done*

134. *to get something done*
English passive sense is conveyed in german by **lassen** + *infinitive*, *by* is **von**, as with passive

135. Difference between passive and description using past participle:
Passive sentence involves *action* being done to the subject of the sentence

In description of state of affairs, past participle is adjective with verb **sein**

Further examples of where passive is not needed in German

Schon **zeichnet sich** in einigen Berufen **ab,** was „Man" da erwarten muß (5) (*It can be seen . . .*)
25% der Ärzte **sind** mit Frau Doktor **anzureden** (5)
Es **ist** nicht **zu leugnen,** daß Generationsspannungen zugenommen haben (8) (*It cannot be denied . . .*)
Mich ärgert es, . . . (7)
Den abenteuerlichen Kleinen entdeckten Grenzbeamte . . . (8) (*He was found by them*)

Viele Verbraucher **lassen sich** zu leicht **verführen** (12)
Ließ sich das Gerät wirklich nicht mehr **gebrauchen?** (12)

Wir wollen das Haus **renovieren lassen**

Wir **lassen** das Haus vom Architekten **entwerfen**

Die Tür **wird** geschlossen
  (*Man schließt die Tür*)

Die Tür **ist** geschlossen
  (*i.e. Sie ist nicht offen*)

Die Kritiken **sind** nicht berechtigt (9)
  (*They are not justifiable*)
Es **ist** nachgewiesen (17)
  (*It's a proven fact*)
Selbst wenn der Wagen repariert **ist** (17)
  (*i.e. no longer damaged*)
Gasgeben will gelernt **sein** (16)
  (*needs to be careful/skilful*)
(Gasgeben will gelernt **werden** *would mean that it needs to be learnt*)

N. Giving instructions and commands

136. Imperative is used for instructions, commands, suggestions and requests:
▶ **du** form without **-st**: Added *Umlaut* does not appear in imperative

▶ **ihr** form

▶ **Sie** (*polite*) form

137. Infinitive is often used
▶ colloquially

▶ in notices
▶ in instructions

138. Subjunctive is used in recipes

Schreib weiter!
Besprich mit deinem Freund . . .!
Lauf schnell!
Baut zu zweit das Gespräch auf! (14)
Besprecht die besten Zeiten zum Verreisen! (15)
Sagen Sie mal . . .!

Hier bleiben!
Aufstehen, du fauler Mann!
Den Rasen nicht betreten!
Tiefkühlkost vor Verzehr gut auftauen!

Man nehme zwei Pfund Mehl . . .

O. Infinitives

139. *in order to:*
infinitive is used with **um ... zu ...** to illustrate purpose
(But if something is done in order for someone else to do something, **damit** must be used)

Ab 14 Uhr hat sie frei, um die Fremdsprachenschule zu besuchen (2)
(Da habe ich ihn einfach mal mitgebracht, damit sie sich kennenlernen (2))

140. *without doing:*
infinitive is used with **ohne ... zu ...**
(But: without someone else doing ... = **ohne daß**)

Ohne zu warten, machte er die Tür auf
(Ohne daß ich überhaupt zu Worte kam, wurde er böse)

141. *instead of:*
infinitive is used with **statt ... zu ...**

(But: instead of someone else doing ... = **statt daß**)

Ich hätte mich mehr um die Kinder kümmern sollen, statt arbeiten zu gehen (22)
(Statt daß er es machte, mußte ich es machen)

142. Expressions with **um ... zu ..., ohne ... zu ..., statt .. zu ...,** are separated from the rest of the sentence by a comma; where the **um ... zu ...** expression is very short, the comma is omitted:

Ich bin ja nicht hierher gekommen um auszuflippen (2)

143. Beliefs about **one's own** abilities and character can be expressed using an infinitive expression

Diese Jugendlichen glauben, reif genug zu sein (7)
(*they think they are*)
Ich bildete mir ein, einen großen Einfluß auf sie zu haben (22)
(*I imagined – mistakenly – that I had ...*)

(Beliefs about others need to be conveyed in a subordinate clause)

144. Infinitives are generally written with zu: but not where they are used in connected with *modal verbs,* **werden, lassen, sehen, hören, fühlen, lernen, bleiben** and *verbs of motion*

Das brauchst du mir nicht zu sagen!
Du mußt versuchen aufzustehen
Es ist nicht zu machen
Ich kann es nicht machen
Das läßt sich gut machen
Du lernst sie gleich kennen
Bleib sitzen!
Ich gehe einkaufen

P. Using the conditional

145. Formation of conditional:
a. for all verbs:
würde + *infinitive*
b. for irregular and strong verbs only:
modified past tense
(same as past subjunctive)

Ich **würde** nicht viel Platz **brauchen** (3)
Es **kämen** bestimmt Tage, an denen ich nichts zu sagen **hätte** (3)
Wohngemeinschaft, in der jeder sein privates Eckchen **hätte,** wo man aber auch mal zusammen etwas unternehmen **könnte** (3)

146. In a conditional sentence, both verbs, i.e. the one in the *if* clause and the main verb, are in conditional form

Wenn ich keine so guten Freunde **hätte, wäre** das Leben nicht so schön (1)

147. Conditional clauses can also start with *sollte* in place of wenn and *infinitive* at end

Sollte die Freilassung nicht **erfolgen,** drohen die Flugzeugentführer ... (20)
Sollte ein weiteres Flugzeug entführt **werden,** müßten wir schneller handeln (20)

148. Formation of conditional perfect:
    a. verbs + **haben:**
       hätte + *past participle*
    b. verbs + **sein:**
       wäre + *past participle*

Eine Ölflut **hätte** sich in die Elbe **ergossen** (32)
   (*would have poured*)
Ein Ölteppich **wäre** elbabwärts **gedriftet** (32)
   (*would have drifted*)

149. In a cond. perf. sentence, both verbs, the one in the *if* clause and the main verb, are in conditional perfect

Wenn Du mir **geschrieben hättest,** (so) **hätte** ich meinem Vater **geschrieben** (1)
Wenn sie nicht **geschrieben hätte, wäre** er froh **gewesen** (1)

150. almost
    Conditional perfect is needed in sentences about the past that include **fast** and **beinahe**

Fast **wäre** unsere Reise nicht **passiert** (14)
Fast **hätten** Sie einen Unfall **gebaut** (16)
Sie **hätten** ihn *beinahe* **überfahren** (16)

Q. Present participle

151. Where a sentence would have two main clauses, one may be replaced by a participial expression; participle stands at the end of this expression:
    Present participle is used with both *present* and *past* tense, implying that the actions are/were more or less concurrent

Traurig den Kopf **schüttelnd,** wandte sich der Kunde ab (11)

Auf das Angebot sofort **reagierend,** bot er 225 Mark dafür (11)
   (*Instead of:* ... reagierte ... und bot ...)
Ein Bub liegt **schreiend** am Boden (17)
   (*Instead of:* ... liegt und schreit)

152. Present participle expressions can replace subordinate clauses of time:
  ▶ instead of **als**
  ▶ instead of **während**

Mich **sehend,** nickte er mir zu (Lit. II)
Fahrend in einem bequemen Wagen, sahen wir einen zerlumpten Menschen (Lit. II)
(**fahrend** *is at the beginning for emphasis in the poem in which this line appears*)

153. Present participle can be used as an **adverb** where in English an adverbial expression involving a noun might be used

Die beiden nickten **bedauend** (14) (*with regret*)
Dreißig Prozent gaben **zögernd** zu, daß die Kinder mißhandelt worden seien
(*with some hesitation*) (19)

R. Reflexive verbs

154. Reflexive verbs are used for:
  ▶ actions done to oneself

  ▶ reciprocal actions
  ▶ alternative to passive

Ausreißer **versteckten sich** in Wäldern und Wohngemeinschaften (8)
Sie **haben sich** gerade am Bahnhof **getroffen** (1)
Schon **zeichnet sich** in einigen Berufen **ab,** ... (5)
(*can be seen* ...)

155. Some reflexive verbs have a *dative* reflexive pronoun, corresponding to *to oneself* in English. This occurs with verbs to do with *thinking* and *imagining*

Ich hatte es **mir** oft so vorgestellt (3)
   (*imagined to myself*)
Ich bildete **mir** ein, einen großen Einfluß auf sie zu haben (22)

S. Separable verbs

156. Infinitive of separable verbs is written as *one* word
even when **zu** is used

Es war egal, welchen Beruf ich **ausüben** könnte (4)
Sie müssen sich zur Vorsprache **einfinden** (4)
In der BRD sind 25% der Ärzte mit Frau Doktor **anzureden** (5)

157. In present and past tense the verb is:
► separated in a main clause

Das **hört** sich **an,** als ob ich Probleme haben könnte (4)
Ich **spreche** jemanden **an,** ... (6)

► joined at the end of a subordinate clause

Wenn die Sirene **losheult,** ... (6)
eine Maschine, die zuvor **leerstand** (6)

158. Present participle is always *one* word, whether as adjective or as adverb

eine **leerstehende** Maschine

159. Past participle is one word, with **ge** in the middle between prefix and verb

Ulrike ist nach München **umgezogen** (1)
ein Beruf, der zunehmend von Frauen **ausgeführt** wird (5)
Erst wird der Lebenslauf **angefertigt** (4)

160. Some separable verbs consist of two infinitives written together, e.g.
kennenlernen, sitzenbleiben.
These are treated in every way as normal separable verbs

Ich hatte genug Zeit, um ihn gut **kennenzulernen**
Hanno Ostmark, der schon zweimal in der Schule **sitzengeblieben** war (8)
Wenn die Sirene losheult, **bleibt** alles noch einige Sekunden **hocken** (6)

T. Modal verbs

► **können, müssen, dürfen, mögen wollen, sollen** are generally used in connection with another infinitive: **zu** is never used with these verbs

Solltest Du wieder nicht schreiben (1)
Das einzige, was wir machen können (5)
... müßten wir schneller handeln (20)

162. Present tense of modal verbs is regular for all plural forms and irregular for all singular forms: **kann, muß, darf, mag, will, soll** (**du** *form:* **kannst, mußt,** etc.)

Das einzige, was wir machen können (5)
Sie muß dafür auch Deutsch sprechen (2)
Ich soll zusehen, wie es gemacht wird (6)
... will ich nicht glauben (5)
(*I can't believe/accept ...*)

163. Past tense of all modal verbs ends -te; there is no *Umlaut*
konnte *could (was able)*
mußte *had to*
durfte *was allowed to*
mochte *liked*
wollte *wanted/was going to*
sollte *was suppose to*

Sie konnte bis jetzt nichts machen
Wir mußten noch zwei Tage bleiben
Er durfte nicht mit ins Kino gehen

Das wollte ich gerade sagen

164. Conditional forms of modal verbs have *Umlaut* if infinitive does. Do not confuse with past tense!
könnte *could (would be able)*
müßte *would have to*
dürfte *would be allowed/might*
möchte *would like*
wollte *would want*
sollte *should/ought to*

eine Wohngemeinschaft, wo man auch zusammen etwas unternehmen könnte (3)
Sollte ein weiteres Flugzeug entführt werden, müßten wir schneller handeln (20)
Sabine weiß nicht mehr, was sie machen sollte (4)

165. **lassen** and *verbs of senses* (**sehen, hören, fühlen**) function like modals where used with another infinitive: i.e. without **zu**

Ich sah ihn kommen
Er fühlte das Herz klopfen
Die Männer lassen sich von den Frauen bedienen
(37)

166. There are two ways of forming perfect tense:
    a. without another infinitive past participle is used
    b. with another infinitive past participle is replaced by infinitive; this applies also to **lassen** and *verbs of senses*

Ich habe es nicht **gekonnt**
Er hat **gemußt**
Ich habe es nicht machen **können**
Er hat gehen **müssen**
Das hat sich nicht machen **lassen**
    (*i.e. couldn't be done*)

167. Conditional perfect likewise is formed, where another infinitive is used, with modal infinitive instead of past participle.
This forms corresponds to:

▶ *could have*

▶ *should have*

Du **hättest** dein Zimmer schon längst **aufräumen können** (7)

Christiane **hätte** mehr Führung **gebrauchen können** (22)
Das **hättet** ihr euch wohl **denken sollen,** daß hier die Reifen anders sind (14)
Ich **hätte** von der Fürsorge **leben sollen** (22)

For particular emphasis **sollen** can be replaced by **müssen**. This has the inference of *really should have*
Beware! Opposite of **ich muß** is **ich darf nicht**; thus in *really should not have* **sollen** must be replaced by **dürfen**

Auch hätte Frau Walz bemerken **müssen,** daß . . . (26)

Meine Schwester und ich hätten eigentlich nicht gehen **dürfen** (22)

168. Where these conditional perfect forms are used at the end of a subordinate clause, word order is irregular (see §94c)

. . . weil er nicht da *hätte sein sollen* (20)
. . . weil sie einen starken Einfluß auf ihn *hätten ausüben können* (20)

169. Where *can* implies knowledge of how to do something, **können** is often replaced by **wissen** (+ **zu** + *infin*)

Daß die bewaffneten Entführer einsteigen konnten, **weiß** keiner so recht **zu** verantworten (20)

170. *can* is often not translated with verbs of perception

Das sehe ich schon ein!
    (*I can see that*)
Ich begreife heute selber nicht mehr (22)
    (*I can't understand*)

171. Where **kann** is written with verbs of perception, the meaning is different

. . . und kann kein Blut sehen (5)
    (*can't stand the sight of blood*)
Ich kann solche Musik nicht hören!
    (*i.e. can't stand it!*)

172. Infinitives of movement are sometimes omitted (in speech mostly) with modal verbs if the movement is indicated in adverbial expressions (e.g. by prep. + *acc.* as in the examples).
This applies also where **brauchen** is used in place of **müssen**

Wir konnten nicht einmal *an den Strand* (13)
    (**gehen** *is omitted*)

Viele Blinde brauchen nicht *ins Heim* (24)
    (**zu kommen** *is omitted*)

173. **mögen** is often replaced by **gern** (as in: **Ich esse gern**)

Note these uses:
- ▶ *would like (to do)* — Ich würde gern mitkommen
- ▶ *would like (to have)* — Ich hätte gern mehr Freizeit
- ▶ *would like to be* — ich wäre gern da
- ▶ *would have liked to do it* — Ich hätte es gern gemacht
- ▶ *would have liked (to have)* — Ich hätte es gern gehabt
- ▶ *would have liked to go* — Ich wäre gern gegangen

U. Subjunctive

Formation of subjunctive

174. Present subjunctive is regular for all verbs except **sein**

Ending: -e, -est, -e

-e, -et, -en

These endings go on the stem of the verb

können: *stem* is **könn-**

ich könne	wir können
du könnest	ihr könnet
er ⎱ Sie ⎰ könne es ⎰	Sie ⎱ sie ⎰ können

sein

ich sei	wir seien
du seiest	ihr seiet
er ⎱ sie ⎰ sei es ⎰	Sie ⎱ sie ⎰ seien

175. Past subjunctive of regular/weak verbs is formed from stem of past indicative with endings -e, -est, -e, -en, -et, -en

spielen: *stem* is **spielt–**

ich spielte

du spieltest, *etc.*

176. Past subjunctive of strong and irregular verbs is formed from past indicative with Umlaut (where possible) and endings -e, -est, -e, -en, -et, -en (where past tense already ends -e, no further -e is added)

But note **stehen:**

Past subjunctive is, of course, short conditional form of these verbs

wäre	dächte
hätte	könnte
käme	müßte
ginge	sollte

stünde

177. Perfect/pluperfect are formed from parts of **haben** and **sein** as appropriate

Er **habe** gespielt/Er **hätte** gespielt

Sie **sei** ausgegangen/Sie **wäre** ausgegangen

178. Future formed with subjunctive of **werden**

Er sagte, er **werde** es nicht machen

Using the subjunctive

179. Subjunctive is used to indicate indirect (reported) speech and questions:
- ▶ *first person* becomes *third person* where speaker is in *third person*

  Dir. ,,Mit meinen Eltern komme ich gut aus'' (2)

  Indir. Sie sagte, mit ihren Eltern komme sie gut aus (2)
- ▶ word order in indirect speech is as in direct speech

  Dir. ,,Ich muß dafür auch Deutsch sprechen'' (2)

  Indir. Sie sagte, sie müsse dafür auch Deutsch sprechen

  except where **daß** is used
- ▶ in indirect questions verb is always at the end

  Sie sagte, daß sie in einem Mietshaus *wohne* (2)

  Oft hatte sie gefragt, ob es nicht doch schön *sei* (3)

180. Where possible *present tense* in direct speech stays as *present tense* of subjunctive in reported speech

Dir. ,,Ich habe viel Freiheit"
Indir. Sie sagte, sie **habe** viel Freiheit (2)
Dir. ,,München ist die schönste Stadt..."
Indir: Habe ich dir nicht gesagt, daß München die schonste Stadt **sei**,...? (1)

although colloquially *past subjunctive* is used a lot to indicate present tense in original direct speech

Sie sagte, sie **hätte** viel Freiheit
Freunde haben gesagt, es **wäre** zur Zeit ziemlich schwer... (4)

181. Where *present subjunctive* is same as *pres. indicative* form of verb (this applies for all plurals except forms of **sein**) past subjunctive *must* be used where original direct speech would have been present tense

Dir. ,,Wir haben keine Arbeit"
Indir. Sie sagten, sie **hätten** keine Arbeit

182. Where possible *past and perfect tense* in direct speech become *perfect subjunctive* in reported speech,

Dir. ,,Mein Mann war früher mit seinem Gehalt zufrieden"
Indir. Sie sagte, ihr Mann **sei** früher mit seinem Gehalt **zufrieden** (5)
Dir. ,,Ich sparte kein Geld"
  ,,Ich habe kein Geld gespart"
Indir. Sie sagte, sie **habe** kein Geld **gespart** (5)
Sie sagte, sie **hätte** kein Geld **gespart**

although colloquially *pluperfect subjunctive* is used to indicate all past tenses in original direct speech

183. Where *perfect subjunctive* is same as *perf. indicative* (this applies for all plural forms with **haben**) pluperfect subjunctive *must* be used where original direct speech would have been past or perfect tense

Dir. ,,Meine Eltern versuchten, mir zu helfen"
  ,,Meine Eltern haben versucht, mir zu helfen"
Indir. Sie sagte, ihre Eltern **hätten versucht**, ihr zu helfen (4)
Wir haben uns gefragt, worauf, wir uns **eingelassen hätten** (25)

184. *Future tense* in direct speech stays as *future tense* in indirect speech,
but for plurals past subjunctive of **werden** is needed

Er sagte, er **werde** es nicht machen

Sie sagten, sie **würden** es nicht machen

In practice it is *past subjunctive* of **werden** + *infin.* which is used mostly in this context, since this is *long conditional form*

Er sagte, er **würde** es nicht machen

185. Since the use of subjunctive in itself indicates reported speech, there is no need of introductory words like **sagte, fragte, erklärte** if the sense indicates that someone has said something:

▶ As one can only talk on the telephone

Erschrockene Bürger wählen die Nottelephone an:
  Wie hoch die Radioaktivität **sei**? (32)

▶ In a newspaper report

Ein Artikel über die neueste Hungersnot:
  Tausende seinen am Sterben (34)

186. Where questions in *direct speech* are repeated, they are often presented as *indirect questions*. Use of this with subjunctive verb implies: **Ich habe gefragt, ...**

„Darf ich den Cassettenrecorder sehen?"
„Was haben Sie gefragt"
„Ob ich diesen Cassettenrecorder sehen **dürfte"** (10)

187. Subjunctive has an implication of the theoretical and is thus used to cast doubt on beliefs and assertions

Dann sagt man, sie **interessiere** sich nicht für den Beruf (4)
(*Not so! She is interested*)
Es stimmt nicht, (was man sagt,) daß ein gutes Zeugnis zu einer Ausbildungsstelle **verhelfe** (4)

These are the implications of the following examples:
▶ She was not dead
▶ The dishwasher really is economical

Die älteren Geschwister meinten, sie **sei** tot (8)
Ehemänner, die meinen, ein Geschirrspüler **sei** unwirtschaftlich (10)

▶ Who are they kidding?!

Politiker versichern, der radioaktive Niederschlag **stelle** keine Gefahr **dar** (32)

188. **als ob** implies the theoretical and likewise requires subjunctive, usually past or pluperfect:
sound like often introduces **als ob**

Das klingt, als ob ich Probleme haben **könnte** (4)

Das hört sich an, als ob sie ziemlich unglücklich **wäre** (4)

ob can be omitted

occasionally pres. subjunctive is used
als ob clauses can also imply *Do you think ...?*, where what is thought is clearly wrong

Sie macht das, als **hätte** sie nie im Leben etwas anderes getan (14)
Es klingt, als **wolle** jemand desertieren (37)
Als ob ich nichts anderes zu tun **hätte** als aufzuräumen (7)

189. Where **als ob** is used with **sein** and an adverbial expression, it is often replaced by **wie,** the verb then being omitted

Er lief wie verrückt über die Straße (17)
(*als ob er verrückt gewesen wäre*)
Sie fuhr wie in einem Traum weiter (17)
(*als ob sie in einem Traum gewesen wäre*)
Frank saß wie von einer Fessel festgeschnürt auf einem Sessel (22)

190. Subjunctive is used to give impersonal commands and wishes

Gott sei Dank! (*Thanks be to God!*)
Es lebe die Königin!
Man stelle sich das vor (5)
(*Just imagine!*)

V. Verb constructions

191. There is no **ge** on the past participle of:
▶ verbs ending **-ieren**

daß diese (Berufe) dann weniger **honoriert** werden (5)
die Ausbildung, die man **absolviert** hat (5)

▶ inseparable verbs (those which begin **be-, ge-, emp-, ent-, er-, ver-, zer-** and some with **über-** and **unter-**)

Sollten solche Arbeiten nicht besser **vergütet** werden? (5)
Manager werden besser **bezahlt** (5)
In diesem satirischen Artikel wird die Situation **übertrieben ...** (14)

▶ **werden** in perfect and pluperfect tense of *passive*

Fenster, die von den Einbrechern gebrochen **worden** waren (11)

192. Impersonal verbs with *dative* object, e.g. **gelingen, liegen, gefallen, auffallen:** The thing one succeeds at, likes, etc is subject of these verbs if there is a subject; *dative* of the person who succeeds, likes, etc.

Die Arbeit ist *ihr* gut gelungen
Es ist *ihr* gelungen, Deutsch zu lernen (2)
  (*She succeeded*..)
Ihr liegt es mehr, zu Hause zu bleiben als in die Diskothek zu gehen (2)
  (*i.e. She prefers*...)
Ihre Wahlheimat gefällt *ihr* gut (2)
  (*She likes it*)
Wie oft fällt es mir auf,...! (12)

193. There are many verbs and verbal expressions that require dative object in texts in this book. Here are a few of them:

gleichstehen, keine Wahl bleibt, den Rücken kehren, Sorgen machen, sagen

Steigende Gewalttätigkeit macht uns allen Sorgen (21) (*We're all worried about*...)
den Nachbarn gleichstehen (12)
  (*keeping up with the Jones*)
Hat man Ihnen gesagt...? (12)
... haben der Wohlstandsgesellschaft den Rücken gekehrt (12)
  (*have opted out of society*)
Es bleibt uns keine Wahl (15)
  (*We have no choice*)

194. **sagen** + *direct speech:*
  zu + *dat.* of person
sagen + *indirect speech:*
  + *dat.* of person

Rüdiger sagt **zu den** Kumpanen: „Ohne mich" (21)
Rüdiger sagte **den** Kumpanen, daß sie ohne ihn gehen sollten

Index of grammar and exercises